CB036601

Esta colecção tem como objectivo proporcionar textos que sejam acessíveis e de indiscutível seriedade e rigor, que retratem episódios e momentos marcantes da História, seus protagonistas, a construção das nações e suas dinâmicas.

HISTÓRIA E NARRATIVA

1. *História dos Estados Unidos desde 1865,* Pierre Mélandri
2. *A Grande Guerra,* Marc Ferro
3. *História de Roma,* Indro Montanelli
4. *História Narrativa da Segunda Guerra Mundial,* John Ray
5. *Hitler: Perfil de um Ditador,* David Welch
6. *A Vida de Maomé,* Virgil Gheorgiu
7. *Nicolau II: O Último Czar,* Marc Ferro
8. *História dos Gregos,* Indro Montanelli
9. *O Império Otomano – Das Origens ao Séc. XX,* Donald Quataert
10. *A Guerra Secreta – História da Espionagem na II Guerra Mundial,* Ladislas Farago
11. *A Guerra de Secessão,* Farid Ameur
12. *A Guerra Civil de Espanha,* Paul Preston
13. *A Vida no Egipto no Tempo das Pirâmides,* Guillemette Andreu
14. *O Amor em Roma,* Pierre Grimal
15. *Os Templários,* Barbara Frale
16. *No Rasto dos Tesouros Nazis,* Jean-Paul Picaper
17. *História do Japão,* Kenneth G. Henshall
18. *Artur, Rei dos Bretões,* Daniel Mersey
19. *O Islão e o Ocidente,* Christopher J. Walker
20. *Pós-Guerra,* Tony Judt
21. *A Guerra Fria,* John Lewis Gaddis
22. *História da União Soviética,* Peter Kenez
23. *História do Tibete. Conversas com o Dalai Lama,* Thomas Laird

A GRANDE GUERRA

1914-1918

Título original:
La Grande Guerre 1914-1918

TRADUÇÃO
Stella Lourenço

REVISÃO
Pedro Bernardo

DESIGN DE CAPA
FBA.

ISBN: 978-972-44-1438-6
ISBN DA 1ª EDIÇÃO: 972-44-1115-X

DEPÓSITO LEGAL Nº 270567/08

IMPRESSÃO E ACABAMENTO
PAPELMUNDE
para
EDIÇÕES 70, LDA.
Março de 2014

EDIÇÕES 70, uma chancela de Edições Almedina, S.A.
Avenida Fontes Pereira de Melo, 31 – 3º C - 1050-117 Lisboa / Portugal
e-mail: geral@edicoes70.pt

MARC FERRO

A GRANDE GUERRA

1914-1918

70

PRÓLOGO DA 2.ª EDIÇÃO

Mais de vinte anos após a primeira edição de *A Grande Guerra**, pensámos que um texto deve conservar a sua identidade, as suas características originais. Tal como um filme ou um romance, uma obra histórica ou científica contém em si os traços da sua época; a actualização mais não é, a maior parte das vezes, do que maquilhagem: o verdadeiro *Mediterrâneo* de Fernand Braudel é o de 1949, não o das edições seguintes – e a verdadeira *A Grande Ilusão* é a de 1937, não a de 1946.

O texto de *A Grande Guerra* permanece, assim, tal e qual; mudei simplesmente a bibliografia para o final para poder referir os trabalhos entretanto surgidos nos últimos vinte e cinco anos, e que contribuíram para uma melhor compreensão da guerra de 1914-1918. Aumentei apenas o último capítulo e desdobrei-o, o que, de resto, há muito pretendia fazer.

Marc Ferro
Verão de 1993

---

* Editada por Edições 70, em 1992, com o título *História da Primeira Guerra Mundial 1914-1918*, número 46 da colecção "Lugar da História".

Para Éric
Para Isabelle

PRÓLOGO DA 1.ª EDIÇÃO

Pode parecer impertinente escrever uma obra sobre a Grande Guerra quando se é, ao mesmo tempo, aluno de Pierre Renouvin e de Fernand Braudel. Seria desconhecer a abertura de espírito do mestre dos estudos sobre o primeiro conflito mundial, a sua alegria em suscitar vocações, em escutar outras opiniões além das suas. Seria imaginar que o autor de O Mediterrâneo *recusa interessar-se pelos acontecimentos quando deseja que os compreendamos ao longo do tempo e no contexto de toda uma civilização.*

Porém, na altura em que François Erval me convidou a escrever esta obra, nunca me teria vindo ao espírito aceitar a sua proposta se não tivesse tido o sentimento de proporcionar os resultados de uma nova experiência.

Sem dúvida que foi a análise sistemática da maior parte dos arquivos cinematográficos que me sugeriu hipóteses e orientações de investigação. A imagem e a repetida análise do filme obrigam a ressuscitar a psicologia dos homens desta primeira parte do século XX, a reencontrar as suas aspirações, o que me pareceu tão importante como o estudo dos mecanismos económicos ou dos desígnios da política.

No final desta problematização, os efeitos e a natureza da guerra aparecem diferentes da interpretação dos contemporâneos. Nada mais normal, neste segundo nível de análise, sendo os factos avaliados na longa história de três ou quatro gerações. Se era legítimo, cinquenta anos após o gigantesco acontecimento, perspectivá-los deste modo, era-me impossível atingir um terceiro estádio, o do estudo propriamente científico do primeiro conflito mundial, salvo em alguns domínios, nos quais dispomos de suficientes instrumentos de trabalho para aplicar o método estatístico e, mesmo, o método estrutural.

Deste modo, três aproximações, três níveis de explicação. A sua apresentação levantava problemas tanto mais insuperáveis quanto é certo que, no nosso entender, a ordem linear e cronológica quebra frequentemente a complexidade de certos fenómenos históricos. A guerra, tal como a compreenderam os dirigentes políticos e chefes milita-

res, não difere da guerra vivida pelos combatentes, pela retaguarda ou pelos opositores? Cada drama vivido tem a sua própria cronologia, a sua respiração, as suas crises, os seus tempos mortos, a sua progressão, que não coincidem com a divisão em períodos abstractos que variam segundo as ideologias.

Ora, contra toda a expectativa, estas rupturas propositadas abriram-me a via, em vez de a obstruírem. Retomando uma expressão de Fernand Braudel: este livro fugiu-me das mãos, logo após tê-lo começado. Ultrapassou-me. Tinha começado por estudar a Grande Guerra; pelo caminho encontrei o fascismo, vi despontar as formas do totalitarismo e desagregar-se o sentimento patriótico. Muito antes de Versalhes, começaram a recortar-se as causas da Segunda Guerra Mundial, mesmo da guerra fria, antes de Brest-Litovsk. Será ousado acrescentar que, escrita há um ano, a primeira parte deste livro me ajudou a compreender e a viver a crise do nosso tempo?

Setembro de 1966-Setembro de 1968

I

PORQUÊ A GUERRA?

Longa, dolorosa, mortífera, a Grande Guerra viu matarem-se entre si milhões de homens que, ainda na véspera, juravam «guerra à guerra». Eram irmãos de armas daqueles que acusavam de serem militaristas, patrioteiros, belicistas; e igualmente milhões de outros que fizeram a guerra por dever ou ainda sem saberem muito bem porquê.

Após 1918, transformados em antigos combatentes, nem uns nem outros puseram em dúvida a legitimidade do seu sacrifício: haviam combatido pela defesa da pátria e a guerra que tinham feito era uma «guerra justa». Durante cinquenta anos, não pararam de o repetir.

Porém, ainda no decorrer das próprias hostilidades, uma dúvida nasceu nalguns deles: teria algum sentido a continuação da guerra? O horrível massacre seria verdadeiramente necessário? Os núcleos dirigentes garantiam-no; mas seriam eles sinceros?

Em 1914, os convocados não fizeram perguntas; todos partiram e, quando desfilaram, os rostos deixavam transparecer o estado de espírito: estavam radiantes. Na verdade, a imagem é enganadora e uma análise mais aprofundada deixaria transparecer a mágoa de um pai, de um noivo ou de um marido; mas isso era passageiro, em contraste flagrante com 1939 em que, excepto na Alemanha, o rosto dos mobilizados exprime consternação, desespero.

Sem dúvida que, em 1914, acreditava-se que a guerra seria curta, que se voltaria no Natal, aureolados com os louros da vitória: é verdade que em Paris, como em Londres ou em Berlim, os soldados partiram a cantar, cheios de alento e com uma «flor na espingarda».

Este fenómeno não poderia estar dissociado das origens da guerra, da recordação que tinha deixado, e queríamos chamar a atenção para isto como o fazemos para as causas económicas ou políticas propriamente ditas.

Quais eram as aspirações da sociedade nas vésperas da guerra? Como podia ela, ao mesmo tempo, desejar a paz e partir alegremente para a guerra? Qual era a natureza do sentimento patriótico? Que forças económicas ou políticas comandavam os Estados, as nações, as sociedades? A estas perguntas acrescenta-se uma outra: como é que aqueles que queriam impedir a guerra se viram, de repente, sem capacidade de o fazer?

I

A GUERRA LIBERTADORA

«*Antes a guerra do que* esta eterna expectativa».
Inquérito sobre a Juventude, 1913

Uma sociedade «bloqueada»

1840-1914. Ainda mais do que no século precedente, as distâncias diminuem, o mundo estreita-se, as trocas multiplicam-se, afirma-se a unidade dos hemisférios.

Terá a sociedade europeia consciência disto? De qualquer forma, há outras mudanças que ela sente: por exemplo, às autoridades reconhecidas e declaradas da época tradicional – o Rei, o padre, a lei, a família, o patrão ou o oficial – acrescentaram-se novos senhores anónimos e incontroláveis. São aqueles que baixam brutalmente os preços agrícolas na Europa, suscitando a ruína dos campos; os que desencadeiam as crises económicas; os que fazem e desfazem a moda ou a opinião. Neste estranho mundo em transformação desaparecem algumas actividades milenares. Profissões nascem e morrem antes que a uma geração se suceda outra, uma patente de invento ou uma técnica de exploração substitua outra, acabando, por sua vez, por desaparecer. Enquanto umas empresas surgem, outras definham. O mesmo acontece com um grande número de centros populacionais: sempre em nome da lei, do progresso ou da liberdade.

Parece existir um ténue fio entre esta opressão e a antiga: o exército crescente de funcionários. Nos estados laicos esta burocracia equivale à Igreja: protege os proprietários da pressão vinda de baixo. Além disso, a sua acção soma-se à do clero, pelo que as classes populares vêem-na desenvolver-se com maus olhos. Com efeito, na Alemanha havia um funcionário para cada 825 habitantes, em 1870; em 1905, havia um para cada 216 habitantes. Assim como na Rússia de Tchekhov, eles não páram de crescer e de se multiplicar. Nas vésperas da guerra, em França, um em cada onze eleitores é funcionário. Ora, no seu topo, esta nova classe é quase inteiramente composta por nobres na Alemanha enquanto na França republicana o corpo dos prefeitos conta 88 antigos pares de França; entre os conselheiros de Estado ou os embaixadores da República, calcula-se que a proporção seja a mesma.

O efeito é duplo. Por um lado, a autoridade dos notáveis, assim metamorfoseada, consegue consolidar-se e o número de cidadãos possuidores de uma parcela de autoridade, ainda que ínfima, aumenta. Têm o futuro assegurado pela reforma, outros aumentam as fileiras dos conservadores, especialmente nas grandes cidades em transformação. Por outro lado, aumenta a insatisfação das massas, entre os cidadãos cujo futuro é incerto, entre os que não participam na gestão da vida colectiva. Esses são particularmente numerosos nessas mesmas grandes cidades para onde a queda dos preços agrícolas os fez afluir. O seu estatuto de novos citadinos coloca-os numa situação inferior: à cintura dos arredores de Paris correspondem, pouco depois, as cinturas de Milão, de Berlim ou de São Petersburgo.

Prisioneira de um universo cujos mecanismos lhe são misteriosos, ainda que a escola ensine o futuro da ciência e a fé no progresso, a massa dos cidadãos do século XX não participa nos assuntos públicos. A democratização das instituições, durante os decénios precedentes, não foi mais do que uma ilusão e as reformas quase nada mudaram. É um facto que estas tinham permitido uma melhoria global das condições de vida, do equipamento, da instrução ou das condições sanitárias. Estas reformas ocupam e estimulam as classes instruídas; enriquecem-nas igualmente e aumentam a seu poder na sociedade; mas isso não contribui em nada para que as classes populares participem nos assuntos que lhes dizem respeito. «A multidão dos candidatos às eleições é tão densa à volta da 'árvore das patacas' que a parte da nação que fornece os alimentos nem se pode aproximar». O burburinho que acolhe os eleitos dos novos *zemstvo** tem o mesmo alcance que o *hoch* ou o *hurrah* que, mais a oeste, saúda a eleição dos representantes do povo: põe fim, por longos anos e até à consulta seguinte, à acção política dos eleitores.

Entre a cidade e os campos os papéis nivelam-se lentamente. Outrora, as primeiras eram «livres» e os segundos prisioneiros: no início do século XX, o citadino também nem sequer participa muito nos negócios do Estado, da província ou da comunidade; juntou-se ao camponês. Pelo menos, este último mantém a possibilidade de pôr e dispor do emprego do seu tempo; este resto de liberdade permite-lhe mais iniciativas que ao operário. Mas no momento em que o campo é atingido pelas crises económicas, vê reduzir-se a sua área de autonomia. Depende cada vez mais da cidade, onde se tomam as decisões; o aldeão

* *Zemstvo*, assembleia territorial responsável pela administração local na Rússia (1864-1917) (*N. do T.*)

reconhece, sob o uniforme do alto funcionário agindo em nome da lei, a pessoa simultaneamente temida, amada e odiada do antigo senhor.

As saídas

Vítimas de uma tirania mais insuportável do que a da época anterior (os «bons velhos tempos»), aqueles que tomam consciência desta infelicidade procuram uma saída. Entre os intelectuais, alguns encontram apoio na fé religiosa; esta desperta em alguns países na aurora do século XX e a fama de Péguy, de Solovev, de Bergson ilustra este renascimento do misticismo. «O grande público», escreve Georges Sorel, «está feliz por encontrar – no livro *A Evolução Criadora*, de Bergson, 1907 [Edições 70, Lisboa, 2000] – a ideia de um poder divino que anima todo o mundo vivo.

Mas que se passa com os outros? A imprensa explora a sua necessidade de evasão. É significativo o aparecimento, entre 1880 e 1913, em cada país, de jornais que «não fazem política»: na Grã-Bretanha o *Daily Mail*; na Alemanha, o *Täglische Rundschau*; em França *Le Petit Parisien*; na Rússia o *Novoe Vremia*.

Ora, nem toda a gente é capaz de crer, de beber, de jogar às cartas ou de ler crónicas. Para além destas soluções só resta uma dupla saída: a fuga ou a revolta ou, se preferirmos, a revolução ou a emigração.

Revolução ou emigração?

Dos Urais aos Abruzos e ao cabo Finisterra, o descontentamento, a miséria, a perseguição racial ou política levaram trinta milhões de europeus a atravessar o Atlântico. Fizeram uma descoberta fundamental: tinham a partir de então a possibilidade de transformar a sua existência desde que estivessem dispostos a todos os sacrifícios e a fazer tábua rasa do passado. Vão assim à procura de uma vida nova. Britânicos, Alemães e Escandinavos deram o exemplo. Seguiram-se Eslavos e Italianos. Houve poucos regressos, que seriam sinal de insucesso ou de desaire de uma existência.

Alguns, igualmente optimistas mas lúcidos de outro modo, escolheram ser revolucionários. Os que, de entre eles, se ressentem com todas as formas de opressão, querem a supressão de toda a autoridade, a anarquia. Outros sonham com um regime em que toda a incerteza fosse banida e no qual os homens pudessem construir o futuro em segurança. Advogados do socialismo ou do comunismo, tentam analisar com rigor o funcionamento da economia capitalista. Convencidos de lhe terem descoberto as «leis», estes marxistas consideram que o seu método tem um valor científico.

Minoritários no seio de uma sociedade inconsciente, os revolucionários esperam despertar os trabalhadores e outros oprimidos. Mas, com excepção dos anarquistas, não se apercebem de que, ao organizarem sindicatos e partidos políticos, ou fundando uma Internacional, mantêm sob uma outra forma a relação governantes/governados. Por outro lado, mesmo nos partidos e grupos revolucionários, esta relação mantém um carácter de classe. O anarquista Kropotkine é um príncipe e é tratado como tal; Lenine, filho de um alto funcionário, é tratado com mil atenções pela polícia czarista. No *Reichstag*, entre os 110 deputados sociais-democratas, só há dois antigos operários. Esta representação simbólica nem sequer é respeitada no Palais-Bourbon de 1914, o que é um recuo relativamente a Fevereiro de 1848. Na direcção da social-democracia russa também não se encontra um só trabalhador. Deste modo, verifica-se, por todo o lado, uma relação de obediência dos simpatizantes relativamente aos aderentes, destes aos militantes e dos militantes aos seus «chefes». Em 1902, Lenine, perante a falência do movimento revolucionário, quer organizar o seu futuro partido à semelhança de um exército, com um Estado-maior muito centralizado: quer dizer que, para a revolução ter êxito, os trabalhadores devem previamente passar pela condição de soldados. Certamente que esses soldados serão instruídos, lúcidos, politicamente livres, revolucionários: deverão, no entanto, continuar a obedecer àqueles que pensam por eles. O êxito do *Que fazer?* traduz um estado de espírito e um estilo. Os chefes das outras tendências políticas, particularmente os sociais-democratas, indignam-se mas, na Rússia como noutros países, manipulam tanto os militantes e os eleitores como os Estados-maiores manipulam o soldado, ou as Igrejas as suas ovelhas. E nem sequer têm a desculpa de querer concretizar plenamente a revolução proletária.

Em especial, a maior parte dos líderes dos partidos extremistas não vê que quanto mais os seus aderentes são numerosos mais isso significa que a sociedade se transforma, evolui e se diferencia: o que diminui as possibilidades de um alinhamento verdadeiramente revolucionário.

Entre 1840 e 1914, não é na Grã-Bretanha, nem em França, nem na Alemanha – os primeiros países que atingiram o desenvolvimento capitalista mais caracterizado – que a eventualidade de uma agitação social violenta aumenta: é na Rússia. O atraso económico do país traduz-se, no plano social, pela fraqueza das classes médias. São incapazes de neutralizar a vontade consciente das classes populares que desejam uma subversão total das regras de funcionamento da sociedade. Essa eventualidade aumenta igualmente em Itália; mas aqui, nas vésperas da guerra, prepondera a miragem americana, mais do que em qualquer outro país, arrancando ao movimento revolucionário e aos futuros soldados da revolução os elementos mais dinâmicos, os mais activos ou os mais empreendedores.

Emigração ou revolução – ter-se-á estabelecido suficientemente a relação entre estes dois fenómenos? Ora, a alternativa é igualmente válida mas verifica-se tardiamente. Nada é mais conformista, nos Estados Unidos ou noutro lugar, que o novo emigrante, que considera sacrílega qualquer crítica à sua pátria de adopção([1]). Esta representa para ele a liberdade, a justiça e a virtude. Assim tudo predispõe os elementos mais novos da sociedade americana a tornarem-se conservadores e igualmente patrioteiros: foi nos Estados Unidos que, pela primeira vez, foram executados anarquistas (1886). Por um processo simultaneamente semelhante, inverso mas simétrico, qualquer crítica torna-se sacrílega, depois de 1917, na pátria da revolução. Por conseguinte, a Rússia dos sovietes proibirá a emigração, sinal de insatisfação.

Os movimentos sociais

Voltemos à velha Europa onde, há já bastante tempo, os movimentos sociais se atenuam lentamente, o desemprego se desfaz e a segurança de todos parece garantida. Tal é o caso da França, que nunca conheceu grandes correntes de emigração e onde as hipóteses de revolução social diminuem depois da experiência da Comuna de Paris. Acontece o mesmo em Inglaterra após o revés do cartismo; no princípio do século XX, as greves são particularmente fortes, mas as manifestações violentas são menos amplas e, doravante, serão sobretudo os Escoceses e Irlandeses quem atravessa os mares; na própria Inglaterra a única revolta aberta é a das mulheres, as sufragistas. Na Alemanha de Guilherme, no princípio do século, crê-se que se um dia tiver lugar uma mudança, far-se-á sem choques e será encabeçada pelo estado-maior da social-democracia, brevemente senhor do *Reichstag*. Também além-Reno se estancaram as partidas para a América, desde que se verificou que o país adquiriu um novo desenvolvimento.

1837 em Inglaterra; 1871 em França; 1910 na Alemanha: datas do apogeu da eventualidade de uma transformação efectiva das estruturas sociais nos três grandes países. Datas que seguem a uma distância respeitosa, mas como uma sombra, a época do seu máximo desenvolvimento industrial. Parece que quanto mais antigo é o começo do desenvolvimento industrial, mais se afastam as hipóteses de revolução social, mais os antagonismos imperialistas se agravam e mais os antagonismos sociais internos se suavizam. Contra-argumento: na Itália e na Rússia, os últimos a entrar na corrida para a industrialização, com uma política imperialista que lhes trouxe pouca riqueza, os movimentos sociais mantêm-se amplos. A multiplicação das partidas para a Si-

([1]) Exceptuando os anarquistas.

béria ou para a América, como a dos actos de revolta, nas cidades ou nos campos, demonstra que há uma recusa de submissão: é a pátria dos anarquistas, de Bakunine e de Malatesta.

Ora é precisamente na Rússia e em Itália que a oposição à guerra atingiu a sociedade em toda a sua extensão. Antes de fundarem o comunismo e o fascismo, esses dois regimes que marcaram a primeira parte do século XX, os Russos assinaram a paz em Brest-Litovsk, enquanto os Italianos fazem o seu «Adeus às armas» em Caporetto. Só mais tarde estas nações foram unânimes em se bater: quando se tornou evidente que o torrão natal estava efectivamente ameaçado. Quando a guerra tinha um sentido.

Para os combatentes franceses, ingleses ou alemães, não havia equívocos: a guerra tinha como objectivo a salvaguarda dos interesses reais da nação. Tinha um outro significado: partindo para a guerra, os soldados de 1914 haviam encontrado um ideal de reserva que, de qualquer forma, substituía as aspirações revolucionárias. Isso verificava-se nos mais infelizes e nos menos conscientes: colocados à margem da sociedade, reintegravam-se nela graças à guerra mas, por isso mesmo, desmobilizavam-se no plano revolucionário.

A guerra libertadora

Além disso, estes homens iam mudar de existência tal como secretamente sonhavam. É um facto que, em toda a Europa, as condições de vida melhoravam; mas com lentidão e certamente não ao mesmo ritmo para todos. Enquanto o mundo dos negócios conhece, em França, por exemplo, uma verdadeira ressurreição entre 1900 e 1914, *La Belle Époque*, e o salário real da maioria dos operários quase duplica entre 1890 e a guerra, verifica-se que, durante o mesmo período, baixa o número dos que recorrem às casas de penhor e que, na véspera da Grande Guerra, estas registaram uma grande procura. Ora a difusão da imprensa, o desenvolvimento da instrução, a publicidade criaram novas necessidades materiais: alimentação mais variada, fatos de cidade, louças, bicicletas. Além disso, revelaram a possibilidade de se viver uma existência mais interessante, mais rica, mais válida, e subir na escala social apresenta-se como um direito imprescritível. Já em Paris, o artesão do Faubourg Saint-Antoine ou de Belleville atravessa todos os domingos o canal da Bastilha. Nas grandes avenidas, vestido de burguês, vai, doravante, primeiro ao café-concerto e, depois, à ópera-cómica. Da porta Saint-Martin à Bolsa, a distância não é maior do que da Bolsa à Rua da Paz: aí os políticos ligados às finanças passeiam com os notáveis. De alto a baixo da sociedade, todos estão impacientes para subir com rapidez e cada vez mais na escala social. O mesmo fenómeno em Berlim ou ainda em Londres. «As dificuldades e os constrangimentos da vida produziram uma geração muito ambiciosa. As pessoas não têm paciência para esperar que as novas condições de existência lhes dêem uma boa situação... e a guerra, a guerra que eclodirá, libertá-las-á desta dificuldade... Sem o saberem estes homens tinham substituído o hino à vida ou à revolução por um grande rancor», verificava Caroline E. Playne, uma americana então residente em Londres. Os jovens fazem eco das palavras dos mais velhos: «A existência que levamos não nos satisfaz porque, se possuímos todos os elementos necessários a uma bela vida, não podemos organizá-los numa acção *imediata*, que nos exigiria corpo e alma e nos libertaria de nós próprios. Esta acção, só um acontecimento no-la permitirá, a guerra». Estes jovens, também, partem para a guerra como se partissem para uma aventura, felizes por mudarem de vida, por viajarem, tendo todos respondido ao apelo do dever e estando todos convencidos de que irão voltar em breve, coroados com os louros da vitória. Assim, longe de ter sido suportada, a guerra de 1914 a 1918 libertou energias. Foi acolhida com entusiasmo pela maioria dos homens com idade para combater([2]). Basta ver o comportamento dos mobilizados que partem para a guerra: todos joviais, Franceses, Alemães, Ingleses. Mais velhos, os Russos são menos alegres, e os Italianos mais lentos a mover-se. Sabe-se que estes viviam um outro sonho: para uns, a miragem da América; para outros, a expectativa da revolução.

Mesmo na Rússia, houve poucos refractários; em França, 1,5%, quando as autoridades militares previam entre 5 e 13% de desertores.

Disse-se que o espírito internacionalista entrara em derrocada, que os socialistas não tinham conseguido impedir a guerra, que haviam traído os seus juramentos. Aliás, este facto impressionou os contemporâneos. No entanto, cada cidadão estava persuadido do contrário; ao responder ao apelo do seu país, estava a cumprir o dever de patriota e de revolucionário. Era evidente que considerava o seu país vítima de uma agressão e que, ao fazer a guerra, os revolucionários-soldados e os outros combatentes seriam os obreiros da paz eterna. Belo ideal, essa utopia da «última das guerras» que animava todos os soldados. Deste modo, pacifismo e internacionalismo confundiram-se com o individualismo e o patriotismo, um facto bastante excepcional que só a natureza imaginada desta guerra explica: era considerada por todos uma guerra de defesa patriótica, logo uma guerra justa; e, de qualquer modo, uma guerra inelutável.

([2]) Em Inglaterra, onde o serviço militar não era obrigatório, apresentam-se cerca de um milhão de voluntários. O mesmo aconteceu, mais tarde, nos E.U.A.

II

A GUERRA PATRIÓTICA E EMANCIPADORA

A França, di-lo-ia um melancólico historiador, tem menos tendência para as armas do que para a guerra civil. Excepto em 1914, nunca conheceu a experiência de uma longa e verdadeira guerra patriótica. Basta darmos uma rápida vista de olhos à sua história próxima ou longínqua, e podemos ver que todos os conflitos travados pela nação mais orgulhosa da sua glória militar foram, pouco ou muito, envolvidos por lutas civis: o que é claro para 1939-1945, foi-o igualmente para a Revolução e para o Império, ou para a época de Joana d'Arc e dos Borguinhões, para Henrique IV, para a Liga e para os tempos de Richelieu. Mesmo em 1870, encontrou-se um partido que, secreta ou abertamente, desejava a derrota daqueles que dirigiam o país.

Mas não em 1914-1918: a França não teve um «partido do estrangeiro».

É verdade que a Grande Guerra teve os seus opositores. No entanto, estes não estavam solidários com o inimigo, declaravam-se pacifistas e adversários de todos os governos e mesmo de todas as guerras. Como Jaurés, condenavam apenas a guerra «imperialista», mas julgavam legítima a defesa do território nacional ameaçado de agressão.

Assim se passava com todos os povos: mesmo na Rússia, onde o ódio pela autocracia era partilhado por quase toda a população, o «derrotismo» não recebeu qualquer apoio. Por derrotismo, entre 1914 e 1918, entende-se não o pessimismo desencorajante que enfraquece o moral do país e o conduz à derrota, mas o desejo de que o seu próprio país seja batido, condição indispensável para a sua salvação. Em França e depois em Itália, houve grupos de eclesiásticos que, hostis ao regime e à sua inspiração laica, desejavam para a própria «pátria perdida» o castigo de Deus. Mas foram apenas um punhado. Por seu lado, a ala mais avançada do socialismo considerava, em 1914, com Lenine, que nada seria mais prejudicial ao futuro da revolução proletária do que uma vitória militar, na Rússia, dos exércitos czaristas, na Alemanha, dos exércitos imperiais, etc. Isto significava que era necessário contribuir para a derrota do seu próprio país. Teve de abandonar esta plataforma que ninguém aprovava, e recuar para posições internacionalistas e pacifistas, cuja palavra de ordem visava a transformação da guerra europeia em guerra civil.

Isto aplica-se à Rússia, à França e a toda a Europa; a frágil trincheira da Internacional desmoronou-se ao som do primeiro toque de clarim.

Para o Francês, ou o Alemão, 1914-1918 foi um combate de bravos, tão claro e evidente como as cruzadas, a defesa da mãe, o combate pela fé ou a luta de classes. Nenhum raciocínio podia dominar este instinto colectivo.

É um facto que o conflito global das duas coligações teve a sua origem nas rivalidades imperialistas, mas os combates singulares que opuseram as nações uma por uma respondiam a uma outra necessidade, a uma tradição enraizada no mais profundo da consciência dos povos. Cada um deles pressentia que estava ameaçado na sua própria existência pelo inimigo hereditário. Para todos, o conflito obedecia assim a uma espécie de rito fatal, o que explica o carácter da luta, «de vida de morte», um aspecto que a natureza imperialista desta guerra não explicaria.

A unanimidade patriótica

Os povos tinham esta paixão que provinha de uma longínqua história. Mas a sua unanimidade patriótica tinha uma origem mais recente.

Desde há meio século que os avanços da concentração geográfica das actividade industriais e o desenvolvimento do capitalismo tinham determinado fenómenos económicos gerais que a era pré-industrial não conhecera. Assim, toda a agricultura inglesa tivera o seu destino modificado pelas leis de 1846, ou a indústria francesa pelos acordos de 1860. Em seguida, durante as três últimas décadas, o crescimento económico da França sofrera uma penosa travagem ligada à crise agrícola da Europa, sendo esta devida, em parte, à exploração dos grandes países do ultramar, Canadá, Austrália, etc. Na Europa, cada nação tinha, assim, o sentimento de ser vítima de catástrofes e de estar rodeada de inimigos que lhe invejavam a prosperidade, o desenvolvimento e mesmo a existência. Assim, o sentimento patriótico tornava-se numa das formas da reacção colectiva da sociedade face aos fenómenos originados pela unificação económica do mundo; o movimento das nacionalidades era uma variante desse sentimento que não estava só ligada à opressão étnica e religiosa.

Patriotismo e regionalismo

A aproximação compreende-se melhor se associarmos o patriotismo das nações à ressurreição do regionalismo. Assim, na Rússia, o desenvolvimento económico tivera como efeito a penetração dos colonos em todo o Império, e a sua presença como um corpo alógeno fora da velha Rússia tornou-se tanto mais sensível, uma vez que, com a valorização dos jazigos da Ucrânia ou com a exploração do Transiberiano, eram mais numerosos a povoar e a gerir estes territórios vizinhos onde outrora se tinham contentado com exercer o controlo. A sua presença e a política de russificação que preconizaram foi sentida como um acto de agressão e, por isso, os movimentos nacionalistas desenvolveram-se com vigor: não só entre aqueles que nunca se consideraram russos (tais como os povos bálticos, os Finlandeses, etc.) mas também entre os Ucranianos, Pequeno-Russos, Mordaves, Maris, etc.

Entre a obrigação, para os Ucranianos, de falarem a língua russa, e a proibição, para os estudantes franceses, de se exprimirem em patoá, há apenas uma diferença de grau, tal como a russificação efectuada pelos burocratas de São Petersburgo e a centralização realizada pelos Prussianos ou pelos Parisienses. A ressurreição do regionalismo provençal ou bretão (em 1877 realiza-se o primeiro congresso intercéltico), a sobrevivência da «questão meridional» e, mais ainda, do problema siciliano em Itália, são fenómenos da mesma natureza: um patriotismo, mas dissociado do tempo presente.

De facto, a presença de funcionários parisienses, prussianos ou russos assegurava o reforço da unidade nacional em vez de a dissolver, porque o poder central representava a luta contra as sobrevivências feudais e a defesa contra o estrangeiro.

Os seus meios, amplamente aumentados, permitiam-lhe igualmente que se acreditasse na democratização das instituições políticas. Na realidade, tratava-se antes de um reforço do Estado, mas os cidadãos de 1914 imaginavam-se doravante irreversivelmente livres, e que bastaria aperfeiçoar ou modificar o regime social ou político para que a lei assegurasse à democracia um funcionamento perfeito.

Não se apercebiam de que as classes dirigentes apenas tinham aperfeiçoado a sua religião. Ao primeiro catecismo, acrescentaram aquele que se aprende na escola e que o jornal repete. Ora, há trinta anos que a difusão da instrução, o apogeu da imprensa e a ressurreição dos desportos contribuíam sobretudo para a exaltação da fé no seu próprio país.

O segundo catecismo

Depois de 1880, a difusão da instrução, já bastante desenvolvida em Inglaterra e na Alemanha, foi particularmente rápida em França e na Rússia. Faz-se acompanhar pelo conhecimento do passado nacional que penetra doravante em todo o corpo social. Que tipo de ensino era este?

Em França

Para os Franceses, o invasor veio sempre do Leste: desde Frederico II, a tradição antiprussiana era alimentada por uma história que viu os dois povos em conflito. De Alfred de Musset a Hansi, o imaginário popular substituiu o Inglês pelo Alemão como inimigo nacional. A guerra de 1870 e a cedência da Alsácia-Lorena, os apelos de Maurice Barrès à vingança e os toques de clarim de Déroulède lembram todos os dias aos Franceses que «perderam dois filhos» e que nunca poderia haver perdão para os raptores. Os estudantes sabem-no: desde a mais tenra idade, viram nos primeiros livros de história a águia prussiana lançar-se sobre o galo gaulês, arrancando-lhe as belas penas, enquanto o povo de Paris, esfomeado com o bloqueio, os bombardeamentos e a guerra, esperava o aprovisionamento nas ruas geladas, reduzido na sua miséria a alimentar-se de ratazanas. Imagens que ficaram doravante gravadas na consciência dos Franceses, alimentando o patriotismo e ensinando que, de Bouvines a Sedan, a derrota ou a morte têm sempre origem no Prussiano.

Na Alemanha

Na Alemanha, os jovens aprenderam que o território nacional é um cemitério de Eslavos e que o povo alemão teve, desde sempre, o pavor da sua ressurreição. Ainda há pouco conquistadora e colonizadora, a nação germânica considera-se, a partir de então, a guardiã da civilização ocidental face à multidão vinda do Leste: olha com inquietação os Eslavos ocidentais afirmarem a sua personalidade, crescerem, multiplicarem-se. Apaga todos os rastos da sua passagem nos territórios que tinham pertencido antes aos Lusácios e aos Cachuques, na Saxónia, Prússia, Pomerânia. Tal como os Franceses, os Alemães consideram que o perigo vem do Leste. Igualmente a ideia de um regresso ao *Drang nach Osten* ganha corpo, quer para satisfazer as necessidades da economia alemã, quer para garantir a perenidade da presença germânica em toda a Europa Central. As crianças sabem igualmente que, vigilantes a Leste, os Alemães devem igualmente estar atentos a Oeste. Goethe escreveu-o nas suas *Memórias:* no tempo da sua juventude, a catástrofe mais terrível foi a ocupação de Coblença pelos soldados de França. Hoje, o «mercantilismo inglês e ódio francês unem-se às ambições dos Russos contra o pobre império alemão». «A pátria está cercada... Mas Deus sempre abateu os inimigos da Alemanha... Deus bateu Napoleão em 1812... É por isso que nós, Alemães, não temos medo de nada deste mundo, excepto de Deus». São e vigoroso, o povo alemão nada tem a temer dos seus vizinhos do Ocidente. Todos os anos, em Setembro, celebra o *Sedanfeier,* recordando assim a derrota do povo vizinho, daí em diante rebaixado e considerado frívolo... A guerra que poderia eclodir «não foi desejada pela Alemanha; o *Kaiser* tudo fez para a evitar. Eduardo VII tinha preparado o estrangulamento da Alemanha, invejoso que estava da sua prosperidade comercial. A sua morte fez recuar o espírito guerreiro na Grã-Bretanha, mas este reapareceu em França com a chegada de Poincaré». Assim, «um cerco apertado rodeia o país que só pode contar com a ajuda da Áustria-Hungria e da Turquia, Estados apodrecidos ao nível interno»... A nova edição do mesmo manual acrescentava em 1916: «O *Kaiser* consagrava-se à melhoria da sorte dos operários quando a sua actividade pacífica foi bruscamente interrompida pela guerra».

Na Rússia

Na sua *História* tão familiar aos Russos como a de Ernest Lavisse o era para os Franceses, Kovalevski conta que há mil anos a terra russa estava coberta de florestas e de pântanos.

As pessoas que povoavam esta terra chamavam-se Eslavos. Eram de grande estatura, tinham cabelos castanhos e olhos brilhantes. Viviam em grandes famílias: o chefe ancião com os irmãos, filhos, sobrinhos e netos. Juntos, trabalhavam a terra e iam à caça. Várias famílias formavam um clã e, por vezes, alguns clãs reuniam-se para tomarem decisões sobre um assunto importante: tais reuniões chamavam-se as *vetche.* O povo era congregado ao som do sino e a este sino chamava-se sino-*vetche.*

Muitas vezes, sucedia que os Eslavos tinham de combater os povos que queriam invadir o seu território – sabiam esconder-se nas ervas altas e cair de repente sobre o inimigo; chegavam a imergir com a cabeça debaixo da água da ribeira e respiravam por um caniço que seguravam na boca. Povo hospitaleiro, os Eslavos não gostavam da guerra. Quando o Eslavo saía de casa, deixava comida em cima da mesa e nunca fechava a porta para que o forasteiro pudesse entrar, comer e descansar.

Contudo, os invasores não paravam de afluir: chegavam sucessivamente do norte e, depois, do leste. Primeiro os guerreiros escandinavos e, a seguir, os polacos e os alemães, esses cavaleiros teutónicos que Alexandre Nevski repeliu em 1242 no combate sobre o gelo. Da estepe, afluíam os Tártaros que impuseram o seu jugo ao povo russo e chegaram mesmo a aliar-se aos Polacos.

Por um lado, os Tártaros, confundidos depois com os Mongóis e os Turcos; por outro, os Polacos e os Alemães; dois flagelos aliados contra si e que a Rússia vai reencontrar ao longo de toda a sua história. Em 1905, quando o Oriente adquiriu o rosto do Japonês, o perigo «amarelo» ressuscita. O tema mongol inspira a poesia de Merejkovski e de Bielyi «originando de novo um pesadelo na alma da Rússia». Levara vários séculos a esconjurar os seus fantasmas. Ainda no século XX, os dois inimigos tradicionais encontravam-se associados, a Alemanha para atacar a oeste, o Oriental a sul.

Deste modo, o destino de cada povo estava marcado pela luta defensiva contra o inimigo hereditário: os Franceses contra o Alemão, este contra o Eslavo ou o Francês; o Russo contra o amarelo e o Alemão. O mesmo aconteceria ao Italiano, em breve adversário da Áustria, inimiga de sempre ou ao Turco, adversário dos povos eslavos. A Áustria era a única excepção: o seu ancestral inimigo era o Infiel, mas como, desde há um século, o Império Otomano entrara em decomposição, não tinham já fronteira comum e nem sequer pretexto para se odiarem.

Em todos os países, os professores ensinaram estas verdades. Talvez nutrissem eles próprios convicções pacifistas. Mas os seus ensinamentos tinham efeitos contrários: ao glorificarem Joana d'Arc ou Alexandre Nevski alimentavam, involuntariamente, o espírito guerreiro. Aliás, na lógica das suas lições, deram de 1914 a 1918 o exemplo do patriotismo.

O desporto e o sentimento nacional

Uma novidade jogou no mesmo sentido: a ressurreição dos desportos. Para a primeira Olimpíada, em 1896, ninguém se esqueceu de recordar a natureza pacífica dos Jogos: no tempo dos Gregos, cessava nessa altura a guerra entre os povos. Mas os organizadores e os promotores apresentaram igualmente uma outra linguagem: «Os desportos criam o endurecimento, o sangue-frio, as virtudes militares e mantêm a juventude na atmosfera belicosa», escreveu, em 1913, Henri Massis, sob o pseudónimo de Agathon. Era um dos campeões da «*revanche*». Na *Anthinéa,* Ch. Maurras apresentava ideias semelhantes e, pelo menos em França, eram os militares que escreviam a glorificar os desportos. Em 1912, o Comité Internacional dos Jogos Olímpicos, entre os 44 membros, contava 28 aristocratas ou militares.

Assim, antes de ressuscitar o espírito regionalista, o desporto desempenhou o papel de estimulante do sentimento nacional. São os seus primeiros glorificadores que o indicam. O desporto «afasta da vida política e cria o gosto inato pela disciplina».

Na Europa Ocidental, os progressos do ensino, as transformações da imprensa, o desenvolvimento do desporto e o renascimento místico contribuíram para ressuscitar o sentimento do dever, de uma obediência à autoridade superior, neste caso a pátria. R. Girardet analisou bem este fenómeno em França onde ele é particularmente claro nas vésperas da guerra. Herdeiro do jacobinismo e da tradição de direita, o patriotismo anima toda a sociedade, visto que em Belleville os filhos dos *Communards** peticionam para que no 14 de Julho também se desfile nos arredores. Aliás, Jaurès de forma alguma pensa em negar a necessidade do dever militar, nem condena o recurso à guerra, desde que esta seja justa, na defesa do seu país.

Em 1914, o antimilitarismo da época pós-Dreyfus** perdeu o vigor. Vinte anos antes, Lucien Descaves escrevia:

> «Pessoalmente, não trocaria essas terras esquecidas (Alsácia-Lorena), nem pelo dedo mínimo da minha mão direita, porque me serve para segurar o papel quando estou a escrever, nem pelo dedo mínimo da minha mão esquerda, porque me serve para sacudir a cinza do cigarro».

Em 1912, deparamos com uma outra geração. Não conheceu a humilhação da derrota, desprezava a fraqueza dos mais velhos e a sua timidez face à experiência da vida.

A evolução de Charles Péguy ilustra esta mudança: este católico, antes pacifista e dreyfusista, escreve *Notre Patrie,* obra em que os socialistas aparecem classificados como agentes do imperialismo alemão. Linguagem mais nacionalista do que patriótica é a de Charles Maurras e de Maurice Barrès cujo jornal, *L'Action Française,* conquista a juventude das «Grandes Écoles»***.

De cada vez que há incidentes franco-alemães, estas novas gerações inflamam-se. De passagem por Paris, uma sufragista inglesa deixou este testemunho:

> «Estes mesmos amigos que eu tinha conhecido pacifistas, antimilitaristas, antinacionalistas, goethianos, wagnerianos, nietzschianos, encontrei-os agora extraordinariamente mudados, ainda que recitando as antigas palavras paz, progresso; mas em

---

* Partidários da Comuna de Paris de 1871 (*N. do T.*).

** Referências ao oficial francês de origem judaica, Alfred Dreyfus que, em 15 de Outubro de 1894, foi preso sob a acusação de ter vendido segredos militares a uma nação estrangeira e condenado à degradação militar e ao desterro, embora sempre protestando a sua inocência. A questão Dreyfus dividiu a França: de um lado, a imprensa liberal, o escritor Zola e os socialistas; do outro, os nacionalistas e os anti-semitas. Só em 12 de Julho de1906 se verificou a inocência de Dreyfus e a sua reabilitação (*N. do T.*).

*** Referência às escolas de ensino superior: escola normal superior, politécnico, naval, etc. (*N. do T.*)

cada palavra, em cada inflexão da voz, em cada olhar demonstram um desejo de guerra, uma impetuosidade mal contida...»

Esta atmosfera belicista não se encontra no mesmo grau fora de França. Todavia, o militarismo alemão, como o pan-eslavismo contribuíram do mesmo modo, senão ainda mais, para alimentar o nacionalismo, para acelerar a corrida aos armamentos e precipitar a Guerra Mundial.

O militarismo alemão

«A França é um país belicoso, a Alemanha é um país militarista», escrevia Guglielmo Ferrero em 1899. Observava que, do outro lado do Reno, o público não se tinha deixado embriagar com a vitória de 1870. Só se pensava nisso nos dias da comemoração, enquanto em França «a perda da Alsácia-Lorena e a recordação da derrota tinham-se tornado numa espécie de obsessão nacional». Notava igualmente que o controlo da imprensa sobre a maneira como os oficiais tratavam os soldados não era em mais lado nenhum tão vigilante como na Alemanha onde a desconfiança relativamente ao «espírito prussiano» continuava viva.

Porém, quinze anos mais tarde, de todas as nações europeias, a Alemanha era aquela em que os militaristas exerciam maior influência nos negócios de Estado. Enquanto na Grã-Bretanha a sociedade civil colocara o Exército e a Marinha ao seu serviço, em França e, sobretudo, na Rússia, a sociedade militar formava um grupo à parte sem qualquer ligação directa com as forças económicas que geriam o país, na Alemanha os militares encontravam-se presentes na esfera dos negócios, normalmente como directores de empresas ou de bancos, ocupando o primeiro plano.

Assim, participavam, mais do que em qualquer outro país, nas decisões tomadas pelo Estado; mais do que em qualquer outro país podiam decidir pela guerra ou pela paz.

Associados aos dirigentes económicos, constituíam a ponta de lança do nacionalismo. «Este» escreve Pierre Renouvin, «provinha da convicção de que o germanismo, pelo êxito que obteve no domínio militar, económico e mesmo cultural, manifestou uma indiscutível superioridade (...) pelo que o povo alemão ostenta um patriotismo vigoroso» e «demonstra um grande génio de organização». O seu órgão foi, primeiro, a Liga Naval financiada por Krupp, depois a Liga Pangermânica *(Alldeutscher Verband),* particularmente activa nas vésperas da Grande Guerra; esta propunha-se, segundo os seus estatutos, «estimular o pensamento nacional alemão e exaltar por todo o lado uma vigorosa política de interesses alemães». Os sentimentos pangermanistas eram partilhados por uma reduzida, mas activa e influente minoria de chefes militares, quadros económicos e universitários. O seu espírito anexionista manifestou-se ao encarar uma expansão para além do domínio linguístico alemão, e que incluía o ultramar. O seu programa alimentará os «propósitos de guerra» do governo Bethmann-Hollweg desde a abertura das hostilidades.

De 1900 a 1914, na ausência da obtenção de vantagens, em Marrocos ou noutros locais, o espírito belicoso ganhou terreno, voluntariamente alimentado pelos núcleos dirigentes: «O povo não deve perguntar, em caso de guerra, quais são os interesses pelos quais a Alemanha se bate. Deve acostumar-se à ideia de tal guerra». A imprensa retomava as lições aprendidas na escola: a Alemanha estava cercada de inimigos que surgiriam pelos Vosgos, pelo Niémen, pelo Isonzo. O perigo mantinha-se essencialmente continental, mas parecia gigantesco.

O renascimento do belicismo em França, o reforço da aliança franco-russa, a ascensão do pan-eslavismo e do movimento das nacionalidades (eslavas) na Europa Central contribuíram para o tornar ainda mais vivo. Assim, o espírito ofensivo dos meios militares e dos pangermanistas podia apoiar-se na preocupação legítima do povo alemão em assegurar a defesa dos seus interesses e do território nacional.

O sentimento patriótico nos Estados multinacionais

O império dos czares e a dupla monarquia eram Estados plurinacionais; o povo dominador, aqui grande-russo, ali alemão ou húngaro, queria, ao mesmo tempo, reprimir o movimento nacional que despertava entre as minorias e consolidar a sua hegemonia, graças à sua fama fora das fronteiras.

Russos e Austríacos eram, assim, levados a considerar ilegítimas as pretensões das minorias em constituírem «nações», e a glorificar por sua vez a grandeza da sua. Eram igualmente levados a aterrorizar estas minorias mostrando-se agressivos relativamente aos seus eventuais protectores: a Sérvia e o Império Russo para os Eslavos da dupla monarquia; a Turquia, a Prússia e a Áustria-Hungria para os muçulmanos e outras minorias do Império Russo.

Na Rússia

Para o czarismo a ameaça era múltipla: vinda dos povos não eslavos, dizia respeito, por um lado, aos Finlandeses, por outro aos Tártaros, Azeris e muçulmanos da Crimeia provocada pelo sonho do panturquismo. Para os Eslavos, a ameaça vinha da parte dos Polacos, Lituanos, Ucranianos, etc., que aspiravam à independência ou à autonomia. Mas o pan-eslavismo dos meios dirigentes preocupava-se ainda mais com os objectivos ofensivos fora da Rússia, onde a sua agressividade podia proporcionar-lhe sucessos mais estrondosos do que a russificação. Este pan-eslavismo russo tornara-se, num curto espaço de tempo, uma ideologia nacionalista. Desde 1869, o seu profeta, Danilevski, evocava, em A *Rússia e a Europa,* a era doravante próxima em que a cultura eslava prevaleceria na Europa, substituindo então definitivamente a civilização latino-germânica. Nessa expectativa, as suas ideias orientavam a política dos núcleos dirigentes, tão prontos a russificar no interior como a defender, no exterior, os direitos dos Eslavos «oprimidos»: Checos, Bósnios e, sobretudo, Rutenos; e de todos aqueles cuja independência estava ameaçada, tais como os «irmãos sérvios». Paradoxalmente, a atitude das organizações revolucionárias russas ia no mesmo sentido. Anteriormente favoráveis ao direito à independência dos povos subjugados, desaprovavam estas aspirações logo que estas se exprimiam no quadro dos partidos socialistas, pois «os objectivos propriamente nacionais dividem o proletariado em vez de o unirem». Levados por necessidades táticas a aliarem-se a organizações «nacionais», a reconhecerem a legitimidade da sua tendência, os partidos revolucionários mantinham, apesar disso, uma atitude desconfiada relativamente a elas desde que estivessem em causa as questões da revolução. Na véspera da guerra, Lenine era, possivelmente, o único revolucionário a reconhecer o direito absoluto de uma nação se divorciar do Estado opressor; no entanto, acompanhava a sua opinião com uma reserva: o direito ao divórcio não implicava a *necessidade* do divórcio.

Assim, na véspera da guerra, as organizações nacionais alógenas do Império Russo encontravam-se numa posição equívoca: hostis ao Estado czarista, mal interpretadas pelos revolucionários, eram levadas a procurar o seu próprio caminho. As próprias populações, no entanto, continuavam a obedecer às autoridades tradicionais. Bem misturados com as tropas russas, os alógenos bateram-se a seu lado como irmãos de armas. Além do mais, a guerra emancipava o judeu, o báltico, o Ucraniano: tal como o Russo, participava na defesa do seu país.

Na Áustria-Hungria

No seio do Império Austro-húngaro, as organizações nacionais tinham adoptado uma atitude mais radical: o checo Masaryk refugiou-se em Londres de onde estimulava à luta contra a Áustria-Hungria. No entanto, as populações tiveram um comportamento semelhante ao das minorias no seio do Estado russo. Turbulentas em tempo de paz, não se manifestaram em 1908: no Exército, não se manifestaram nem na altura da mobilização, nem durante os anos de guerra. É certo que o alto-comando acautelara-se, ao não colocar tropas de origem eslava frente aos Russos; sábia precaução, pois os contingentes checos deixaram-se fazer prisioneiros com mais facilidade do que as tropas austríacas; mantiveram-se, porém, leais, e aos Russos não lhes passou pela cabeça utilizá-los, uma vez prisioneiros, contra os seus antigos opressores; ainda que inimigos, os Estados não utilizavam certas armas uns contra os outros.

Esta atitude dos alógenos tem uma explicação simples: com a abertura das hostilidades, o seu estatuto muda. Tornam-se soldados como todos os cidadãos do império: vestidos com o uniforme, participam na mesma aventura. Esta promoção exalta-os e destaca-os: debaixo do uniforme, Schveik é um soldado como os outros*.

O caso da minoria sérvia era diferente. Foi-lhe difícil resistir ao apelo de Belgrado, aos defensores da Grande Sérvia. Além disso, a anexação da Bósnia-Herzegovina pela Áustria, em 1908, convertia-se numa outra Alsácia-Lorena: tornava ilusórios os seus sonhos e contrariava igualmente o ideal pan-eslavo. Estimuladoras da luta contra os Habsburgo, as organizações secretas sérvias eram financiadas por São Petersburgo. Praticavam o terrorismo, desde 1908, contra os funcionários austríacos em território ocupado, isto é, na Bósnia. Tinham o objectivo declarado de tornar ali insustentável a presença austríaca. O governo sérvio não o ignorava pois os chefes da Mão Negra, a principal organização terrorista, ocupavam postos de alta responsabilidade nos serviços secretos. Recrutavam os terroristas no seio da minoria sérvia do império: assim sendo, o governo de Belgrado podia declarar-se isento de responsabilidades. As autoridades austríacas não se deixavam enganar e o Exército exigia, pela voz do seu chefe, Conrad von Hotzendorf, o castigo dos verdadeiros culpados.

Estes problemas eram vitais para o império. Multinacional por natureza, não podia ceder aos movimentos centrífugos. Pelo menos, a partir de 1867, um compromisso com os Húngaros permitira-lhes resolver o problema do seu estatuto. Depois desta data, estes desempenhavam um papel essencial na orientação dos seus próprios negócios e igualmente nos da dupla monarquia. A partir de então, o separatismo seduziu-os menos do que a hegemonia sobre as outras minorias, especialmente os Eslavos e Romenos. Invertendo os papéis, os Húngaros opuseram-se, ainda mais do que os Austríacos, às reivindicações particularistas das outras minorias que, por volta de 1914, se tornavam cada vez mais prementes.

Em Viena, os meios dirigentes estavam divididos. Uma parte dos homens políticos e certos membros da família imperial, especialmente o herdeiro do trono, Francisco Fernando, adoptavam uma atitude liberal. Mas o Exército era intransigente; mantinha-se como o último bastião de fidelidade ao passado alemão do império. 78,7% dos oficiais de carreira eram de origem germânica enquanto os Alemães constituíam

* Referência à obra de Jaroslav Hasek, *O Valente Soldado Schveik* (*N. do T.*)

apenas 24% da população; para os Húngaros e os Checos os números eram respectivamente de 9 e 20%, de 4,8 e 13%; apenas 0,2% dos oficiais eram de origem ucraniana enquanto o império contava com 10% de Pequeno-Russos. Mais do que qualquer outro corpo social, o Exército resistira ao assalto das nacionalidades. É um facto que o comando tivera de fazer concessões aos Húngaros, de admitir a constituição de um corpo húngaro autónomo, o *Honved,* e de tolerar que ao lado da língua de comando, 80 palavras, e da língua de serviço, 100 palavras, existisse a possibilidade, para cada regimento, de utilizar a língua nacional. Recusava fazer outras concessões. Aliás, sabia que estas querelas não eclodiriam em tempo de guerra. Os Checos ou os Rutenos zaragateavam no Exército em tempo de paz, mas obedeciam aos chefes no campo de batalha.

Para o alto-comando, a guerra era assim um modo de resolver o problema nacional e de remeter os Húngaros para o seu lugar. Estes sabiam-no e provocavam agitação sempre que se tratava de aumentar a sua importância militar. O resultado desta obstrução foi que, em 1914, o Exército austríaco estava menos apto do que os seus rivais para travar uma guerra longa: todos os anos, podia apenas assegurar o treino de 29% dos habitantes da dupla monarquia enquanto na Rússia, Itália e França a proporção era de 35%, 37% e 75% (na Alemanha 47%). Dispondo de duas vezes menos soldados treinados que a França, para uma população igual, o Exército austríaco estava mais mal equipado do que o Exército russo ou o italiano. Por falta de uniforme, um oficial partia para a frente em traje de gala, e Conrad von Hotzendorf insistia que o seu Exército não estaria apto antes de 1920.

Bastava, porém, que um conflito rebentasse no interior com os Rutenos, no exterior com os Sérvios e com os Russos, considerados responsáveis pelo estado de fermentação que reinava no império, para que a ira atingisse os chefes do Exército. A ideia de «ajustar contas com os Eslavos» do interior, relativamente aos Sérvios, e do exterior, relativamente aos Russos, exaltava suficientemente os ministros e os chefes militares para que estes provocassem a guerra, no preciso momento em que acabavam de demonstrar que não seriam capazes de a ganhar. É verdade que a guerra nos Balcãs não era a guerra. Era outro mundo, outro conflito, em que as querelas ancestrais entre clãs não justificariam que a Europa metesse a mão. Bismarck dissera-o: não valiam os ossos de um granadeiro pomerânio.

Várias vezes, sempre que o conflito austro-russo ameaçara explodir por causa dos Sérvios e dos Búlgaros, Berlim teve de segurar o braço de Viena, e Paris o de São Petersburgo. Parecia igualmente que esta guerra local não se transformaria necessariamente numa guerra continental. Pensava-se ainda menos que pudesse tornar-se numa guerra mundial, tanto mais que estava longe dos espíritos, tanto em Viena como em São Petersburgo, tanto em Paris, como em Berlim, a ideia de uma guerra em que a Inglaterra pudesse efectivamente participar.

É verdade que a necessidade de uma guerra entre a Inglaterra e a Alemanha não tinha raízes na história dos povos. Pertencia a um passado mais recente que a consciência nacional ainda não assimilara completamente: esta necessidade prendia-se com o recente desenvolvimento das rivalidades de carácter imperialista.

III

A GUERRA INELUTÁVEL

A composição das coligações revela um outro aspecto da guerra de 1914: o seu carácter imperialista; explica também algumas das suas causas. Os dois sistemas de alianças, com efeito, não foram fortuitos; a sua lógica estava ligada ao desigual desenvolvimento das nações, à rivalidade que derivava desse facto.

Na Europa, cada nação exercera antes a sua hegemonia. Em meados do século XVI foi a Espanha, no século XVII foram a França e, depois, a Inglaterra que exerceram o seu predomínio. Depois da revolução e do império, começou uma espécie de novo ciclo histórico, definido pelo desenvolvimento industrial das nações. A Inglaterra adquire então um avanço excepcional, sendo o seu poder igual, em meados do século XIX, ao de todos os outros países reunidos.

No entanto, verifica-se uma diferença com esta nossa segunda metade do século XX, em que o avanço técnico dos Estados Unidos em relação ao resto do mundo não pára de crescer; no século XIX, a distância que separa a Grã-Bretanha das outras potências industrializadas reduz-se decénio após decénio. Outras nações industriais nasceram, conseguiram crescer e, depois, prosperar, não se deixando dominar pela Inglaterra. Em primeiro lugar, foi a França e depois a Bélgica, que partiram logo a seguir na corrida para a industrialização; depois foram os Estados Unidos, a Rússia e o Japão; por fim, e principalmente, a Alemanha.

Ascensão da Alemanha

Unificada, e uma das últimas a partir, a Alemanha teve de adaptar o seu desenvolvimento às necessidades de um mundo que se tinha organizado sem a sua participação e no qual todos tinham já lugares e papéis definidos, mercados reservados, matérias-primas garantidas, projectos para o futuro elaborados. Para resistir e vencer a concorrência, a concentração constituiu ali uma necessidade ainda maior do que nos Estados Unidos; aconteceu o mesmo com a coordenação da ciência e da indústria. Entre 1880 e 1914, graças a estes imperativos e graças ao triunfo do espírito tecnocrático, a Alemanha consegue dar o mais prodigioso salto económico que a História jamais conhecera. Sentiu-se orgulhosa disto, pois em certos domínios fazia concorrência, até no mercado desse país, à Inglaterra, mãe das nações industriais. Seguindo o exemplo franco-inglês, a Alemanha converteu-se, por sua vez, à ideia da expansão ultramarina, quer esta tenha por objectivo a procura de matérias-primas a preços acessíveis, quer ainda para a expansão dos seus mercados. Ora o planeta estava já quase todo ele conquistado e dividido, pelo que a Alemanha não conseguia obter um «lugar ao sol». Com uma enorme força económica concentrada num território relativamente pequeno e um campo de expansão estreitamente delimitado pelas posições já adquiridas pelos rivais, a Alemanha não conseguiu satisfazer as necessidades extraordinárias do seu corpo em pleno crescimento ainda que a sua economia fosse absolutamente competitiva. Não teve a possibilidade de alargar as suas zonas de influência nem de conquistar novos mercados; além disso, não dispunha de uma consolidação financeira à dimensão da sua expansão económica.

O desafio

Mais que qualquer outro país, a Inglaterra sentia-se ameaçada por esta vontade de desafio que estimulava o orgulho alemão por um êxito sem precedentes. Desde 1895, Joe Chamberlain assinalava as «nuvens de tempestade» no horizonte. Tanto na China como na África do Sul, a Grã-Bretanha viu o seu caminho cruzado pela Alemanha de Guilherme II. Sobretudo, depois de 1900, a ascensão do poderio naval da Alemanha, sob a influência de pangermanistas como o almirante Tirpitz, despertava as mais vivas inquietações além-Mancha. Os Ingleses queriam manter a todo o custo o *Two powers standard*([3]) e construir supercouraçados, os *Dreadnoughts*, pensando que a Alemanha não poderia imitá-los, uma vez que o canal de Kiel era demasiado estreito para navios de tal tonelagem. Longe de ficarem impressionados com este sobrelanço, os Alemães alargaram o canal e construíram, por sua vez, supercouraçados. Doravante, a rivalidade anglo-alemã transforma-se numa confrontação pública que a imprensa internacional e os boletins noticiosos nos cinemas orquestraram e encorajaram.

([3]) Política que assegura à Grã-Bertanha um poderio naval superior ou igual ao dos países que possuem a frota mais importante depois da sua.

É verdade que a ideia de um acordo aflorou nalguns homens de Estado, ingleses ou alemães. Mas o próprio movimento da rivalidade imperialista, assim como o carácter dos homens, empurravam os dois países para o antagonismo. Durante os vinte anos que precederam a guerra, a Alemanha manifestou mais impaciência e agressividade do que a sua rival; já enriquecida, a Inglaterra era necessariamente conservadora e contemporizadora, se não abertamente pacifista, como o manifestará alguns dias antes de entrar em guerra. Esta atitude exprimia unicamente a sua vontade de não modificar uma situação de facto. Se esta fosse ameaçada na sua existência efectiva ou nas suas possibilidades virtuais, os interesses do povo inglês levá-la-iam a reconsiderar a posição. É um facto que os seus dirigentes encararam a possibilidade de fazer concessões ao expansionismo alemão, mas mesmo que lhe fossem concedidas compensações de ordem territorial (à custa das colónias... belgas ou portuguesas), esta política não garantia os interesses futuros da Inglaterra que, inelutavelmente, seria cada vez mais ameaçada pelo aumento das possibilidades da potência alemã.

Desde o começo do século, a Grã-Bretanha praticou também a política de *containment (Eindammung)* [contenção]. Abandonou definitivamente a política de isolamento, reforçou os laços estabelecidos com a França e a Rússia entre 1904 e 1907, consentiu igualmente em sacrifícios militares extremos, a partir do momento em que se tornou incontestável que a Alemanha ameaçava efectivamente a sua hegemonia. «Vivemos demasiado tempo enroscados no abrigo do vale», escreveu algumas semanas depois Lloyd George, «confortavelmente protegidos e demasiado complacentes connosco mesmos. (...) Hoje o destino leva-nos até essas esquecidas elevações: a honra, o dever, o patriotismo e, vestido de branco, cintilante, o sacrifício que aponta o seu dedo feroz em direcção ao céu».

Tal era a lição extraída das peripécias da política internacional nos últimos dez anos. O *Kaiser* estava tanto mais irritado quanto era um facto que, depois de ter assistido à tentativa de reaproximação dos Ingleses na época de Vitória, sua avó, deparava, agora, com a rejeição, por parte da diplomacia de Eduardo VII, das suas próprias tentativas. Susceptibilidade de ordem pessoal a que se acrescentava a lista dos agravos alimentados pela Alemanha contra a Inglaterra e que irritavam o seu nacionalismo. As palavras de Hans Delbrück, pronunciadas em 1899, mantinham-se válidas: «Queremos transformar-nos numa potência mundial... e não podemos recuar. Poderíamos prosseguir esta política com a Inglaterra ou sem a Inglaterra. Com ela, significa a paz; contra ela, significa a guerra». Mas o «pacifismo» dos Ingleses, o seu gosto pela negociação, enganou os dirigentes alemães, que acreditaram que eram apenas desacordos de carácter pessoal ou conjuntural que barravam a via a um acordo. Em plena crise de Julho de 1914, ainda estavam seguros de que a Inglaterra não participaria numa guerra europeia. Persuadidos de que acabariam por «se entender» com os Ingleses, manifestaram surpresa e cólera quando, tendo invadido a Bélgica, souberam que a Grã-Bretanha se tinha decidido a combatê-los. O hino do «amor desiludido», o canto do ódio *(Hassgesang)* contra a Inglaterra, de Ernest Lissauer, testemunha o despeito sentido pelos Alemães. Conheceu um grande sucesso.

Que nos importa o Russo ou o Francês... golpe contra golpe, bota contra bota.
Não gostamos deles, também não os odiamos: protegemos o Vístula e as passagens dos Vosgos. Temos um só ódio. Amamos o mesmo, odiamos o mesmo. Temos um só inimigo.
Todos o conhecem.
Todos o conhecem.
Escondido atrás do mar cinzento, cheio de inveja e malícia, cólera e astúcia, de nós separado por águas espessas como sangue.
Temos um só ódio.
Temos um só inimigo: a Inglaterra.

No refeitório dos oficiais, no salão de festas de bordo, estavam sentados à hora da refeição. Repentino como um golpe de sabre, alguém entre eles empunhou uma taça brindando. E numa batida seca como um golpe de remo, pronuncia três palavras: «Ao dia D».

A quem brindamos?
Tinham todos um só ódio. Em que pensavam eles?
Tinham todos um só inimigo, a Inglaterra.

Toma a teu soldo os povos de toda a terra.
Constrói muralhas com lingotes de ouro.
Cobre de naus e mais naus a superfície dos mares.
Contas bem mas ainda não é suficiente.
Que nos importam os Russos e os Franceses?
Golpe contra golpe e bota contra bota. Concluiremos a paz de um dia para o outro.
A ti, odiar-te-emos com um grande ódio.
E não renunciaremos ao nosso ódio,
ódio sobre as águas, ódio sobre a terra,
ódio com o cérebro,
ódio com as nossas mãos,
ódio com martelos e ódio com coroas,
ódio mortífero de setenta milhões de homens.
Amam o mesmo, odeiam o mesmo.
Têm um só inimigo: a Inglaterra.

Os conflitos secundários

Conflitos paralelos, de idêntica natureza, alinharam-se com este antagonismo maior. Assim acontecia com aquele que opunha a França e a Alemanha, já excitadas por uma hostilidade ancestral. Nos princípios do século, o desenvolvimento económico da França fora retomado com vigor mas, comparado com o da Alemanha ou dos E.U.A., mostrava sinais de estrangulamento. Como a curva demográfica se inflectia perigosamente, Paris via com inquietação aumentar a sombra do inimigo hereditário.

Já passara o tempo da antiga querela em que, para «compensar» a perda da Alsácia-Lorena, a Alemanha de Bismarck encorajava a França a expandir-se para o ultramar. De agora em diante, encontrava-se a rivalidade franco-alemã em todas as partes do mundo, de Marrocos ao Congo e à China; encontrava-se em todos os níveis: o da expansão colonial, da exportação dos produtos, da conquista dos mercados financeiros. Desde há alguns anos que a penetração dos interesses alemães nas áreas dos interesses franceses aumentava o contencioso que dividia os dois países; os interesses de além-Reno estavam doravante presentes – até mesmo no interior das fronteiras francesas.

É um facto que, no começo do século, a República francesa continuava a desempenhar um papel eminente no mercado financeiro e económico mundial. «A França é o cofre-forte», gostava de repetir Nicolau II. Pelo jogo dos empréstimos privados e, sobretudo, dos empréstimos de Estado (que ele julgava mais seguros), o aforrador francês enterrava as economias para além das suas fronteiras e, especialmente, na Rússia, onde a taxa de juro era mais vantajosa. Os bancos e os meios governamentais franceses, concertados desta forma, asseguravam ao capital francês uma verdadeira posição de árbitro, quase uma hegemonia. Os Franceses raramente encontravam os Ingleses no seu caminho, manifestando estes uma crescente tendência para subscrever empréstimos privados, emitidos frequentemente na América, nos domínios ou na China. Pelo contrário, os Franceses deparavam, com uma frequência cada vez maior, com os Alemães, que, tal como eles, faziam intervir o Estado nos seus negócios: na Rússia, na Roménia, na Sérvia, etc. Todavia, no plano financeiro, a Alemanha não tinha capacidades para a vencer, embora manifestasse a sua omnipresença e, por volta de 1910-1914, se verificasse em França uma inegável vontade de a contrariar. Os meios dirigentes não tardaram a aperceber-se de que o capital francês servia muitas vezes aos países clientes para fazer encomendas à Alemanha e que, em certa medida, este dinheiro beneficiava a indústria do país rival: o caso da Sérvia era um dos exemplos.

Do mesmo modo, a Rússia, outro «inimigo hereditário» da Alemanha, sentia-se ameaçada simultaneamente pelo tradicional *Drang nach Osten* e pela expansão dos produtos alemães. Numa época em que se é mais sensível à invasão dos objectos do que à penetração dos capitais, os Russos avaliaram mal os perigos da colonização financeira tal como a praticavam os Ingleses, Belgas e Franceses. Inversamente, a ubiquidade das mercadorias alemãs tornou sensível, no seu entender, a ameaça que a Alemanha fazia pesar sobre o futuro do país. Assim, em meados do século XIX, a Grã-Bretanha exportava para a Rússia duas vezes mais produtos que a Alemanha e, em 1913, exportava três vezes menos. No tocante às importações feitas pelos Russos, a Alemanha, que contava apenas 16% em 1846, atingiu 32% de todas as compras russas em 1896, e 44% no período de 1909-1913. Retomando o procedimento de Williams em *Made in Germany,* o publicista russo Kulicher ilustrava assim a invasão dos produtos alemães na Rússia:

> Os brinquedos, as bonecas, os livros ilustrados que as vossas crianças lêem vêm da Alemanha. E o mesmo se verifica com o papel no qual é impressa a vossa imprensa mais patriótica. Ao entrarem em casa, em qualquer recanto, encontrarão objectos *Made in Germany,* do piano do salão à panela da cozinha.
>
> Venham até cá fora e, sobre a bomba que traz a água com que regam as flores do vosso jardim, verão escrito *Made in Germany,* assim como nas folhas impressas abandonadas no cesto dos papéis. Deitem-nas na lareira e, ao pegarem na tenaz, verão que foi forjada na Alemanha... Com um pontapé, ao recolocarem a tenaz no lugar, deixam cair um *bibelot:* ao reconstituir os cacos, verão escrito: *Made in Germany.*

«Em suma», concluía este publicista, que escrevia este artigo no início de 1917, «a guerra é uma oportunidade para o comércio inglês se souber retirar as lições do seu insucesso passado».

Assim, a história recente, como uma história bem mais recuada, davam um sentido e uma coerência aos sistemas de alianças cuja lógica era pertinente: a Alemanha contra a Grã-Bretanha, esta associada à França e à Rússia, graças à «diplomacia» de Delcassé.

O mesmo aconteceu com o papel desempenhado pela maior parte dos outros protagonistas da Grande Guerra.

Ameaçadas de rebentar a partir do interior pela acção da força centrífuga das nacionalidades, a Áustria-Hungria e a Turquia estavam necessariamente associadas à Alemanha. Para a primeira, a ameaça principal vinha dos Eslavos do Sul, apoiados pela Rússia. Para a Turquia, a ameaçava provinha sempre da Rússia, onde o czarismo e o movimento pan-eslavista tinham pretensões claramente expressas sobre os Estreitos. Ora, a Inglaterra, antes protectora da Turquia, estava agora associada ao czarismo. Duplamente ameaçado, «o homem doente» aceitou a protecção da Alemanha de Guilherme II. Esta substituiu rapidamente a Inglaterra, desempenha o papel de protector e, para o «defender», começou a colonizar o império do sultão. No entanto, durante muito tempo, a Alemanha conseguiu agir com habilidade. Construía o caminho-de-ferro de Bagdade, treinava o Exército turco, mas evitava reivindicar a implantação de bases, como a Grã-Bretanha antes fizera em Chipre; e, principalmente, não exigia içar a sua bandeira nem enviar tropas.

Logo após as guerras balcânicas (1908-1913), a Turquia, muito enfraquecida, sentiu todavia que a protecção da Alemanha começava a assemelhar-se a um protectorado. Efectivamente, Jagow confidenciava aos Austríacos que era inevitável uma partilha do Império Otomano. Prepararam-se mapas da Ásia Menor, em que diferentes cores indicavam «zonas de trabalho» *(Arbeitszone,* designação preferida a «esferas de influência») reservadas à Itália, à Áustria, etc.

A Rússia, informada, não sentia satisfação em ter a Alemanha como vizinha no Oriente. Esboçou uma aproximação com a Turquia, encorajada pela diplomacia e pelo dinheiro franceses. A Áustria e a Alemanha compreenderam a necessidade de evitar esta reviravolta das alianças com uma acção vigorosa. «O castigo da Sérvia restauraria seguramente o prestígio da Áustria e da Alemanha em Constantinopla», declarava o grão-vizir ao embaixador de Francisco José. Com efeito, no próprio dia que se seguiu ao ultimato austríaco, depois de Sarajevo, a Turquia pedia formalmente a sua entrada na Tríplice Aliança.

Ulteriormente, e porque não conseguiu construir a tempo um verdadeiro império colonial, a Alemanha tirou partido desta situação proclamando que só ela respeitava a independência dos povos do ultramar. Arvorou-se em defensora do direito dos povos coloniais à independência e a sua palavra foi escutada, por intermédio da aliança turca, até entre os muçulmanos da Rússia, do Império Britânico ou da África do Norte. Os efeitos desta propaganda fizeram-se sentir, em primeiro lugar, entre os grandes nómadas da Tripolitânia, então possessão italiana. Estes sucessos deram uma dimensão mundial à noção de direitos dos povos, que, concebida por Europeus, era primordialmente destinada só aos Europeus. A Alemanha ganhou com isso bastantes simpatias, do Cáucaso ao Cairo e a Marraquexe, e manteve-as.

O caso da Itália

O caso da Itália reforça os traços deste esquema. A aliança celebrada, há mais de vinte anos, com a Áustria e a Alemanha correspondia, por volta de 1900, aos interesses de certos meios político-económicos e expansionistas, em parte controlados pelo capital de além-Reno. Para muitos Italianos esta aliança justificava-se, pois a França e a Inglaterra tinham-se cruzado muitas vezes no seu caminho, na Tunísia como na Etiópia. No entanto, a associação com a Áustria, inimiga hereditária, não era popular. Além disso, o «conluio» entre o Vaticano, os eclesiásticos e a monarquia católica e conservadora dos Habsburgo afastava uma parte dos meios dirigentes desta aliança que, na prática, tinha dado poucos resultados. Para Giolitti, durante muito tempo Presidente do Conselho, liberal, ligado sobretudo aos meios alemães, a adesão à Tríplice Aliança tinha um carácter estritamente defensivo e diplomático: tratava-se de manter a Itália num sistema de alianças que fizesse dela a associada ou a parceira das grandes potências; esta adesão era o sinal da sua promoção ao nível das potências mundiais. Como parecia presunçoso hostilizar as forças doravante aliadas da França e da Inglaterra, senhoras do Mediterrâneo e do abastecimento de carvão para a indústria italiana, bastava que Londres ou Paris manifestassem «compreensão» relativamente às «legítimas» aspirações da Itália em conquistar posições ultramarinas para que esta esboçasse um passo na direcção desses países. Apoiada diplomaticamente pelas potências ocidentais quando do conflito com a Turquia, em 1911, na altura da conquista da Tripolitânia, a Itália tinha tendência para se aproximar cada vez mais de Londres e de Paris: tratou-se mesmo de construir, com o dinheiro inglês e com o acordo dos Sérvios e dos Russos, um caminho-de-ferro do Adriático ao Mar Negro. Por outro lado, na impossibilidade de poderem ajudar na efectivação de anexações no Tirol e ao longo da costa adriática, a França e a Inglaterra estavam, melhor do que ninguém, bem colocadas para satisfazer as ambições italianas que, na Ásia Menor, começavam a exprimir-se abertamente: «O esgotamento da Turquia, o inútil despertar dos Gregos, a evolução lenta e tardia dos estados a sul do Danúbio impõem à Itália mediterrânica um papel e uma primazia. Nunca fomos tão italianos como hoje», escrevia Alfredo Oriani. Estava em vias de surgir o mito da Quarta Roma.

Estas ambições foram objecto de negociações secretas com Paris, Londres e São Petersburgo, assim como com Viena e Berlim; estiveram na origem de uma verdadeira reviravolta das alianças. «A Itália desprende-se de nós como uma pêra podre», constatava Guilherme II.

Ao rebentar a crise de Julho de 1914, o governo de Viena não mantém os novos dirigentes italianos ao corrente das suas intenções face à Sérvia; a Tríplice Aliança acaba de renovar-se, pelo que Salandra e Sonnino sentiram a atitude dos seus «aliados» como uma afronta. Não deixavam de estar menos prontos para encarar a entrada em guerra da Itália, uma solução para resolver o problema da agitação social e revolucionária, particularmente viva nesses últimos meses, no seguimento da *Semana Vermelha*[4]. Inversamente, a maioria dos deputados era levada a escutar Giolitti, que temia que a guerra suscitasse, através de sacrifícios comuns, a vontade de obter a igualdade de direitos.

Assim, na Itália, o problema da entrada em guerra colocou-se de um modo singular, uma vez que, para além das simpatias por um campo ou por outro, os dirigentes italianos procuravam abertamente fazer compreender que se colocariam do lado que oferecesse mais vantagens.

---

(4) Este motivo teve a sua importância igualmente noutros países, mas não de um modo tão directo.

Deixavam transparecer claramente as suas ambições anexionistas e evidenciavam, desta forma, o carácter imperialista da sua intervenção.

Em Agosto de 1914, sob a ameaça da crise, os povos e os governos tiveram o sentimento, legítimo ou não, de que entravam em guerra pela defesa dos seus direitos, da sua honra ou da sua segurança; as ambições anexionistas não se manifestaram nem durante as semanas que precederam a declaração de guerra, nem durante aquelas que se lhe seguiram. Reapareceram mais tarde. O mesmo não aconteceu na Itália, onde se impôs a necessidade de seduzir a opinião pública para a levar a aderir à ideia de uma guerra. Os nacionalistas estavam prontos para ela, mas o resto da população vivia com outros sonhos. Era necessário canalizar-lhe a atenção e a imprensa encarregou-se disso. É verdade que a expansão podia trazer uma solução para o problema da emigração e que, para uma grande parte dos socialistas, a guerra era considerada a parteira das verdadeiras revoluções.

Nos Balcãs, era a mesma guerra? Aí as hostilidades tinham começado muito antes do atentado de Sarajevo, e continuaram depois da paz de Versalhes(5). Outro mundo, outro conflito, que se enxertou na Grande Guerra, mas que se desenrolou com um ritmo próprio e com os seus meios. É certo que a Grande Guerra nasceu nos Balcãs e é legítimo estabelecer o encadeamento dos acontecimentos de Sarajevo à paz de Versalhes. Porém, os assassinos de Francisco Fernando e aqueles que guiaram os seus actos premeditavam, quando muito, um conflito austro-sérvio, nunca uma guerra europeia; nem sequer imaginavam que pudesse haver uma relação entre os dois.

O que significa, de certo modo, que a partir de Sarajevo a guerra mundial não era inevitável.

Subsiste o facto de que, no princípio de 1914, as redes de alianças tinham a sua lógica, que a rivalidade que as opunha não era fortuita e que o antagonismo que opunha as nações vizinhas tinha a sua origem num passado remoto e que pertencia à sua consciência colectiva.

É facto também que os contemporâneos julgavam que se a paz pudesse ainda ser salvaguardada durante um ou dois anos, a guerra, de qualquer modo, era fatal. Esta, com efeito, mesmo antes de rebentar, já conquistara os espíritos.

(5) Em 1913, na altura da primeira guerra balcânica, a Bulgária, a Grécia e a Sérvia, associadas, tinham vencido a Turquia e partilharam entre si uma parte da Trácia e da Macedónia. A Bulgária suportara o maior peso da guerra e arrebatara as maiores vitórias. Achando que o respectivo quinhão era insuficiente, a Sérvia e a Bulgária empreenderam uma segunda guerra balcânica, mesmo antes de a Turquia assinar a paz. A Grécia e a Roménia apoiavam a Sérvia enquanto a Turquia retomava as hostilidades contra a Bulgária, assim atacada por todos os lados ao mesmo tempo. Por ocasião da paz de Bucareste, em 1913, a Bulgária, vencida, apenas mantinha, das suas conquistas de 1912, o vale Strumitza e o litoral da Trácia, enquanto os seus antigos aliados ocupavam os territórios que ela tinha ganho aos Turcos no ano anterior.

IV

A GUERRA IMAGINÁRIA

É certo que a guerra, tal como foi imaginada, é uma guerra imaginária. Todavia revela intenções, certezas, crenças. A guerra que não ocorreu é tão História como a História.

Desde 1880, abundam artigos e obras sobre a futura guerra; I. F. Clark inventariou mais de cinquenta. Dizem respeito tanto à ficção como à previsão estritamente militar; contudo, o limite entre uma e outra nem sempre é sensível: também foram repartidas as ilusões sobre a futura guerra.

A guerra em ficção

A guerra em ficção desenvolveu-se bruscamente na Grã-Bretanha depois do sucesso de *A Batalha de Dorking*, durante os anos 1880. Doravante, semanários e revistas, tal como a *Black and White,* imaginaram todos os conflitos em que o respectivo país poderia vir a estar envolvido. *A Batalha de Bolonha* e *Como John Bull perdeu Londres* evocavam, antes de 1900, a hipótese de uma guerra com a França; é o eco de Fachoda. Com a *Entente Cordiale** e a corrida aos armamentos navais, *A Grande Guerra Naval* e *A Tomada de Londres* ilustram um conflito com a *Kriegsmarine*. Dez outros se lhes seguem. As narrativas alemãs foram mais raras, mas a França conheceu uma abundante literatura bélica. Reflecte fielmente as reviravoltas da diplomacia. Até 1904, Alemães e Ingleses aparecem, quer associados, quer isolados num conflito com a França e a Rússia. Depois de 1904, a guerra só teve lugar com a Alemanha: *A batalha de Woëvre*, *A derrocada da Alemanha na próxima guerra*, *O fim da Prússia e o desmembramento da Alemanha (1913)* apresentam as peripécias destes combates.

---

* Expressão francesa que designa as relações de amizade estabelecidas entre a França e a Inglaterra a partir de 1904 (*N.R.*).

Os Ingleses imaginam facilmente que serão surpreendidos, invadidos, derrotados. Mais de vinte obras ilustram este tema, ao qual o projecto de um túnel sob o Canal da Mancha confere actualidade. Em suma, a literatura inglesa reflecte a surda inquietação que o país sente quanto ao futuro. Enquanto os Alemães, confiantes, experimentam com mais raridade o esforço de o imaginar, os Franceses sonham com a desforra, que aguardam com impaciência. São sempre vitoriosos. Os escritores militares não se escondem; tal é o caso do capitão Danrit (anagrama de Auguste Driant, genro do general Boulanger, morto em Verdun em 1916), que dedica nestes termos ao seu próprio regimento *A guerra do amanhã:* «Contigo, gostaria de partir para a Grande Guerra, aquela que todos esperamos e que tanto tarda. Para iludir a espera, sonhei com ela, esta guerra santa que venceremos» (1891).

Todas estas obras fazem uma descrição precisa dos futuros combates, descrição essa sem qualquer relação com a realidade que vai seguir-se. Desta forma, as batalhas inventadas pelos ensaístas ou escritores militares reproduzem as manobras da época napoleónica: os soldados de infantaria carregam em fileiras cerradas, a cavalaria tem a última palavra, a batalha é ganha num dia. Isto faz-nos pensar numa competição entre equipas desportivas: há os calças-vermelhas, os *feldgrau,* o verde dos Italianos. A Inglaterra suprime a cor. Sempre antecipadora, inventa o caqui, mas prepara apenas algumas dezenas de milhares de uniformes.

Em suma, a ilusão é geral. Excepção feita ao «extravagante» H. G. Wells, ao desenhador Albert Robida e ao teórico russo Ivan Stanislovitch Bloch, ninguém sentiu que a guerra que se aproximava seria a guerra da era industrial, que causaria milhões de mortos e que mobilizaria a nação.

As obras sobre a guerra tornavam-se de tal modo numerosas após 1906, que deram origem a uma literatura secundária, a do sábio exército dos críticos. Estes começavam a interrogar-se seriamente sobre este fenómeno quando a guerra rebentou.

A guerra será curta

Os espíritos estavam preparados. Como é que os responsáveis encaravam a prova?

Não mais lucidamente do que os autores de guerra de ficção: não associavam a guerra aos progressos da revolução industrial. Na Alemanha, em finais de 1912, o secretário de Estado Delbrück não reconhecia qualquer valor prático ao projecto de criação de um Estado-maior económico que pudesse mobilizar e regulamentar a actividade das fábricas de Ruhr. Em Julho de 1914, o secretário de Estado das Finanças recusava-se a comprar reservas de trigo armazenadas em

Roterdão, porque «os civis não tinham de se intrometer na situação que prevalecesse em caso de guerra: isso era do foro militar».

Em França, como na Alemanha ou nos outros países, os militares pensavam mais no número de homens susceptíveis de serem mobilizados e mesmo no seu equipamento do que nas novas características que a futura guerra podia assumir; só os espíritos limitados podiam imaginar que a guerra duraria mais de uma estação, pois, com o serviço militar obrigatório (e a eventualidade de um recrutamento em Inglaterra), a vida do país seria totalmente perturbada e esta situação não poderia durar muito tempo.

Assim, prevalecia a ideia de que uma guerra moderna seria necessariamente uma guerra curta. O que explica os planos dos militares e dá conta das suas concepções.

A Alemanha não imagina uma guerra contra a Inglaterra

Nas suas *Memórias,* escritas em 1960, o almirante Raeder, que comandou a frota nazi, indica que, em 1914, o Estado-maior naval alemão não tinha um plano de guerra contra a Grã-Bretanha.

Algures, o mesmo testemunho indica que também não tinha plano previsto para apoiar a marcha de um exército alemão contra a França. Raeder ignorava por completo o «plano Schlieffen»([6]). Apesar das aparências, este aspecto reforça mais do que enfraquece o precedente; uma ausência de coordenação entre o Estado-maior naval e o exército terrestre não é uma impossibilidade; pelo contrário, é surpreendente que nenhuma operação naval a oeste tenha sido prevista: quer isso dizer que o Estado-maior general pensava vencer antes da chegada de um corpo inglês ao continente? Ou significa que, para a *Kriegsmarine*, não se previa qualquer conflito com a Inglaterra? É um facto que certos meios instigados pelo «complexo de Copenhaga» receavam que o Almirantado inglês reiterasse o golpe de 1802 com um bombardeamento preventivo da frota alemã no mar do Norte, mas acreditava-se verdadeiramente nisso? A outra hipótese iria longe: confirmaria que, na Alemanha, as forças navais tinham por objecto último não a guerra, mas uma negociação que seria assim imposta à Inglaterra, o que lança uma luz própria sobre a política de Bethmann-Hollweg durante a crise do Verão de 1914.

Por seu lado, os Ingleses preparavam-se, desde 1911, para a eventualidade de um desembarque nas costas da Jutlândia. Ulteriormente, decidiram aproximar o seu Corpo Expedicionário da provável frente dos exércitos principais: em primeiro lugar, com o estabelecimento de uma testa-de-ponte em Antuérpia; depois, juntando-se à extrema es-

([6]) Ver pp. 52-54.

querda dos Franceses, em direcção a Maubeuge. Sabiam que em caso de necessidade fariam a guerra, mas saberiam eles igualmente que os Alemães não acreditavam nisso? De qualquer forma, pacifistas nas palavras, estabeleciam os planos ofensivos, pelo menos contra a Alemanha, e mais realistas que os do adversário, repleto de ilusões sobre os sentimentos dos meios responsáveis para com ele. É verdade que na Grã-Bretanha as forças armadas estavam ao serviço do *business,* enquanto além-Reno recebiam a herança de uma longa tradição fundiária.

Como os Franceses imaginavam a futura guerra

Abramos um livro de *Exercícios e problemas* utilizado nas escolas militares francesas entre 1890 e 1914. Quais são os temas de reflexão? De uma edição para outra, a evolução é sensível. Até 1906, são numerosos os exercícios sobre a resposta a dar a um desembarque inglês na região de Caux; depois desta data, desaparecem; após 1912 desaparecem, por sua vez, todos aqueles que visam repelir um ataque italiano a Bizerta ou nos Alpes. Daí em diante só há um inimigo imaginável, o Alemão.

Surge uma outra constatação: antes, na escola de Brienne, Bonaparte fazia os seus exercícios nos mapas do Sul da Alemanha, dos Países Baixos ou da Itália. Um século mais tarde, todos os problemas tácticos se situam em Champagne, na Borgonha, no Franco-Condado. Não vem à ideia que possam bater-se em território inimigo, excepto na Alsácia-Lorena: o horizonte francês já não ultrapassava o Reno.

Conhece-se a outra perspectiva: sabendo do projecto inglês de desembarcar no continente as tropas metropolitanas e os contingentes coloniais, um estratego francês comenta: «os Ingleses raciocinam como se a campanha fosse durar anos. O conceito só tem um erro: vem com um século de atraso». Uma guerra curta: tal é, assim, a certeza de todos; mesmo que Kitchnener, Gallieni e, até, Joffre, tenham manifestado, por vezes, o seu cepticismo, nunca aprenderam a lição, partilhando a crença geral dos seus camaradas, companheiros ou inimigos.

A ideia geral é que a guerra se concluiria com uma ou duas grandes batalhas, pelo que os estrategos se dividiam essencialmente quanto à forma de as vencer. Frentes estreitas ou frentes alongadas; ataque solto ou cerrado; artilharia pesada ou ligeira, de campanha; utilidade ou inutilidade da metralhadora; finalmente, esta foi considerada inútil tanto pelos Franceses como pelos Alemães, defensores da dispersão das forças.

Em *La Revanche,* Henry Contamine observa que, em França, os meios militares, diferentemente dos homens políticos, consideravam a situação geral da França mais grave, depois de 1906, do que antes: a aliança inglesa não tem interesse militar imediato, enquanto a dos Russos tinha perdido o valor, depois das derrotas da Manchúria.

Além disso, relativamente ao seu rival alemão, o Exército francês é mais fraco nesta data do que há dez anos. Assim, em 1911, os militares estão menos optimistas do que antes; não o são tanto como os diplomatas. Mas o grande problema incide na utilização dos reservistas e na amplitude ou na natureza da contra-ofensiva, dois problemas associados. Joffre explicou claramente a emoção que pôde causar o projecto de associação, em todos os regimentos activos, de um regimento de reserva:

«Para bem compreender a emoção que uma tal proposta era capaz de suscitar, é necessário reportar-se à mentalidade política desta época; pois, por mais singular que pudesse parecer, esta questão das reservas tornou-se uma questão política.

Por um lado, os partidos de direita defendiam que a única e verdadeira força sobre a qual podia assentar a defesa da pátria era o exército permanente; declaravam-se hostis ao princípio da Nação armada no qual viam o incentivo para um exército miliciano; consentiam em aceitar o emprego dos reservistas mas só como complemento, aliás necessário, ao exército em tempo de paz para o levar aos seus efectivos de guerra; convencidos de que a guerra seria de curta duração, acediam a tomar apenas em consideração este exército permanente do qual faziam o pilar de todo o edifício nacional. Daí que nenhum sacrifício lhes parecesse demasiado grande quando destinado ao reforço desse exército. Quanto às formações de reserva, devido ao seu medíocre enquadramento, à necessidade de ter em conta todos os reservistas e, consequentemente, homens relativamente idosos, negavam-lhes toda a solidez e toda a aptidão para participar nas operações de guerra propriamente ditas; encaravam o seu emprego, depois de se terem submetido a um treino prévio, apenas em actividades secundárias.

Os partidos de esquerda, pelo contrário, só concebiam a Nação em armas, não admitiam de modo algum o serviço de carreira, mas apenas alguns meses de instrução, destinados a formar o cidadão-soldado chamado às armas no momento da guerra. E lembramo-nos das discussões levantadas por Jaurès, quando publicou o seu célebre livro: *L'Armée nouvelle.*»

O problema da natureza das operações estava ligado ao problema de utilização dos reservistas porque a sua solução dependia do juízo que se fazia sobre o valor dos soldados da República.

Os militares pensavam, há já longos anos, que em caso de conflito se devia ficar na expectativa: no Império Alemão, a ofensiva imediata e pré-concebida, na República Francesa, a espera e a manobra. Este postulado assentava numa convicção bastante simples: uma república é incapaz de se aprontar tão rapidamente como um império. «Tudo isto ficou no espírito dos planos preparados desde 1875, mas com algo de mais categórico (com os anos)», observa H. Contamine. Assim, dilatou-se o prazo do contra-ataque e decidiu-se agrupar as forças francesas bem no interior das fronteiras, para as poder distribuir mais facilmente pelos locais e frentes do ataque desencadeado pelo inimigo. Em resumo, em vez de levar a guerra para o outro lado do Reno, pensa-se ganhá-la nas margens do Marne.

No entanto, depois de 1906, as lições da guerra russo-japonesa converteram alguns espíritos à ideia de ofensiva. O nome do coronel de Grandmaison está associado a esta reviravolta: «É preciso estar preparado e preparar os outros cultivando com paixão, e até aos pormenores mais ínfimos de instrução, tudo o que inculque – por pouco que seja – a marca do espírito ofensivo. Vamos até ao excesso, pois talvez isso não seja suficiente».

Na verdade, estas palavras não se referiam ao avançar sob o fogo mas sim evitar que a iniciativa de ataque pertencesse ao adversário: «Não devemos contar com os reservistas, nem com os aliados, nem com os escravos», escrevia um outro teórico. Em 1913, o presidente Fallières afirmava: «Estamos resolvidos a marchar direito ao inimigo, sem hesitações; a ofensiva adapta-se ao temperamento dos nossos soldados»; tinha a aprovação do socialista Paul-Bencour. «Quando ouvimos dizer que o nosso Exército... voltou a noções mais ofensivas de estratégia e de táctica, vemos nisso tanto menos inconvenientes quanto mais acreditamos que se trata simultaneamente de uma verdade militar e de uma verdade francesa». O combate de retirada não estava previsto no regulamento de 1913.

Joffre, generalíssimo desde 1911, não era hostil a estas novas concepções, mas elas exigiam muitos homens, e a oposição parlamentar, animada por Jaurès, mantinha-se desconfiada: as recordações de Boulanger e do caso Dreyfus ainda estavam vivas. Os meios de esquerda preconizavam a guerra defensiva, feita pelas grandes massas, utilizando o melhor possível as reservas. Alimentados pela história da Revolução Francesa e pela guerra de defesa nacional, esqueciam que a curva demográfica francesa inflectia perigosamente, que o contingente diminuía cada ano e que a lei do número inclinar-se-ia cada vez mais em favor da Alemanha.

Em Janeiro de 1913, uma lei submetida ao *Reichstag* pedia o aumento dos efectivos e a melhoria do material, dando ao Estado-maior francês a ocasião esperada para alterar o serviço militar de dois para três anos. A oposição protestou, mas deixou passar. Assim, apesar de a população ser quase duas vezes menor, a França poderia alinhar, em caso de conflito, efectivos só inferiores em 20% em relação ao adversário. Os novos planos de mobilização tomaram em consideração estas novas possibilidades. Sem esperar a chegada dos Ingleses ou a ajuda dos Russos, lentos a mobilizar e que tinham prometido atacar ao 14.º dia da mobilização, sem contar com a resistência dos Belgas, cujas simpatias eram duvidosas, o comando francês esperou doravante poder, ao mesmo tempo, preparar a contra-ofensiva da vitória e atacar. Foi a variante do plano XVI.

O general Joffre expôs com clareza as hipóteses que imaginava na véspera da guerra.

«Um ataque na frente Épinal-Toul era a mais inverosímil das hipóteses porque não tomava em linha de conta a eventual intervenção dos Ingleses e porque comprometia a força principal alemã a atravessar os maciços bastantes difíceis do alto Mosela; por acréscimo, explicava mal o esforço material concentrado, há já vários anos, na região a norte de Trèves, e o extraordinário desenvolvimento da *Moselstellung*.

As outras hipóteses, pelo contrário, que encaravam o desembarque de importantes forças em direcção ao Eifel, destinadas a se abaterem, através da Bélgica, sobre a ala esquerda francesa, justificavam amplamente as enormes despesas assumidas, há já dez anos, no desenvolvimento do grupo Thionville-Metz.

Assim, pois, o estudo do papel pressuposto da região fortificada Metz-Thionville levava-nos a considerar como verosímil a violação da Bélgica.»

O problema belga foi levantado várias vezes: não se tinha a certeza, nem em Paris, nem em Londres, das simpatias do governo de Bruxelas. Como o comando francês estimava que os Alemães não atravessariam o Mosa, era-se levado a acreditar que os Belgas contentar-se-iam com um simulacro de defesa e depois «colocar-se-iam do lado do mais forte». A ideia de uma ofensiva preventiva em território belga foi evocada no Conselho de Ministros e mais tarde rejeitada. O plano XVII, que se seguiu, organizou de tal maneira a concentração de forma a que a ala direita pudesse atacar na Lorena e a ala esquerda apresentar-se frente a um exército alemão que atravessaria a fronteira belga; no entanto, a extensão deste eventual movimento dos Alemães só seria conhecida demasiado tarde: até ao último momento, Joffre ignorou o modo de emprego das unidades alemãs, tal como o número de reservas que o alto-comando utilizou.

Para os Alemães: o problema das duas frentes

Por seu lado, os Alemães colocavam, desde há quarenta anos, o mesmo e único problema: em caso de coligação franco-russa, que adversário atingir em primeiro lugar; na outra frente, que parte do exército manter como tropas de cobertura. A dupla ofensiva não era sequer considerada.

O grande Moltke, depois da sua vitória em 1870, pensava que se deveria atacar em primeiro lugar os Franceses. De 1879 a 1891, o alto--comando pensava, pelo contrário, que era preferível marchar para leste. De 1891 a 1914, Schlieffen e Bernardhi regressaram à estratégia de Moltke, embora não visando a penetração no Épinal, mas antes a violação do território belga. Uma dezena de divisões e o apoio complementar do Exército austríaco assegurariam a vigilância a leste: Alemães e Austríacos temiam o avanço do adversário em direcção à Boémia onde as populações se revoltariam com a aproximação dos Russos. Mas espera-se vencer a França em menos de dois meses. O tempo requerido para a mobilização e para o posicionamento do Exército russo, pelo que, assim, se evitaria esta ameaça.

Outra inovação, Schlieffen preconizava reforçar a ala direita do exército que penetraria em território belga: teria por missão ocupar Antuérpia, irromper e envolver o Exército francês, um plano que Moltke II adoptou com reservas. De qualquer modo, o novo chefe do Exército alemão e o seu conselheiro, Ludendorff, não perdiam a esperança de ter o Exército belga com eles. Ainda não sabe se ultrapassará Liège; eis o seu relatório de 13 de Março de 1913:

«É preciso» dizia o autor «habituar o povo alemão a pensar que uma guerra ofensiva do nosso lado é uma necessidade para combater as provocações do adversário. É preciso conduzir os assuntos de tal maneira que, sob a penosa impressão de armamentos potentes, de sacrifícios consideráveis e de uma situação política tensa, um desencadeamento seja considerado uma libertação. É preciso preparar a guerra do ponto de vista financeiro; não se deve, no entanto, provocar a desconfiança dos nossos financeiros».

«Tais são os deveres que incumbem ao nosso Exército e que exigem um efectivo elevado. Se o inimigo nos atacar, ou se o quisermos subjugar, falaremos como os nossos irmãos há cem anos: a águia provocada levantará voo, prenderá o inimigo nas suas garras e torná-lo-á inofensivo. Lembrar-nos-emos então de que as províncias do antigo Império Alemão, o condado da Borgonha e uma boa parte da Lorena, ainda estão nas mãos dos Francos e que milhares de irmãos alemães das províncias bálticas gemem sob o jugo eslavo. É uma questão nacional devolver à Alemanha o que ela outrora possuiu».

O Estado-maior francês conhece este memorando. Subestima, todavia, a importância do movimento da ala direita alemã porque considera que uma ameaça alemã sobre Antuérpia estimularia o espírito de resistência dos Belgas (e não se enganou) e que precipitaria a entrada em guerra dos Ingleses: duas previsões que se realizaram.

Fatalidade da guerra

Nestes últimos anos, tinha-se acelerado a corrida aos armamentos, aumentando o nervosismo geral e gerando a obsessão de que a guerra estava prestes a estalar. Em *Autre avant-guerre*, Barbara Tuchman recorda um incidente significativo: o circo Barnum chegara à Alemanha.

«Sabendo com que rapidez o circo carregava as carruagens que o transportava, o *Kaiser* enviou oficiais para observar os seus métodos. Em vez de carregarem separadamente cada vagão, pelo lado, os elementos do circo juntavam todos estes vagões num caminho de rolamento contínuo, o que permitia carregar o comboio, vagão por vagão de uma só vez. Graças a este procedimento, numa hora, três comboios de vinte e dois vagões cada estavam cheios. Esta técnica foi rapidamente adoptada para aumentar a rapidez, fervorosamente desejada, da mobilização. Os observadores enviados pelo *Kaiser* repararam também nas cozinhas rolantes que o circo utilizava e esta ideia foi retida pelo Exército.»

Assim, não se questionava sequer o princípio ou a eventualidade da guerra, nem o modo de a vencer, mas a sua oportunidade. O que era melhor: que a guerra eclodisse agora ou mais tarde? Nos meios dirigentes alemães, em que a ideia de uma intervenção da Inglaterra estava afastada, a de uma guerra preventiva contra a França e a Rússia conquistava a pouco e pouco os espíritos. Na Áustria, os meios militares pensavam o mesmo.

Durante a crise do Verão de 1914, Conrad von Hotzendorf confiava a Moltke que, no seu entender, «qualquer o adiamento diminuía as possibilidades de sucesso». O Estado-maior alemão não pensava de outro modo, pois quando o Exército russo se movimentasse, a sua força tornar-se-ia irresistível. Por outro lado, Joffre estimava que a situação era menos má do que três anos antes. Para Delcassé, o principal artesão da Tríplice Aliança, nunca tinha sido melhor. Abel Ferry deixou este testemunho:

«A 30 de Julho, eis que de repente vi o pequeno anão crescer, igualar-se a Bismarck (...). Diz-me com a sua implacável lógica a ideia fixa para a qual tinha vivido e, num resumo impressionante, esboçou todo o seu trabalho e expôs os seus meios de acção: o Exército francês fortemente organizado e todo um sistema de alianças.

Os acordos inglês e franco-russo foram descritos com uma voz apaixonada, o esforço formidável de um homem que atingiu o seu objectivo. (...) A Alemanha já não podia viver no mundo que ele concebera, demasiado estreito para o crescimento dela, e compreendi pela primeira vez que, desde Bismarck, ninguém tivera sobre os acontecimentos da Europa uma influência igual à deste pequeno homem. Já não era ministro, mas a teia estava tecida e a Alemanha aproximava-se dela como uma grande mosca zumbidora.»

V

«GUERRA À GUERRA»

A guerra reinava sobre os espíritos. No entanto, tinha abortado, uma, duas vezes: os conflitos nasciam nos Balcãs, depois desenrolavam-se seguindo um cenário conhecido. As grandes potências só intervinham através de outro Estado; nunca entravam elas próprias na liça. A esperada grande guerra aconteceria realmente? Nada o garantia. Aliás, os governos sabiam que, em caso de guerra, talvez eclodisse uma revolução. A Internacional Socialista fazia pairar a ameaça. No Congresso de Estugarda, em 1907, declarara «guerra à guerra»; por ocasião do conflito italo-turco, em 1911, os seus dirigentes tinham organizado grandes manifestações. A dimensão destas reforçou a crença na força do pacifismo.

Efectivamente, desde que a guerra ameaçara eclodir, a Internacional não tinha deixado de militar em favor da paz. Em cada país, os líderes revolucionários estigmatizavam a responsabilidade da própria classe dirigente do país. Sobre este ponto, ninguém tomara uma posição tão clara como Jean Jaurès; mas o austríaco Victor Adler, o alemão Karl Kautsky ou o russo Lenine pensavam o mesmo.

Sem dúvida, a Internacional hesitava na escolha dos meios. O francês Édouard Vaillant e o inglês Keir Hardie tinham proposto que, em caso de mobilização, os trabalhadores recorressem à greve geral. Esta proposta não uniu os congressistas porque muitos deles faziam valer que o sucesso desta palavra de ordem seria tanto maior quanto a classe operária fosse numerosa e mais consciente; a partir daí, os países politicamente atrasados como a Rússia czarista poderiam levar a melhor sobre as nações desenvolvidas, como a Alemanha, tornadas vulneráveis pelas greves.

Decidira-se, também, com Jaurès, não permitir que se reduzisse tudo a uma fórmula e opor-se à guerra «sem exclusão de qualquer meio». O papa do socialismo «científico», Karl Kautsky, considerava esta decisão «prudente e reflectida». Mas tratava-se apenas de uma resolução. Nada estava decidido em 1914. Quando soou o primeiro toque de clarim, todos os socialistas responderam ao apelo e partiram para a guerra. Salvo algumas excepções, nem os dirigentes, nem os militantes, nem os simpatizantes tiveram consciência da sua incoerência. Em algumas horas, a Internacional soçobrara no nada.

É verdade que, passada a surpresa, alguns homens ressuscitaram uma oposição à guerra. Simples clarão em 1914, incendiou a Europa em 1917. Era mais do que uma chama, pois na Rússia, tal como noutros lugares, o ideal revolucionário mergulhava no fundo da consciência popular. Só tinha sido aparentemente ignorado pois, ao combaterem, os militares consideravam que estavam a defender também a causa da liberdade. A dissociação ocorre mais tarde, quando a experiência da guerra, a revolução russa, a intervenção, serviram de reveladores.

Mas, previamente, é preciso explicar porquê e como, no momento decisivo, a Internacional entrou em derrocada.

O patriotismo dos internacionalistas

Quando se lê os discursos e as moções dos internacionalistas anteriores à guerra, surpreende uma constatação: a sua luta visa o derrube da ordem política e social e, contudo, a sua acção situa-se num contexto que retoma esta ordem, a aceita e perpetua. Assim, por ocasião das sessões dos diferentes congressos, os revolucionários dividiam-se não por tendências (radicais, revisionistas, etc., ou ainda marxistas, não-marxistas, etc.), mas por nações. O Bureau que coordenava a acção dos diferentes participantes era uma simples «caixa do correio», sem poder executivo ou mesmo organizativo. No seio do movimento «todos os partidos se agarravam ciosamente ao princípio da autonomia. A definição do que entrava nos princípios gerais e do que pertencia ao julgamento exclusivo das secções nacionais permanecia em suspenso». Assim, a II Internacional era uma espécie de federação sem poder federal. As diferenças entre as experiências vividas nos diferentes Estados faziam-se sentir pesadamente: opunham os revolucionários entre si, acrescentando um jogo de relações internacionais ao sistema diplomático entre os Estados.

Paradoxalmente, nesta Internacional, os conflitos entre secções reflectiam as relações entre os Estados. Assim, herdeiros de 1789, os representantes franceses julgavam de bom grado que os seus antepassados os tinham dotado de uma experiência e de uma virtude revolucionárias conferindo-lhes uma espécie de vocação para a direcção da Internacional. Ora os Alemães, que tinham conseguido realizar melhor a unidade socialista no seu próprio país, contestavam esta pretensão. Aliás, exerciam uma verdadeira hegemonia ideológica graças à qualidade dos seus teóricos: ontem Marx e Engels, hoje Bernstein e

Kautsky. Por seu lado, os Polacos consideravam desde 1905 que, doravante, os Russos não poderiam mais empreender com êxito uma revolução, sentimento este partilhado por muitos socialistas franceses. Todos tinham, em relação a estes Russos, uma atitude de grande comiseração. Assim, os «revolucionários» franceses comportavam-se em relação aos Alemães e aos Russos exactamente como os seus diplomatas: «revanchistas» em relação aos primeiros, condescendentes em relação aos segundos.

Além disso, as discussões entre internacionalistas repetiam os debates que animavam o mundo dos dirigentes: assim, os Alemães e os Franceses estavam em desacordo sobre as hipóteses de uma guerra, pouco provável, segundo os primeiros, mas muito possível na opinião dos segundos. Um desacordo sobre a importância da questão nacional opunha as secções russa e polaca.

É um facto que, no seio das secções nacionais, havia minorias, oposições: mas estas reagrupavam-se seguindo o modelo contrário ao das alianças entre Estados: os bolcheviques russos eram os aliados dos radicais alemães, eles próprios associados aos Polacos, inimigos dos Russos e dos Alemães.

Assim, lutando contra os próprios governos, os membros da Internacional distribuíam-se e reagiam segundo uma combinação de forças que obedecia às leis das relações entre Estados e segundo a sua obediência a uma pátria. Não tinham consciência disto porque, com excepção dos emigrados russos, não viviam à margem da sociedade; não a rejeitando globalmente, não tinham dissociado o seu ser revolucionário e o seu ser social.

O itinerário de um desaire

Vejamos por que processo a acção consciente contra a guerra se encontrou paralisada, um desaire cujo itinerário Georges Haupt descreveu muito bem em *Le Congrès Manqué.*

É necessário voltar às querelas teóricas que opunham reformistas alemães e russos.

A polémica gerou-se por volta dos anos 1900, num momento em que se tinha dissipado a ilusão do fim próximo da ordem estabelecida. «Num Estado democrático moderno», estipulava a moção do Congresso de Paris em 1900, «a conquista do poder político pelo proletariado não pode ser o resultado de uma ofensiva improvisada, mas antes de um longo e difícil trabalho de organização proletária no campo económico e político, de regeneração física e moral da classe operária e de conquista gradual dos municípios e das assembleias legislativas».

Édouard Bernstein, que era um dos teóricos deste revisionismo, observava que a prática tinha largamente precedido a enunciação do princípio. Os partidos socialistas haviam-se transformado em máquinas eleitorais cada vez mais absorvidas pela luta parlamentar. Integrados na sociedade política, tornaram-se numa espécie de oposição institucional que funcionava nos mesmos moldes do regime que queriam abater. Uma corrente de esquerda criticava esta interpretação: preconizava a luta revolucionária. Mas o seu radicalismo permanecia verbal pois, com Rosa Luxemburgo, Karl Kautsky ou Lenine, aceitava o quadro «parlamentar» da Internacional para fazer triunfar os seus pontos de vista. Ora, no seio de cada secção nacional, esta tendência era nitidamente minoritária. A divisão das tendências no seio da Internacional, aliás, nada tinha a ver nem com as decisões tomadas (por nação como se disse), nem com as aspirações reais das populações, em nome das quais as organizações políticas se exprimiam.

O conflito recomeçou, ainda com mais força, depois das diferentes crises dos anos 1906-1911, quando Hilferding e, depois, Rosa Luxemburgo quiseram analisar a natureza do imperialismo e do mecanismo dos conflitos que este suscitava. Segundo Rosa Luxemburgo, as contradições do capitalismo conduziriam necessariamente ao seu desmoronamento: os socialistas deviam passar à ofensiva e precipitar a sua agonia. Rosa Luxemburgo criticava asperamente as ilusões pacifistas dos seus camaradas e mostrava que a luta parlamentar para a arbitragem internacional ou para a limitação dos armamentos era absolutamente utópica.

Retomando as análises de Hilferding, Otto Bauer via o futuro de um modo diferente. Com uma análise pormenorizada do movimento dos preços, dos factores de aceleração do movimento capitalista, concluía que o sistema capitalista não estava ameaçado por uma crise, pelo menos de imediato; tenderia a tornar-se pacífico, especialmente no domínio social. Indo mais longe, Vliegen estimava que acontecia o mesmo a nível internacional: visto que o capitalismo podia resolver as suas contradições económicas, poderia igualmente eliminar os factores de guerra; os socialistas deviam fazer pressão para acelerar este duplo processo em direcção ao bem-estar social e internacional.

Durante os primeiros treze anos do século, a guerra estivera prestes a eclodir, pelo menos, três vezes e, em cada uma dessas vezes, as potências capitalistas conseguiram evitá-la. E não iria ser sempre assim? Em 1914, Vliegen não negava a existência de um perigo mas estava convencido de «que os interesses reais e palpáveis que podiam justificar uma guerra tinham desaparecido, doravante, completamente; concluída a partilha do mundo, a guerra só podia trazer a ruína, a revolução ameaçaria eclodir, o que explicava o recurso cada vez maior dos governos à arbitragem».

Karl Kautsky e Bebel estavam aproximadamente de acordo com ele para pensar que, de ora em diante, «se o imperialismo trazia, em si próprio, tendências suficientes para provocar guerras... os *trusts* e os cartéis estavam interessados na manutenção da paz», um facto de que a crise de Marrocos era testemunho, pois, afinal de contas, os cartéis franceses e alemães tinham encontrado uma via de entendimento, depois da grave tensão entre os dois países. «A maior garantia para a manutenção da paz mundial repousava nestes investimentos internacionais do capital», ponto de vista retomado por Jaurès que, com o radical alemão Haase, considerava que, em definitivo, três forças militavam a favor da paz: «o esforço comum dos capitais inglês, francês e alemão; a solidariedade fraterna do proletariado internacional; o medo dos governos de que da guerra brotasse a revolução».

Os socialistas e a crise de Julho de 1914

Quando, a 28 de Junho de 1914, os principais dirigentes socialistas tomaram conhecimento do atentado de Sarajevo, ninguém imaginou que a guerra iria eclodir. O acaso do calendário reúne, em primeiro lugar, os socialistas alemães: na abordagem da crise actual, apenas receiam que o governo austríaco coloque obstáculos à realização da sessão do próximo congresso internacional que deve reunir-se em Viena ou que impeça os Sérvios de estarem presentes. Ultrapassado este receio, apressam-se a partir para férias e a actividade do *Bureau* é absorvida pela preparação do congresso.

O ultimato austríaco de 23 de Julho surpreende os dirigentes; Camille Huysmans tenta reunir o Bureau da Internacional. Convocado de urgência para Bruxelas, manifesta a sua inquietação mas, excepção feita a V. Adler, julga que o conflito se manterá localizado e que não se deverá dramatizar a situação. É verdade que, nos respectivos países, os socialistas alemães, franceses, etc., dão o alerta; mas, no fundo, acreditam numa solução diplomática do conflito. A indiferença das massas que, nesta altura, não estão mobilizadas por nenhum movimento reivindicativo([7]), surpreende e inquieta, mas só Victor Adler se mostra abatido, prevendo ao mesmo tempo a saída da crise e a incapacidade da Internacional para evitar a guerra.

Na reunião de Bruxelas, a 29 e 30 de Julho, os membros presentes seguem os acontecimentos hora a hora; discutem-nos mas não agem. Um telegrama recebido de Berlim sossega-os; informa-os de que tinha havido vinte e sete comícios contra a guerra. «Cumpriremos o nosso dever», comenta Haase a Jaurés, reconhecendo que começa uma difícil prova. Mas a discussão incide essencialmente sobre as modalidades da reunião do congresso; onde e quando teria lugar, qual seria a ordem do dia?... Quando Balabanova recorda a moção Vaillant-Keir Hardie sobre a greve geral contra a guerra, «a sua proposta provoca surpresa

(7) Excepto na Rússia... (Ver p. 55).

e ninguém se interessa por ela». Retoma-se a interminável discussão e marca-se encontro para o congresso seguinte, cuja convocação é adiada para uma data indeterminada e que nunca se veio a efectivar. Cada qual volta para o seu país para travar a marcha da catástrofe. Mas no dia 1 de Agosto, os jornais anunciavam já a mobilização geral e a morte de Jaurès. O grande pacifista fora assassinado por um militante da *Action Française,* um fanático.

Os líderes da II Internacional não se aperceberam de que haviam aceite a ideia da guerra antes mesmo de esta ter rebentado. «Até aí», observa o romeno Racovski, «tinham sublinhado as responsabilidades das classes dirigentes dos respectivos países, consideradas responsáveis pelas crises e pelos conflitos. Doravante, iam ser tentados a fazer pender esta responsabilidade sobre a classe dirigente do inimigo nacional». Em Bruxelas, Jaurès denunciava o calculismo e as manobras do governo *alemão;* acreditava no pacifismo do governo francês e queria que este interviesse junto da «nossa aliada, a Rússia» (*sic*). O mesmo aconteceu com a maioria dos socialistas alemães. Acreditavam que o seu governo estava verdadeiramente empenhado em manter a paz; estigmatizavam a acção de São Petersburgo e sublinhavam o perigo que a autocracia czarista representava para o futuro do socialismo.

Assim, a *União Sagrada* estava nos espíritos antes de se exprimir nos discursos: já não era o adversário de classe que queria a guerra mas o inimigo nacional; não os trabalhadores, é claro, mas o *Kaiser* e o Czar. Esta subtil distinção desaparece por sua vez com as ilusões do Verão de 14. «Entre nós» observa o austríaco Victor Adler, «a inimizade contra a Sérvia é quase uma coisa natural». Como em França, na Alemanha ou na Rússia, no mais recôndito da consciência popular, a desconfiança, inquietação e o ódio relativamente ao inimigo hereditário: o instinto colectivo tinha-se sobreposto ao ideal ou à razão.

VI

A GUERRA É DECLARADA

Sarajevo

A 28 de Junho de 1914, em Sarajevo, o herdeiro do trono da Áustria-Hungria, Francisco Fernando, morria às mãos de terroristas sérvios. Estes, como súbditos austríacos, não ignoravam a orientação política da sua vítima, menos hostil do que outros aos direitos dos Eslavos no seio da dupla monarquia. Se as concepções de Francisco Fernando fossem aplicadas e o problema da minoria sérvia da Bósnia fosse resolvido, o sonho revolucionário de uma grande Sérvia ter-se-ia desvanecido.

Esta explicação não dá necessariamente conta das causas e das condições do assassínio; o terrorismo sérvio atingia o ocupante austríaco na Bósnia de cada vez que lhe era dada a ocasião; em 1914, a visita do príncipe herdeiro no próprio dia da batalha de Kosovo podia parecer uma provocação. Para os Austríacos teria sido necessário que o passado da Sérvia pertencesse à História. Razão de sobra para lho trazer à memória: esta visita, para os jovens sérvios, exigia um castigo.

Nesta época, o movimento terrorista da Mão Negra estava em conflito aberto com o governo sérvio de N. Pasic. Acusava-o de traição, pois o governo considerava os seus actos irresponsáveis e temia que os seus excessos suscitassem uma intervenção armada da Áustria. Verificar-se-ia a protecção da Rússia se os Sérvios irritassem os Austríacos?

Alertado de que um atentado iria ser cometido pela ocasião da vinda de Francisco Fernando a Sarajevo, Pasic quis evitar a acção dos seus serviços secretos, membros da Mão Negra. Por intermédio do seu ministro em Viena, tentou explicar aos Austríacos que essa viagem podia terminar mal; além disso, deu ordem ao coronel Apix para que tomasse as providências necessárias de forma a que nenhum incidente ocorresse. Mas os revolucionários sérvios em território austríaco escapavam ao controlo dos seus serviços e o grupo dos jovens bósnios que tinham decidido organizar o atentado recusou submeter-se.

O atentado de Sarajevo não causou grande emoção entre a família real. O monarca desconfiava das concepções liberais do seu herdeiro presuntivo, que os militares criticavam com grande severidade. «Não possuía os meios para garantir a ordem», teria declarado Francisco José, «mas uma Vontade Toda-Poderosa fê-lo por mim». Fizeram-se ao príncipe herdeiro exéquias «de terceira classe» e nem em Budapeste, nem na capital, se proclamou o luto nacional: Viena continuou Viena e a música não parou de tocar.

A iniciativa

Os militares, com Conrad von Hotzendorf à cabeça, não pediram menos do que a mobilização. Viam no atentado a ocasião por fim oferecida de uma guerra preventiva contra a Sérvia. Por seu lado, já acusado de «fraqueza» quando das precedentes crises balcânicas, o ministro Berchtold encontrava-se numa situação difícil; não desejava a guerra, prevendo que a Rússia poderia intervir; o conde Tisza, ministro da Hungria, apoiava-o. Mas as suas propostas conciliadoras foram rejeitadas com desdém pelos chefes militares. No entanto, a maioria dos ministros queria «manter a cabeça fria». Obtiveram uma concessão de Conrad: antes de agir, a Alemanha seria consultada.

Em Berlim, os meios dirigentes estavam divididos. Os militares preconizavam uma guerra preventiva contra a Sérvia; o assunto podia ser rapidamente resolvido pois a Rússia não estava pronta para intervir militarmente. No entanto, como a Rússia admitia que a Sérvia devia retractar-se publicamente, o chanceler Bethmann-Hollweg mostrava-se inclinado para a conciliação. Afinal de contas, tudo dependia da opinião do *Kaiser*. Ora, Francisco Fernando tinha sido seu amigo e o *Kaiser* aceitou muito mal o relatório do embaixador austríaco Tschirschky, no qual se exprimiam perspectivas moderadas bastante próximas das de Berchtold. «Agora ou nunca», rabiscou nas margens do relatório. Não queria que ulteriormente se pudesse dizer que «a Alemanha tinha segurado o braço do aliado austríaco». Consultou os chefes militares que julgavam que quanto mais depressa a Áustria atacasse a Sérvia, melhor seria. Guilherme II não deixou de encarar a eventualidade de uma intervenção da Rússia e da França. Mas tal hipótese foi afastada: o czar não podia declarar-se solidário com regicidas; quanto à França, o seu Exército não tinha artilharia pesada. Assim, para a Áustria, o caminho estava aberto. Tendo assim exprimido a sua opinião, o *Kaiser* partiu num cruzeiro de férias, como estava previsto, mas antes da sua partida não deixou de ver Krupp, o chefe-geral dos seus armamentos, que considerou prudente verificar o estado dos *stocks*.

A reacção alemã modificou imediatamente o clima que reinava em Viena. A promessa do *Kaiser* de «cobrir» a Áustria empurrou Berchtold para o campo dos belicistas. O Conselho de Ministros decidiu dirigir aos Sérvios um ultimato redigido de tal forma que eles não o poderiam aceitar (5-7 Julho).

Durante estas discussões entre Austríacos e Alemães em Viena ou em Berlim, analisou-se o problema de uma intervenção eventual da Bulgária ou da Roménia, aflorando-se a da Rússia e, muito remotamente, a da França. Nunca esteve em questão a Inglaterra. Tratava-se de uma crise nos Balcãs, nada mais.

O plano austro-alemão

Em Berlim, como em Viena, a ideia de um conflito com a Sérvia era doravante ponto assente. No entanto, havia ainda uma parte imponderável: as eventuais reacções das Potências. Enquanto Viena redigia o ultimato e preparava a mobilização, os meios dirigentes fingiam não prestar especial atenção a estas operações. Era preciso guardar segredo, para agir com força e celeridade. «Seria uma boa coisa», dizia Berchtold a Conrad, «que o senhor e Krobatin (ministro da Guerra) partissem por algum tempo para dar a impressão de que não se passa nada». Berlim reservara para si o papel de manter o conflito localizado. Também Bethmann-Hollweg dissuadiu o *Kaiser* de cancelar o seu cruzeiro, coisa em que chegara a pensar, para evitar «atrair inutilmente as atenções». Pelas mesmas razões, Guilherme II enviará, alguns dias mais tarde, um telegrama de parabéns ao velho rei Pedro da Sérvia.

Sabia-se que Poincaré([8]) devia fazer uma visita a São Petersburgo, pelo que os Austríacos decidiram só enviar o ultimato à Sérvia quando Poincaré estivesse de volta, não antes de 23 de Julho. Devia impedir-se toda a coordenação possível das reacções da França e da Rússia. Passaram-se assim uma dezena de dias, durante os quais Viena e Berlim procuraram «adormecer» as chancelarias estrangeiras. No entanto, a 19 de Julho, um comentário surgido no oficioso *Norddeustsche Zeitung*, de Berlim, alertava os diplomatas: «Era de desejar», declarava este texto, «que o conflito austro-sérvio se mantivesse localizado pois a intervenção de outras potências, dadas as numerosas obrigações das alianças, poderia ter consequências incalculáveis». Imediatamente Sazonov fez saber ao conde Pourtalès, embaixador da Alemanha em São Petersburgo, que um conflito bilateral poderia desencadear uma guerra geral. Reconhecendo plenamente as razões de queixa da Áus-

([8]) Eleito Presidente da República em 1913. O Presidente do Conselho era René Viviani.

tria, avisou o embaixador contra todo o procedimento de intimidação, especialmente por via de ultimato. Nesta altura, Poincaré ainda estava em São Petersburgo: diz a Szapary, embaixador da Áustria na Rússia, que a dupla monarquia não podia responsabilizar o governo sérvio pelo assassínio enquanto não fosse apresentada prova, pois «de outro modo um processo deste tipo seria considerado como um simples pretexto (...); de qualquer modo não devia ser esquecido o facto de que a Sérvia tinha amigos e que isso criaria uma situação perigosa para a paz». Por outro lado, o Foreign Office declarava que a Grã-Bretanha estava pronta a exercer a sua influência sobre a Sérvia para que esta aceitasse as condições da Áustria-Hungria «contanto que estas fossem moderadas e compatíveis com a independência do país».

Berlim recebeu o relatório de Pourtalès a 23 de Julho: o embaixador na Rússia insistia na questão de que Sazonov não tinha deixado de reiterar o facto de a situação poder ser considerada séria em Londres e em Paris. Se Viena agisse unilateralmente, queria persuadi-lo que, mesmo na Grã-Bretanha, a atitude da Áustria seria desaprovada. «Sazonov engana-se», anotava Bethmann-Hollweg na margem do relatório.

A 23 de Julho, a Áustria enviava o seu ultimato à Sérvia. Nos termos do texto enviado pelo ministro de Francisco José a Belgrado, a Sérvia dispunha de quarenta e oito horas para o aceitar. O documento recordava que, apesar do compromisso assumido em 1909 de estabelecer relações amigáveis com a Áustria, a Sérvia não cessara de praticar uma política agressiva contra a Áustria, chegando ao ponto de perpetrar um crime contra o arquiduque-herdeiro. O governo austríaco exigia que o governo sérvio publicasse na primeira página do Diário Oficial uma ordem do dia condenando a propaganda sérvia na Áustria-Hungria, assim como a participação dos oficiais e funcionários sérvios nessa propaganda. Por outro lado, o governo sérvio devia comprometer-se a dissolver as sociedades que se dedicassem à propaganda política e a «aceitar a presença junto dele de funcionários austro-húngaros que participariam na supressão do movimento subversivo». Este ponto 6 colocava praticamente a administração do país sob a tutela da Áustria.

No caso de a Sérvia aceitar todas as cláusulas do ultimato, o governo da dupla monarquia procurava provocar o conflito por outros meios, apresentando, na aplicação das referidas cláusulas, exigências muito amplas. Contava desmembrar ulteriormente o país, oferecendo grandes territórios à Bulgária e à Albânia. Era hostil a toda a anexação em proveito da própria Áustria-Hungria, pois não queria ver aumentar as dificuldades que já lhe eram levantadas pela minoria sérvia existente; no que dizia respeito ao estrangeiro poderia, assim, mostrar provas do seu «desinteresse».

A notícia do ultimato rebentou como um trovão em São Petersburgo e em Paris; dada a ausência de Poincaré, os dois aliados não puderam coordenar as suas reacções, como o tinha previsto a Dupla Aliança. A própria Inglaterra ficou alarmada. O secretário do Foreign Office, Sir Edward Grey, temia as repercussões do ultimato e, em especial, a reacção dos Russos. Propôs uma mediação entre Viena e São Petersburgo. Os Alemães deram o seu parecer: sem o querer, os Ingleses facilitavam-lhes o jogo, pois este procedimento permitiria solucionar, previamente, o conflito austro-sérvio.

Durante este tempo, em Berlim, Jagow, secretário de Estado dos Negócios Estrangeiros, pressionava a Áustria a intervir militarmente «o mais rápido possível», após a recepção da resposta sérvia que só poderia ser negativa. Entretanto, encarregava-se de neutralizar as reacções da *Entente,* de a entreter até a colocar perante o facto consumado. Aconselhava a Áustria a aceitar, seguidamente, a mediação da Inglaterra e felicitava-se junto desta por ter apresentado com utilidade os seus bons ofícios.

Tendo em vão pedido um prazo aos Austríacos, os Sérvios deram a resposta a 25 de Julho. Aceitavam todas as cláusulas do ultimato excepto o ponto 6. Era o momento esperado. O representante da Áustria em Belgrado, o barão Giesl, rompeu imediatamente as relações diplomáticas. Meia hora mais tarde, os diplomatas austríacos abandonavam a capital. Chegados à fronteira, telegrafam a dar a notícia ao seu governo. Já Sérvios e Austríacos tinham decretado a mobilização.

O Estado-maior austríaco estabelecera um calendário que previa a entrada em guerra a 6 de Agosto. Jagow persuadiu os Austríacos a agirem com mais rapidez, ou as grandes potências interviriam e o projecto de uma guerra localizada correria o risco de abortar. Conrad vociferou, mas rendeu-se às razões dos Alemães. Decidiu-se declarar guerra a 28 de Julho.

Entretanto, a política austríaca era objecto de reprovação geral. Londres e Paris suspeitavam que Berlim aprovava tacitamente a situação, o que só podia ter uma consequência: levar à intervenção da Rússia e, depois, a um conflito generalizado com a França e a Inglaterra. «Tendes as vossas informações, nós possuímos as nossas que são exactamente o oposto», respondeu Jagow a Jules Cambon, embaixador de França em Berlim. «Temos a certeza da neutralidade dos Ingleses».

O «irreparável»

Regressado de viagem, Guilherme II tomou conhecimento da resposta dos Sérvios na manhã do dia 28. «Um resultado brilhante, mais do que esperaríamos... Uma grande vitória moral para Viena. A guerra já não tem razão de ser». Bethmann-Hollweg teve conhecimento desta carta enviada pelo *Kaiser* a Jagow no dia 28, às dez horas da manhã?

Uma hora mais tarde, a Áustria-Hungria declarava guerra à Sérvia e, à tarde, Bethmann-Hollweg recordava a Viena a necessidade de uma acção militar rápida, se se pretendesse que a responsabilidade de uma guerra geral recaísse não sobre a Áustria mas sobre a Rússia.

Em São Petersburgo, a 28 de Julho, assegurado do apoio da França pelo embaixador Paléologue, que agira sem instruções, mas cujas ligações a Poincaré eram conhecidas, Sazonov declarou-se pronto a fazer aceitar à Sérvia as condições, ainda que humilhantes. Quando tomou conhecimento de que Viena acabava de declarar guerra à Sérvia, decidiu, todavia, a mobilização contra a Áustria. Sazonov pedira a Grey para tornar explícito que em caso de conflito a Grã-Bretanha seria solidária com os seus aliados, única hipótese, segundo ele, de fazer recuar a Áustria e a Alemanha. Entretanto, Grey acreditou agir da maneira mais eficaz ao convocar as potências a arbitrar o conflito austro-sérvio; queria fazer pressão sobre a Sérvia para que ela aceitasse, de antemão, inclinar-se perante as decisões que as grandes potências tomassem. Mas a Alemanha recusou este procedimento que teria feito da Áustria um acusado ao mesmo nível que a Sérvia, quando o «responsável era o governo sérvio».

Rejeitando assim o procedimento proposto pela Inglaterra, o governo alemão acreditava ter conseguido delimitar o conflito. Na realidade, a sua atitude teve como efeito persuadir os Franceses e os Russos de que os Austro-Alemães desejavam fazer a guerra. Logo que esta foi declarada à Sérvia, o comando russo interveio junto do czar para que ele apressasse os preparativos da mobilização geral. Nicolau II deu efectivamente esta ordem a 29 mas, na sequência de um telegrama amigável do *Kaiser*, anulou-a e voltou à fórmula da mobilização parcial contra a Áustria. O czar sugeria então a organização de uma conferência das potências em Haia, enquanto Sazonov propunha a Viena a interrupção dos preparativos da Rússia, se a Áustria aceitasse retirar do seu ultimato os pontos que atingiam a soberania da Sérvia.

Os Ingleses ofereceram, de novo, a sua mediação, aceitando mesmo o princípio de uma ocupação de Belgrado, a título de segurança, se a Áustria se limitasse a dar conhecimento das suas intenções. «Se a Alemanha e a França viessem a ser arrastadas para o conflito», acrescentava Edward Grey, «a Grã-Bretanha não poderia ficar muito tempo à margem».

Bethmann-Hollweg avaliou o perigo, mas Moltke interveio por sua vez, explicando que a ameaça de guerra vinha da Rússia porque, mesmo parcial, a mobilização russa punha em perigo a segurança do aliado austro-húngaro. A Alemanha não o podia permitir. Tinha de responder mobilizando por seu lado se não quisesse ver a posição do seu aliado enfraquecer. «O tempo não pára de jogar contra nós» concluía Moltke. Por consequência, a 30, Bethmann-Hollweg pedia à França para cessar os seus preparativos militares, começados há alguns dias, e à Rússia para revogar a sua ordem de mobilização, mesmo contra a

Áustria. Se a Rússia capitulasse, seria riscada do grupo das grandes potências. Se não cedesse, a responsabilidade da guerra cairia sobre ela.

Ao mesmo tempo, a Alemanha pedia à Bélgica a livre passagem para as suas tropas. Tentava igualmente obter a garantia de que a Inglaterra permaneceria neutra em caso de conflito continental. A Alemanha garantia a integridade territorial da França e da Bélgica na Europa e oferecia a Londres um acordo de neutralidade para o período do pós-guerra. Grey respondeu imediatamente que, em caso de guerra continental, a Inglaterra não permanecia neutra: todo o plano alemão estava em vias de se desmoronar.

Entretanto, Moltke convidara Conrad a decretar a mobilização geral, o que foi feito na manhã de 31 de Julho. Obteve de Bethmann-Hollweg a confirmação de que uma decisão seria tomada, em qualquer dos casos, até o meio-dia de 31 de Julho. Em suma, tudo dependia dos Russos, pois a diplomacia francesa dava provas de uma relativa passividade. Sazonov considerou que o último pedido verbal dos Alemães confirmava a sua vontade de criarem um *casus belli.* Nestas condições e vista a lentidão dos exércitos russos em mobilizar, não quis enfraquecer ainda mais a sua posição pela outorga de um prazo suplementar. A 31 de Julho, às 11 e 55, por conseguinte cinco minutos antes do prazo estabelecido por Moltke, Pourtalès enviava um telegrama para Berlim informando que os Russos tinham decretado a mobilização geral. O *Kaiser* replicava com um ultimato a São Petersburgo e a Paris, exigindo respectivamente à Rússia a suspensão imediata da mobilização e à França uma explicação quanto às intenções desta.

Grey propôs pela última vez a sua mediação. Recusou-se a dar à França o apoio que, segundo Paul Cambon, embaixador em Londres, ainda teria podido fazer recuar a Alemanha. Parecia aos Ingleses que a França nada fazia para impedir a marcha para a catástrofe.

A 1 de Agosto, a ordem de mobilização geral foi lançada mais ou menos ao mesmo tempo, à mesma hora, em Berlim e em Paris. Não se tendo a Rússia e a França submetido, a Alemanha declarava guerra à Rússia a 1 de Agosto. Guilherme II quis ficar-se por aí mas as « necessidades» do plano militar alemão implicavam o ataque prévio à França e a violação da Bélgica. Os serviços oficiais alemães declararam que aviões franceses tinham bombardeado Nuremberga; esta falsa notícia justificou a declaração de guerra à França, a 2 de Agosto. Só a Áustria continuava a não ter declarado guerra à Rússia, uma situação «grotesca» que só teve fim a 6 de Agosto e que mostra até que ponto Viena andou a reboque de Berlim.

Apesar dos apelos de Paul Cambon, Grey hesitava ainda em dar à França uma promessa mais explícita do que a garantia de protecção das costas francesas pela *Home Fleet;* Benckendorf, embaixador da Rússia, recebeu contudo garantias mais firmes. A violação do território belga, a 4 de Agosto, pôs fim às últimas hesitações da Inglaterra. Grey dirigiu um ultimato a Berlim, ameaçando entrar em guerra se as tropas alemãs não evacuassem a Bélgica nesse mesmo dia. O ultimato foi rejeitado depois de intermináveis discussões entre Bethmann-Hollweg e Jagow. É então que é pronunciada, a propósito da neutralidade belga, a expressão «banalidade técnica». «A necessidade faz a lei», conclui o chanceler, no *Reichstag*, a 4 de Agosto.

Começara a Grande Guerra.

O *problema das responsabilidades*

Obscurecido pela paixão nacional ou partidária, o problema das responsabilidades continua em aberto pois a sua resposta prende-se com a forma como o formulamos.

Pretende-se identificar os «génios malignos» que mais contribuíram para a eclosão do conflito? O comportamento dos responsáveis alemães aponta-os no «julgamento da História»; fizeram pender o prato da balança a favor de uma resolução radical do conflito com a Sérvia. Conduziram com cuidado o seu desenrolar para que fosse cometido uma espécie de «crime perfeito»; depois, rejeitaram qualquer mediação quando o conflito ameaçou alargar-se, e calcularam deliberadamente o risco logo que, por sua vez, a Rússia interveio.

Pelo contrário, tendo procurado não agudizar o conflito austro-sérvio, mas tentando assegurar a resolução pacífica, a Inglaterra surge como «o apóstolo da paz». A sua política conciliadora não conduziu seguramente menos à guerra que os «riscos calculados» dos dirigentes alemães: persuadidos de que, em qualquer circunstância, a Inglaterra permaneceria neutra, os Alemães aventuraram-se a ir mais longe do que teriam ido se fossem persuadidos do contrário.

Em relação a estas duas atitudes opostas que conjugam os seus efeitos partindo de intenções divergentes, o papel das outras potências aparece, visto à distância, singularmente apagado. Depois de Sarajevo, a cólera dos Austríacos, muito artificial, revelou-se mais barulhenta do que perigosa. É verdade que Conrad von Hotzendorf queria ajustar contas com a Sérvia, mas aceitou que a Alemanha lhe pudesse segurar o braço. Posteriormente, a política de Viena continuará a reboque da de Berlim, de uma forma que foi qualificada de «grotesca» (F. Fischer).

Depois de ter decretado a mobilização parcial (contra a Áustria) os Russos foram os primeiros a decidir a mobilização geral: no entanto voltaram logo atrás com essa decisão. Sazonov e Nicolau II manifestaram um espírito conciliador e reconheceram várias vezes que a Sérvia estava errada, que merecia «uma punição». Mas as suas propostas nem sequer foram tomadas em consideração em Viena ou em Berlim.

Agindo sem mandato em nome da França, Paléologue aprovou as decisões dos Russos. De resto, por esta altura, os Austro-Alemães tinham manifestado suficientemente a sua vontade de romper o equilíbrio estabelecido nos Balcãs e de exercer a chantagem da guerra continental, para que os Franceses ou Russos pudessem acalentar hesitações. Na verdade, tanto antes como depois do regresso de Poincaré, tudo se passou como se os dirigentes franceses se deixassem levar para a guerra: a solidez das suas alianças causou-lhes mais preocupações do que o destino da paz. No âmbito reduzido da crise de Julho, o papel deles foi quase nulo. Nem agiram para a fazer eclodir, nem para a impedir. Foram responsáveis na medida em que se demitiram das suas responsabilidades.

Estas conclusões seriam diferentes se se alterasse a perspectiva e se fôssemos mais longe na investigação das origens da guerra. A Rússia czarista financiava os serviços sérvios e a política pan-eslavista acabaria por ter como efeito, a longo prazo, o desmantelamento da dupla monarquia. Esta podia legitimamente julgar-se vítima de uma agressão permanente, por mais que ela própria não se desse conta da opressão que exercia sobre as minorias eslavas. Assim, é todo o passado da Europa Central e dos Balcãs que deveria ser posto em causa, em que Germanos, Turcos e, depois, Húngaros trataram as outras comunidades nacionais como povos inferiores; em 1914, estigmatizavam «a duplicidade» destas comunidades «que só compreendem a força», em termos que recordam os que outros podiam ter em relação aos povos das colónias.

O destino de todo o Ocidente poderia igualmente ser reconsiderado. Viu-se a Inglaterra e, depois, a França desenvolverem-se antes da Alemanha; esta cresceu subitamente com uma força fulminante e manifestou uma impaciência agressiva numa Europa demasiado pequena para as suas enormes ambições. Nem a França, nem a Inglaterra, nem a Rússia estavam prontas a dar-lhe um lugar ao preço de sacrifícios que, a prazo, podiam conduzir até ao seu aniquilamento como grandes nações, uma querela tão antiga como a sua história. Considerariam realmente que proceder a concessões provocaria o risco de suscitar a paragem, a travagem, o declínio da sua própria expansão? Os dirigentes temiam antes as reacções dos governados perante estas capitulações, precisamente quando toda a sua política visava glorificar o Estado e engrandecer a nação para poderem manter-se no poder e resistir à pressão vinda de baixo.

Haviam visto um perigo permanente para a paz; era igualmente perigosa a crença, entre os Aliados como entre os Alemães ou entre os Austríacos, que quanto mais depressa se desse a guerra, mais depressa seria ganha.

É verdade que, quer uns, quer outros, não falavam da mesma guerra: guerra local ou guerra continental, guerra com a Inglaterra ou guerra sem a Inglaterra. Longe de imaginar que esta guerra seria fatal para três monarquias e para vinte milhões de homens, estavam de acordo apenas quanto a um ponto: a guerra seria curta e sairiam vitoriosos.

II

AS FORMAS, OS MÉTODOS E OS OBJECTIVOS

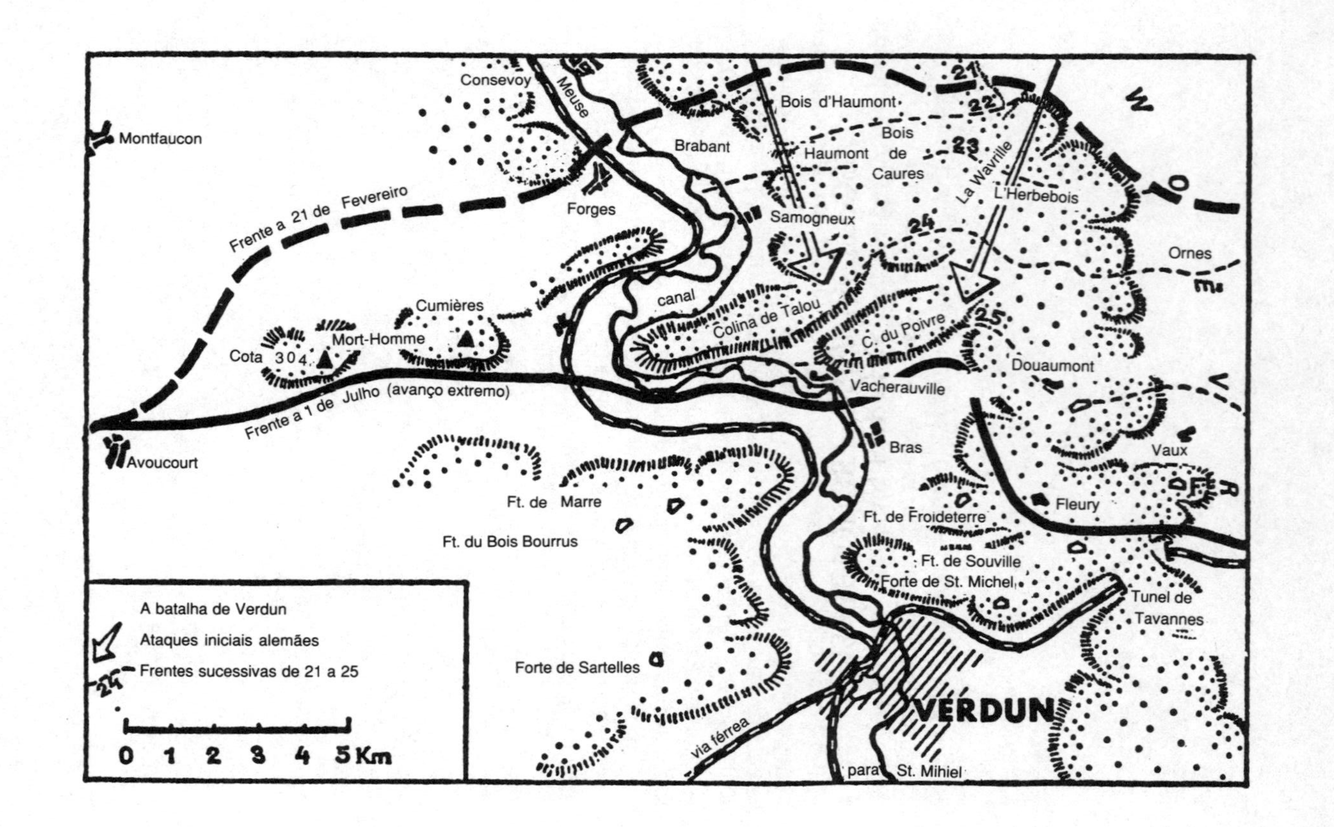

Montfaucon
Consevoy
Meuse
Bois d'Haumont
Brabant
Bois
Haumont
de
Caures
La Wavrille
L'Herbebois
W
O
E
V
R
21
22
23
24
25
Forges
Samogneux
Ornes
Frente a 21 de Fevereiro
canal
Colina de Talou
C. du Poivre
Cumières
Mort-Homme
Cota 304
Douaumont
Vacherauville
Frente a 1 de Julho (avanço extremo)
Avoucourt
Bras
Vaux
Ft. de Marre
Fleury
Ft. de Froideterre
Ft. du Bois Bourrus
Ft. de Souville
Forte de St. Michel
Tunel de Tavannes
A batalha de Verdun
Ataques iniciais alemães
Frentes sucessivas de 21 a 25
Forte de Sartelles
VERDUN
via férrea
para St. Mihiel
0 1 2 3 4 5 Km

A guerra começou tal como se tinha imaginado, fértil em surpresas e reviravoltas: invasão da França, ofensiva inesperada dos Russos, batalha do Marne, vitória dos Alemães a Leste, derrota austríaca diante de Belgrado, entrada em guerra da Turquia e do Japão.

No Natal de 1914, vários milhões de combatentes ficaram totalmente surpreendidos por se encontrarem imobilizados e, ainda que parecesse um paradoxo, eram forçados a enterrar-se para sobreviver. «Isto não é a verdadeira guerra», exclamava Kitchener, ao visitar as trincheiras. Também não era a que Guillaume Apollinaire sonhara, com os seus longos momentos de descanso e de ócio.

Em algumas semanas a guerra metamorfoseara-se: mudava, ao mesmo tempo, de método e de estilo, de natureza e de espírito, de objectivos e de extensão. Transformava-se na Grande Guerra.

VII

DO MOVIMENTO AO IMOBILISMO

Para as potências centrais, a crise do Verão de 1914 tivera um fim inesperado: a entrada em guerra da Grã-Bretanha. Para os Aliados, as hostilidades começaram igualmente com uma surpresa desagradável. Aplicando a versão mais audaciosa do «plano Schlieffen», os Alemães concentravam os seus esforços na extrema-direita da frente ocidental, ameaçando todo o Exército francês, orientado para leste, com um gigantesco movimento de envolvimento. Em menos de três semanas, os exércitos do *Kaiser* acampavam às portas de Paris. Mas outras surpresas haveriam ainda de modificar o curso dos acontecimentos. Os Russos desencadearam a sua ofensiva muito mais cedo do que o Estado-maior austro-alemão previra; os Aliados detinham a invasão ao alcançar a vitória no Marne. No Outono, a resistência dos Sérvios, a entrada dos Turcos e dos Japoneses na guerra, a fixação das frentes a oeste como a leste deram ao conflito uma feição completamente inesperada(9).

A invasão da Bélgica

Na manhã de 4 de Agosto, violando a neutralidade da Bélgica, as tropas alemãs transpunham a fronteira e atravessavam o Mosa a norte de Liège. A cidade resistiu durante treze dias durante os quais pairaram dúvidas quanto às intenções do general Moltke. Joffre interrogou-se se Moltke ordenaria aos seus exércitos para tornarem a subir o rio, e nesse caso defrontariam o III e IV Exércitos franceses, ou se então os faria marchar mais para oeste, onde deparariam com o V Exército de Lanrezac. A importância dos efectivos que compunham esta ala direita só seria conhecida ao fim de alguns dias.

---

(9) Encontrar-se-á na página 172 um quadro das forças em presença entre 1914 e 1918.

O plano XVII e a batalha das fronteiras

Não obstante, Joffre aplicou o plano XVII, atacando na Alsácia e na Lorena. A 8 de Agosto, os Franceses entravam nos arredores de Mulhouse, bastante surpreendidos por encontrarem tão pouca resistência. Na realidade, o VII Exército alemão estava camuflado na floresta de Hardt e ameaçava cercá-los; os Franceses tiveram de retirar-se.

A ala direita alemã continuava a desdobrar-se na Bélgica, ultrapassando amplamente o dispositivo que os Franceses tinham previsto para lhe fazer face. O exército de von Kluck, na extrema direita, avançava sobre Bruxelas; o de Bülow, no centro direita, sobre Namur. Joffre contava com a resistência do Exército belga: mas este foi submergido pela superioridade numérica das tropas alemãs e teve de recuar rapidamente. Para descontentamento dos Franceses, bateu em retirada para Antuérpia em vez de se colocar à esquerda do exército de Lanrezac e das forças inglesas. Perante estas condições, Lanrezac solicitou autorização para se deslocar ainda mais para noroeste. Joffre concedeu-lha e enviou reforços, mas para o Mosa. Assim, subestimando a amplitude da manobra de envolvimento conduzida pelos Alemães e considerando vãos os alarmes de Lanrezac, agarrava-se à primeira das suas hipóteses: a má.

Joffre lançou então na Lorena a dupla ofensiva que tinha previsto. Em Morhange, tal como no Sarre ou nas Ardenas, os exércitos de Castelnau e de Langle du Cary foram duramente repelidos apesar da sua superioridade numérica. «Os temores que os dias precedentes me tinham inspirado sobre a aptidão ofensiva das nossas tropas em campo raso foram confirmados no dia de ontem», escrevia Joffre a Poincaré logo a seguir à batalha. Incapacidade dos chefes para movimentar a sua unidade, falta de treino das tropas, ausência de coordenação entre as unidades que marchavam paralelamente, tais eram as verificações que pressagiavam um mau futuro para o Exército francês.

Doravante, as batalhas decisivas travar-se-iam a norte, onde as colunas dos exércitos de Bülow avançavam com a regularidade de um metrónomo. Chocaram com as do marechal French e do general Lanrezac, a 21 de Agosto na batalha de Mons Charleroi. «Somos obrigados a render-nos às evidências», escrevia de novo Joffre a Poincaré, «de que os nossos corpos de exército, apesar da superioridade numérica que lhes foi assegurada, não evidenciam em campo aberto as qualidades ofensivas esperadas... Estamos condenados a uma defensiva apoiada nas nossas praças-fortes e nos grandes obstáculos do terreno... O nosso objectivo deve ser o de resistir... esforçando-nos por enfraquecer o inimigo... e de retomar a ofensiva no momento oportuno».

Assim, segundo o generalíssimo, não eram já a inferioridade numérica nem a surpresa do movimento envolvente operado por Moltke, que explicavam por si a derrota francesa durante a dupla batalha das fronteiras. Sem dúvida que Joffre interpretava os factos à sua maneira uma vez que, em Charleroi, os Franceses tinham apenas dezanove divisões para fazer frente às trinta divisões alemãs, mas também é verdade que ninguém obrigava então Lanrezac a tomar a iniciativa da batalha em condições tão desfavoráveis. Por outro lado, verificou-se, uma vez mais, que os Franceses eram menos ágeis do que os Alemães a manobrar no terreno. Joffre aprendeu a lição: batido em todas as frentes, ordenou uma retirada geral.

A retirada francesa

A ofensiva da Lorena e a contra-ofensiva da Bélgica tinham sido marcadas por uma série de graves insucessos, uns mais esperados do que outros. O sucesso da retirada foi outra surpresa. Os Alemães não tinham conseguido envolver a ala esquerda franco-inglesa que se encolheu sobre o seu centro, tornando-se assim inacessível ao inimigo. Mas, pela mesma razão, a ala direita alemã avançava no vazio. Durante todo o movimento, Joffre mantinha o controlo absoluto da situação: um milagre tão espantoso como o que se ia passar a seguir. Conseguira ultrapassar todos os reveses com sangue-frio e mantinha uma calma imperturbável. Numa altura em que, em menos de quinze dias, todos os seus planos tinham ido por água abaixo, que o Norte do país estava ocupado, Paris ameaçada, e sem um único sucesso no activo, o seu humor mantinha-se igual como se estivesse num exercício. Bom apetite, sono longo e a firmeza de ânimo que lhe permitiam elaborar, todos os dias, em plena batalha, os relatórios para o Presidente. Como escreveu o general De Gaulle, «a sorte da França foi que, apesar de ter a espada mal segura, ele soube manter o equilíbrio».

Sem ilusões sobre as causas da derrota, avaliando os seus erros, só contou com o pior, na certeza de não ficar desiludido. Encarou com sangue-frio continuar a retirada até poder reunir as condições para a vitória, mesmo para além do Sena, se tal fosse necessário.

Em Paris, Gallieni, nomeado governador, apareceu rapidamente como o homem que poderia eventualmente substituir o generalíssimo. O vencedor das campanhas de Tonquim e de Madagáscar tinha sido o inspirador de Joffre, por quem manifestava uma estima condescendente. Alcançado o limite de idade, com uma saúde precária (morre em 1916), não pudera aceitar o cargo de comandar todo o Exército francês. Mas, pelo menos, não recusou assegurar a defesa da capital. Tomou, de imediato, medidas enérgicas, introduzindo um estilo novo na condução da guerra. Pôs termo à campanha de falsas notícias que, ainda a 23 de Agosto, faziam crer aos Franceses que as suas tropas continuavam a ocupar Mulhouse e que, na Bélgica, Antuérpia resistia; é um facto que a cidade ainda não fora ocupada, mas o resto do país estava nas mãos do inimigo. Brutalmente, a 25 de Agosto, pela manhã, os Franceses tomaram conhecimento, através de um comunicado de três linhas, de que os seus exércitos recuavam «do Somme aos Vosgos». No dia seguinte, os jornais anunciavam que Paris estava ameaçada. Dois dias depois sabia-se que o governo abandonara Paris e se instalara em Bordéus e que o general Gallieni tinha por missão defender a capital: «cumpriria a sua missão até ao fim». Logo a seguir, aqueles que tinham meios para isso fugiram para lá do Loire.

Nada fora previsto para proteger a capital; apenas alguns homens da guarda territorial para assegurar a defesa. Com as tropas que lhe tinham sido destinadas, Gallieni fê-las desfilar pela cidade a fim de reaquecer o coração dos parisienses. Dispondo finalmente de um exército, estava impaciente por fazer uso dele. Comentava com severidade os actos de Joffre, seu antigo subordinado, considerando-o bronco e incapaz de tomar decisões audaciosas.

Para os Alemães, o sucesso da ofensiva ultrapassava todas as expectativas. «Dentro de seis semanas, este assunto estará completamente resolvido», declarava Moltke no fim do mês de Agosto. No entanto, um primeiro alerta obrigou-o a alterar o seu dispositivo: os Russos tinham atacado, a leste, mais cedo do que o previsto e desbarataram o Exército alemão em Gumbinnen. Esta ofensiva inesperada podia ameaçar seriamente as operações lançadas a oeste e mesmo transformar o sucesso aí obtido numa catástrofe. Cuidadoso, pouco imaginativo, bom executante de um plano grandioso cuja audácia o amedrontava, Moltke afastou duas divisões da frente ocidental para suster a ameaça. Retirou-as da sua ala direita, enfraquecendo o exército que devia determinar o resultado da batalha.

O plano de Joffre

Na directiva de 24 de Agosto, Joffre ordenara um recuo para a linha Amiens-Verdun. No entanto, imobilizado gravemente no terreno, o Exército inglês tivera de efectuar um movimento mais vasto, pelo que parecia impossível a Joffre restabelecer-se no Somme. Recuou para além do Aisne, de tal forma que um novo exército francês, o VI Exército, se viu na impossibilidade de se organizar, como previsto, em Amiens e foi obrigado a formar-se já em plena retirada. O V Exército de Lanrezac continuava a retirar normalmente mas o recuo das tropas de French, assim como o dos exércitos de Langle de Cary (à sua direita), forçou-o a colocar-se sobre o Oise. Isto trouxe-lhe um sucesso na retaguarda, a batalha de Guise, que vai permitir que a retirada geral se efectue em boas condições (29 de Agosto).

A 1 de Setembro, a ala direita alemã de von Kluck continuava a avançar, transpondo o Aisne e, depois, o Vesle. Joffre julgou que era necessário tomar ainda um pouco mais de fôlego. Na directiva do dia 1 de Setembro, ordenava: «Apesar dos sucessos tácticos obtidos pelos III, IV e V Exércitos nas regiões do Mosa e de Guise, o envolvimento efectuado pelo inimigo na ala esquerda do V Exército, obriga o conjunto do nosso dispositivo a girar em torno da sua direita. A partir do momento em que o V Exército esteja livre da ameaça de envolvimento muito detectável sobre a sua esquerda, o conjunto dos III, IV e V Exércitos retomará a ofensiva». Assim Joffre ordenava o abandono dos pontos de apoio da Argonne e de Verdun e o recuo para a linha Pont-sur-Yonne, Nogent-sur-Seine, Arcis-sur-Aube, Brienne, Joinville; a cavalaria defenderia o Sena entre Montereau e Melun, os Ingleses iriam a seguir até Juvisy. O exército entrincheirado em Paris atacaria a direito a leste, em direcção a Meaux.

Porém, completamente empenhado na perseguição à ala esquerda francesa, von Kluck perdera o objectivo que tinha à partida: Pontoise. Desviando-se do seu caminho, não em direcção a Paris, como Joffre presumia, mas em direcção a Meaux, onde se reagrupavam os Franceses, não visava tanto conquistar a capital por oeste mas antes cercar e destruir os exércitos franceses. Estas perspectivas comportavam um risco que a euforia da vitória não permitiu medir com exactidão. No ardor da perseguição, von Kluck ultrapassara o exército de Bülow, situado à sua esquerda, em vez de se manter no mesmo nível. Se avançasse demasiado, os exércitos em vias de regrupamento, à volta de Paris, podiam atacá-lo pelo flanco; se, na mesma altura, a ala esquerda do exército em retirada contra-atacasse (na ocasião, os Ingleses), von Kluck ver-se-ia apertado por um movimento de tenaz.

A batalha do Marne

Foi precisamente esta situação que Gallieni quis criar, a 4 de Setembro, ao tomar a iniciativa de uma operação que iria conduzir à vitória do Marne. Nesta altura, tendo sabido utilizar racionalmente a rede ferroviária, Joffre conseguiu reagrupar as suas forças de tal maneira que, perante as vinte divisões da ala direita alemã, estava em condições de lhes fazer frente com trinta. Para não sofrer um Charleroi ao contrário, Moltke ordenou a von Kluck a retirada e que se juntasse ao exército de Bülow, de tal modo que, quando Gallieni e Maunoury atacaram, não encontraram frente a eles um só corpo de exército, mas três. Joffre considerou que chegara a hora de travar uma batalha geral. No campo aliado, o momento era grave. Os chefes do Exército estão de acordo em tentar o desafio de que dependerá o destino da guerra. Consideram que já recuaram em demasia. French, porém, não está de acordo: considera prematura a oportunidade da batalha; preferiria continuar a retirada e recuar para além do Marne; aliás, não está pronto para travar um combate que exigisse a utilização em simultâneo de todas as suas forças. Joffre, que pretende resolver o problema, decide arriscar; vai ver French e, contendo mal a sua emoção, declara: «Em nome da França, senhor Marechal, peço-vos todo o vosso concurso... e, além disso, desta vez, a honra da Inglaterra está em jogo». A atmosfera é tensa; sabe-se que Murray, o adjunto de French, é hostil à contra-ofensiva. Cai um pesado silêncio. French responde com uma voz fraca e pouco inteligível: «*I will do my possible*». Comovido, Joffre agradece-lhe. Envia então uma mensagem às tropas em que lhes diz que «a hora não é já de olhar para trás, e que era preciso, doravante, morrer em vez de recuar». Esta palavra de ordem foi cumprida na íntegra.

A operação, concebida por Gallieni no dia 4 à noite e empreendida a 5, decorreu como estava previsto. Maunoury atacou direito a leste, em direcção a Ourcq, com o objectivo de envolver os exércitos de von Kluck. Mas uma parte destes já se encontrava em movimento de retirada e a cavalaria de von Marwitz fora encarregue da cobertura desse movimento frente aos Ingleses, no que tem total êxito, impedindo assim a progressão das tropas inglesas.

Mais a leste, travava-se igualmente a batalha geral. Na região pantanosa de Saint-Gond, Bülow e Foch lançavam, ao mesmo tempo, dois exércitos um contra o outro. Foi uma batalha renhida que se prolongou por vários dias, com os adversários a tentarem manobrar pelos flancos. Ameaçado pela esquerda, Bülow teve de recorrer aos exércitos do centro: von Hausen aproximou-se mais dele e ajudou-o a fechar a brecha. Mais longe, em direcção a leste, os Franceses tinham igualmente dado a ordem para a ofensiva, mas foram os Alemães quem, afinal, acabou por conduzir as operações, não conseguindo, todavia, romper.

Na tarde de 6 de Setembro, tendo em vista estes resultados, Moltke estava inquieto e circunspecto. Sempre sereno, Joffre manifestava, pelo contrário, uma certa satisfação, pois, pela primeira vez, os Franceses tinham resistido aos Alemães numa batalha geral. Pudera, assim, reagrupar as suas forças e contava que, em breve, a vantagem numérica jogasse a seu favor.

A jornada de 7 de Setembro foi marcada pelo recuo de von Kluck a norte do Marne; Bülow seguiu o movimento para alinhar a sua própria frente. Estas operações davam continuação à grande batalha começada havia dois dias e era despropositado alimentar ilusões sobre o alcance deste recuo. Aliás, nesse mesmo dia, Maunoury por pouco não era apanhado num ataque de von Kluck e Gallieni vira-se obrigado a requisitar os táxis parisienses para lhe fazer chegar reforços com urgência.

No dia 8, os Ingleses de French e o V Exército de Franchet d'Esperey (que substituíra Lanrezac) exploraram uma informação chegada ao fim da tarde do dia anterior: controlando mal o duplo movimento de recuo das suas tropas, os Alemães tinham deixado um vazio entre o exército de von Kluck e o de Bülow. Os Aliados precipitaram-se na brecha, efectuando com a cavalaria um movimento de tenaz que poderia permitir o desmembramento do inimigo.

Efectivamente, os Alemães julgaram, no dia 9, que esta derrota de Ourcq marcava uma viragem. No campo de batalha, antes que este desaire se transformasse em catástrofe, o tenente-coronel Hentsch, dotado de plenos poderes por Moltke, que ficara no quartel-general do Luxemburgo, ordenou a von Kluck e a Bülow para procederem a um recuo geral se os Ingleses, repelidos alguns dias antes para lá do Marne, conseguissem de novo atravessar o rio. Como o conseguiram, a ordem foi executada e von Hausen, ao centro, teve, por sua vez, de se recolocar.

Vendo escapar-se-lhe a vantagem à direita, Moltke tentou arrebatá-la à esquerda, onde os V e VI Exércitos alemães se encontravam sob as ordens do *Kronprinz* imperial e do *Kronprinz* da Baviera. Cometendo, todavia, o mesmo erro de semanas atrás, retirava-lhes quatro corpos de exército para consolidar a sua extrema direita, ameaçada por Maunoury. Afinal, o *Kronprinz* imperial foi incapaz de explorar os primeiros sucessos obtidos sobre Sarrail, resultantes da sua superioridade em artilharia. No dia 8, a situação apresentava-se de tal modo vantajosa que Joffre autorizava Sarrail a abandonar Verdun, se tal se revelasse necessário, para poder conservar a sua ligação com os exércitos do centro. Nos dias 9 e 10, no momento em que os Franco-britânicos rompiam a oeste, o *Kronprinz* fazia um último esforço mas, por falta de reservas, não conseguia tomar Verdun. Tendo fracassado a última tentativa de ripostar, Moltke ordenava o recuo geral de Nancy até Vesle. Esta ordem assinalava o fim da batalha do Marne.

Vitória incontestável, o Marne foi, tal como a considerou Pierre Renouvin, uma vitória do comando. Animados pelo mais ardente patriotismo, os exércitos dos dois campos bateram-se com igual denodo, sofrendo ambos baixas consideráveis. Mas os dois comandos não demonstraram qualidades iguais. Do lado dos Aliados, o domínio de Joffre, a visão de Gallieni, a impetuosidade de Foch, a vontade tenaz de Sarrail, o espírito de solidariedade de French tinham permitido a preparação e o triunfo de uma manobra, que, devolvendo a iniciativa às tropas aliadas, elevava o seu moral e lhes ressuscitava a agressividade. Do lado dos Alemães, pelo contrário, nunca deixou de existir a discórdia entre von Kluck e Bülow, ciosos, tanto um como o outro, de alcançar em primeiro lugar os louros da vitória; coordenaram tão mal os seus movimentos quanto é facto que o generalíssimo permaneceu no seu Q.-G. do Luxemburgo, encarregando um tenente-coronel de tomar, no terreno e em seu nome, as decisões que a situação poderia ditar. Estas circunstâncias estiveram na origem de tantas inépcias tácticas que há historiadores que pensam que, afinal, a «vitória do Marne» foi fruto do acaso.

Após a batalha, o plano de guerra alemão tornava-se caduco pois as forças francesas não haviam sido postas fora de combate e os exércitos russos davam a sua contribuição. É verdade que o plano Schlieffen não previra a chegada de um corpo expedicionário inglês que guarneceria a esquerda das forças francesas. Este «miserável exércitozinho» foi especialmente maltratado durante a retirada, como se os Alemães tivessem querido vingar-se nele: a sua existência e presença eram comprovativas do grave erro de apreciação cometido pelos Alemães ao recusarem-se a considerar a hipótese de que a Inglaterra participaria na guerra. French quisera salvar o que restava do seu exército; julgando que os Franceses seriam incapazes de se recompor, encarara, por vezes, a hipótese do reembarque. Kitchener e Wilson dissuadiram-no disso. Graças a estas intervenções, as forças inglesas participaram cada vez mais activamente na batalha: perderam perto de cem mil homens em quatro semanas e o seu papel não deve ser subestimado. Aliás, von Kluck declarou, na sequência destes acontecimentos, que se não pudera conquistar Paris tal se devera à resistência oferecida pelos Ingleses.

Na verdade, parece que a vitória do Marne se deveu tanto a inteligência estratégica de Joffre como aos erros cometidos pelo comando alemão. O sucesso da sua operação de rompimento estava assegurado na fase inicial porque a manobra ocorrera a uma certa distância de Paris: tendo em atenção o dispositivo radial da rede ferroviária, a transferência das tropas francesas era tanto mais difícil quanto mais longe estivessem do centro. À medida que os exércitos alemães progredissem para além do Somme, o mesmo dispositivo ferroviário funcionava ao contrário, e nos dois sentidos: no centro, favorecia os Franceses, na periferia, desfavorecia os Alemães. Joffre compreendeu rapidamente que, a uma certa proximidade de Paris, o plano alemão se voltaria bruscamente contra os seus promotores. E era nessa altura que se impunha travar batalha. Desde o primeiro dia de guerra, pedira o controlo de toda a rede ferroviária: o general politécnico pressentira que a sua vitória, a batalha do Marne, seria a vitória dos caminhos-de-ferro franceses.

A corrida para o mar e a imobilização das frentes

Chegara a hora de fazer as contas, logo após a batalha do Marne. Dos dois lados, as perdas em homens eram consideráveis, mas o que mais impressionava Joffre era a escassez de munições. Jean Ratinaud escreve: «Partimos para a guerra com uma dotação de 1390 projécteis para cada peça de 75. Os abastecimentos baixaram para 695 projécteis e só se fabricam 10 000 projécteis por dia (para mais de 3500 canhões). Joffre está agora a tal ponto angustiado com a situação que o único documento militar que traz sempre consigo, de que nunca se separa, é um pequeno caderno no qual está inscrito o número exacto das munições». A 28 de Setembro, ordenava que «as munições que excedam os 300 projécteis por peça devem ser armazenadas em cada exército, para constituírem uma reserva, que ficará à disposição exclusiva do respectivo comando e de que não se poderá fazer utilização sem a autorização expressa do próprio generalíssimo Joffre». O general-em-chefe concluía: «Todas as tardes ou todas as noites, antes das seis horas, cada exército deverá dar conhecimento ao oficial coordenador da retaguarda, por telegrama, do número de projécteis gastos durante o dia».

Do lado dos Alemães, em que Moltke fora afastado e substituído por Falkenhayn, as perdas em homens atingiam, em certas unidades, 40% dos efectivos. Como a escassez de munições era quase tão grave como entre os Franceses, compreende-se a razão profunda que levou à fixação das frentes: exangues e mal fornecidos de munições, os exércitos foram forçados a imobilizar-se.

Os dois comandos tentaram, contudo, um último movimento de conjunto para desbaratar o adversário. A leste da frente, o *Kronprinz* tentou, uma vez mais, apoderar-se de Verdun, investindo quase inteiramente contra a fortaleza e ameaçando a sua segurança com a constituição de uma poderosa ponta-de-lança na região de Saint Mihiel. Em Outubro, os Franceses conseguiram reduzir um pouco a pressão na área ao reconquistarem os montes vizinhos: só se aperceberam do valor deste facto em Fevereiro de 1916.

A oeste, por não se ter conseguido explorar o rompimento durante a segunda semana de Setembro, Joffre procurou cercar o exército de von Kluck. Como, uma vez mais, os Alemães tentavam igualmente atacar os exércitos franco-ingleses, esta dupla tentativa deslocou progressivamente os combates em direcção ao norte, com cada um dos adversários a tentar encostar-se à Mancha. Esta «corrida rumo ao mar» deu lugar a renhidos combates entre 14 de Setembro e 17 de Novembro.

Devido à importância do que estava em jogo, os dois comandos enviaram para esta frente móvel o máximo de reforços. Tropas inglesas que desembarcavam cada vez em maior número; contingentes belgas, que recuavam através da costa depois de terem sido obrigados a evacuar de Antuérpia; fuzileiros navais do almirante Ronarch e os *Royal Fusiliers* que tinham protegido a retirada dos exércitos de Alberto I. Do lado dos Alemães, também afluíram reforços: em primeiro lugar, as tropas disponibilizadas após a queda de Antuérpia e a capitulação de Maubeuge, depois os sucessivos contigentes de recrutas recentemente instruídos, compostas na maior parte por jovens voluntários.

Diferentemente do que se verificava com as operações que precederam a batalha do Marne, as tentativas de penetração foram acompanhadas por um reforço das linhas em profundidade, pela colocação de uma rede de arame farpado; antes mesmo de ter sido decidida, a fixação das frentes impusera-se aos espíritos.

A corrida para o mar foi marcada por sangrentos combates que culminaram na Flandres.

Falkenhayn atacou primeiro, lançando ao assalto tropas frescas, voluntários na sua maior parte. Progrediram ao longo do mar. No dia 20, a batalha desenvolvia-se numa frente de cem quilómetros. Ao perderem a linha do Yser, os Belgas decidiram inundar toda a região. Um série de encarniçados combates iria desenrolar-se na região pantanosa de Ramscapelle e de Langemarck. No dia 29, os Alemães concentravam os seus esforços sobre Messine e sobre Ypres. Os combates que se travaram contam-se entre os mais sangrentos de toda a história da guerra: num dia, no primeiro de Novembro, o regimento dos *London-Scottish* perdia um terço dos seus efectivos. Franceses e Ingleses conseguiram resistir, lançando ataques e contra-ataques. Alguns ataques assumiram uma dimensão épica, tal como o do Bois des Nonnes, no qual a Guarda de Sua Majestade e a Guarda do *Kaiser* se defrontaram em combates corpo-a-corpo.

Não houve vencedores e todos estes esforços se revelaram vãos, pelo que Falkenhayn deu ordem para parar a ofensiva. Nestes combates, em que se distinguiram as forças navais do almirante Ronarch, os *Royal Fusiliers* e a Guarda Imperial, morreu, em Langemarck, para ocupar alguns metros de terreno, a flor da juventude alemã.

Surpresas a Leste

Ao mesmo tempo, as frentes de leste e de sueste estabilizavam-se, após combates férteis em reviravoltas espectaculares.

Na manhã de 12 de Agosto, os Austríacos lançaram a sua expedição «punitiva» contra a Sérvia. A intervenção da Rússia obrigou-os a reduzir para metade os efectivos previstos para essa operação. Empenhados, não obstante, em realizá-la rapidamente por razões de ordem psicológica, ocuparam Belgrado, mas este sucesso foi de curta duração. Treze dias depois, o rei Pedro reconquistava a capital e repelia o inimigo para além do Save. Os Austríacos tinham perdido mais de duzentos mil homens. Potiorek foi destituído: a expedição de «castigo» saldara-se num enorme desastre. Na frente russa, igualmente os exércitos de Francisco José conheceram dissabores: é verdade que acontecera o mesmo aos do *Kaiser*.

Em 1913, os generais Joffre e Gilinsky tinham traçado as directrizes fundamentais da cooperação estratégica dos seus exércitos. Ficara acordado que seria conduzida uma dupla ofensiva contra as forças alemãs, devendo os Russos atacar no décimo quinto dia da mobilização. Ora, ao Exército russo eram necessários sessenta dias para mobilizar e dispor as suas tropas: assim, o grão-duque Nicolau encontrava-se na obrigação de lançar a ofensiva antes de o seu dispositivo estar concluído. Caso contrário, não poderia evitar a realização do plano Schlieffen, pelo que os Alemães, depois de terem vencido os Franceses, poderiam, graças às suas reservas, voltar-se na devida altura contra os Russos.

Como ficou estabelecido, o comando russo lançou uma ofensiva no décimo quinto dia com um exército que devia concluir a sua mobilização no trigésimo sexto dia; atacou assim sem dispor sequer das suas reservas.

De Gumbinnen a Tannenberg

Surpreendidas, as tropas alemãs do general Prittwitz foram desbaratadas em Gumbinnen a 20 de Agosto, onde, por sua vez, as populações civis conheceram os horrores do êxodo. Impressionado pela violência do choque, Moltke chamou, então, dois corpos de exército da frente ocidental. Como cometeu o erro de os retirar à ala móvel que, nesta data, tinha atingido Charleroi, e decerto assim enfraqueceu a manobra certamente concebida por Schliffen, pôde afirmar-se, sem dúvida que abusivamente, que «sem Gumbinnen nunca teria havido a vitória do Marne».

Seja como for, o objectivo visado pelo comando russo fora atingido mas as tropas lançadas na ofensiva eram vulneráveis e uma manobra envolvente, concebida por Hindenburg, sucessor de Prittwitz, permitiu aos Alemães atacarem com treze divisões e cento e cinquenta baterias as dez divisões de Samsonov, que só dispunha de setenta baterias. No dia 31 de Agosto, a derrota dos Russos estava consumada: em Tannenberg, Samsonov suicidava-se e Hindenburg fazia 92 000 prisioneiros. Alcançaria sucessos idênticos nos Lagos Mazúrios onde os Russos foram, mais uma vez, obrigados a bater em retirada; conseguiram evitar a destruição do grosso das suas tropas e a pressão que mantinham continuava a ser extremamente perigosa. O mito de Hindenburg, salvador da pátria, acabava de nascer: o vencedor de Tannenberg soube, habilmente, perpetuá-lo.

A sul, os Russos tinham igualmente atacado os exércitos austríacos para aliviar os Sérvios. Na Galícia, após as batalhas de Lemberg e de Rava Russka, os exércitos austríacos foram obrigados a bater em retirada, para além do San. Os Russos ocupavam uma grande parte da Galícia, incluindo a sua capital; invadiram a fortaleza de Przemysl, encerrando aí 12 000 austríacos e o seu posto avançado, instalando-se no desfiladeiro de Uszok que domina a planície húngara. Os Russos pagaram caro este sucesso. Sofreram perdas graves que os impediram de tirar partido do seu êxito. O que não impediu o general Belaïev de considerar que o Exército austríaco fora «esmagado». No dia 8 de Novembro, ordenou a perseguição implacável dos «restos» do Exército austríaco nos Cárpatos. O grão-duque Nicolau queria fazer passar por aí doze divisões de cavalaria em direcção a Budapeste... «A ameaça da cavalaria da Brigada Selvagem surtiria um grande efeito de intimidação na Hungria».

Na realidade, este sonho desfez-se com a ameaça, provocada a norte, pelos Austríacos e pelos Alemães.

Os Russos mesmo assim tinham mantido a iniciativa na frente oriental, mas com o preço de perdas consideráveis: mais de um milhão e duzentos mil soldados tinham sido postos fora de combate. Este resultado deveu-se à sua inferioridade em poder de fogo. Desde o mês de Agosto que o russo Rennenkampf reclamava ao seu ministro da Guerra 108 000 obuses de estilhaço, 17 000 obuses explosivos e 56 milhões de cartuchos: entregaram-lhe 9000 obuses de estilhaço, 2000 obuses explosivos e 7 milhões de cartuchos. «Os combates do III Exército (russo)», relata uma testemunha inglesa, «não passavam de massacres, pois os Russos atacavam sem o apoio da artilharia».

«Em suma» considera Pierre Renouvin, «quando as frentes se imobilizaram, o Exército russo desempenhara o papel que se esperava dele». Obrigara o alto-comando a retirar tropas da frente ocidental, o que contribuíra para o êxito do Marne. A 14 de Setembro, o general Laguiche, adido junto do Exército russo, dirigia a Sukomlinov, ministro da Guerra, este telegrama: «Tanto pelo comando das operações do Estado-maior russo, como pelo comportamento das tropas russas sob fogo, a impressão que se colhe resume-se em duas palavras que poderíamos repetir constantemente: bravo e obrigado».

No final de Novembro de 1914, nem os Aliados, nem as potências centrais (às quais se veio juntar o Império Turco), viam como arrebatar a vitória. Na verdade, o desaire do plano de guerra alemão era o mais espectacular; apesar disso, as tropas do *Kaiser* ocupavam ainda todo o Norte de França, com as linhas avançadas da sua frente passando perto de Arras, Noyon, Soissons e Reims. Ao imobilizar a guerra por mais de quatro anos no seu solo, a Alemanha iria infligir à França profundas feridas, ameaçar a sua existência e paralisá-la por muito tempo.

VIII

O PONTO FORTE E O PONTO FRACO

Duas estratégias

No inicio da guerra, a iniciativa estratégica pertencera às potências centrais. É certo que os Russos conseguiram perturbar os seus planos, mas a custo de uma pesada derrota. Tannenberg fora largamente compensada, no Marne, pela acção de contenção dada aos exércitos do *Kaiser*; mas estes não deixavam de estar acampados a cem quilómetros de Paris. Após a estabilização da frente, os Austro-Alemães retomaram a iniciativa, desta vez atacando a leste. As operações evoluíram de idêntica maneira: os Alemães tiveram sucessos espectaculares mas escapou-lhes o êxito final. A oeste, os Aliados conseguiram, por sua vez, perturbar os planos do adversário, mas a custo de perdas consideráveis e de resultados insuficientes.

Incidindo no ponto forte do inimigo principal, estes poderosos ataques revelaram-se dispendiosos e ineficazes. Conduziram à imobilização das frentes, mas não à vitória.

Nestas condições, não é de espantar que os protagonistas tenham imaginado uma outra estratégia: esta visaria o ponto fraco da coligação adversária. Sem dúvida que, ao não atingir o ponto onde o inimigo concentrava as suas forças, a operação tinha poucas possibilidades de o abater. O golpe dado podia, apesar disso, desorganizar os seus planos, reduzir o número dos seus aliados, abrir novas vias à vitória.

As duas coligações tentaram a experiência simultaneamente; hesitaram contudo em trocar o ponto forte pelo ponto fraco. Esta escolha necessária dividiu os meios dirigentes. Devia-se dispersar o esforço, dividir as forças para atacar o Sultão enquanto o *Kaiser* acampava às portas de Noyon? Seria necessário encarniçar-se contra os Sérvios, castigar os Italianos, intervenientes na guerra, quando os Cossacos eram capazes, rapidamente, de chegar às portas da Hungria? Estes graves problemas desfiguravam os ensinamentos da estratégia, enquanto a imobilização das frentes ia invalidar os ensinamentos da táctica.

Vencer os Russos

Longe de terem sido postos fora de combate, Franceses e Ingleses venceram no Marne. Depois, tinham forçado o adversário a retroceder. O Estado-maior alemão não deixou, porém, de aplicar a segunda parte do seu plano: entre Outubro de 1914 e Março de 1915, mandou passar vinte e cinco divisões da frente ocidental para a frente oriental. Conseguiria ele, com a ajuda dos exércitos austríacos, pôr os Russos fora de combate? Os exércitos do czar tinham sofrido com os reveses de 1914. A insuficiência de artilharia pesada, a escassez de munições, o desaparecimento dos quadros, mortos em combate, enfraqueciam singularmente as suas capacidades combativas. Todavia, Austríacos e Alemães não deixaram de se espantar perante «a resistência do urso russo: quanto mais golpes recebia, mais perigosas se tornavam as suas patadas».

Os exércitos das potências centrais dispunham de uma larga superioridade em material pesado e, mais ainda, em munições. Tecnicamente diminuídos devido ao atraso da sua economia e ao encerramento dos Dardanelos, que tornava precários os pedidos de material encomendados ao estrangeiro, os Russos dispunham apenas da vantagem numérica. Mas não seria ela ilusória em tais condições? De qualquer forma, vencidos com frequência mas nunca abatidos, os Russos ameaçaram várias vezes a segurança das fronteiras, especialmente as da Áustria-Hungria.

Em Dezembro de 1914, o desaire da ofensiva sobre Varsóvia convencera o Estado-maior austro-alemão de que apenas uma operação pelos flancos poderia permitir a vitória. Esta foi tentada no inicio de Fevereiro. Na Prússia Oriental, Hindenburg consegue, uma vez mais, cercar importantes forças russas na floresta de Augustovo. Para escapar ao aniquilamento, os Russos travaram encarniçados combates de retirada perto dos Lagos Mazúrios. Perderam duas vezes mais homens do que os Alemães mas conseguiram conservar Grodno e, doravante, as suas reacções obrigariam os Alemães a manter-se na defensiva. Nos Cárpatos, os Austríacos obtiveram os seus primeiros sucessos, mas a sua guarnição de Przemysl, cercada desde a ofensiva russa de 1914, teve de capitular. Esta vitória trouxe ao general Brussilov 120 000 prisioneiros e mais de 900 canhões.

Nicolau II estava optimista; planeava para o Verão um ataque à Hungria. No entanto, o grão-duque Nicolau e o chefe do Estado-maior, o general Junuskevitch, viam a situação de outro modo. Num relatório confidencial, o embaixador Paléologue escrevia a Poincaré:

> «Abandonando o passado, o chefe de Estado-maior abriu-se progressivamente sobre o estado actual das forças russas, sobre a sequência provável das operações (...). Devido à ausência de munições e de espingardas, a ofensiva só poderá ser retomada dentro de dois ou três meses. É agora sabido que o Estado-maior alemão pode levar até à fronteira 400 comboios por dia, enquanto os Russos só podem levar 90. Deve assim renunciar-se à ofensiva na Prússia e na Polónia. Restam os Cárpatos. (...) Ao passar pelo vagão

do grão-duque Nicolau, achei-o envelhecido, macilento, com as feições crispadas. "Tenho de lhe falar de coisas graves. Não é o grão-duque Nicolau que lhe está a falar, é o general russo. Sou obrigado a dizer-lhe que a cooperação imediata da Itália e da Roménia é uma necessidade imperiosa. Repito e insisto: de um valor incalculável". Ao serão (continua Paléologue), reflectindo sobre o encontro, imaginei o Exército russo como um gigante paralisado, ainda capaz de vibrar temíveis golpes aos adversários que se coloquem ao seu alcance, mas impotente para os perseguir ou mesmo para os aniquilar.»

A retirada de 1915

A campanha da Polónia, durante o Verão de 1915, confirmou este juízo. É verdade que, logo que começou, os Austríacos tiveram de colocar-se rapidamente na defensiva uma vez que a entrada em guerra da Itália os obrigou a enviar tropas para esta nova frente. Além disso, temiam que, a leste, os Romenos se unissem ao inimigo. Mas, a 27 de Abril, uma operação de rompimento na região de Gorlitz consumava a derrota do exército Radko-Dmitriev. Este perdia 250 000 homens, dois terços dos quais prisioneiros. Recuando sobre o San, os Russos apoiaram-se na sua linha de fortalezas: desde Stryj, a sul, a Przemsyl, ao centro e a Rozvadov, a norte. A 12 de Junho, Mackensen lançava um novo assalto que permitia alcançar as colinas entre San e Bug. Nesta região, os ribeiros que descem dos Cárpatos têm uma disposição que faz lembrar a da parte oriental da bacia parisiense. Vindos do oeste, os Alemães tinham de atravessar estes ribeiros e as colinas, um a um, para chegarem ao centro da bacia. Depois da reconquista de Przemysl, a principal batalha teve lugar junto a Verechnitsa, um ribeiro que serpenteava as colinas entre San e Burg: vencidos, os Russos tiveram de abandonar Lemberg, mas conseguiram escapar (em meados de Junho). Em Cholm, o Estado-maior russo decidiu que, para salvar o Exército, era necessário perder a Polónia.

Depois de uma campanha de cinco meses, os Russos conseguiram suster a progressão das forças alemãs para trás de Vilna, Pinsk, Kovel e Tarnopol. Uma vez mais os Alemães tiveram a vantagem, mas não conseguiram vencer o inimigo.

Por falta de munições, estas batalhas tiveram um resultado dramático para os Russos. A retirada que se seguiu deixou ao general Denikine uma recordação imperecível.

«Durante mais de doze dias, os Alemães varreram as nossas linhas e nós não lhes pudemos responder pois não tínhamos mais nada... Completamente esgotados, os nossos regimentos batiam-se à baioneta... O sangue corria por todo o lado... As nossas fileiras diminuíam. Dois regimentos foram quase completamente destruídos pela artilharia. Logo que, após um silêncio de três dias, a nossa bateria recebeu 50 obuses, deu-se imediato conhecimento disso por telefone a todos os regimentos e companhias. Os homens receberam esta notícia com alegria e alívio.»

Mesmo com a frente rompida em toda a extensão, o alto-comando conseguira evitar o aniquilamento, mas cerca de metade do Exército estava fora de combate: 151 000 mortos, 683 000 feridos, 895 000 prisioneiros. Desastre sem precedentes que atingiu duramente o moral das tropas e dos chefes; atribuiu-se a responsabilidade à retaguarda, quer dizer, ao governo, às instituições, ao regime. No entanto, o comando tentava dissimular o desastre: comparava a retirada de 1915 à de 1812 como se, de novo, se estivesse diante de um plano inteiramente preconcebido. Para ludibriar, praticou, sistematicamente, a táctica da terra queimada; às destruições do inimigo acrescentaram-se as dos especialistas do Estado-maior; ao cortejo das tropas em retirada, o das mulheres e das crianças.

Milhares de refugiados retrocederam para a retaguarda onde nada fora previsto para os acolher. «Esta grande migração organizada pelo quartel-general, conduz a Rússia ao abismo, à revolução, à perdição», previa Krivocine, ministro da Agricultura.

Efectivamente, a hora da verdade soou para o Antigo Regime. Poderia a economia abastecer as necessidades do Exército? Seria o czarismo capaz de dar o impulso necessário à vitória e de fazer à opinião pública as concessões políticas que ajudariam o povo russo a suportar, de novo, sacrifícios?

Aliviar o exército russo(10)

Segundo o comando ocidental, as ofensivas conduzidas depois da fixação das frentes respondiam a uma tripla necessidade: manter os soldados em estado de alerta para evitar que entorpecessem nas trin-

(10) Segundo o general Falkenhayn, cujos números podem ser contestados, mas que constituem, mesmo assim, uma indicação válida, a relação das forças na *frente ocidental* era a seguinte:

	Alemães	Aliados
Em meados de Outubro de 1914	1,7 milhões	2,3 milhões
Princípios de Maio de 1915	1,9 –	2,45 –
Meados de Julho de 1915	1,88 –	2,83 –
Princípios de Setembro de 1915	1,97 –	3,25 –
Princípios de 1916 – Fevereiro de 1916	2,35 –	3,47 –
Princípios de Julho de 1916	2,26 –	3,84 –

Frente oriental

	Austro-Alemães	Russos
Meados de Setembro de 1914	563 000	950 000
Finais de Dezembro de 1914	1 155 000	1 688 000
Finais de Janeiro de 1915	1 017 000	1 843 000
Finais de Abril de 1915	1 323 000	1 767 000

cheiras e desesperassem pela vitória; aliviar o Exército russo atacado pela coligação adversa e a quem convinha «retribuir o gesto» do ano anterior; tentar explorar a superioridade numérica devido ao reforço das tropas alemãs na frente oriental desde o fim do Outono de 1914. Estas razões foram determinantes e sobrepuseram-se aos argumentos em favor da temporização: penúria de munições, inferioridade em material pesado, crescimento mais lento da produção de armas e material.

«Eu esfacelo-os»

No entanto, os chefes militares não foram unânimes: French e Castelnau criticavam abertamente esta vontade de conduzir uma ofensiva a qualquer preço. Sabiam que muitos comandantes do exército pensavam como eles, mas não ousavam opor-se à vontade do vencedor do Marne a quem seduziam, nesta altura, o alento e o optimismo de Foch, campeão da ofensiva a todo o custo, sempre confiante e seguro de vencer. O general Fayolle descreveu uma destas discussões em Saint-Pol, a 29 de Novembro de 1914: «Nunca ouvi tantas asneiras... Ataquem, ataquem, é fácil de dizer. É a mesma coisa que derrubar a soco um muro de pedra (...), a única forma de vencer, no seu entender, é mandarem matar muita gente». Para justificar estes ataques repetidos e esta eterna confiança, Joffre explicava: «Eu esfacelo-os». Mas, segundo um crítico militar inglês, Liddell Hart, «estas tentativas tinham tantas possibilidades como o esfacelamento, por um rato, de um cofre-forte de aço. Mas os dentes que aí se desgastavam eram as forças vivas da França».

Na realidade, concebidas para a defensiva, as trincheiras causaram pesadas baixas ao atacante. Elas quebraram os ataques franceses, lançados algumas vezes na proporção de seis contra um, em Champagne e mesmo de dezasseis contra um, por ocasião de um assalto dos Ingleses, perto de Lille. A 7 de Abril, Poincaré escrevia em *Les Tranchées*: «Os comunicados são sempre de uma lúgubre monotonia. Conquistamos ou perdemos uma trincheira em Bois Brûle, em Bois le Prêtre, nos flancos de Hartmannswiller, e é tudo, mas os homens tombam e a morte prossegue, impiedosamente, a sua obra fatal». Acontecia o mesmo com os comunicados alemães que, perante os ataques incansáveis dos Franceses e dos Ingleses, repetiam todos os dias o mesmo: «a oeste, nada de novo».

Decididas no final de 1914, estas tentativas obedeciam à *ordem geral de serviço* de 8 de Dezembro. Esta previa que a ofensiva tomaria a forma de dois ataques principais. Um partindo de Arras, em direcção a Cambrai e Douai; o outro, a leste de Reims, em direcção a Attigny e Rethel. Este plano respondia a necessidades geográficas que Henri Bidou devidamente analisou: «Empurrar o inimigo para a base estreita das Ardenas; em seguida, actuar sobre as comunicações, o que se pode fazer com um ataque sul-norte ao longo do Mosa, ou com um ataque na Lorena; o principal verificou-se em Agosto de 1914 e, depois, foi a manobra de Foch em 1918».

As ilusões do ano de 1915: Artois-Champagne-Artois

De Dezembro de 1914 até à batalha de Verdun, em Fevereiro de 1916, todas estas tentativas falharam, saldando-se por terríveis baixas. A cada tentativa, acreditando muito na sua superioridade numérica e avaliando mal as capacidades defensivas do adversário, o comando aliado alimentava a esperança de uma ilusória acção de rompimento das linhas inimigas. É verdade que as contra-ofensivas de diversão levadas a cabo pelos Alemães fracassavam igualmente. No bosque de Gruer como nos Éparges, no Argonne, os adversários atacaram cada um por sua vez, mas em vão. Aconteceu o mesmo com o assalto conduzido pelos Alemães durante a segunda batalha de Ypres, em Abril, que foi palco da primeira utilização de gases. Esta batalha fez mais de cem mil vítimas. Mas esta ofensiva não era muito ambiciosa. Pelo contrário, as que desencadearam os Franco-Britânicos na Primavera e, sobretudo, no Outono, procuravam desembocar na vitória. Mas, de cada vez, um motivo inesperado desenganou-os.

Em Artois, a 16 de Dezembro de 1914, primeiro desaire por falta de artilharia. O general Maudhuy concluiu de tudo isto que não se poderia voltar a atacar uma frente que ultrapassasse os 1500 metros. De 20 de Dezembro a 30 de Janeiro, e depois de 16 de Fevereiro a 16 de Março, grande ofensiva em Champagne. As brechas abertas na frente alemã eram demasiado estreitas para poderem ser alargadas e o comando apercebeu-se de que, por deficiências na disposição de trincheiras, a coordenação das operações não podia fazer-se de forma satisfatória, especialmente em caso de retirada. Mal adaptada à guerra de trincheiras, a artilharia de campanha não conseguia acompanhar com exactidão a progressão da infantaria, acontecendo-lhe mesmo fazer fogo contra as suas próprias tropas. Compreende-se, igualmente, que se o ponto escolhido para o ataque tinha a sua razão de ser num mapa do Estado-maior, o mesmo não acontecia no terreno: empapado em água, o calcário dos arredores de Sousin, Tahure, Massiges, transformava-se em lama pegajosa que tornava impossível qualquer progressão rápida. Lançando-se a descoberto e indo de encontro ao arame farpado, os atacantes foram massacrados.

Estas lições foram tidas em conta em Artois, onde a acção se estendeu a uma frente mais larga, bem fornecida em artilharia. Mais acidentado, o terreno adequava-se melhor à camuflagem e ao ataque. No entanto, habilmente apoiados num conjunto de cumes, tal como a falésia de Vimy, os Alemães souberam tirar partido das vantagens do relevo. Os mais pequenos acidentes do terreno eram transformados em *blockhaus,* com galerias subterrâneas e abrigos fortificados. A 9 de Maio e a 16 de Junho, os Franceses e os Anglo-Canadianos conseguiram avançar de um a quatro quilómetros mas, por falta de tropas de apoio nas proximidades, não puderam explorar este sucesso.

Em Setembro, os Franco-Britânicos arremeteram uma vez mais, conduzindo desta vez uma ofensiva simultânea em Champagne e em Artois. Os efectivos aliados eram consideráveis. Desta vez, Joffre estava menos optimista. «Isto terá sucesso ou não terá sucesso» diz ao rei dos Belgas. O próprio Foch não estava seguro do êxito. Apesar da opinião de Douglas Haig, a ofensiva foi mesmo assim decidida e a ordem do dia de Joffre «apelava aos soldados para não darem tréguas nem repouso ao inimigo até se alcançar a vitória». Em Loos, os ataques ingleses foram mal sucedidos. Por sua vez, os Britânicos quiseram utilizar lançamentos de gás. A orientação do vento era incerta. O engenheiro encarregado de accionar os cilindros recusava-se a fazê-los funcionar. Segundo Liddell Hart, o general Horne ordenou-lhe «a aplicação do plano previsto quaisquer que sejam as circunstâncias». Uma parte da infantaria inglesa foi assim envenenada pelo seu próprio gás.

Enquanto em Artois os Aliados não conseguiram atravessar o Souches, a ofensiva fracassava de igual forma em Champagne. Os Alemães tinham aprendido a lição dos combates da Primavera e, a alguns quilómetros da primeira linha, preparavam segundas posições nas contra-encostas, quer dizer, atrás das elevações de Tahure e, por consequência, invisíveis para o atacante. Arremetendo em 25 de Setembro, as tropas francesas é certo que venceram a primeira linha mas as segundas posições quebraram nitidamente o seu ímpeto. Foi dada a ordem para as vencer «custe o que custar». Onze dias mais tarde, a 6 de Setembro, o general Castelnau anunciava a impossibilidade de renovar esses ataques. Joffre ordenou a paragem da ofensiva.

Estes últimos combates na Champagne custaram, segundo algumas estatísticas, aos Alemães 140 000 mortos ou feridos e 25 000 prisioneiros, segundo outras, 80 000 mortos ou feridos e 41 000 prisioneiros. No Outono, os Franceses sofreram 135 000 mortos e 290 000 feridos na dupla batalha de Artois-Champagne. Contavam 400 000 mortos e prisioneiros para a campanha de 1915 e perto de um milhão de evacuados por ferimentos e doenças.

As baixas dos Ingleses eram igualmente monstruosas. Nestas condições, e atendendo à nulidade dos resultados, a ideia de uma outra estratégia acabou por vencer.

A estratégia do ponto fraco

Como o seu solo pátrio não estava directamente ameaçado, os Ingleses analisavam a situação com mais sangue-frio. No princípio de 1915, o relatório do coronel Hankey previa a imobilização das frentes por longos anos. Kitchener deu o seu parecer: aquela guerra não era a sua. Tinha a intenção de ressuscitar a guerra a que estava habituado. Assim nasceu a ideia de uma expedição do tipo colonial, um ataque «nos flancos» do adversário como propunha Winston Churchill, então Primeiro Lorde do Almirantado. Queria atingir a coligação inimiga já não onde ela era mais ameaçadora, entre a Flandres e Champagne, pois aí revelava-se inexpugnável, mas precisamente nos pontos em que era mais vulnerável, mesmo que isso originasse novas frentes. Assim, surgiu o projecto de um desembarque no Sleswig e que foi mais uma vez afastado; depois encarou-se a possibilidade de atacar a Áustria-Hungria pelo Adriático, mas considerou-se que o relevo e a proximidade do porto fortificado de Pola tornariam a operarão aleatória. Desta forma, manteve-se a ideia de atacar a Turquia, dado que esta constituía o elo mais fraco na corrente das coligações contrárias: a sua derrota poderia conduzir à entrada em guerra da Itália e da Bulgária ao lado dos Aliados.

O projecto justificava-se por várias razões. Era previsível que, em 1915, as potências centrais concentrariam os seus esforços contra a Rússia e os Aliados desejavam impedir a via que lhes permitiria fazer chegar material, munições, reforços. Por outro lado, um ataque aliviaria o peso que os Russos sentiam na frente do Cáucaso. Foi precisamente no final do mês de Dezembro de 1914 que o grão-duque Nicolau apelou à ajuda dos Aliados. Os Turcos desencadeavam uma grande ofensiva na região de Sarikamisch; esta foi repelida mas, entretanto, os Ingleses e Franceses «pró-Oriente» tinham aproveitado a ocasião para fazer triunfar o seu projecto.

Briand, Gallieni, Churchill e Asquith tiveram dificuldade em vencer a oposição dos chefes das forças armadas. Lorde Fisher consideravam a operação votada ao fracasso, caso os Gregos não entrassem no conflito; impressionado pelas baixas dos Aliados, inquieto pela escassez de munições, sensibilizado pelo escândalo que isso causara, Kitchener hesitava agora em retirar tropas da frente ocidental. A operação foi, mesmo assim, decidida mas na condição de que só a esquadra participaria; desde logo, tornava-se desnecessário consultar Joffre ou French e, durante algum tempo, a operação foi elaborada com total desconhecimento destes. O ataque devia ter por objectivo forçar os Dardanelos, ameaçar Constantinopla, apressar a intervenção dos Gregos, e obrigar a Turquia a capitular. A armada encarregada da operação devia chamar-se *Constantinople Expeditionary Force:* mas, à última hora, retirou-se essa designação «para não dar azar».

Os Franco-Britânicos tinham subestimado a capacidade de resistência do adversário. Além do mais, este fora alertado, no princípio de Novembro de 1914, pelo ataque inesperado de uma esquadra inglesa. O almirante que a comandava não pudera resistir à tentação de bombardear os Dardanelos. O comandante alemão em Constantinopla, Liman von Sanders, tomara imediatamente medidas destinadas a reforçar a sua capacidade defensiva. Mas os Ingleses não o sabiam.

A 19 de Fevereiro de 1915 ocorreu o primeiro ataque; a frota inglesa reduziu ao silêncio as baterias turcas mais expostas. Os Aliados não foram os únicos a imaginar que a vitória estava ao seu alcance: o primeiro-ministro grego, Vénizélos, de tendência republicana e partidário de uma «Grande Grécia», considerou o momento oportuno para oferecer a participação de um corpo expedicionário que marcharia sobre Constantinopla. Os Russos reagiram sem demora; estava fora de questão que os Gregos se instalassem em Constantinopla. Ressurgia, assim, uma velha querela, na qual, como em 1824, Russos, Ingleses e Gregos eram, ao mesmo tempo, aliados e rivais. Vénizélos teve de apresentar a sua demissão; o rei Constantino aceitou-a de bom grado pois era germanófilo e sempre se tinha oposto os projectos do seu ministro.

A 18 de Março, enfim, teve lugar a grande tentativa contra os Dardanelos: a frota aliada quis atravessar o estreito; não o conseguiu e teve de abandonar, no local, um terço dos seus navios. Os Turcos nem chegaram a perder 200 homens.

Parecia ao almirante Carden que a vitória ficara presa por um fio: teria bastado que um corpo de tropas desembarcasse e limpasse a zona bombardeada pela frota para que a estrada de Constantinopla ficasse livre.

Kitchener consentiu em enviar um pequeno corpo expedicionário; era, assim, arrastado pelos acontecimentos e não se apercebia de que as regras da operação se tinham invertido: no projecto inicial, a frota devia abrir caminho a um corpo expedicionário. Na realidade, as tropas de desembarque é que teriam por missão facilitar a passagem da frota. A partir daí, a expedição ficaria sob o signo da improvisação. Não havia plano de desembarque, as tropas instalavam-se onde calhava; havia falta de mapas e os aviões não podiam aterrar por falta de aeródromos. A intendência não conseguia acompanhar: quando surgiram as doenças, continuava a não existir navio-hospital para onde conduzir os homens atingidos por doenças contagiosas.

As tropas assim chegadas à península de Galípoli foram apanhadas numa armadilha: os Turcos bloqueavam o caminho e não havia possibilidade de as reembarcar. Esperava-se por reforços que o alto-comando acabou por enviar com parcimónia. Chegado o momento, os Aliados tentaram romper as linhas inimigas, mas a batalha de Anafarta foi um desaire, tal como as tentativas anteriores: ao contrário do 18 de

Março, desta vez os Aliados haviam estado prestes a vencer, uma vez que os adversários já não tinham munições. Mas os Aliados ignoravam este facto e, ante a resistência dos Germano-Turcos, decidiram regressar às suas bases. O almirante Fisher previra esta catástrofe. Era preciso evitar que as tropas aliadas fossem empurradas para o mar. Previram-se novos reforços, mas a ideia de evacuação já se tinha apoderado dos espíritos.

Os Franceses e os Britânicos procuravam apenas «salvar a face». Os Ingleses propuseram desembarcar em Alexandreta, na Sicília, dado que a sua presença no Egipto e em Chipre facilitaria as manobras. Fariam crer que os Dardanelos tinham constituído uma acção de diversão. Mas os Franceses opuseram-se a isto: tinham ideias quanto à Síria e a tinta dos acordos secretos Sykes-Picot ainda não estava seca([11]). Os Ingleses renunciaram ao projecto e aceitaram ordenar o recuo das suas tropas para Salonica, onde os Gregos deveriam deixar desembarcar os Aliados. Na Grã-Bretanha, a opinião pública inquietava-se, impacientava-se. Até se discutia o futuro da expedição dos Dardanelos na praça pública. O general Monro foi enviado ao local para proceder a investigações. Vinte e quatro horas mais tarde Kitchener intimava-o com a ordem de responder por telégrafo: *«Leaving or staying?»* A 31 de Outubro a ideia da evacuação estava assente. Kitchener desviava logo a seguir os comboios destinados aos Dardanelos. Os primeiros continham roupas de Inverno que voltaram como tinham ido. A 27 de Novembro, o frio abatia-se sobre os soldados dos Dardanelos: 5000 de entre eles ficaram com os pés gelados e 200 morreram de frio.

A evacuação teve lugar em Dezembro. Ao menos uma vez, a operação fora organizada segundo as normas. Foi a única parte da expedição a alcançar um êxito total.

O Estreito de Dardanelos custara, em mortos e feridos, 145 000 homens. Tendo em conta as esperanças depositadas na expedição, era uma catástrofe. Mas tendo em consideração a ulterior utilização das tropas na frente de Salonica, a operação não se revelara completamente inútil. A ideia inicial merecia que se tivesse tentado a empresa; foi a incompetência dos chefes responsáveis que a condenou.

A campanha da Mesopotâmia: a capitulação de Kut

Observou-se a mesma incompetência nas outras frentes do Médio-Oriente.

Na Mesopotâmia, os generais Nixon e Townsend queriam atacar Basra, subir o Eufrates, ameaçar Bagdade e deitar a mão ao petróleo.

([11]) Ver p. 183.

Não dispunham de mapas, nem de plano, nem de aviões. Tinham-se «esquecido» de que, na foz do Eufrates, os navios não encontrariam o equipamento portuário de Bombaim ou de Madrasta. Assim, o material ficou ancorado enquanto as tropas se instalavam em Basra. O desembarque ocorreu na altura de maior calor, as doenças começaram a devastar; o único navio-hospital para o oceano Índico circulava entre a Índia e a África Oriental; haviam-se esquecido de ordenar ao navio para se dirigir para Basra. Pereceram muitos doentes.

No entanto, Nixon e Townsend manifestaram a sua impaciência em marchar sobre Bagdade. A cidade encontrava-se a dois mil quilómetros do ponto de desembarque. Nixon ficou em Basra para esperar pelo material, enquanto Townsend partia. Em cada etapa, subjugava uma cidade e partia depois para a seguinte, onde contava reabastecer-se. O seu exército esgotado chegou assim até Kut.

Em Basra, os homens começavam a amontoar-se e os víveres e o material faziam-se esperar. Algumas semanas mais tarde, os Turcos investiam sobre Kut, e Townsend estava lá. Uma, duas, três vezes, as expedições tentaram socorrê-lo, mas a realidade não tinha qualquer relação com o mito dos lanceiros de Bengala. Essas tropas pereceram no caminho e nunca chegaram ao seu destino. Os Britânicos ofereceram dois milhões de libras esterlinas ao sultão pela segurança dos sitiados e para que estes pudessem atingir as suas bases. O sultão recusou e deu conhecimento de como os Ingleses tentavam resgatar os seus cativos (Dezembro de 1915). 12 000 Anglo-Indianos, esgotados pelo cerco e pela doença, foram conduzidos até Bagdade. Sob a canícula, percorreram mais de vinte e cinco quilómetros por dia. Na cidade Santa, tiveram de desfilar horas a fio e esta marcha foi um pesadelo. Os soldados turcos batiam-lhes com chicotes e varas, perante uma multidão estupefacta.

Esta capitulação de Kut teve grande repercussão em todo o Oriente árabe. Contudo, Halil Pacha não soube explorar esta vitória, que se seguiu ao avanço das tropas turcas na Síria.

Nestas duas frentes, a situação só se inverteu em 1917: quando, graças ao levantamento dos Árabes e ao sentido de organização do general Maude, os Britânicos puderam refazer-se, ocupar Bagdade enquanto os *Anzacs** de Allenby marchavam sobre Jerusalém.

A intervenção italiana

O ataque aliado contra o Estreito de Dardanelos precipitou a viragem da Itália, não há muito ligada às potências centrais e pouco tempo depois

* Corpos dos exércitos da Austrália e da Nova Zelândia (*N. do T.*)

passada para o outro campo. Em Agosto de 1914, os meios dirigentes estavam divididos: a extrema-direita, os meios militares ou próximos do Vaticano manifestavam a sua simpatia pelos Habsburgo; os outros sectores da opinião eram favoráveis às democracias ocidentais, ou eram mesmo pacifistas, sobretudo a extrema-esquerda. «Abaixo a guerra», escrevia Mussolini. «Chegou a hora de o proletariado italiano manter a promessa à velha palavra de ordem: nem um homem, nem um centavo».

O governo Salandra não aceitava bem o facto de não «retirar qualquer coisa» (*parecchio*) da conflagração europeia. A sua proclamação de neutralidade equivalia a uma semi-ruptura. Aliás, o general Cadorna insistia para que se mobilizasse rapidamente, como a Dupla Aliança, e, a partir do dia 21, enviava um memorando com as primeiras directivas em caso de uma guerra contra a Áustria. Nesta data, a opinião pública continuava hostil a qualquer intervenção, mas os núcleos dirigentes entendiam ser necessário não ficar fora destes importantes acontecimentos.

Na primeira semana de guerra, Salandra mercadejava o preço da sua neutralidade: em Viena, pedira alguns pedaços do território austríaco, essencialmente o Trentino. Ao mesmo tempo negociava com os Russos as vantagens e as obrigações que poderia implicar uma participação no outro campo. Durante os dez meses que se seguiram, o governo italiano conduziu, assim, duas negociações em simultâneo. Em nome de um «egoísmo sagrado» estava pronto a associar-se ao lado que oferecesse maiores vantagens.

Viena não queria ceder nem as ilhas dálmatas, nem os distritos «alemães» do Tirol meridional. Aceitava a formação de um Estado autónomo em Trieste, permitia toda a liberdade de acção aos Italianos na Albânia e no Dodecaneso.

Os Aliados podiam ser mais generosos uma vez que a Itália lhes propunha a sua participação no conflito e que os territórios que ela ambicionava não lhes pertenciam. No entanto, os apetites do gabinete italiano revelaram-se à altura dos futuros parceiros. Em caso de partilha do Império Turco, os Italianos reivindicavam a Cilícia, o Sul da Capadócia, o Sueste da Anatólia, a região de Esmirna, etc. Por outro lado, as pretensões da Itália na Dalmácia só podiam ser realizadas em desfavor da Sérvia, o que os Russos consideravam inadmissível.

Como os Austríacos continuavam parcimoniosos, apesar da pressão de Berlim em favor de concessões mais «generosas», Salandra preferiu tratar com os Aliados. O Pacto de Londres, assinado a 26 de Abril de 1915, foi o primeiro acordo secreto da Grande Guerra: em troca de promessas territoriais na Dalmácia, na Ásia Menor e em África, no caso de os Aliados dividirem entre si as possessões ultramarinas alemãs, a Itália comprometia-se a declarar guerra à Áustria-Hungria em menos de um mês.

Esta negociação foi conduzida por três homens: Salandra, Sonnino e o rei Victor Emmanuel. Eles sabiam que a maioria do parlamentares seguia Giolitti e a política do *parecchio*. Segundo este último, a intervenção suscitaria a invasão e a revolução. Pediu aos que partilhavam os seus pontos de vista que lhe dessem um cartão de visita: 283 deputados responderam ao apelo. Se acrescentarmos a estes os socialistas, uma larga maioria pronunciava-se a favor da neutralidade.

Mas já a sorte da paz se jogava na rua. O governo lançara, a favor da intervenção, uma gigantesca campanha de imprensa. «Sem ela», declararia Salandra, «a intervenção da Itália talvez não pudesse ter sido possível». De facto, como mostrou Vigezzi, a partir da festa nacional de 15 de Setembro uma parte da opinião pública desejava a participação no conflito. Os nacionalistas, os futuristas e todos aqueles que achavam necessário que o povo conhecesse o baptismo de sangue; a História não ensinaria mais que a Itália devia a sua existência, o seu crescimento territorial, à sua diplomacia e às armas do estrangeiro. «Felizes os misericordiosos, pois eles deverão enxugar um sangue resplandecente, suavizar uma dor radiosa», cantava d'Annunzio, na cerimónia de Quarto, para comemorar a expedição dos Mil*. A imprensa fazia um grande eco de todas as manifestações de carácter patriótico, tais como a chegada de d'Annunzio a Roma no princípio do mês de Maio. Beneficiando da simpatia dos nacionalistas que, favoráveis à entrada em guerra, pouco se inquietavam que esta se fizesse contra a Áustria ou com ela, a coligação intervencionista reuniu, pouco tempo depois, trânsfugas de todos os partidos de esquerda e, entre outros, dos socialistas. Estes tinham sido unânimes em condenar a guerra e, com ela, a «União Sagrada». Todavia, Claudio Treves observava que aquela, em certos casos, era legítima, especialmente quando se tratava de uma guerra de defesa. Por seu lado, Mussolini abria as colunas do *Avanti* a Gustavo Hervé e «realçava que fora a Alemanha, Estado ainda feudal e atrasado, que tinha desencadeado a guerra, enquanto a França era a pátria da revolução e da liberdade». Não foi à conferência de Lugano, organizada pelos socialistas hostis à guerra, e recebeu Marcel Cachin, portador dos subsídios do Quai d'Orsay e dos encorajamentos dos revolucionários franceses.

Acusado de ter uma atitude equívoca, Mussolini acabou por se definir em Outubro, distinguindo «a neutralidade absoluta da neutralidade activa», proclamando que «os problemas nacionais também existiam para os socialistas». Apoiado por aqueles para quem a entrada em guerra se situava na tradição do *Risorgimento,* como Salvemini, pelos jovens revolucionários, tais como Pietro Nenni e A. Gramsci, o grupo socialista intervencionista aumentou rapidamente; a direcção do partido demitiu Mussolini das suas funções de director do *Avanti,* mas sem o expulsar.

Logo depois, Mussolini fundava um novo diário, *Il Popolo d'Italia*, cujo grito inaugural foi um apelo à guerra. Fundou-se um grupo de

* Referência à expedição de Garibaldi, em 1860 (*N. do T.*).

acção socialista revolucionária em favor da guerra, os *Fasci*, que doravante unia as suas forças às das outras correntes intervencionistas.

No seu conjunto, a opinião pública continuava surda a estes apelos. Todavia, os grupos oposicionistas começavam a tornar-se donos da rua. Perseguiam os amigos de Giolitti, saqueavam as sedes dos jornais neutralistas. O governo fechava os olhos. Quando, minoritário na Câmara, Salandra apresentou a sua demissão, os intervencionistas invadiram o Parlamento. Por um pequeno golpe de Estado apoiado na rua, o rei Victor Emmanuel recusou ter em conta este voto: era a guerra e o Parlamento submetia-se ([11]).

Segundo o general Cadorna, chefe das forças italianas, «o Exército encontrava-se então num estado de verdadeira desagregação, de tal forma que não havia nenhum exagero em afirmar que se a Áustria tivesse atacado depois da proclamação da neutralidade teria encontrado o país quase sem defesa». Isto não impedira o generalíssimo de ser muito belicista. De resto, na época da Tripla Aliança, os meios militares, frequentemente clericais, tinham sempre considerado inconveniente proceder a manobras do lado da fronteira austríaca. Ignoravam por completo o terreno onde iriam bater-se. Na realidade o traçado da fronteira beneficiava os Austríacos: no Tirol, tal como na Venécia, dominavam o adversário a partir de posições altaneiras. Por outro lado, as tropas imperiais tinham a experiência de uma ou duas campanhas contra os Russos. Quatro vezes menos numerosas, mantinham a supremacia militar, de tal forma o comando italiano revelava incapacidade para organizar a mobilização e a concentração das suas forças. Não existia qualquer coordenação entre a administração militar e as forças armadas, estando estas equipadas com um total de 600 metralhadoras, 1800 canhões de campanha e 112 peças pesadas. «A burocracia não deixava de prosseguir, imperturbavelmente, na realização das tarefas rotineiras», relata Piero Pieri: «procurava colher informações, com o imperativo de urgência, quanto à estatura dos oficiais que poderiam ser transferidos para os regimentos de granadeiros e prosseguia esse inquérito mesmo debaixo de fogo do inimigo. Verificava-se com cuidado a afiação das lanças e dos sabres e mandavam-se vir comandantes das frentes para os sujeitar a exames».

As tropas italianas nunca tinham ouvido crepitar uma só das suas metralhadoras. Três vezes se lançaram ao assalto das posições entrincheiradas do inimigo e três vezes foram repelidas. Em poucos meses, perderam mais de 250 000 homens.

([11]) Na verdade, Salandra e o seu ministro dos Negócios Estrangeiros, Soninno, já ganhos à ideia intervencionista, viram-se obrigados a demitir-se, a 13 de Maio, mas após dois dias de manifestações gerais, o rei entregou-lhe de novo o governo e a Câmara curvou-se perante a vontade popular.

Falkenhayn e a estratégia do ponto fraco: os Balcãs

No momento em que, em Champagne, os Franco-Britânicos viam as suas esperanças desenganadas, os Alemães achavam que não conseguiriam levar a melhor na Rússia. A resistência das tropas czaristas, as possibilidades que oferecia uma retirada ilimitada, levaram Falkenhayn a temer que o Exército austro-alemão fosse engolido pela imensidão da planície russa. Era necessário procurar a vitória noutro lugar.

Hindenburg não partilhava deste pondo de vista: desconfiava que Falkenhayn, invejoso do seu sucesso, queria impedi-lo de conduzir a sua ofensiva mais longe, até à capitulação da Rússia. Conrad von Hotzendorf, o melhor estratego da coligação, pensava o mesmo que Falkenhayn. Todavia, se o generalíssimo austríaco considerava sagaz passar à defensiva na frente de leste, entendia atacar a Itália para «castigar os pérfidos»: estimava que os seus exércitos, em parte compostos por Eslavos e pouco agressivos face aos Russos ou aos Sérvios, reencontrariam o seu ardor frente aos Italianos.

Mas os seus desaires na Galícia, a sua dependência face ao aliado, obrigavam Conrad a suportar a vontade da Alemanha: ora Falkenhayn pensava que era preciso bater a coligação inimiga no seu ponto mais fraco, a Sérvia.

No princípio de Setembro de 1915, a intervenção da Bulgária parecia um dado adquirido; por conseguinte, a vitória estava certa; asseguraria a ligação com os Turcos, restabeleceria o eixo Berlim-Bagdade, abriria horizontes ilimitados.

A intervenção húngara contra a Sérvia podia criar obrigações ao governo grego. O rei e o Exército de Atenas recusavam, no entanto, comprometer-se enquanto Fernando não tivesse, efectivamente, declarado guerra e enquanto não encontrassem sobre o Vardar os 150 000 homens que a cláusula de assistência greco-sérvia previa. Os Gregos sabiam perfeitamente que, atacados a norte pelos Austríacos, os Sérvios seriam incapazes de satisfazer os seus compromissos. A partir daí, consideravam-se desobrigados.

Os Aliados propuseram substituir os Sérvios com o seu corpo expedicionário dos Dardanelos; desembarcá-lo-iam Salonica. Regressado ao poder, Vénizélos acolheu a ideia com entusiasmo: reservava o direito de protestar formalmente contra esta violação da neutralidade grega, no caso de a Bulgária não ter ainda intervindo no conflito na altura da chegada das tropas aliadas. Entretanto, os Aliados colocam Vénizélos numa situação impossível: para evitar a entrada em guerra da Bulgária, declararam publicamente simpatia pelo seu rei ao mesmo tempo que desembarcavam tropas na Grécia.

Vénizélos protestou. Os Aliados deram-lhe garantias. Não se querendo deixar enganar, Fernando da Bulgária entrou em guerra a 5 de

Outubro. Vénizélos faz então aprovar pelo Parlamento a sua política de intervenção contra a Bulgária. Mas Constantino desaprovou-a e, uma vez mais, Vénizélos teve de apresentar a sua demissão.

A campanha da Sérvia (1915)

Assim, o jogo duplo conduzido pelos Aliados voltou-se contra eles: a Grécia, que via a sua neutralidade desrespeitada, tornou-se hostil; a Bulgária, longe de ficar intimidada com o desembarque em Salonica, unia o seu destino ao das potências centrais.

Esgotado pela sua vitória de 1914, o Exército sérvio contava apenas com 200 000 soldados, mal equipados e entre os quais começava a espalhar-se uma epidemia de tifo. Os Sérvios podiam contar com alguns contingentes montenegrinos. Principalmente, alimentavam grandes esperanças na intervenção do Exército de Salonica, ainda que este fosse muito reduzido.

Nas vésperas da ofensiva austro-alemã, os Sérvios tinham concentrado as suas tropas em direcção ao norte. Como, por outro lado, previam a intervenção da Bulgária, o voivoda Putnik propôs a destruição preventiva das forças armadas búlgaras. Mas os Aliados opuseram-se a isso: até ao último momento, esforçaram-se por manter a Bulgária na neutralidade. O destino do Exército sérvio estava traçado, depois de perder esta partida: perante as forças superiormente equipadas dos Austríacos e Alemães, com a retaguarda ameaçada pela intervenção búlgara, os Sérvios não puderam defender a estrada de Nich, como o esperavam, no desfiladeiro de Bagdran. Ameaçado por um movimento de cerco, o Exército sérvio tentou, por várias vezes, abrir uma via de retirada em direcção a Salonica. Os Búlgaros aniquilaram estas tentativas, assim como todas as outras empreendidas por Sarrail para os ajudar. Para escapar à destruição, só restava uma saída ao Exército sérvio: a fuga através das montanhas em direcção ao mar. Milhares de refugiados acompanhavam o exército que tentou abrir caminho por Prizren e pela Albânia. Foi o êxodo de todo um povo, uma nova Anabase. Transportados em carros puxados por búfalos, o velho rei Pedro, o povo, os sobreviventes, atravessaram, em pleno Inverno, o planalto do Tchkor, de Kralevo a Scutari. Atacados pelos guerrilheiros albaneses, morrendo de fome, de frio e de sede, viveram um calvário como a História conheceu poucos.

> «Os sobreviventes entraram em Scutari isoladamente (...) Começaram por dar as armas para obter alimento; trocavam as botas por uma fatia de pão; as roupas por uns nacos. Todos pareciam encontrar-se no limite das suas forças, verdadeiros cadáveres ambulantes. Nenhuma queixa, uma só palavra: *leba* (pão)... 46 cadáveres foram recolhidos na noite de 16 para 17 de Dezembro.»

Os grupos que tinham aberto caminho mais a sul foram mortificados pelo acolhimento recebido em Vallona; os Italianos, que haviam desembarcado e ocupado a cidade, procuraram apenas desembaraçar-se destes infelizes e afastá-los para a montanha.

Entretanto, violando de novo a soberania do território grego, os Franceses ocuparam a ilha de Corfu para aí colocarem, sob a protecção dos Caçadores Alpinos, o que restava do Exército sérvio. Uma vez reequipados, embarcaram para Salonica. Estas tropas reforçaram aí o exército de Sarrail que continuava a aguardar reforços que Joffre e os «pró-Ocidente» se recusavam a enviar-lhes. O desaire dos Dardanelos e das operações contra os Búlgaros tinham fornecido argumentos à campanha de difamação organizada contra os «pró-Oriente» e orquestrada por Clemenceau; não parava de estigmatizar «as emboscadas de Salonica», tanto por convicção, como por ódio a Briand. Os reforços chegaram, entretanto, primeiro ingleses e, depois, russos e italianos. Mas, violando por sua vez o território grego e ocupando a região de Decleagatch, os Búlgaros concluíram o bloqueio das tropas, ameaçando paralisá-las. Por falta de meios, insegurança e discórdias, as relações entre os Aliados não melhoravam.

A expedição da Sérvia terminava como um sucesso para as potências centrais. Conrad teria desejado que as tropas de Salonica fossem empurradas, deitadas ao mar. Falkenhayn recusou. Considerava que as suas tropas, ameaçadas pelo tifo, se arriscavam a já não serem reabastecidas em condições normais. Conrad rompeu com ele e acabou, sozinho, a conquista do Montenegro.

Pela segunda vez, os exércitos alemães alcançavam um sucesso decisivo e, pela segunda vez, Falkenhayn recusava-se a transformá-lo numa vitória total. Hindenburg censurara-o na Rússia, Conrad nos Balcãs. Pouco tempo depois, agiu da mesma forma em Verdun e, na sequência deste fracasso, perdeu o comando.

A Strafexpedition

Enquanto Falkenhayn voltava à estratégia do ponto mais forte ao preparar a ofensiva de Verdun, Conrad tentava mostrar-lhe as vantagens de um ataque ao ponto mais fraco, na frente italiana. Numa carta datada de 18 de Dezembro de 1915, explicava que uma ofensiva no Sul do Tirol colocaria a Itália numa situação «fatal». «É certo» explicava Conrad, «que um ataque contra a França seria mais importante, mas só se deveria empreendê-lo depois da ofensiva contra a Itália e uma vez libertadas as nossas forças ainda retidas nas Balcãs. (...) Uma derrota forçaria a Itália à paz pois a situação interna tornar-se-ia, certamente, insustentável, ao passo que, quanto mais esperarmos mais o Exército italiano se reforçará». Estas razões eram válidas, mas Falkenhayn sabia que estavam eivadas de paixão e recusou-se ouvi-las. Os Austríacos desejavam ardentemente castigar os Italianos que reivindicavam, sob o pretexto de serem fronteiras naturais, regiões essencialmente germânicas, com cidades como Meran e Bozen (hoje Merano e Bolzano), etc., razões que se acrescentavam aos outros motivos de ódio ou de desprezo. Embora Falkenhayn lhe tenha recusado a sua ajuda, Conrad decidiu pôr em prática sozinho a sua concepção. Conhecia bem o Tirol, contava com o efeito de surpresa e esperava terminar a ofensiva antes de os Russos e as forças de Salonica organizarem uma ofensiva conjunta contra a dupla monarquia.

O ataque devia começar a 10 de Abril de 1916, mas como havia ainda muita neve foi necessário adiá-lo para 20 de Abril depois para o 1.º de Maio e, por fim, para 15 de Maio. O efeito de surpresa perdera-se. Mesmo assim, as forças austríacas romperam as primeiras e segundas linhas italianas, chegando mesmo a penetrar na terceira linha, conseguindo melhores resultados que os Alemães em Verdun ou os Anglo-Franceses no Somme. Com a ocupação de Asingo, os Austríacos fizeram 45 000 prisioneiros, mas um contra-ataque italiano revelou-lhes o valor dos reforços que puderam reagrupar. Ao mesmo tempo, os Russos atacavam na Galícia, uma vez que a neve derretera mais cedo do que o previsto. Conrad von Hotzendorf preferiu retirar e deixar o terreno conquistado aos Italianos; expediu o máximo possível de tropas para a frente leste, que tinha imprudentemente desguarnecido sem ter alertado Falkenhayn.

Assim, a vitória transformou-se em insucesso; enganado duas vezes pela meteorologia, faltou a Conrad a sorte que consagra os grandes comandantes.

Como Conrad tinha previsto, as forças italianas reforçaram-se consideravelmente durante o ano de 1916 e doravante, para as potências centrais como para os Aliados, a escolha de uma estratégia colocar-se-ia em termos diferentes. O inimigo já não tinha ponto forte e ponto fraco. A partir de então, só o «estilo indirecto» podia atingi-lo com mais força do que as grandes ofensivas frontais. O insucesso das grandes ofensivas de 1916 iria confirmá-lo.

No entanto, a estratégia do ponto fraco iria alcançar uma estrondosa desforra: em 1918, a aurora da vitória erguia-se a Oriente.

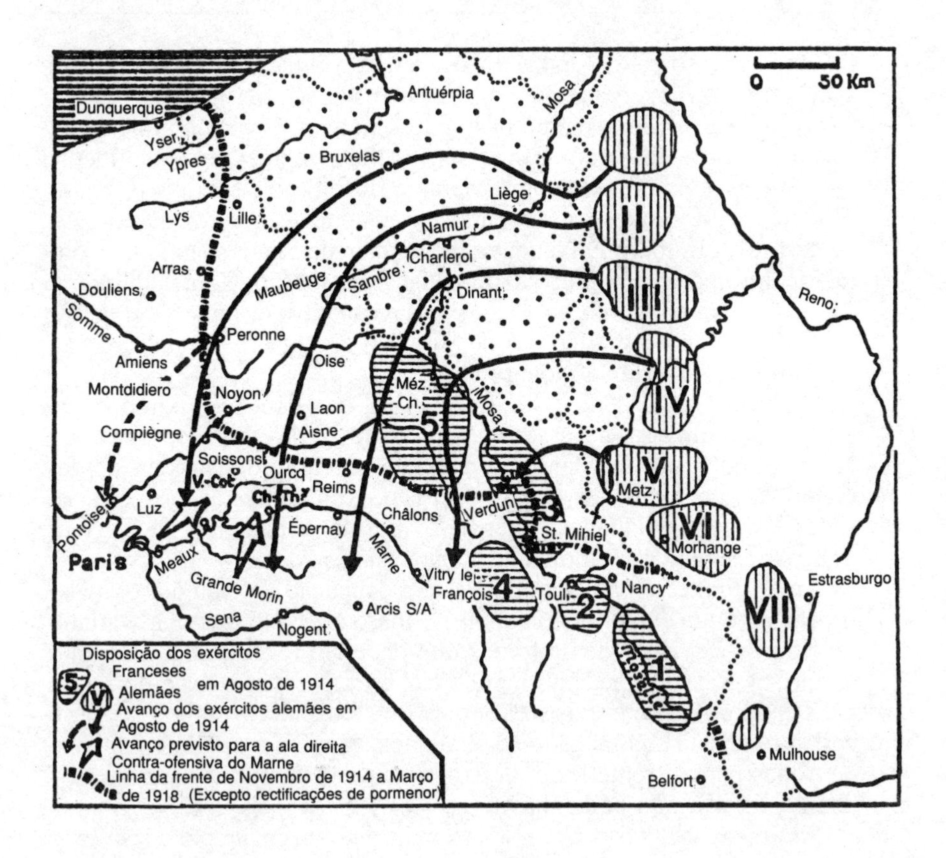

0 50 Km
Dunquerque
Yser
Ypres
Lys
Lille
Antuérpia
Mosa
Bruxelas
Liège
Namur
Charleroi
Sambre
Maubeuge
Dinant
Arras
Douliens
Somme
Peronne
Amiens
Montdidiero
Oise
Noyon
Laon
Compiègne
Aisne
Méz. Ch.
Mosa
Soissons
Ourcq
V.-Cot.
Reims
Ch.-Th.
Luz
Pontoise
Paris
Meaux
Épernay
Châlons
Marne
Verdun
St. Mihiel
Metz
Morhange
Reno
Grande Morin
Vitry le François
Toul
Nancy
Estrasburgo
Arcis S/A
Sena
Nogent
Mulhouse
Belfort
Disposição dos exércitos
Franceses
Alemães
em Agosto de 1914
Avanço dos exércitos alemães em Agosto de 1914
Avanço previsto para a ala direita
Contra-ofensiva do Marne
Linha da frente de Novembro de 1914 a Março de 1918 (Excepto rectificações de pormenor)

IX

VERDUN E AS GRANDES BATALHAS

Porquê Verdun?

Nos campos de batalha do Somme, houve tantos mortos como em Verdun. No ano precedente, em Champagne, as baixas francesas foram ainda mais pesadas; no entanto é Verdun que celebramos, são os seus combatentes que exaltamos. Na verdade, porquê Verdun?

A guerra encaminhava-se para o seu terceiro ano. Já por duas vezes Austríacos e Alemães estiveram quase a vencer; nessas duas vezes tinham fracassado no final, como que acometidos por uma impotência súbita. Em 1914, obrigados a evacuar da Bélgica e a bater em retirada até ao Marne, os Franceses conseguiram, como por milagre, repelir o adversário; tinham sido ajudados, é verdade, por uma oportuna acção de diversão dos Russos na frente oriental. Em 1915, a situação inverte-se: com a frente ocidental estabilizada, desde a Flandres até aos Vosgos, Alemães, Austríacos e Turcos desbaratam a frente russa; mas os ataques continuados dos Franco-Britânicos nas frente de Artois e de Champagne impedem-nos de continuar a marcha triunfal. Neste mesmo ano, para completar o seu plano de ataque, as duas coligações organizaram a estratégia: em vez de atacarem unicamente o inimigo principal, conduziram simultaneamente uma ofensiva contra os inimigos que julgavam mais fracos; a Sérvia foi submetida em algumas semanas. A acção de diversão aliada contra a Turquia fracassou frente aos Dardanelos.

Dos dois lados, as perdas tinham sido muito elevadas, sobretudo em 1915. Mas, nesta data, num campo como no outro, acreditava-se que elas constituíam o preço da vitória. A doutrina do comando ajudava a isso: «Ataquemos, ataquemos...», exigia. «Não dêem ao inimigo nem tréguas nem repouso», proferia Joffre, tornado, depois do Marne, no Pai da pátria. Ao fazer-se acreditar que a ofensiva era para o dia seguinte, retirava-se aos soldados toda a energia para a conservação das trincheiras, as mesmas que, do lado alemão, eram construídas em betão. Em final de 1915, todos os dias apanhado no arame farpado inimigo, exposto aos gases, sofrendo os estragos da sua artilharia, o simples soldado começou a ter dúvidas; sossegaram-no: a próxima ofensiva – a de 1916 – seria a boa, pois dispor-se-ia, nessa data, de mais armas do que o inimigo.

Na retaguarda, entretanto, a radiosa certeza de outrora tinha dado lugar à incerteza, à inquietação, à desorientação. Observa-se, em todo o lado, a decepção, a irritação, as querelas; os governos já não ousam acreditar que a guerra será breve, nem mesmo longa: fala-se agora de «guerra de desgaste». As populações mostram sinais de fadiga, surgem os primeiros balbucios em favor da paz. É em França que o pacifismo progride mais lentamente, pois ainda estão ocupados mais de dez departamentos. «O moral é sólido», diz-se; sinal de que está ameaçado e o poder inquieta-se.

O esforço de guerra fora levado ao máximo; esperava-se um novo milagre para a Primavera seguinte. Mas um mês antes do momento, o inimigo atacava primeiro: era Verdun.

Qual era o objectivo de Falkenhayn? Evitar as ofensivas aliadas previstas para o Verão e projectadas em Chantilly. No espírito do alto-comando alemão, «não se tratava essencialmente de conquistar Verdun... mas de fixar as forças francesas, de as atirar para um campo de batalha onde elas se vissem obrigadas a defender metro a metro... sangrar até à última gota o Exército francês graças à superioridade em artilharia». Exangue, o Exército francês seria incapaz de conduzir a bom termo a ofensiva prevista para o Somme, tal como o Exército italiano, atacado nas mesmas condições em Asiago, fora reduzido à impotência: então que poderiam fazer os Russos, ainda mal refeitos das provações da campanha de 1915?

As circunstâncias da batalha

Dramáticas foram as circunstâncias da batalha: no momento em que os defensores de Verdun pressentiam um ataque gigantesco, o alto-comando procedia ao desarmamento dos fortes com o objectivo de reorganizar «em profundidade»([12]) a defesa da frente francesa. Os arredores da cidade evocavam mais as construções abandonadas do que uma cidade em alerta. O general Herr e o coronel Driant, responsáveis pela sua defesa, lançaram apelos de alarme; mas em vão. À evacuação tinha precedido a colocação do novo sistema de protecção da fortaleza; no início de 1916, Joffre julgava improvável um ataque alemão a Verdun e Castelnau considerava suficiente a primeira linha de protecção.

([12]) Ver os argumentos de Joffre, p. 130.

Pouco depois, as concentrações de tropas inimigas confirmaram a apreensão dos defensores; Joffre enviou reforços, mas era já demasiado tarde: o adversário cortara as linhas de caminho-de-ferro que levavam a Verdun e, antes que a estrada de Bar-le-Duc fosse reparada, tornando-se assim a «Via sacra», o drama estava consumado: numa proporção de cinco contra dois as tropas do *Kronprinz* rechaçavam as primeiras defesas francesas: Douaumont foi tomada (21-25 de Fevereiro de 1916). Um milhão de obuses tinham sido disparados pelos Alemães no primeiro dia.

Surpreendido pela envergadura do ataque, Joffre só compreendeu isso demasiado tarde. Então, evitando desguarnecer a frente do Somme, na qual Foch preparava a ofensiva «decisiva», deu instruções aos defensores de Verdun para «resistirem» com o mínimo de homens e de artilharia, sem abandonarem no entanto a margem direita do Mosa, o que Langle de Cary e, depois, Pétain, nomeado para o comando desta frente, encararam apenas como último recurso.

Durante seis meses os combatentes de Verdun obedeceram a este imperativo: desde o primeiro dia sem munições, reduzidos à ração mínima, nunca tiveram, como os do Somme, o sentimento de que eram os mais fortes, de que iriam conduzir a ofensiva «da vitória». Eram as crianças abandonadas do ano de 1916.

Natureza da batalha

Inferno, desde o primeiro dia, a batalha foi uma improvisação permanente: as primeiras linhas foram desbaratadas; nenhuma rede de trincheiras fora prevista para suportar o choque de um segundo assalto. Já não havia frente, mas uma confusão, uma pulverização inextricável de posições que se procurava, em vão, ligar, umas às outras: Mort-Home, a cota 304, a colina de Oie. Isolada, bombardeada muitas vezes pela sua própria artilharia, cada unidade estava entregue a si própria, só conhecia apenas uma palavra de ordem: «aguentar». Cada uma tinha a convicção de que o destino da batalha podia depender, exclusivamente, dela; nunca tantos homens estiveram assim animados, e todos em conjunto, por uma tal certeza; nunca tantos homens assumiram esta responsabilidade e com um tal despojamento. Tendo suportado o segundo choque, permitiram ao comando reconstituir uma ordem de batalha, respeitá-la e fazê-la prevalecer.

No campo desordenado desta imensa batalha as ordens conseguiam chegar graças aos «estafetas» que estavam constantemente em actividade. Aos homens bombardeados, metralhados, apanhados nas nuvens de gás, não sabendo para onde ir nem que fazer, sem munições ou extenuados, eles levavam, mais do que a vida, o fim da incerteza; pois nada foi pior em Verdun do que a espera obsessiva da ligação com os vivos;

e sempre a sua resposta foi idêntica: era preciso aguentar e esperar... O quê? O fim do bombardeamento, a hora do ataque inimigo, fervorosamente esperada para sair desta trincheira improvisada e, muitas vezes, morrer.

Com os seus postos avançados, as suas posições isoladas, os seus obstáculos e ferrolhos formados por cadáveres amontoados, nenhum campo de batalha conheceu promiscuidade semelhante entre vivos e mortos. Logo que se entrava de serviço, o horror apertava a garganta, mostrando a cada um o implacável destino: enquanto vivo, enterrando-se no solo para o defender; morto, defendendo-o ainda ao permanecer lá para sempre. A duração do sacrifício variava segundo os batalhões; quando uma parte de efectivos era posta fora de combate, chegava a hora de ser substituído. Mas a única certeza, para ti ou para mim, camarada, é que um de nós deve morrer, ou ambos. O general Pétain aceitava mal a limitação dos seus efectivos; conseguiu que fossem constantemente renovados: foi «o rodopio dos combatentes». A partir daí, Verdun tornou-se a batalha de quase todo o Exército. Nesta data comportava um pouco mais de trezentos e trinta batalhões de infantaria, sem contar com os Caçadores: duzentos e cinquenta e nove passaram em Verdun enquanto só cento e nove participaram na batalha do Somme. Estes números, pouco conhecidos, têm a sua importância: mostram que, para a França, Verdun foi a grande provação, a provação puramente nacional, com apenas três ou quatro batalhões de tropas coloniais, contra dezoito no Somme, e sem a participação inglesa.

Assim, com um material inferior, Verdun pode ser interpretada, de alguma forma, como uma vitória do homem. Distingue-se da batalha do Somme e de Agosto de 1918, em que venceram os canhões e os tanques, ou da primeira batalha do Marne, uma vitória do comando!

Repelidos os grandes assaltos de Março e de Junho, atingiu-se um equilíbrio. «Coragem, vencê-los-emos!», proferiu Pétain. A batalha adquirira dimensões de tal modo gigantescas que Falkenhayn perdeu de vista os objectivos iniciais: foi enredado nas circunstâncias e quis ocupar a cidadela. Depois do mês de Agosto, perdeu mais homens do que o adversário. Desde então, o desaire era certo e o *Kronprinz* sentiu-o como nenhuma outra derrota. Enquanto Falkenhayn perdia o comando, subia a estrela dos vencedores: Nivelle, que reocupou os fortes de Vaux e de Douaumont, e, principalmente, Pétain, o general da defensiva, preocupado com o sangue dos soldados.

Os soldados de Verdun já não mantinham os sonhos da juventude; agora, pelo menos, tinham a certeza de que os Alemães não passariam... Todos em conjunto tinham sofrido para salvar o país, e toda a França reconhecia o seu sacrifício, a imprensa exaltava esta vitória mais do que qualquer outra. Não era ela, para dizer a verdade, a primeira alcançada por toda a nação? A França pagou com mais de trezentas e cinquenta mil vítimas a honra de ter vencido. Eis por que, passados cinquenta anos, há ainda milhões de homens que se recordam; naquela altura, eles já não eram «os de 14», caminhando alegremente para a guerra, mas «os de Verdun», cidadãos e defensores da Pátria.

A ofensiva Brussilov (Maio de 1916)

No momento em que a batalha de Verdun estava no seu auge, os Aliados lançavam as três grandes ofensivas previstas na conferência de Chantilly.

Os Russos partiram para o ataque em primeiro lugar, «para responder ao apelo dos Italianos», ameaçados de aniquilamento em Asiago.

Depois do desastre de 1915, a sociedade russa reagira à incúria dos dirigentes, incapazes de abastecer o Exército com munições ou material. Queria salvaguardar o património e salvar o país. Os meios económicos constituíram associações privadas, mas de interesse público, que racionalizaram a produção de armas e munições, tais como o «Comité das indústrias de guerra», a «União dos *zemstvos**» etc. Uma «união dos *zemstvos* e das cidades» assegurava o abastecimento do Exército paralelamente aos ministérios reputados incapazes.

Graças a estes esforços, o Exército foi mais bem abastecido em 1916 do que em 1915 e, a 22 de Maio, o general Brussilov lançava uma ofensiva na Galícia. A sua intenção era proceder a uma preparação de artilharia sobre uma frente simultânea de quatro exércitos a fim de ocultar dos Austro-Alemães a direcção da sua investida principal. Beneficiando do efeito de surpresa, aquela foi levada a efeito na região de Lutsk onde, em poucos dias, os Russos conseguiram uma abertura na frente austríaca. Alcançado o rompimento, os exércitos de Brussilov encetaram uma marcha triunfal. Foi o maior de todos os sucessos militares obtidos entre 1914 e 1918. No entanto, à direita de Brussilov, os exércitos de Evert não tinham conseguido recompor-se e os Alemães infligiram-lhes pesadas baixas. Brussilov tentou, mais uma vez, partir sozinho ao ataque em Julho: as suas forças e as dos Austro-Alemães entregaram-se a uma batalha de extermínio que pôs três milhões de soldados fora de combate sem qualquer resultado; foram os «massacres de Kovel».

Esta batalha da Galícia rendeu aos Russos 416 924 prisioneiros, mil canhões e um território de 25 000 quilómetros quadrados. Salvou o Exército italiano do desastre, aliviou a frente ocidental de dezoito divisões alemãs transportadas de urgência para o leste, reduziu a pressão exercida pelas potências centrais na frente de Salonica, de onde tiveram, igualmente, de transferir cinco divisões para a frente russa. Por último, o triunfo da ofensiva Brussilov esteve na origem da intervenção da Roménia ao lado dos Aliados.

---

* Assembleias provinciais (*N. do T.*).

Nunca os exércitos do czar tinham alcançado um sucesso tão estrondoso e nunca, depois de Gumbinnen, os Austro-Alemães tinham sentido com tanta força o vento da derrota. No entanto, este sucesso não teve consequências na própria Rússia. O cansaço não se traduziu ainda numa revolta contra o regime, mas antes numa indiferença crónica perante as vitórias mais estrondosas. A hostilidade à autocracia era tão viva que até estes sucessos se tornavam insuportáveis.

Entrada em guerra da Roménia

Os Romenos haviam entrado em guerra na esteira da progressão dos Russos. A sua intervenção era aguardada desde longa data, pois a Roménia também tinha o seu «problema da Alsácia-Lorena», o da Transilvânia, colocada sob a soberania da dupla monarquia.

Antes, as simpatias do rei Fernando pelo *Kaiser* tinham alimentado as suas ilusões. A sua morte resgatou uma hipoteca. No entanto, o governador Bratianu hesitou muito tempo em intervir a favor da *Entente:* os êxitos alemães na Rússia, os fracassos aliados nos Dardanelos e em Salonica, não o encorajavam. A tentação de uma política de alternativa que, na impossibilidade da anexação da Transilvânia, permitisse unir a Bessarábia ao território nacional seduziam, igualmente, alguns meios hostis à Rússia. O sucesso da ofensiva de Brussilov inverteu a direcção dos ventos e, depois de muitas hesitações, a 27 de Agosto, a Roménia declarava guerra às potências centrais. Esperara em demasia, pois os Russos marcavam já passo na Galícia e Brussilov começava a encurtar a frente: os Romenos receberam assim em cheio o assalto de importantes forças que se dirigiam para a frente oriental. Estas encontravam-se sob o comando pessoal de Falkenhayn, que conduziu contra os Romenos uma expedição punitiva. Com o seu território em forma de L invertido, a parte plana do país era muito vulnerável: os Austro-Alemães atacavam a norte, os Búlgaros a sul e, em algumas semanas, o Exército e todo o território da Roménia foram «submergidos». A 29 de Novembro de 1916, as forças do general Mackensen entravam em Bucareste.

Doravante remetidos à Moldávia, na extrema esquerda da frente russa, os Romenos apenas se limitariam a um papel simbólico. Estavam imbuídos de ressentimento contra os Russos a quem acusavam de não os terem ajudado no momento de perigo. Por seu lado, os Russos exprimiam abertamente o seu desprezo por este Exército que, em vez de ajudar a Rússia ameaçada no final de 1915, só interviera no momento em que as forças russas lhe poderiam servir de escudo.

As batalhas do Isonzo

A ofensiva italiana começou igualmente com atraso: a 6 de Agosto. Esta sexta batalha do Isonzo só durou uma dúzia de dias, sem obter sucesso importante, a não ser a tomada de Gorízia. Depois disso, não se sabe bem porquê, o comando italiano não tirou partido da sua vantagem. Em Setembro, Outubro e Novembro, lançou três novas ofensivas, mas em vão. Os Italianos tinham perdido 75 000 homens, os Austríacos um pouco mais; estas quatro batalhas do Isonzo não deram os resultados esperados, apesar da superioridade numérica dos Italianos. Nesse preciso momento, acontecia o mesmo em França, onde, no Somme, apesar da dupla vantagem em material e em homens, os Franco-Britânicos não conseguiram romper as linhas inimigas.

A ofensiva do Somme

Ao atacar em Verdun, Falkenhayn quisera «sangrar até à última gota» o Exército francês e paralisar, assim, a grande ofensiva que este contava lançar no Verão, no Somme. Joffre interpretara bem as intenções do seu adversário e reduzira ao mínimo os reforços que foi necessário enviar para Verdun. A iniciativa alemã não desmerecia o grande projecto elaborado pelo comando francês. Na origem, Joffre contava atribuir-lhe 42 divisões; em Março de 1916, foi levado a reduzir esse número para 34; no final de Abril para 30; a 22 de Maio para 22 divisões. Do mesmo modo, a frente de ataque passou de 70 para 30 quilómetros e, afinal, os Britânicos concentraram quase duas vezes mais divisões do que os Franceses: 26 contra 14. Nestas condições, Douglas Haig não compreendia por que tinha de fazer depender a «sua» ofensiva da boa vontade dos Franceses. Uma vez mais, as relações entre os dois comandos deterioraram-se; o número de homens que morreram por causa destas querelas de amor-próprio nunca foi estabelecido.

Baseando-se nas lições da batalha de Champagne, o comando francês queria «impedir o inimigo de colmatar com divisões frescas a brecha feita nas suas linhas». Segundo os ensinamentos de Pétain e de Foch, tratava-se «de provocar ao inimigo perdas de tal ordem que seria possível, mais tarde, atacá-lo a fundo (...) As perdas seriam devidas, não ao assalto (...), mas a ataques executados por diminutos efectivos e preparados por um bombardeamento formidável e pelo emprego de todos os engenhos de destruição conhecidos (obuses explosivos, asfixiantes, incendiários, emissões de lança-chamas, de ondas eléctricas), etc.». Esta batalha de «desgaste», em que a artilharia devia conquistar o terreno e a infantaria ocupá-lo, concluir-se-ia com assaltos sucessivos. «Referimo-nos, de facto, a assaltos sucessivos (...) pois que, com efeito, depois de um assalto, as perdas sofridas pelas tropas são tais que se vêem impotentes para realizar um segundo esforço... é preciso render a infantaria e dar à artilharia o tempo para executar o seu novo trabalho. Assim, surgem tempos de paragem forçados entre os sucessivos ataques».

A vitória pressupunha uma superioridade esmagadora do atacante em artilharia: efectivamente, os Aliados possuíam cerca de duas vezes mais peças do que os Alemães; pela primeira vez estes sentiram os efeitos do esforço industrial realizado pelos Franceses e pelos Ingleses. Com cerca de 2000 peças em linha, os Franceses dispunham de um canhão todos os 18 metros e os Ingleses de um canhão todos os 50 metros.

A 1 de Julho de 1916, depois de uma formidável preparação de artilharia de quase seis dias (o famoso fogo rotativo), cem mil homens lançaram-se ao assalto. Tinham como objectivos Bapaume, Péronne e Nesle. Fazia um calor tórrido, os soldados de infantaria estavam demasiado sobrecarregados e os Ingleses tinham de percorrer planaltos ligeiramente inclinados que deviam subir a correr. Conseguiram arrebatar a primeira e a segunda posições mas foram ceifados pelas metralhadoras à entrada da terceira. Mais a sul, as tropas coloniais francesas avançavam igualmente, arrebatando aos Alemães 80 km^2 de fortificações, chegando às portas de Péronne. Não puderam ir mais longe. Doravante, apesar da sua superioridade em homens e artilharia, do domínio dos ares e da surpresa causada pelos primeiros tanques, os Franco-Britânicos não conseguiriam ultrapassar as insignificantes aldeias de Thiepval, Mametz, Combles e Chaulnes. Batiam-se na proporção de dois contra um, mas os Alemães tinham construído verdadeiros *blockhaus* subterrâneos que tornavam invulneráveis as suas defesas em profundidade. As tentativas aliadas de 20 de Julho, 3 de Setembro e 20 de Setembro fracassaram como as outras. Também estas tinham sido precedidas por um considerável bombardeamento, tornando a região irreconhecível e fazendo desaparecer qualquer vestígio de vida humana ou vegetal.

«Não atacaremos antes de a artilharia destruir tudo», dissera Douglas Haig. «A infantaria sairá das trincheiras e ocupará os locais». No segundo dia da ofensiva, os Ingleses já tinham perdido mais de 40 000 homens; Douglas Haig, mesmo assim, não deu ordem para interromper a ofensiva. Assiste-se à mesma teimosia criminosa do lado dos Franceses que sofreram perdas monstruosas para conseguir um resultado insignificante. No fim da batalha, os Britânicos tinham perdido 419 654 homens, os Franceses 194 451 e os Alemães 650 000; assim, o Somme fizera mais de um milhão e duzentas mil vítimas.

O comando inglês atribuiu este fracasso à inexperiência das tropas; o que não obstou a que as enviasse repetidamente para o massacre. Douglas Haig acreditara que «os Alemães seriam batidos pela vontade combativa da raça inglesa». Nos primeiros dias da batalha, calculava que os Alemães tinham perdido 30% dos seus efectivos, e que bastaria continuar, pois «em seis semanas, o comando alemão seria incapaz de encontrar um único homem válido». Desastrosa pelas perdas humanas que causou, estéril no plano militar, a batalha do Somme revelou o espírito fanfarrão dos grandes chefes militares. A obstinação tacanha de Douglas Haig não era inferior à segurança inatacável de Foch, cujas opiniões Joffre continuava a apreciar. Quinze semanas de esforços não tinham levado a lado nenhum; os Ingleses puseram termo à sua ofensiva e Joffre, apesar dos resultados, ordenou ainda a Micheler que retomasse os ataques «amplos e profundos». Poincaré e Briand consideraram que aquilo já durara o suficiente e afastaram-no do comando.

As vãs ofensivas de 1917

Para substituir Joffre, entretanto promovido a marechal de França, o governo escolheu o general Nivelle, um dos vencedores de Verdun, menos associado que os grandes comandantes do Exército ao fracasso das ofensivas de 1915 e 1916. Pensava-se que Pétain não possuía o espírito ofensivo necessário e que era necessário um chefe que tivesse a audácia de explorar ao máximo a vantagem em material de que os Aliados dispunham doravante. Nivelle correspondia a estes requisitos. Bom orador, conseguiu seduzir os homens políticos pela clareza da exposição dos seus planos. Convenceu-os de que tinha passado a hora das batalhas de desgaste; era preciso fazer «uma batalha de rompimento». Douglas Haig estava céptico. Mas, depois do desaire do Somme, encontrava-se mal colocado para dar opiniões: Llyod George não escutou as suas objecções e obrigou-o a colocar-se à disposição de Nivelle. O novo ministro da Guerra, Lyautey, e o general Pétain mantiveram-se igualmente muito reservados quanto aos projectos de Nivelle; contudo, hesitavam em formular publicamente as suas dúvidas e associar-se a Douglas Haig para não obscurecer «esta bela vitória que o comando francês acabava de obter sobre os seus Aliados».

O comando de Nivelle começou, no entanto, sob maus auspícios. A sua nomeação provocara despeito nos estados-maiores pois o vencedor de Vaux e de Douaumont tinha «passado por cima» de vários comandantes do Exército, como Castelnau, Pétain, Franchet d'Esperey, Sarrail e Foch. Mas havia outros motivos de desconfiança: o novo generalíssimo beneficiava da simpatia dos meios parlamentares e, também, da de Lloyd George, surpreendido por ver um general francês capaz de, ao mesmo tempo, ter ideias claras e exprimir-se em bom inglês. Os chefes militares mantinham reservas, sabendo que Lyautey, e depois Painlevé, ambos sucessivamente ministros da Guerra, não aprovavam totalmente os projectos ofensivos. A segurança de Nivelle parecia-lhes suspeita: «Romperemos a frente alemã quando quisermos», escrevia o novo comandante-em-chefe, «na condição de não atacarmos o ponto mais forte e de fazermos a operação de surpresa em vinte e quatro ou quarenta e oito horas... Uma vez feito o rompimento, o terreno estará livre para irmos onde quisermos, à costa do Mar do Norte tal como à capital da Bélgica, ao Mosa ou ao Reno».

O Chemin des Dames

O comando alemão não ignorava estes projectos. À sua cabeça encontrava-se agora Hindenburg, que substituíra Falkenhayn na sequência do desaire deste em Verdun. Para deter a ofensiva francesa, anunciada a toques de clarim, empreendeu a operação «Alberic», um recuo de vinte a quarenta quilómetros, para posições preparadas antecipadamente. Entregando assim, sem combate, o rebordo de Serre, as cidades de Lassigny, Roye, Noyon e Bapaume, o comando alemão obrigava os Aliados a reconsiderarem os seus planos para a Primavera, se não quisessem abrir passagem numa zona à mercê da artilharia inimiga, parcialmente inundada e tornada quase inutilizável.

Enquanto isso, a revolução de Fevereiro rebentara na Rússia. Qualquer que fosse o resultado dos acontecimentos, a data da ofensiva russa seria necessariamente adiada. Dever-se-ia transferir o ataque conjugado dos Franceses, dos Russos, dos Italianos e dos soldados de Salonica? Douglas Haig, Pétain e Painlevé mostravam-se favoráveis a essa solução. Nivelle não era da mesma opinião: a eventual falta de cumprimento dos Russos tornava ainda mais urgente a ofensiva, pois era necessário agir antes que as tropas alemãs retrocedessem de leste para oeste. Quanto à manobra de Hindenburg ela ia de encontro aos seus desejos. «Se eu tivesse de dar ordens a Hindenburg, ter-lhe-ia dito para recuar como ele fez».

Na verdade, as razões deste recuo intrigavam os dirigentes. Eles não sabiam se deviam regozijar-se ou inquietar-se com a reconquista de Lassigny e de Noyon.

Poincaré e Painlevé decidiram debater em Conselho de Guerra as possibilidades de uma ofensiva, um gesto descortês para com o generalíssimo. Consultados pelo governo, Franchet d'Esperey e Castelnau esquivaram-se; Micheler defendeu com pouco entusiasmo o ponto de vista do seu chefe. Apenas Pétain, que nunca fora favorável à ideia de uma nova ofensiva, tomou claramente posição contra a manutenção de um plano que, segundo ele, não tinha qualquer possibilidade de sucesso devido ao recuo alemão. Nivelle solicitou o seu afastamento do comando. Os ministros presentes protestaram imediatamente: querendo evitar uma nova crise no comando, libertando-se de responsabilidades, manifestaram-lhe a sua confiança; se ele considerava, em consciência, que a ofensiva tinha possibilidades de ser bem sucedida, não se devia hesitar em lançá-la. Nivelle tomou nota destas declarações e prometeu, em caso de fracasso, pôr fim à ofensiva no terceiro dia. Assim tranquilizado, Pétain aliou-se ao projecto mas, segundo uma testemunha, sentia-se bem que a ofensiva fora aprovada «por uma unanimidade contrafeita», e para não darem o aspecto de se desdizer perante os Ingleses.

A 9 de Abril de 1917, os Anglo-Canadianos lançavam a operação preliminar prevista pelo comando aliado: conquistavam rapidamente, e a despeito de todos os obstáculos, o cume de Vimy. Uma outra acção de diversão, efectuada na zona do recuo alemão, fracassou completamente. A 16 de Abril, Nivelle lançou um apelo anunciando aos combatentes a próxima vitória. O ataque principal foi desencadeado entre o Oise e a montanha de Reims; Nivelle contava apoderar-se da linha de montes que dominava o vale do Ailette, acima da planície do Laon e que é percorrida por uma estrada de terra, conhecida por Chemin des Dames. No entanto, nem o general Mazel nem o general Mangin, comandantes dos V e VI Exércitos, conseguiram lá chegar apesar das enormes baixas. Da parte da tarde, foi dada ordem para lançar os tanques: mal concebidos, com os reservatórios de gasolina à frente, foram uma presa fácil para as metralhadoras pesadas dos Alemães. Tendo as suas tropas sofrido a mesma derrota no terceiro dia, Nivelle deu ordem para cessar o ataque principal, tal como prometera. No entanto, as operações secundárias, ditas «de exploração», prosseguiram ainda durante várias semanas, mas sem resultados. A ofensiva fracassara completamente e custara, apenas nos primeiros dias, mais de 40 000 mortos. Painlevé afastou Nivelle do comando.

Para o Exército francês, o desaire de Chemin des Dames, marcava uma viragem. Os motins([13]) que se iam seguir convenceram Pétain, nomeado general-em-chefe em substituição de Nivelle, de que a hora das ofensivas vãs tinha passado. Era necessário passar à defensiva e, para vencer, esperar pelos «tanques e pelos Americanos».

Passchendaele

Nem este fracasso, nem os motins surpreenderam Douglas Haig: sempre o espantara o facto de o Exército francês não ter reagido mais cedo às hecatombes. No entanto, longe de tirar a lição para si próprio, acreditou que este enfraquecimento dos Franceses anunciava a hora de glória dos exércitos britânicos; desempenhariam finalmente o papel principal na frente ocidental. Levou o seu governo a acreditar que era necessário imobilizar os exércitos alemães para que estes não explorassem as dificuldades do Exército francês, que foram aliás ultrapassa-

([13]) Para os motins ver pág. 231 e seguintes.

das a partir do mês de Agosto, como o atesta o ataque feito a Malmaison. Pétain concordou com ele; pediu a Haig para não diminuir a sua pressão enquanto não tivesse devolvido ao Exército francês o moral e a saúde.

Realizando um projecto elaborado no princípio de 1917, Douglas Haig lançou uma grande ofensiva na Flandres, de Cambrai a Passchendaele; era auxiliado pelos Belgas e pelos contingentes franceses do general Anthoine. Pela primeira vez, fez uma utilização maciça dos tanques, enquanto, em 1916, só os utilizara em pequenas formações. Os tanques conseguiram romper, mas as reservas não intervieram a tempo e as baterias alemãs acabaram por levar a melhor. Esta batalha de Passchendaele foi uma das mais sangrentas e inúteis de toda guerra; causou a morte de 400 000 combatentes sem qualquer resultado.

Desiludidos por estes fracassos, os Aliados não prepararam plano de ataque para o ano seguinte. Esperando que a superioridade em artilharia, tanques e aviação fosse mais significativa do que em 1917, decidiram permanecer na defensiva. Por seu lado, depois da derrota de Verdun, os Alemães já não pensavam em obter a vitória, em 1917, graças a uma ofensiva vitoriosa. Contavam com outras armas, as do «estilo indirecto».

X

MATERIAL HUMANO E GUERRA DO MATERIAL

A guerra vivida pelos combatentes tem a sua história que não é a História propriamente dita: possui a sua própria cronologia, os seus dramas e os seus tempos mortos. Houve primeiro as ilusões do princípio da guerra, depois a descoberta da rude realidade. Em seguida, veio a época das primeiras trincheiras e das esperanças, muitas vezes desiludidas, das ofensivas vãs, marcadas pela recordação das tragédias: o gás, a morte dos camaradas presos no arame farpado, a lama viscosa do sangue dos mortos. Depois veio a estada no Inferno, que para os Franceses foi Verdun, para os Italianos, o Isonzo, para os Alemães e os Ingleses, o Somme ou a Flandres, para os Russos a grande retirada de 1915. Mais tarde, houve o divórcio com «os da retaguarda», o desespero escondido e a cólera, o derradeiro sacrifício do ano de 1918; por último, a consciência de uma solidariedade entre irmãos de armas; que, depois da guerra, fez nascer o espírito de «antigo combatente».

Paralelamente a esta história, operava-se uma outra transformação que também não era a Grande História da Guerra, mas a das suas técnicas, vividas dia-a-dia por todos os combatentes e ganha (ou perdida) pelo exército obscuro dos inventores. Conhecem-se as suas obras, ignoram-se os seus nomes, pois mantendo uma mentalidade arcaica e continuando ainda animada pela moral cavalheiresca, a sociedade ocidental não imagina, de bom grado, que a guerra possa ser ganha ou perdida por outros que não os comandantes.

A guerra vivida pelos combatentes

Galtier Bossière teve a brusca revelação da guerra a 22 de Agosto de 1914, quando, como muitos outros, o seu corpo de exército recuava, participando na retirada geral. Até então, só conhecera da guerra as marchas e as contramarchas.

«De repente, os apitos estridentes obrigam-nos a deitarmo-nos de barriga para baixo, apavorados. A rajada acaba de estalar por cima das nossas cabeças. Os homens, de joelhos, encolhidos, com a mochila sobre a cabeça, esticando as costas, encostam-se uns aos outros. Com a cabeça sob a mochila, dou uma olhadela aos meus vizinhos; ofegantes, sacudidos por tremores nervosos, a boca contraída por um ricto horrível, com os dentes a bater. De cabeça baixa, têm o aspecto dos condenados quando entregam a cabeça aos carrascos. Esta espera da morte é terrível. O cabo que perdeu o seu quépi diz-me: "Ah, meu velho, se eu soubesse que isto era a guerra, que vai ser todos os dias assim, prefiro ser morto já". Não, nós não somos soldados de cartão. Mas o nosso primeiro contacto com a guerra foi uma surpresa bastante rude. Na sua alegre despreocupação, a maior parte dos meus camaradas jamais reflectira sobre os horrores da guerra. Viam a batalha apenas através dos cromos patrióticos. Após a nossa partida de Paris, o *Bulletin des Armées* mantinha-nos na beata ilusão da guerra sem problemas. Todos nós acreditávamos na história dos Alboches, que se entregaram a troco de uma fatia de pão barrado. Convictos da esmagadora superioridade da nossa artilharia, imaginávamos a campanha como um passeio militar. O estrondo de há pouco abalou o nosso sistema nervoso que não estava à espera de tal sacudidela; fez-nos compreender que a luta que começava seria uma terrível provação. "Veja lá, meu tenente, afinal aqueles sacanas sabem defender-se".»

Os primeiros assaltos também não foram aquelas cargas bem organizadas com que sonhavam as imaginações.

«Na planície (conta Max Dauville) uma companhia avança em reconhecimento... Os homens, dobrados, com a mochila às costas, espingarda na mão, correm pesadamente para se deitar e voltar a partir logo que recebem ordem: um deles passa perto de mim, a sua cara de camponês transforma-se, de um momento para o outro, numa careta chorosa e, continuando a passo de corrida, levanta o braço em cujo extremo abana a mão sem vida, com os dedos meio cortados por uma bala... Os homens deitam-se... Ele continua a saltitar e oiço ainda o seu grito: "Meu tenente, onde está, meu tenente?"»

O médico encontra estas crianças perdidas no posto de socorros:

«Os feridos continuam a chegar a esse pequeno café com palha deitada à pressa por cima das lajes azuis. Em cima das mesas, mochilas abertas extravasam pensos, frascos castanhos, instrumentos niquelados... Lá fora, enquanto falo a um maqueiro, reparo que ele tem a perna nitidamente partida por uma bala. Ouve-se um ruído seco, semelhante ao de uma tábua que se quebra. O homem cai, começando aos gritos... Um dos nossos homens entra a cambalear, com o olhar parado. Uma bala atravessou-lhe a cabeça. O sangue corre pela palha formando uma auréola vermelha e ele morre pouco tempo depois. Os feridos entram e saem sem parar... É preciso trabalhar depressa, pois mal um ferido é tratado logo surgem no vão da porta outros rostos encovados à espera de vez. Outros infelizes, inertes, esperam em cima da maca.»

As trincheiras

A partir de Novembro de 1914, os soldados enterraram-se para sobreviver. Os Alemães tinham dado o exemplo, ao construírem verdadeiras redes de trincheiras paralelas, linhas de partida, linhas de ligação, passagens em ziguezague e abrigos. Os Ingleses imitaram-nos mas os Franceses e os Russos construíram as trincheiras com menos cuidado: não imaginavam que ali pudessem ficar enterrados durante quase três anos e que viveriam aí as futuras batalhas: Champagne, Somme, Verdun. Construíram com carácter provisório, enquanto os Alemães e os Ingleses aceitavam esta nova forma de guerra.

O entrelaçamento das salientes e das reentrâncias surgiu rapidamente como uma necessidade para evitar a exposição à artilharia. Logo que a rede era construída e consolidada, a protecção e a instalação de postos de vigia exigia toda a atenção dos soldados. Em primeiro lugar, a colocação de arame farpado, que era particularmente perigosa sob o fogo das metralhadoras inimigas; a confecção de sacos de terra para se protegerem dos estilhaços durante os bombardeamentos; o arranjo das vigias onde ficavam os observadores. Como as linhas dos adversários eram, frequentemente, muito próximas, disputava-se o mais pequeno montículo: vigiar o inimigo era tão importante como não ser visto.

Novidade nascida da guerra de trincheiras foi a arte da camuflagem. Até 1914, os chefes militares tinham aprendido, em primeiro lugar, a concentrar as tropas num determinado local. Doravante, mais do que a sua concentração importa a sua camuflagem, sobretudo a das peças de artilharia. De início, a utilização de balões de observação e, depois, das «capoeiras», teve por objectivo a vigilância do inimigo e não o seu combate. Este objectivo só apareceu mais tarde.

A guerra das trincheiras exigiu um armamento específico. Para romper os parapeitos, os sacos de terra, etc., os Alemães fabricaram uma bala com um núcleo de aço; contra os alvos aéreos utilizaram-se projécteis tracejantes e projécteis explosivos para rebentarem os balões e os depósitos dos aviões.

Agachados nas trincheiras, os Franceses sentiam-se vulneráveis. Além das minas, começaram também em breve a temer as ameaças vindas do céu, as terríveis explosões dos *Minenwerfer.* Melhor do que dos canhões, cujo tiro era demasiado tenso, aqueles lançavam, na vertical, projécteis de 50 a 100 quilogramas que podiam cair a uma distância muito próxima: de 100 a 500 metros se necessário. Estes *Minen* provocavam uma deflagração particularmente temida que destruía trincheiras inteiras. Durante muito tempo, os Franceses não tiveram nada para lhes fazer frente e tinham a sensação de estar desarmados. No entanto, antes da guerra, Joffre interessara-se por esta espécie de morteiro e um protótipo estava em fabrico, no momento da mobilização, mas em consequência da partida, logo no segundo dia, do oficial encarregado do estudo, a sua realização fora suspensa. Enquanto se aguardava, experimentava-se utilizar o de 75 mas, tal como os outros calibres, o seu tiro era demasiado disperso. A resposta foi encontrada, em 1915, com os «obuses de aletas estabilizadoras», os «filhos queridos» das trincheiras francesas. Eficazes, eram operados por artilheiros que, melhor do que ninguém, viviam de perto a vida dos soldados de infantaria.

Outra dificuldade em caso de ataque: a rede de arame farpado. Para a cortar, os soldados dispunham de alicates, mas em número insuficiente; muitas vezes eram mortos antes mesmo de terem aberto uma passagem. Comunica-se o facto a Millerand. Imperturbável, o ministro da Guerra propôs a utilização de limas. «Que as cortem com os dentes», «que passem por cima de uma ponte de cadáveres», respondem oficiais italianos. Tentou-se o carro porta-bombas, manobrado como uma marionete e que explodia em contacto com os arames: um fracasso, assim como o «carro-escudo» ou o maçarico oxídrico do químico Georges Claude. Acabaram por se utilizar as metralhadoras: a custo de um gasto fabuloso de balas, deitavam abaixo as estacas a que os fios estavam pregados, criando assim uma passagem. Utilizou-se igualmente o canhão de 75 para esse fim.

Armas novas. Os gases

O combate de proximidade levou a um regresso da utilização das granadas. Na ausência de um abastecimento satisfatório, os soldados, durante muito tempo, tiveram de «fabricá-las» eles mesmos, utilizando garrafas. Ulteriormente, foram equipados com lançadores de granadas, tal como os Alemães. As trincheiras viram nascer outras armas novas que tornaram a guerra ainda mais atroz e mortífera. Em primeiro lugar, houve os lança-chamas, uma invenção alemã experimentada desde o mês de Outubro de 1914. Aquele que o transportava tornava-se vulnerável, se se pudesse visar o seu reservatório: estes homens suicidas eram, todavia, muito temidos pois os Alemães escolhiam os seus corredores mais rápidos, embora raramente regressassem vivos das suas incursões. Depois, surgiu a utilização dos gases asfixiantes, pelos Alemães, a 22 de Abril de 1915, em Langemark. A experiência foi tentada numa frente de 6 km, durou cinco minutos e criou uma nuvem de 600 a 900 metros com uma velocidade de 2 a 3 m/s. O efeito foi imediato e fulminante. No entanto, os Alemães não exploraram este sucesso, pois os seus soldados de infantaria hesitaram em conquistar o terreno invadido pelos seus próprios gases e porque não fora constituída nenhuma força de reserva equipada com máscaras. Os Alemães tinham medo de não poder controlar as suas nuvens de gás, no caso de o vento mudar de direcção; a orientação da frente constituía uma desvantagem para eles, pois os ventos de oeste eram dominantes entre a Flandres e Argonne. Além disso, o comando alemão considerava este ataque uma experiência: não lhes vinha à ideia que podiam explorar amplamente esta descoberta científica. Houve vários ataques com gás que a opinião internacional condenou veementemente: foram considerados uma violação das «leis da guerra». A isso, os Alemães responderam que estes gases constituíam eles próprios uma resposta às bombas de fósforo francesas e às bombas de ácido inglesas, o que não parece exacto. Como quer que fosse, os Ingleses utilizaram por sua vez as nuvens de gás em Loos, em Setembro de 1915, enquanto os Franceses se serviram de obuses de gás. Ingleses e Alemães fizeram pouco depois o mesmo. Durante os anos de 1916 e 1917, utilizaram-se sobretudo obuses de fosfogénio* (França), os gases verdes e amarelos (Alemanha) e sobretudo a iperita** (nos dois campos) que infectava uma região durante dias seguidos, contaminando as roupas e corroendo a pele.

Nunca a utilização dos gases permitiu obter mais do que um sucesso local, devido na maior parte das vezes à surpresa. Aconteceu o mesmo com os ataques dos lança-chamas. Para vencer nas trincheiras e pôr fim a esta forma de guerra, foi preciso esperar por uma arma inteiramente nova e que viria mais tarde: o carro de assalto.

Vida e morte nas trincheiras

A guerra das trincheiras tinha as suas regras, o seu ritmo, os seus hábitos. Foram poucos os combatentes que não viveram os episódios. A duração da estada era variável: o tempo de uma parte da companhia morrer e de chegar a hora da rendição. Nos bolsos dos mortos de Argonne e de Verdun, encontravam-se pequenos cadernos onde estavam anotadas impressões e recordações. Utilizamo-las aqui, assim como o testemunho dos sobreviventes. Eles pontuam os momentos mais significativos da vida e da morte, nas trincheiras: a chegada, a instalação e a espera, o ataque, os dramas, o calvário dos feridos e, para os vivos, a rendição e o regresso.

Em primeiro lugar, é a chegada, descrita pelo sargento Daguenet, do 321º Regimento de Infantaria:

> «Caminhando pela linha de trincheiras de Haumont, somos apanhados pelo fogo de linha dos obuses alemães. Este caminho entrincheirado está cheio de cadáveres de diferentes sítios. Ali estão também moribundos, na lama, agonizando, pedindo-nos de beber ou suplicando-nos para lhes pormos fim.

---

* Gás tóxico constituído pela combinação de cloro e de óxido de carbono (*N. do T.*).

** Líquido oleoso, à base de sulfato de etilo, empregado como gás de combate de efeito vesicante, e também chamado gás mostarda, em virtude do seu cheiro (*N. do T.*)

A neve continua a cair, a artilharia provoca-nos perdas a todo o momento.

Quando chegamos à fortificação B, restam apenas dezassete homens dos trinta e nove com que parti».

Eis o aspecto de uma trincheira, em Champagne:

«Um odor infecto impregna-se no nariz na nossa nova trincheira, à direita de Éparges. Chove a cântaros e encontramos panos de tenda fixos nas paredes da trincheira. No dia seguinte, pela aurora, constatamos com assombro que as nossas trincheiras não passam de uma vala comum: as lonas colocadas pelos nossos predecessores destinavam-se a esconder a visão dos corpos e dos restos humanos que lá se encontravam».

Um pouco mais longe, Raymond Naegelen viu esta cena:

«Sobre toda a frente do cabeço de Souain, desde Setembro de 1915, os soldados de infantaria ceifados pelas metralhadoras jazem estendidos de barriga para baixo, alinhados como num exercício.

A chuva cai sobre eles, inexorável, e as balas partem os seus ossos embranquecidos.

Uma noite, Jacques, durante uma patrulha, viu sob os seus capotes descoloridos ratazanas a fugir, ratazanas enormes, engordadas a carne humana. Com o coração a bater, ele rastejava em direcção a um morto. O capacete tinha caído. O homem apresentava a cabeça contorcida, vazia de carne: o crânio à vista, as órbitas vazias, os olhos comidos. A dentadura tinha deslizado sobre a camisa podre e da boca escancarada saltou um bicho imundo».

Na trincheira, é a espera:

«Da brigada veio-nos a ordem: "Devem aguentar custe o que custar, não recuar e deixar-se matar até ao último antes de ceder um centímetro de terreno".

Assim, dizem os homens, sabemos aquilo que nos espera.

E a segunda noite que vamos passar sem dormir. Ao mesmo tempo que a escuridão, cai o frio. Os nossos pés são blocos de gelo».

Os soldados tomam conhecimento de que o ataque é para breve:

«As horas escoam-se, lentas, mas inexoráveis. Com um nó na garganta, ninguém pode engolir o que quer que seja.

Ainda e sempre este angustiante pensamento: dentro de algumas horas, serei ainda eu deste mundo ou não passarei de um cadáver horrível que os obuses terão transformado em pedaços?

No entanto a hora H aproxima-se.

Faltam 30 minutos, 20, 10, o ponteiro do relógio avança constantemente, nada o pode parar. Os meus olhos já não o desfitam e eu conto... Com o bolso cheio de cartuchos, a espingarda de um morto na mão, levanto-me lentamente sobre os joelhos.

17.58, 17.59... 18 horas, abro a boca para gritar "Ao ataque!" quando uma explosão vermelha me cega e me lança por terra. Tenho o joelho direito trespassado, uma segunda ferida na barriga e uma terceira na face.

Perto de mim, outros feridos, mortos...».

O capitão Delvert (101.º R.I.), que ocupa a posição R.I. com a sua companhia descreve assim o espectáculo que lhe oferece o forte de Vaux:

«Hoje, desde as 18 horas, as encostas de Vaux desaparecem sob os nossos obuses. Vêmo-los daqui cair mesmo em cima das linhas brancas que não são mais do que a rede de trincheiras dos boches. À noite, sob as estrelas, das nossas primeiras linhas ao fundo do barranco sobem foguetes verdes: "Disparem para mais longe! Disparem para mais longe!" gritam os nossos pobres camaradas. E outros chamamentos se elevam de todos os lados. Foguetes vermelhos sobre o planalto de Hardaumonti... Foguetes vermelhos do forte de Vaux. Foguetes vermelhos lá em baixo ao longe, atrás de Fumin! Quantos apelos desesperados nesta terra sombria!».

Um pouco mais longe, são os Alemães que lançam um ataque:

«Às 18 horas o fogo alemão pára. É o ataque. Vemos a 200 metros um oficial alemão a erguer-se com o sabre desembainhado. É seguido por uma força em coluna, em filas de quatro, com as armas ao ombro. Poderia parecer um desfile do 14 de Julho. Nós estávamos petrificados e era, sem dúvida, com esse efeito de surpresa que contava o inimigo. Mas, passados alguns segundos, dominada a estupefacção, iniciamos um fogo cerrado com o apoio das metralhadoras. O oficial alemão é abatido a cerca de 50 metros das nossas linhas, com o braço direito estendido na nossa direcção e os seus homens caem e vão-se amontoando atrás dele. É inimaginável».

Muitos soldados morreram enterrados. Gustave Heger, do 28.º Regimento de Infantaria, conta:

«Desenterro primeiro um soldado do 270.º, mais fácil de desprender. Há ainda muitos enterrados e gritam; os Alemães devem ouvi-los, pois fazem fogo com as metralhadoras: é impossível trabalhar de pé e, em certa altura, quase tive vontade de me ir embora; mas não, não posso deixar os meus companheiros assim!... Procuro desprender o velho Mazé que continua a gritar; quanto mais terra tiro, mais cai; desenterro-o finalmente até ao peito; ele pode respirar um pouco melhor; vou socorrer um homem do 270.º que também grita, ainda que debilmente. Consigo libertar-lhe a cabeça até ao pescoço: ele está a chorar e suplica-me para não o deixar ali.

Devem faltar ainda dois outros, mas já não se ouve nada, continuo a usar a picareta para lhes libertar as cabeças. Apercebo-me então de que estão ambos mortos. Estendo-me um bocado, estou exausto; o bombardeamento continua».

Em Verdun, toda uma secção de campo de batalha reagrupa os seus feridos num túnel fora de serviço, o túnel de Tavannes.

Ferido, o tenente Benech, que foi transportado para ali, anotou as suas impressões:

«Chegamos ao túnel. Será que vamos ser condenados a viver aqui? Prefiro a luta ao ar livre, o abraço da morte em terreno descoberto. Lá fora, arriscamo-nos a uma bala; aqui, arriscamo-nos à loucura. Uma pilha de sacos de terra ergue-se até à abóbada e fecha o nosso refúgio. Lá fora, é a tempestade na noite e o martelar contínuo de obuses de todos os calibres. Acima de nós, na abóbada ressonante, algumas lâmpadas eléctricas sujas lançam uma claridade duvidosa e enxames de moscas dançam à sua volta. Zumbidoras e irritantes, assaltam a nossa epiderme e nem fogem mesmo sob a ameaça de uma enxotadela. Os rostos estão húmidos, o ar morno é enjoativo. Deitados em cima de terra lamacenta, sobre os carris, com os olhos fixos na abóbada ou deitados de barriga para baixo, enrolados como uma bola, homens estupidificados que esperam, dormem, ressonam, sonham, não se mexem mesmo quando um camarada lhes pisa um pé. Em certos sítios, engrossa um regato! Água ou urina? Um odor forte, animalesco, com vestígios de salitre e de éter, de enxofre e de cloro, um cheiro a dejectos e a cadáveres, a suor e a humanidade suja, enjoa e provoca náuseas. Torna-se impossível comer o que quer que seja; só o café aguado, espumoso, do bidão morno, acalma um pouco a febre que nos ataca. Os outros postos de socorro nem sequer beneficiam de momentos de segurança!

... Um jovem cabo aproxima-se de mim; sozinho, com as duas mãos arrancadas rente aos punhos. Olha para os seus dois cotos vermelhos e horríveis com os olhos fora das órbitas».

Depois do calvário é o regresso. O tenente Gaudy descreve-o de uma forma comovente.

«Nunca vi nada de tão lancinante como o desfile de dois regimentos da brigada (57.º e 144.º R.I.) que vão passando por este caminho, à minha frente, durante todo o dia.

Primeiro passaram os restos da companhia, conduzidos às vezes por um oficial sobrevivente, apoiado a uma bengala; marchavam, ou melhor, arrastavam-se com lentidão, quase prostrados, curvados para a frente, aos ziguezagues como se estivessem bêbedos. Depois passaram pequenos grupos, talvez pelotões, talvez secções, não sabíamos; iam de cabeça baixa, com o olhar triste, suportando o peso do seu equipamento e trazendo à bandoleira a sua espingarda com tonalidades avermelhada e cor de terra. A cor dos rostos mal se distinguia da dos capotes. A lama cobrira tudo, secara e, sobre essa camada, mais lama se acumulava. As roupas, tal como a pele, estavam incrustadas de lama. Automóveis precipitavam-se ruidosamente, em colunas cerradas, dispersando esta vaga lastimosa dos sobreviventes da grande hecatombe. Mas eles não diziam nada, já não se lamentavam. Nem sequer tinham vigor para se queixar. Lia-se nos seu olhar um abismo insondável de dor quando estes forçados da guerra levantavam a cabeça para os telhados da aldeia. E, neste movimento, a sua fisionomia aparecia marcada pela poeira e contraída pelo sofrimento; dava a ideia de que estes rostos mudos gritavam qualquer coisa de pavoroso: o horror incrível do seu martírio.

Os soldados que olhavam, ao meu lado, ficaram pensativos. Dois deles choravam em silêncio como mulheres.

Através do caminho de regresso, os obuses caíam desapiedados sobre esta multidão moribunda. Alguns foram mortos quando se julgavam, enfim, salvos.»

Os «especialistas» perante a guerra das trincheiras: o papel da cavalaria...

A oeste como a leste, a guerra das trincheiras alterara as previsões dos militares; é um facto que a guerra russo-japonesa também as tinha conhecido mas de uma forma episódica. Segundo os especialistas, tinha permitido estabelecer que, «na guerra moderna, as perdas em homens devem-se 85% às espingardas, 10% à artilharia e 5% às armas brancas». Era uma ilação que subestimava enormemente o papel da artilharia, valorizando o das baionetas e do sabre. Enganaram-se igualmente quanto ao papel da cavalaria. É verdade que desempenhou a sua missão na frente oriental, onde a manobra de Tannenberg foi obra sua, e onde, durante três anos, os Cossacos constituíram a ponta-de-lança das ofensivas russas. No Oriente, e igualmente nos Balcãs, a cavalaria desempenha um papel decisivo até ao fim da guerra: o corpo de Jouinot-Gambetta abriu as portas à vitória. Mas a oeste, a guerra mudava de estilo e, tal como previra o general Pedoya, a cavalaria tornou-se rapidamente uma arma anacrónica: os chefes deslocavam-se apenas de automóvel e as trincheiras não precisavam para nada de cavaleiros. O comando manteve-os, no entanto, de reserva, na hipótese de uma acção de rompimento. Foi o que se verificou na tentativa feita em Champagne, em Setembro de 1915, que foi «o canto do cisne» da cavalaria como escreveu Jacques Meyer. Os cavaleiros deviam estar aptos a carregar passando por cima da rede de trincheiras... Na realidade tiveram de se apear. Doravante, o destino da cavalaria era o de ser... sem cavalos. Como muitos outros, o capitão Sézille recusava-se a ver a realidade; na rubrica intitulada «Medidas preparatórias para a ocupação das trincheiras», este especialista determinava no capítulo do regulamento reservado à cavalaria as medidas que ela devia tomar:

«O esquadrão chega a cavalo, ao crepúsculo, a um local fixo, habitualmente situado a três quilómetros das trincheiras. Desmonta, à excepção de um em cada três cavaleiros, a quem incumbe a tarefa de trazer os dois cavalos à mão (um à direita, o outro à esquerda do seu próprio cavalo). A coluna apeada põe-se em marcha em direcção às trincheiras... Cada pelotão ocupa uma posição nas trincheiras... Durante o dia, os homens evitarão ir aos locais de vigia; tomar-se-ão medidas para evitar a ociosidade das tropas, ocupando-as com aperfeiçoamentos das construções subterrâneas... Evitar dormir profundamente nas trincheiras... Nas trincheiras da segunda linha o serviço é análogo, embora mais suavizado devido ao afastamento. Está-se aí mais exposto aos obuses inimigos.»

Este texto escrito em 1915 dá a medida das surpresas que as novas formas de guerra suscitam. Elas levaram os militares a reconsiderar o papel da artilharia, a melhor integrar a aviação na batalha. Enfim, forçaram os inventores a descobrir, a todo o preço, a arma surprema que venceria as trincheiras e o arame farpado: os tanques.

A artilharia

Em 1914, os Franceses dispunham de 3793 canhões de 75, a arma versátil da artilharia de campanha. O material pesado não existia, nem ao nível de batalhão, nem ao nível de corpo mas apenas à escala do Exército. No total, os Franceses dispunham de 300 peças de artilharia pesada e os Alemães de 2000; estes dispunham, por outro lado, de cerca de 2500 canhões de 77. Esta inferioridade dos Franceses devia-se às concepções que reinavam então no país sobre os papéis a desempenhar respectivamente pela artilharia e pela infantaria na ofensiva. «A artilharia não prepara os ataques, apoia-os, ela deve intervir para apoiar a infantaria desde que esta inicie a fase de combate». Pensava-se que o 75 era adequado para tudo: chegou-se a utilizá-lo para rebentar as redes de arame farpado. Os Alemães não partilham destes pontos de vista: sabe-se que, em 1914, consideravam que a França não ousaria lançar-se na guerra precisamente porque lhe faltava artilharia pesada([14]).

Desde que assumira o comando, Joffre contestara as ideia feitas sobre o assunto; mas o material pesado de que os exércitos tinham necessidade não estava pronto em Agosto de 1914. Algumas semanas mais tarde, a capitulação de Antuérpia, que passava por ser a praça mais bem fortificada da Europa, convenceu-o da inutilidade de deixar sem emprego e imobilizado o material pesado das fortalezas. Foi por isso que deu ordem para se desarmarem parcialmente os principais fortes para poder dotar os exércitos do velho material de Pange com que estavam equipados. Assim, os fortes de Verdun ficaram em parte desarmados quando do ataque alemão em Fevereiro de 1917. Foi preciso esperar pela preparação da ofensiva do Somme, em Julho de 1916, para que a artilharia aliada dispusesse de novo material pesado. Nesta data, já os Aliados tinham alcançado o avanço dos Alemães: uma evolução que voltamos a encontrar na aviação.

Dirigíveis e aviões

Arma nova, o avião faz uma aparição fugidia durante a guerra italo-turca, na Tripolitânia. Desde essa data, os especialistas analisaram

([14]) Em qualidade, a artilharia russa era equivalente à dos Austro-Alemães; no entanto, dispunha de duas vezes menos peças. A falta de munições, sobretudo, fez-se sentir muito cedo.

o papel que poderiam desempenhar os aviões, os dirigíveis e os balões em caso de conflito. Segundo o comandante Besseyre des Horts, considerava-se que o avião, mais rápido e menos vulnerável, se adaptava melhor à observação; o dirigível, capaz de levar uma carga pesada, era útil sobretudo para o bombardeamento. Julgava-se igualmente que o avião se adaptava à guerra de movimento e o balão ou o dirigível à guerra de posições. Mas ninguém pensou na guerra das trincheiras. Na realidade, foi desta maneira que se utilizaram as armas aéreas durante as primeiras semanas da guerra. No entanto, os Alemães tiveram especial preferência pelos dirigíveis, os *zeppelins*, enquanto os Aliados se ficavam cada vez mais pelos balões e os aviões.

Em 1914, os Aliados dispunham de 220 aviões, as potências centrais de 258 aos quais acrescentaram uma frota de várias dezenas de dirigíveis. Em 1914, as oficinas de Friedrichshafen construíam um *zeppelin* de seis em seis semanas. Associados aos *Tauber*, cumpriram numerosas missões de bombardeamento sobre Paris e sobre Londres. A 19 de Janeiro de 1915, seis *zeppelins* atravessavam o mar do Norte, deitaram bombas sobre a capital inglesa e voltavam depois intactos à sua base. Esta façanha foi repetida. Os ataques aéreos ingleses sobre Cuxhaven ou as expedições francesas sobre Friburgo nunca tiveram este carácter espectacular nem esta amplitude.

Nos combates aéreos, que se multiplicaram a partir de Dezembro de 1914, os *Fokker* alemães dispunham de uma superioridade muito marcante. É um facto que o francês Roland Garros foi o primeiro piloto de combate a dispor de uma metralhadora sincronizada com o movimento da hélice, mas foi feito prisioneiro e os Alemães retomaram o processo. Continuou-se ainda, durante muito tempo, a disparar com pistola ou com carabina. Por outro lado, os aviadores metralhavam a infantaria com pequenas setas de aço, de aproximadamente 20 gramas cada, mortais, visto a sua velocidade ser de 100 m/s. No princípio de 1916, os Alemães conservavam a vantagem nas iniciativas espectaculares: o avião gigante *Schukert XVIII* destruía a base de hidroaviões ingleses em Dunquerque enquanto os *zeppelins* continuavam a bombardear Londres. Um deles, saído de Jambol, na Bulgária, realizou um périplo extraordinário, indo até às proximidades de Cartum para levar medicamentos e apoio às tropas alemãs do Tanganica. Tendo sido informado, por telégrafo, de que a guarnição que queria socorrer tivera de se render às forças inglesas, o L.59 deu meia volta, realizando um voo sem escala de mais de 6800 quilómetros. Em 1918, os Alemães dispunham de uma frota de *zeppelins* com mais de 100 aparelhos gigantes. À velocidade de 130 km/h (90 km/h no princípio das hostilidades), podiam transportar cada um 40 toneladas de explosivos até uma altitude superior a 2000 metros.

Na frente propriamente dita, os Alemães dominavam ainda largamente os céus de Verdun mas, a partir do Verão de 1916, os Franco-Britânicos faziam-lhes frente: Bréguet, Nieuport, Spad e caças britânicos estavam ao mesmo nível dos seus adversários. Até ao fim de 1917 é a época dos grandes duelos em que se distinguem os «ases», esses heróis individuais que simbolizam o espírito da guerra de 1914. Quase todos pereceram em combate. Os mais gloriosos foram o alemão Richthofen (80 vitórias homologadas), seguido pelo francês Fonck (75 vitórias), pelo inglês Mannock (73 vitórias), pelo canadiano Bishop (72 vitórias), pelo alemão Udet (60 vitórias), por Guynemer, Mac, Follen (54 vitórias cada um), etc. É a época, igualmente, em que os *Caproni* italianos asseguram o domínio dos céus na frente dos Alpes.

A grande inovação do ano de 1918 foi a criação pela Alemanha de esquadrilhas de protecção: voando baixo, estas esquadrilhas apoiavam a marcha da infantaria. Em Março de 1918, 36 esquadrões de 6 aparelhos de dois lugares participaram na ofensiva da Picardia. Mas os Aliados dispunham, doravante, de uma força de dissuasão suficiente para lhes infligir graves perdas. O contributo da Força Aérea dos Estados Unidos começava, igualmente, a inclinar definitivamente a balança. Nesse mesmo ano, só 37 de 483 aviões alemães conseguiram sobrevoar Paris, enquanto 200 caças ingleses tinham por missão assegurar a protecção de Londres. A partir do Verão, Foch dispunha de uma superioridade absoluta, lançando cerca de 600 aviões na batalha. A 11 de Novembro, a França tinha 3437 aviões operacionais: muitos mais do que em 1940.

Os tanques

Esta situação repete-se no caso dos tanques que, ainda mais do que os aviões, foram os artesãos da vitória aliada. A ideia nasceu, simultaneamente, em França e na Inglaterra, onde cada um por seu lado, o coronel Janim e W. Churchill impulsionavam as experiências para o fabrico de abrigos blindados sobre lagartas. Era necessário, a todo o custo, fabricar um engenho todo-o-terreno que pudesse proteger os ataques da infantaria, destruir o arame farpado, eliminar os ninhos de metralhadores e avançar ao mesmo tempo que as tropas. Os Ingleses foram os primeiros a tê-los prontos. Para manter o segredo, faziam crer que as placas blindadas se destinavam a depósitos de combustível; foi por isso que baptizaram os carros com o nome de tanques. Em Setembro de 1916, no Somme, os *Willies* ocupavam quatro aldeias, mas a coordenação com a infantaria ainda não era perfeita e os Alemães recuperaram as aldeias. A primeira experiência dos Franceses também não foi muito concludente: fizeram intervir os seus tanques durante a longa ofensiva de Nivelle, a 17 de Abril de 1917; os enormes *Saint-Cha-*

mond, de 27 toneladas, eram vulneráveis: as metralhadoras pesadas e os canhões alemães destruíram 60 dos 120 veículos, as tripulações foram queimadas vivas, e a infantaria, dali em diante sem protecção, foi massacrada. Os Alemães concluíram, com isto, que o canhão destruíria sempre o tanque: cometeram assim um erro que lhes viria a ser fatal.

Estes pesados tanques eram lentos e difíceis de manejar. Deu-se preferência aos tanques ligeiros da *Renault,* aos *Berliet* e *Schneider* sem abandonar, no entanto, os *Saint-Chamond* que eram os únicos a poder passar pelos fossos de 2 metros. A construção em série destes pequenos engenhos revolucionou a arte da guerra. Alcançaram o primeiro grande sucesso em Villers-Cotterêts, a 18 de Julho de 1918, contribuindo, amplamente, para a segunda vitória do Marne. Doravante, participarão em todos os ataques apesar das grandes perdas que lhes infligem os Alemães (50% por batalha). Já não se concebem acções de rompimento sem eles e como chegavam à frente a uma cadência de 500 por mês, o nível necessário estava assegurado. Em Agosto estavam operacionais 1500 tanques franceses e outros tantos tanques ingleses que, sob a direcção do general Rawlinson, obtiveram, por sua vez, um grande sucesso estratégico a 8 de Agosto. Em Novembro havia mais de 2000 tanques franceses operacionais: aqueles que em breve iriam ser baptizados «os tanques da vitória».

Uma guerra de cavalheiros na era industrial

Em 1918, graças ao domínio dos mares e à intervenção americana, os Aliados puderam afundar os seus adversários e produzir ainda mais canhões e mais aviões. No entanto, pondo de parte o exemplo dos tanques, os Alemães manifestaram um espírito inventivo mais vivo no aperfeiçoamento da «arte da guerra». «Tiveram o avanço de uma guerra», constata o general Gascouin numa obra sobre artilharia surgida durante os anos vinte. Sistematizaram os seus avanços técnicos e orientaram o rumo da guerra em função dos progressos da sua investigação científica e das vantagens da sua indústria: fortificação de campanha, no princípio, artilharia de grande potência depois, pequenos engenhos de trincheira, etc. Apreciação excessiva, pois se o alto-comando alemão integrou devidamente os submarinos na sua estratégia, o mesmo não aconteceu com os gases e com os tanques. Em França, os militares continuaram a considerar a guerra como um torneio em que «ganhava o melhor». O combate continuava a ser um assunto de honra no qual reinavam os princípios e a moral cavalheiresca. Conta-se mais com a tradição guerreira do sangue dos antepassados do que com os progressos da técnica. Os anos passam mas as ideias não evoluem nada: assim acontece com as concepções sobre o papel da artilharia. Já se referiram as ideias feitas com que o Exército partiu para a guerra. Apesar da experiência, elas não se modificaram, supervisionadas pelos «nossos maiores soldados». A directiva de 12 de Julho de 1918 mantinha a formulação elementar de um catecismo sem relação com a era técnica em que fora elaborada: «O comando orientar-se-á para a prática de formas de ataque simples, audaciosas e rápidas (...). A surpresa será obtida pela subitaneidade do ataque... (...). A infantaria deve ser persuadida (*sic*) de que está dotada de um armamento que lhe permite explorar os seus primeiros sucessos e continuar a sua progressão pelos seu próprios meios e *sem a protecção da artilharia*» (sublinhado nosso). As grandes discussões ditas teóricas incidiam sobre o período de duração da preparação da artilharia: demasiado curto é insuficiente; demasiado longo suprime o efeito da surpresa. A formulação pode ser tecnicamente mais complexa, mas não ultrapassa este nível conceptual. No momento em que Foch e Pétain declaram: «A artilharia conquista, a infantaria ocupa», discute-se esta fórmula como se acabassem de fazer uma das grandes descobertas científicas dos tempos modernos. Em todos os países os militares analisam a guerra através dos domínios e das armas: domínio da infantaria, concorrência e rivalidade da artilharia, «decadência» da cavalaria, etc.

A seguir à Grande Guerra, o general Gascouin julgava que, no que diz respeito à artilharia, os estados-maiores passaram por entusiasmos «que tinham mais a ver com uma espécie de fetichismo do que com uma análise científica das técnicas de guerra: entusiasmo pelo tiro tenso e pelo canhão-fétiche de 75; depois, entusiasmo pelo pesado e pelo muito pesado. Em 1916, entusiasmo pelo bombardeamento maciço e pela destruição integral, pelas tonelagens impressionantes. Depois, entusiasmo pelos longos alcances e abandono dos objectivos curtos». E concluía assim: «Tudo isto pecava pela ausência de conhecimentos positivos».

A falta de espírito científico, a subestimação do que é técnico, a ignorância absoluta da relação que existe entre os conhecimentos de uma época, as possibilidades industriais e a prática da guerra, caracterizam a mentalidade daqueles que tinham a responsabilidade de conduzir as operações militares.

Em 1914-18, os seus espíritos não tinham progredido em nada desde a época da cavalaria. Estavam mesmo em atraso em relação à antiguidade grega, pois em Atenas o deus das armaduras, Hefesto tinha, pelo menos, tanta importância quanto Ares, deus dos exércitos.

XI

ESTILO DIRECTO, ESTILO INDIRECTO

Partindo de uma distinção fundamental na arte da guerra, o general Gambiez opõe o estilo directo ao estilo indirecto. «O primeiro implica a redução das forças inimigas através da batalha que se procura e que se baseia na força da acção. O estilo indirecto visa colocar o adversário em situação de inferioridade por acções preliminares que o desconjuntam moral e materialmente».

O estilo indirecto encontrou numerosas aplicações durante a Primeira Guerra Mundial. Se ignorarmos, de momento, a campanha de desencorajamento que os adversários empreenderam uns contra os outros, na esperança de enfraquecerem, moralmente, o inimigo, aquela estratégia foi aplicada de duas maneiras: desmembrar por dentro os Estados da coligação adversa ou, então, asfixiá-los.

PRIMEIRO MÉTODO: O DESMEMBRAMENTO

As potências centrais procuraram sublevar os alógenos da Rússia contra o Estado czarista, suscitar a guerra santa nas possessões ultramarinas francesas, inglesas ou italianas. Por seu lado, os Aliados quiseram desmembrar o Império Austro-Húngaro apoiando, aí, o movimento nacional dos Checos e dos Eslavos do Sul; procuraram destruir o Império Otomano ao estimular a sublevação dos Árabes.

A defesa do direito dos povos: arma de dois gumes

Na Europa, fora a *Entente* quem primeiro apresentara a sua luta sob a bandeira da defesa do direito dos povos. Tinha em vista o destino das populações da Alsácia-Lorena e das minorias da Áustria-Hungria.

Todavia, parece que não mediu exactamente o valor e os perigos desta arma de dois gumes.

Na Áustria-Hungria

Na verdade, as iniciativas que visavam destruir os Estados multinacionais partiram das organizações alógenas. Foi o que aconteceu com a dupla monarquia. No princípio da guerra, o mais activo era o Comité Eslavo do Sul que defendia a causa de uma Jugoslávia unificada. Em Londres, o seu representante, o dálmata Trumbic, foi acolhido com simpatia. Todavia, como os Eslovenos e os Croatas suspeitavam que este movimento tinha uma orientação pansérvia, os Aliados mantiveram-se circunspectos. Acima de tudo, este projecto dos Eslavos do Sul opunha-se às ambições italianas no Adriático. A aliança de Roma tinha mais valor do que as aspirações destas nacionalidades. Quando da conclusão do pacto de Londres, elas foram sacrificadas. Doravante, Croatas e Eslovenos procuraram apoios junto dos Estados Unidos e encontraram em W. Wilson um ardente defensor. Nesta data, os Aliados mostravam-se mais reticentes. Limitavam-se a fazer apenas algumas promessas aos Checos, que dispunham de numerosos apoios em Paris e em Londres, tais como o historiador Ernest Denis, H. Seton-Watson e, sobretudo, W. Steed, editorialista do *Times*. É verdade que na própria Áustria os efeitos da propaganda de Masaryk, Kramar e de outros líderes checos eram muito pouco encorajadores, ainda que a burguesia «sabotasse» os empréstimos de guerra austríacos (B. Michel). «Combateis contra vós próprios», lia-se num dos seus panfletos destinados aos contingentes de Eslavos do Sul do Exército imperial. Estes não se batiam com menos furor do que os seus camaradas austríacos ou húngaros, como se quisessem demonstrar que eram dignos de serem seus iguais. Só houve um exemplo espectacular de deserção maciça, o do 28.º Batalhão de Infantaria, originário de Praga.

Nestas condições, mantendo a esperança de separar a Áustria-Hungria da Alemanha para a levar a concluir uma paz separada, os Aliados hesitaram em utilizar esta arma indirecta. De uma certa maneira, jogava mesmo contra a sua política secreta que procurava poupar a Áustria-Hungria. Além disso, a ambiguidade da posição aliada revelou-se em 1916 quando foi convocada, em Lausana, a 3.ª conferência das nacionalidades... A iniciativa partia de personalidades suíças que agiam em nome da *União das Nacionalidades,* um organismo criado antes da guerra por defensores dos direitos das nacionalidades oprimidas. A orientação era claramente favorável à *Entente;* os organizadores, como E. Burnier e E. Privat, não o escondiam. Ao fazerem os convites, imaginavam que os Checos, os Romenos da Hungria, etc., fariam ouvir as suas vozes. Mas os representantes das minorias oprimidas pelos Aliados fizeram-se ouvir com mais força, especialmente os Irlandeses, os Egípcios, os Tunisinos e, sobretudo, os delegados dos alógenos da Rússia, que invadiram a conferência. Acusaram o imperialismo aliado, invocando o destino dos Marroquinos, dos Argelinos, dos povos bálticos, dos Tártaros, Quirguizes, etc. A imprensa helvética reproduziu uma parte destes debates, esclarecendo a opinião pública mal informada sobre povos de que ela ignorava mesmo a existência e mostrando a ligação, que poucas pessoas tinham estabelecido, entre questão nacional e problema colonial.

Estes debates tiveram uma certa repercussão nos meios autorizados. A 2 de Julho de 1916, *Le Temps* consagrava um editorial à conferência de Lausana. *L'Éclair* realçava que «era uma feliz coincidência que neste mesmo momento M. Doisy tivesse proposto o alargamento da representação argelina nas assembleias». No *L'Éclair* de *Montpellier,* reunindo os argumentos expostos algures de modo mais explícito, Jacques Bainville escrevia: «Há meses e anos que repito que o princípio das nacionalidades é perigoso para a França... que é, pelo contrário, uma arma que pode virar-se contra nós e os nossos aliados. O que se passou em Lausana veio confirmar todas as minhas afirmações».

Também os Aliados passaram, daí em diante, a utilizar esta arma com circunspecção. Contudo, W. Wilson manifestou-se a favor e a sua opinião contava cada vez mais. Quando a América entrou em guerra, voltou a analisar-se o problema pois parecia que, doravante, as possibilidades de uma paz separada com a Áustria estavam ultrapassadas. No fim de 1917 e em 1918, os Aliados aprovaram os termos do Pacto de Corfu, carta da futura Jugoslávia. Com a ajuda dos governos inglês e italiano, Seton-Watson organizou uma campanha junto dos regimentos alógenos da dupla monarquia. Estabeleceu o seu quartel-general em Veneza e tinha chegado o momento em que a arma da propaganda podia revelar a sua eficácia: efectivamente ajudou ao desmembramento dos exércitos de Carlos I em Outubro de 1918.

No Império Turco: os massacres da Arménia

A acção indirecta contra o Império Turco levou a resultados espectaculares. A norte, uma catástrofe, os massacres da Arménia; a sul, a proeza de um herói solitário, T. E. Lawrence, padrinho da independência árabe.

Dividido entre a Rússia e a Turquia, o povo arménio desejava recuperar a independência perdida havia já treze séculos. Contudo, tendo de escolher entre dois amos, os Arménios, que eram cristãos, preferiram a tutela do czar, menos cruel do que a dos Turcos. Aliás o czar reivindicava em nome deles a parte do território arménio que se encontrava nas mãos dos Turcos; prometeu outorgar aos Arménios algumas liberdades religiosas e administrativas. Na véspera da guerra, nada tinha sido feito e o movimento nacional arménio tomou uma orientação anti-russa. Todavia, as hostilidades ressuscitaram o velho temor dos Turcos e a preocupação de «libertar» os irmãos do outro lado da fronteira.

Em 1915, o principal partido nacional arménio, o *Dashnaksutium*, enviou uma missão secreta ao Ocidente para defender a causa de uma Arménia independente. Desde logo, os Arménios da Rússia encorajaram os seus irmãos a preparar a insurreição contra os Turcos. Aqueles não dispunham de meios. Porém, quando, vencido em Sarikamisch, o Exército do Sultão recuou, os Arménios da Turquia acreditaram que a hora da liberdade se aproximava. No Exército, muitos deles desertaram. Na Arménia, os civis acolheram as tropas vencidas com sarcasmo, realizaram sabotagens na retaguarda. O castigo foi horrível. Todos os Arménios do império foram obrigados a abandonar as fileiras, desarmados, agrupados em batalhões de trabalho e deportados. Depois chegou a vez dos civis: queimaram-se as aldeias, e os homens, mulheres, velhos, crianças, amarrados pela mesma corda uns atrás dos outros, foram levados para as montanhas, para um destino desconhecido. Onde a população arménia era largamente maioritária, em Van, Bitfis, Sassun, etc., os civis e os batalhões de trabalho foram massacrados a sangue-frio.

Os sinistros cortejos puseram-se em marcha para o sul no princípio do Verão. Os mais fracos morreriam pelo caminho. Os sobreviventes chegaram a Alepo esgotados. Levaram-nos para o deserto onde a maior parte morreu de inanição.

Faltam-nos estatísticas; sabe-se, contudo, que em Erzerourn, para um total de 20 000 Arménios, houve 200 sobreviventes. Perto de um milhão de homens e mulheres foram deportados e cerca de metade pereceu de inanição ou devido a sevícias.

A revolta dos Árabes

No outro extremo do Império Turco, os Ingleses tinham em vista a sublevação dos Árabes. Nos anos que precederam a guerra, Kitchener estudara a eventualidade de uma ajuda aos principais chefes das tribos. Nenhum projecto de conjunto estava elaborado em 1914, mas os Ingleses tiveram a satisfação de verificar que o xerife de Meca não proclamava a guerra santa.

Na verdade, o movimento nacionalista árabe encontrava-se ainda numa fase embrionária. É certo que o sultão de Nejede, Ibn Said, tinha em vista a unificação da península em seu proveito mas os outros imãs e ele próprio agiam mais como senhores feudais do que como defensores de uma causa nacional. Aliás, o imã do Iémen continuava a ser amigo dos Turcos.

Nestas condições, a política dos Ingleses estava completamente estabelecida: apoiavam-se em certas tribos contra outras; eles próprios tinham por objectivo mais o controlo da rota do petróleo do que a constituição de um Estado árabe, ainda que vassalo.

Também, no Cairo como em Deli ou em Londres, onde se elaborava a política inglesa, se contava, é certo, com os Árabes, mas enquanto instrumentos de uma política: promover a sua independência era um meio de enfraquecer os Turcos, uma possibilidade como qualquer outra, não um fim em si.

Deve-se ao génio de T. E. Lawrence a inversão dos termos do problema. Fê-lo não por calculismo, mas por um ideal, o que não deixou de trazer efeitos benéficos para o seu país. Lawrence era um jovem orientalista, familiarizado com o Islão e os Árabes, cuja civilização apreciava. Conhecia-lhes as subtilezas, percorrera toda a região entre Meca e Damasco, falando os dialectos das diferentes tribos, vivendo a sua existência quotidiana e usando a *djellaba.* Quando a guerra rebentou, dispunha na região de toda uma rede de amigos, entre os quais Faiçal, o filho do xerife, e Auda, o «Robin dos bosques» beduíno.

Compreendeu que chegara a hora de realizar o grande desígnio, mas que seriam baldadas as tentativas de recrutar Árabes para formações regulares: os Turcos acabariam sempre por ganhar. Em ligação com o general Allenby, de quem soubera ganhar a confiança, coordenou o movimento da guerrilha árabe com o avanço das tropas inglesas. Deixando os Turcos conservarem o controlo de Meca, conduziu os Árabes para operações aparentemente mais modestas mas estrategicamente muito importantes, como a ocupação de Wedj e de Aqaba. Em 1918, dá-se enfim a apoteose: a entrada dos Anglo-Árabes em Damasco.

Contra o Império Russo

Em 1916, os Alemães avaliavam, tal como os seus adversários, as vantagens e os inconvenientes de uma política de defesa das nacionalidades. Nesta altura em que a Alemanha estava ameaçada pelo reforço do bloqueio, F. Naumann relançava a ideia da *Mitteleuropa.* Estimulados pelo seu sucesso na Europa Oriental, os Alemães aprestavam-se a reconsiderar os problemas da reorganização do Leste europeu. A conferência de Lausana revelou-lhes as vantagens que podia trazer uma política activa junto das nacionalidades do Império Russo.

Algumas semanas mais tarde, aliás, as potências centrais ajudaram a criar um semanário publicado em Berna, o *Bulletin des Nationalités de Russie.*

A Alemanha reforçava os seus laços com as organizações nacionais do Império Russo; constituiu uma «legião» finlandesa, o batalhão de

Locksted, que partiu para combater na frente russa. A 5 de Novembro de 1916, as potências centrais proclamavam, então, a independência da Polónia, gesto espectacular que apanhava a *Entente* desprevenida. Sem dúvida que esta proclamação tinha sobretudo por objectivo facilitar a constituição de um Exército polaco que combateria ao lado das forças alemãs – os Polacos, aliás, não se enganaram quanto a isso; não deixava porém de ser um golpe dado na política das nacionalidades da *Entente.*

Acção dos Alemães na Irlanda e na Bélgica

Estivera para ser dado um outro golpe mais perigoso: a ajuda prestada pelos Alemães aos nacionalistas irlandeses. Desde o princípio da guerra, estes tinham declarado nos Comuns que permaneceriam leais à Grã-Bretanha, e tinham aceite que a *Home Rule* fosse adiada para uma altura de paz. Porém, os mais intransigentes desvincularam-se dos seus representantes e opuseram-se à campanha de recrutamento organizada pelas autoridades. O cônsul alemão em Nova Iorque, Falcke, estimulou um movimento de resistência subvencionado pelos Irlandeses da América. O plano grandioso de uma sublevação da Irlanda foi elaborado, os Alemães prepararam um desembarque de armas e munições e conduziram à terra natal o chefe da insurreição, Sir Roger Casement. O projecto foi descoberto e quando Sir Roger desembarcou de um submarino alemão foi preso na costa e executado. Mesmo assim, a sublevação deu-se, em Abril de 1916, quando 1200 nacionalistas ocuparam durante cinco dias a capital, Dublin. Esta Páscoa sangrenta deixou numerosas cicatrizes em Dublin; os Ingleses mantiveram, nessa altura, duas divisões na Irlanda.

Na Bélgica, igualmente ocupada, a Alemanha procurava enfraquecer a coligação aliada ao ressuscitar o ideal nacional flamengo. Em vésperas da guerra, o movimento tinha apenas um carácter literário, com o seu centro na Universidade de Gand. Todavia em Berlim, os pangermanistas dividiam-se quanto à atitude a adoptar na Bélgica. Seria melhor considerar a Flandres belga (e os Países Baixos) como uma parte integrante do futuro *Reich*, ou então abandonar estas províncias à sua antiga rivalidade, correndo o risco de controlar apenas as grandes vias de comunicação e os portos? Tornados senhores do país, os Alemães encorajaram o movimento nacional flamengo; ajudaram à difusão do ensino da língua flamenga na Universidade de Gand, deportaram os professores recalcitrantes. Em 1916, puseram fim ao bilinguismo na correspondência oficial e, em 1917, decretaram a separação administrativa da Flandres e da Valónia; esta teve como capital Namur. Um *Conselho da Flandres*, formado por activistas, aprovava esta política; contudo, vinda do ocupante, era impopular. Em Fevereiro de

1918, desencadearam-se manifestações contra a divisão: é verdade que, entretanto, a questão belga mudara de natureza porque se tinha verificado que a Alemanha planeava anexar completamente uma parte do país.

Turcos e Alemães na Ásia Central

Na Ásia, os Ingleses quiseram atacar Constantinopla e sublevar os Árabes; os Alemães e os Turcos procuravam sublevar a Índia, a Ásia Central e todo o mundo muçulmano. Tinham a intenção de dominar o Irão e, depois, a partir da Pérsia, passar para o Afeganistão de onde poderiam atacar, ao mesmo tempo, ao norte e ao sul. A norte, ajudariam à ressurreição do panturanismo, dilacerando o flanco do império dos czares. Não se sabe o papel exacto que desempenharam por ocasião da revolta dos nómadas do Turquestão, em 1916; a insurreição tinha como causa imediata a recusa dos muçulmanos em se alistarem nos exércitos czaristas e por objectivo a recuperação das terras requisitadas pelas autoridades quando da construção do caminho-de-ferro; tratava-se igualmente de uma guerra santa *(gazovot)* que tinha por objectivo o desmembramento do Império Russo. Durante este tempo, no Cáucaso, os Germano-Turcos apoiavam a causa dos nacionalistas georgianos no exílio, esperando conseguir a criação de uma Federação do Cáucaso, com um reino da Geórgia e um Estado arménio-azeri.

Ao sul, Turcos e Alemães contavam igualmente sublevar as populações em nome do Islão: assim poriam fim ao domínio dos Ingleses na Índia.

«O verdadeiro objectivo da Alemanha, em 1916, foi o mar Negro e o mar Cáspio», escreveu W. Churchill. Um juízo excessivo, mas que dá um ideia. É verdade que a ideia de atingir as Índias era antiga e ilusória, mas o desaire de Galípoli deu-lhe um renovado interesse. Já em 1914 a canhoneira alemã *Ecbatane* tentara apoderar-se de Abadan e das suas refinarias; outras tentativas foram feitas à volta do Koweit; na falta da Índia, os petróleos do golfo Pérsico exerciam o seu fascínio sobre os Alemães. «Os Ingleses consideravam esta região a sua coutada privada», escrevia o coronel Sykes, «mas debaixo da mais insignificante pedra ou na menor poça de lama, estava-se certo de encontrar um agente alemão».

Na Pérsia, a situação era muito complexa; a dinastia era, antes do mais, hostil aos Russos, e os Ingleses, presentes no Sul, eram muitas vezes chamados em socorro, contra o inimigo do Norte. Em 1914, conseguiram, à justa, impedir a Pérsia de entrar em guerra contra os Russos e manter o país neutral. Os Alemães e os Turcos tinham assim uma partida para jogar. Todavia, deslumbrados pelos seus sucessos a oeste, os Turcos agiram sem precauções a leste onde ressuscitaram os seus sonhos panturanianos. Tendo ocupado o Curdistão persa para o «proteger» de um ataque dos Russos, cometeram em território iraniano as mais terríveis atrocidades. Depois, Enver-Pacha ocupou Hamadan, de onde os Cossacos o desalojaram em princípios de 1917. Assim, sob os olhos horrorizados do governo, o território persa tornava-se um campo de liça onde os Turcos e os Russos ajustavam velhas contas. Os Persas perderam toda a vontade de participar no conflito.

A sul, as iniciativas alemãs tinham outro estilo. Uma missão civil dirigida por Wassmuss, a quem se chamou o Lawrence alemão, abraçou a vida dos indígenas e sublevou as tribos do Sul do Irão contra os Britânicos; contribuiu para a capitulação de Kut, em Abril de 1916. No litoral, os Tangistanis ameaçaram igualmente os estabelecimentos ingleses do Buchir enquanto, mais a leste, agentes turcos e alemães, partindo de Meshed, iriam agitar o Afeganistão. As vitórias de Allenby, na Palestina e na Síria, puseram fim a estas tentativas no momento em que, em Chiraz, Wassmuss conseguia influenciar suficientemente as populações para que o governo pedisse aos fuzileiros ingleses que deixassem o país.

Na África e na Ásia Oriental

De estilo indirecto era, igualmente, a acção conduzida pela Alemanha e pela Turquia em África. Na Tripolitânia, a sublevação dos Senussis inquietou os Ingleses que receavam que a revolta se estendesse ao Egipto. Os Franceses alimentavam igualmente alguma inquietação, mas a Argélia foi pouco atingida pelo contágio da guerra santa, embora, segundo Oppenheim, os muçulmanos da Argélia e da Tunísia estivessem cheios de ódio contra a França. Em Marrocos, os Alemães forneciam armas aos príncipes do Siba por intermédio do seu consulado em Barcelona. Na África negra, Ingleses, Franceses e Belgas derrotaram em algumas semanas as tropas alemãs dos Camarões e do Togo.

No Sudoeste Africano, os Alemães encorajaram a revolta do coronel Saint-Moritz, um chefe *boer* da África do Sul que via na guerra anglo-alemã a ocasião esperada de uma ressurreição da pátria perdida. As tropas sul-africanas dos generais Botha e Smuts, venceram-no, assim como às tropas alemãs do coronel Seitz (Julho de 1915).

Na África Oriental, os Alemães e as suas tropas *askari* resistiram aos Anglo-Belgas até ao armistício.

O objectivo do general von Lettow era imobilizar as forças adversas e tornar insustentável a sua presença. Ele conseguiu-o pois a posição geográfica do Tanganica permitia-lhe movimentar-se dentro da região e atacar quer as guarnições do Quénia a norte, quer as da Niassalândia a sudoeste.

Na realidade, esta «guerra das tribos brancas», como lhe chamavam os indígenas, desacreditou os colonizadores e envenenou o sucesso dos Aliados. Os territórios sob o domínio britânico viram ressuscitar os movimentos milenaristas, especialmente na Niassalândia, onde se espalhou o boato do regresso de Mzilima, um messias libertador.

Noutros locais, a guerra apressou o processo de mobilização dos espíritos onde a tomada de consciência anticolonialista já existia, ou suscitou-a a partir daí. Assim, nas Índias, Nehru relata «que havia poucas simpatias pelos Ingleses, apesar das ruidosas manifestações de lealdade. Moderados e extremistas regozijavam-se igualmente com as vitórias alemãs (...). Contudo, depois de muitas discussões, decidiu-se cooperar, considerando que valia a pena que os nossos jovens usufruíssem de um treino militar. (...) Regressados das frentes longínquas, os soldados já não eram os robôs servis do princípio. Mentalmente, eram adultos e o descontentamento grassava entre eles». Assistiu-se ao mesmo fenómeno na Indochina e em Marrocos. Um panfleto *senussi,* divulgado em 1916, acentuava as humilhações sofridas pelos muçulmanos da Argélia e da Tunísia.

Assim, no termo de uma longa história, a guerra enfraquecia a posição das grandes potências coloniais. No Extremo-Oriente, dava oportunidade aos Japoneses de verificarem que, pela primeira vez, uma grande potência europeia, a Alemanha, era expulsa da Ásia([15]). O mito do primado da Europa, da sua unidade, pertencia decididamente ao passado.

SEGUNDO MÉTODO: O ASFIXIAMENTO

Desde 1914 que os Aliados quiseram arruinar o comércio marítimo das potências centrais. Esperavam poder destruir os alicerces da sua economia. Quando se tornou claro que a guerra não seria ganha numa só batalha, sistematizaram a luta no plano económico a fim de exaurir as fontes de abastecimento das potências centrais. A falta de matérias-primas e de produtos transformados destinados ao fabrico de material de guerra levá-las-ia a capitular, a menos que fosse «uma crise económica suscitada pela penúria». O precedente das guerras napoleónicas estava ainda bastante próximo para que renascesse da ideia de um bloqueio económico da Alemanha e dos seus Aliados.

Tal como os seus adversários, a Alemanha não encarara a hipótese de uma guerra longa e ainda menos a de uma guerra económica: é ver-

([15]) Ver página 157 e seguintes

dade que não pensava ter contra si a Inglaterra. Surpreendida pelas medidas que visavam a sua asfixia, não se inquietou nada nos primeiros tempos, pois o comércio com os países neutros era suficiente para assegurar o intercâmbio com o ultramar. Contudo, quando os Aliados começaram a querer controlar o comércio dos Estados neutros, verificou-se que a arma económica podia ser fatal. A Alemanha e a Áustria reagiram; a princípio, utilizaram a guerra submarina como uma arma preventiva e como uma ameaça sem resultado. Em seguida, a Alemanha tentou quebrar o cerco de ferro da *Home Fleet*; a frota alemã bateu-se ousadamente com os Ingleses, afundou-lhes mais navios do que os que ela própria perdeu, mas a tenaz mantinha-se fechada e, doravante, a *Kriegsmarine* deixou de estar em situação de poder sair do Báltico. A vitória da Jutlândia foi uma vitória sem resultados.

Tudo mudou em 1917. Sob a pressão dos militares, o *Kaiser* decidiu-se a levar a cabo uma guerra submarina até às últimas consequências: os cálculos dos seus marinheiros comprovavam que ela poderia virar a arma económica contra aqueles que a tinham utilizado em primeiro lugar e que, em menos de um ano, levaria a Inglaterra a capitular. De facto, em vez de a obrigar a reconhecer a sua inferioridade e aterrorizar os países neutros, a guerra submarina provocou a intervenção americana que, em última análise, iria conduzir à derrota das potências centrais. Mas pouco faltou para a Alemanha conseguir um sucesso estrondoso.

O bloqueio

O comércio marítimo desempenhava um papel capital na economia alemã; fornecia-lhe algodão, manganês, estanho, metais raros, gorduras vegetais e dez outros produtos necessários a uma indústria moderna e altamente competitiva. Três quintos deste comércio faziam-se sob pavilhão alemão. Em 1914, havia uma arqueação de 5 200 000 toneladas às quais se juntava um milhão de toneladas pertencentes à dupla monarquia. Com a declaração de guerra, 734 navios refugiaram-se em águas neutras e restaram apenas cerca de 600 navios à Alemanha, representando 2 875 000 toneladas, das quais cerca de 600 000 foram capturadas e vários milhares de outras afundadas no fim do Verão. Após algumas semanas, o comércio internacional das potências centrais tinha desaparecido dos oceanos.

Para se reabastecer, a Alemanha fez, em breve, apelo ao comércio dos países neutros. Estavam autorizados pelo direito dos povos a comerciar com os beligerantes, na condição de não se oporem à inspecção de um dos beligerantes, de não violarem um bloqueio e de não transportarem mercadorias de contrabando. Só esta última reserva podia ser um obstáculo à manutenção de relações económicas entre os países neutros e as potências centrais pois que, se a superioridade naval dos Ingleses era absoluta, a proclamação do estado de bloqueio não era possível enquanto os Alemães pudessem comerciar livremente no mar Báltico ou com os seus vizinhos no continente que permaneciam neutros (Holanda, Dinamarca e Suíça).

Para pôr fim ao comércio da Alemanha com o ultramar, os Aliados foram levados a utilizar a noção de contrabando, tal como fora definida nas conferências de Haia e de Londres alguns anos antes da guerra. Considerada a natureza da mercadoria, distinguia-se então o contrabando absoluto, que compreendia uma dezena de artigos (armas, munições, etc.), e o contrabando condicional (víveres, vestuário, etc.). A pedido dos Ingleses, que, nesta altura, defendiam os direitos dos países neutros, acrescentou-se uma terceira lista: a dos artigos que nunca poderiam ser considerados contrabando de guerra e que compreendia a borracha, o algodão, os adubos, os minérios, o papel, etc. A declaração de Londres (1909) especificava que os artigos de contrabando absoluto seriam apreendidos se fosse provado que se destinavam a território inimigo; os artigos de contrabando condicional só seriam apreendidos se o navio se dirigisse para território inimigo: isto significa que, em 1914, os víveres destinados à Alemanha e descarregados em Roterdão não poderiam ser apreendidos. Em desvantagem pela sua situação insular, pela estrutura das suas trocas e a dependência do estrangeiro para o seu abastecimento, os Ingleses recusaram-se a subscrever esta convenção. Não podiam admitir que um navio argentino transportando víveres para a Inglaterra pudesse ser apreendido ou afundado, com a respectiva mercadoria. Assim, quando a guerra rebentou, a Grã-Bretanha foi o único grande país a não ter subscrito a Convenção de Londres.

Logo a 6 de Agosto de 1914, os Americanos pediram aos beligerantes para determinarem a sua atitude quanto ao comércio neutral. Ingleses e Franceses responderam com a *Ordre en Conseil* de 20 de Agosto e o *decreto* de 25 de Agosto. Aplicariam a Convenção de Londres, mas apreenderiam *todas* as mercadorias tradicionais de contrabando qualquer que fosse o seu porto de destino, se não pudesse ser provado que não eram destinadas ao inimigo. Os Americanos protestaram imediatamente e com tanto mais vigor quanto os Aliados aumentavam a lista dos produtos considerados de contrabando, fazendo aí figurar mercadorias que, em Londres, os próprios Ingleses tinham declarado nunca deverem ser consideradas contrabando. Além disso, o desvio sistemático de navios constituía uma presunção geral de fraude contrária às tradições do Direito Internacional. Assim, entre Janeiro e Julho de 1915, em 2466 navios chegados aos portos neutros do Mar do Norte, 2132 tinham sido controlados pelo War Trade Department.

Apesar desta actividade, o bloqueio afectava pouco a vida económica das potências centrais. As exportações da Alemanha mantinham uma relativa estabilidade, graças às entregas feitas além-mar por intermédio da Escandinávia. No que dizia respeito às importações, a sua diminuição estava longe de atingir a proporção esperada pelos Aliados; assim, para os meses de Dezembro de 1914 e Janeiro de 1915, os fornecimentos dos Estados Unidos para a Alemanha baixavam, na verdade, de 68 para 10 milhões de dólares, mas os fornecimentos para os países neutros vizinhos da Alemanha aumentavam amplamente, passando de 25 para 65 milhões de dólares.

Em Fevereiro de 1915, o governo alemão enviava aos países neutros um inventário das violações aos procedimentos internacionais cometidas pelos Aliados. A lista destas violações aumentava todos os dias com a inclusão de novos produtos que a Inglaterra transferia de uma lista para outra. Transformava o Direito no seu direito, não hesitando em declarar zona de guerra todo o Mar do Norte, o que era o mesmo que estabelecer bloqueios em todo o litoral dos países neutros.

Os primórdios da guerra submarina

Em resposta a estas violações, a Alemanha lançava a sua primeira declaração de guerra submarina a qualquer navio de comércio inimigo encontrado em águas britânicas; seria destruído, sem respeito pela tripulação, pelas mercadorias ou passageiros, mesmo proveniente de países neutros. A ameaça provocou uma reprovação unânime, pois os países neutros tornavam-se vítimas de uma violação particularmente cruel do direito dos povos. Em 1915, o torpedeamento do *Lusitania,* a bordo do qual se encontravam numerosos cidadãos americanos, alterou completamente a opinião dos países neutros. Os Ingleses aproveitaram para alargar ainda mais a lista dos produtos de contrabando, incluindo nela, a pouco e pouco, todas as mercadorias destinadas às potências centrais qualquer que fosse a via de encaminhamento. Os Americanos protestaram uma vez mais vigorosamente.

Como o comércio entre os países neutros se desenvolvera em proporções consideráveis e, graças à reexportação, os Alemães podiam reabastecer-se, os Ingleses quiseram pôr um freio a este comércio. Controlaram as suas próprias exportações de carvão e mazute com destino aos países neutros e, sobretudo, instauraram o sistema de contingentação. Desde 1914 que os Estados neutros e os Alemães rivalizavam em engenho para escapar ao controlo dos Ingleses. Desde modo, os Suecos transformavam lingotes de cobre em milhares de estatuetas representando Hindenburg. Passados sob a rubrica «objectos de arte», não entravam nas categorias previstas pelas listas de contrabando. Outro motivo de cólera: o caso Kim, que trouxe à Dinamarca doze vezes mais banha do que a que este país importava antes da guerra; era, evidentemente, destinada aos Alemães que a transformavam em glicerina. O sistema de contingentação permitiu aos Aliados só deixarem entrar nos países neutros a quantidade de produtos que lhes era efectivamente necessária, calculando os Ingleses essa necessidade com base na média dos anos anteriores à guerra.

Em meados de 1916, todas estas medidas acabaram por dar resultados. Na Alemanha, devido à falta de adubos, a colheita de cereal baixara em mais de um terço, o consumo de carne em dois terços e as importações de cobre em cinco sextos. A baixa progressiva dos abastecimentos em algodão (que se acentuou após a entrada em guerra dos E.U.A.) levou a uma queda no fabrico dos têxteis; a invenção de *ersatz* [substituto] tal como o tecido de celulose, não conseguia detê-la. Em 1918, a crise do vestuário era considerada ainda mais grave do que a da alimentação. Era mais ainda do que a dos explosivos pois as importações de forragens, de gado e de gorduras provenientes da Suíça, da Holanda, etc., eram dificilmente controláveis e a indústria alemã realizava prodígios para os transformar em glicerina. Estes progressos técnicos da indústria alemã faziam lembrar os realizados na França napoleónica na altura do bloqueio. Permitiram verificar que a Alemanha poderia passar sem o comércio com o mundo ocidental e que, no fim de contas, os países de Leste eram mais indispensáveis ao seu equilíbrio económico porque a sua produção era complementar da Alemanha. Os partidários do *Drang nach Osten* aumentaram e esta experiência não foi esquecida depois da guerra.

No fim de contas o cerco económico da Alemanha e dos seus aliados prejudicara o funcionamento da sua máquina de guerra, mas não tivera nenhum efeito decisivo. Empiricamente utilizada pelos Aliados no começo da guerra, a arma económica só foi usada de modo sistemático a partir de 1916; ainda não estava aperfeiçoada em 1918 pois, nesta data, a Inglaterra assinava um acordo económico com a Suécia para que esta limitasse as suas exportações de ferro para a Alemanha. Também é excessivo acreditar que a guerra submarina constituiu uma resposta ao bloqueio marítimo. Quando a Alemanha decidiu proclamar a guerra submarina até às últimas consequências, pensava poder «pôr assim a Inglaterra de joelhos». Apresentou esta «arma absoluta» como uma resposta ao bloqueio para legitimar o seu emprego.

A guerra submarina «até às últimas consequências»

Até esta data, os submarinos, antes de atacar, lançavam um aviso aos navios; isto permitia poupar vidas humanas ao dar a possibilidade à tripulação de utilizar os barcos salva-vidas. Mas, ao assinalar assim a sua posição, o submarino tornava-se vulnerável pois os Aliados tinham começado a armar com canhões alguns dos seus navios mercantes. Além disso, o comandante podia alertar os navios-patrulha ou *destroyers* que se encontrassem próximos. Bastava aos Aliados assegurar sistematicamente a escolta dos navios mercantes para que os torpedeiros afundassem imediatamente os submarinos que tinham lançado o aviso. Nestas condições a guerra submarina não tinha qualquer futuro e Tirpitz pediu a demissão do comando supremo em sinal de protesto, em meados de 1916. Foi decidido que se agiria de outro modo. O sucessor de Tirpitz, o almirante von Capelle, garantia que, levada às últimas consequências, a guerra submarina poderia permitir afundar 600 000 toneladas de navios por mês. Em menos de um ano, teria aniquilado, assim, uma boa parte da frota mercante inglesa, asfixiado a economia do Reino Unido pelo que assegurava que a Inglaterra capitularia em menos de seis meses. Bethmann-Hollweg opôs-se ao torpedeamento dos navios dos países neutros: temia que, ameaçados nos seus interesses, os Estados Unidos entrassem em guerra ao lado dos Aliados. Mas von Capelle e Ludendorff convenceram o *Kaiser* de que tal hipótese não era muito provável, pois a América poderia ficar impressionada com o poderio da Alemanha. Mesmo que assim não fosse, afundar-se-iam os navios americanos antes mesmo que tivessem atingido a Europa. Além disso, a intervenção americana era um mito, não um risco. A 9 de Janeiro, o *Kaiser* rendia-se a estes argumentos; a 31 de Janeiro, a Alemanha e a Áustria-Hungria proclamavam a guerra submarina até às últimas consequências. O dispositivo alemão estava pronto e os submarinos passaram imediatamente ao ataque. A partir do mês de Fevereiro, afundavam 540 000 toneladas de navios, 10% menos do que o número fatal previsto pelo Estado-maior da Marinha. Em Março 578 000 toneladas foram enviadas para o fundo e, a partir de Abril, 847 000 toneladas. O Almirantado alemão podia cantar vitória. A este ritmo, a Grã-Bretanha capitularia antes de seis meses, talvez menos.

Em Londres, o pânico dos meios dirigentes e de certos almirantes como Jellicoe foi tal que alguns líderes políticos, como lorde Landsdowne, encararam a possibilidade de assinar a paz. Llyod George e Churchill estigmatizaram este derrotismo, persuadidos de que era possível encontrar uma resposta ao ataque alemão. Enquanto ela não se verificava, a ameaça parecia-lhes, ainda assim, bastante grave, pois foi encarada a hipótese de abandonar a frente do Mediterrâneo a fim de recuperar tonelagem. Mas a retirada de Salonica e a interrupção da marcha sobre Bagdade constituíriam uma tal confissão de fraqueza que se abandonou o projecto. Os almirantes estavam desorientados; recusavam-se a escoltar os navios mercantes, uma tarefa «indigna» para um cruzador de Sua Majestade. Além disso, a caça ao submarino revelou-se decepcionante; de 142 combates entre *destroyers* e submarinos, 6 lograram ter resultado. Era necessário proteger os itinerários estabelecidos para os comboios; as fábricas britânicas fizeram um esforço prodigioso para aumentar a produção de minas: mais de 100 000 foram largadas em menos de seis meses. Mais de 8000 navios de guerra serviriam, doravante, de escolta, ou seja, 100 navios de guerra para um submarino alemão.

A necessidade de organizar comboios impôs-se pouco a pouco: o Almirantado tinha-os experimentado a título de ensaio, sem convicção. Não era uma ideia de civis?

Os resultados fizeram sentir-se rapidamente: o número de navios afundados em águas territoriais britânicas apresentou-se em regressão constante.

Fev.	Mar.	Abr.	Mai.	Jun.	Jul.	Ago.	Set.	Out.	Nov.	Dez.
212	297	335	230	230	201	148	141	118	103	107

Mais tarde, os Aliados descobriram outras defesas para a guerra submarina.

O número de submarinos em acção nunca ultrapassara os 101. Embora a Alemanha renovasse e aumentasse o número de submersíveis em acção, o Almirantado alemão não levara em linha de conta nos seus cálculos o contributo em tonelagem que poderia constituir para os Aliados o apoio dos Estados secundários. Se declarassem guerra à Alemanha, adicionar-se-iam navios que se tinham refugiado nos portos neutros em 1914. A Grã-Bretanha fez pressão sobre o Sião, o Brasil, a Nicarágua, o Peru, etc., que intervieram nestas condições, permitindo aos Aliados a ultrapassagem da difícil fase do Verão de 1917.

Sobretudo, o Almirantado alemão não estabelecera com a devida atenção o seu plano de reparação dos submersíveis avariados. Deviam esperar a sua «vez» nos arsenais equipados para reparar submarinos. Aqueles não eram numerosos. Os Ingleses exploraram este estrangulamento ao fechar a saída dos portos de Ostende e de Zeebrugge e ao fazerem uma espera aos submersíveis à saída.

Assim, depois de ter estado muito perto do sucesso, durante a Primavera de 1917, a Alemanha fracassava, uma vez mais, devido a uma espécie de impotência fatal que a atingia de cada vez que a vitória estava ao seu alcance.

A estas decepções acrescentava-se um temor. Os Alemães acreditaram poder pôr a Inglaterra fora de combate, e evitar ou tornar inútil a intervenção americana. Ora, a Inglaterra tinha de novo a hegemonia no Atlântico e os Estados Unidos entravam em guerra. Trazendo um contributo decisivo às forças dos Aliados, iriam desempenhar um papel determinante na derrota das potências centrais.

TERCEIRO MÉTODO: A DESMORALIZAÇÃO DO ADVERSÁRIO

Última arma do estilo indirecto: a propaganda. Para desmoralizar o inimigo, os beligerantes utilizaram todos os meios de acção ao seu alcance, incluindo a difusão de ideias claramente internacionalistas ou pacifistas, ainda que os seus promotores fossem hostis à política de *todos os* beligerantes *(ver o capítulo XVI)*.

Desde o início das hostilidades os Alemães beneficiaram de uma vantagem sobre os seus adversários, de quem ocupavam grande parte do território: editaram aí jornais de grande tiragem, tais como *La Gazette des Ardennes*, os *Antwerpsche Tydingen*, a *Gazet van Brussel*, *Glos Stolicy*, de Varsóvia, etc. Podiam assim dar a conhecer o ponto de vista das potências centrais a vastos sectores da opinião pública e, depois, tendo em conta a mobilidade das frentes, algumas destas ideias atingiam as populações da retaguarda. Em Paris, os meios oficiosos conheciam perfeitamente os temas desenvolvidos em *La Gazette des Ardennes:* alimentavam as querelas políticas e contribuíam para o enfraquecimento da União Sagrada ou da solidariedade entre os Aliados. *La Gazette* não se esquecia de lembrar as simpatias do social-patriota Marcel Sembat pela Alemanha, que ele considerava, antes da guerra, «o país mais democrático da Europa», atiçava a antiga desconfiança dos Franceses pelo aliado britânico ao insistir nas perdas imensas sofridas pelos Franceses enquanto os Ingleses deixavam os Franceses morrer em seu lugar, etc.

Os Franceses difundiam igualmente jornais na Alsácia ou para além das linhas alemãs, como *Die Feldpost* que mostrava as responsabilidades da Alemanha na guerra actual, os horrores cometidos pelo *Kaiser* na Bélgica, os da guerra submarina, etc. Em Veneza, os serviços de Seton-Watson difundiam na própria Áustria informações que tinham por objectivo mostrar que o objectivo do *Kaiser* era, no fim de contas, ressuscitar uma Grande Alemanha em seu proveito.

Os mestres incontestados da intoxicação foram os Americanos. Graças ao seu avanço no domínio das ciências sociais, utilizaram técnicas mais elaboradas do que os Franceses ou os Alemães. Assim, para introduzir a ideia de uma revolução, os seu serviços fabricaram esta «notícia proveniente de Estocolmo»:

> «O embaixador da Alemanha em Estocolmo pediu ao ministro dos Negócios Estrangeiros da Suécia para apreender o número de 14 de Julho de 1917 do *New York Herald Magazine of the War* porque publicava, em primeira página, uma fotografia do *Kaiser* com esta legenda: «Que faremos nós do *Kaiser* depois da guerra?» Diz-se que o ministro da Justiça sueco ordenou a apreensão do jornal».

Este panfleto, lançado pela aviação americana em Agosto de 1918, ilustra bem a sua arte de propaganda:

> «Sereis ainda tão fortes como o éreis em Julho de 1918?
>
> Os vossos inimigos tornam-se, cada dia que passa, mais fortes ou mais fracos?
>
> Acaso as terríveis perdas sofridas em 1918 vos trouxeram a paz vitoriosa prometida pelos vossos chefes?

Tendes ainda esperança na vitória final?
Estais prontos a sacrificar a vida por uma causa sem esperança?».

Este texto era acompanhado por um postal, reprodução exacta dos bilhetes-postais militares usados no Exército alemão. Nele estava escrito:

«Escreva a morada da sua família e, se for feito prisioneiro pelos Americanos, dê-o ao primeiro oficial que o interrogar. Ele enviá-lo-á à sua família para que esteja sossegada sobre o seu destino».

E do outro lado:

«Não estejam preocupados comigo. Para mim, a guerra acabou. O Exército americano dá aos prisioneiros a mesma alimentação que aos seus próprios soldados: carne, pão branco, batatas, feijões, ameixas, café, manteiga, tabaco, etc».

XII

GUERRA MUNDIAL, GUERRA TOTAL

Alargado a todo o planeta, tornado mundial, o conflito nascido em 1914 obrigara os beligerantes a utilizar todos os recursos da nação. É verdade que a mobilização económica e a mobilização dos espíritos não constituíam um fenómeno novo: verificaram-se na Revolução Francesa e Thomas Mann estabelecia um paralelismo entre a situação da Alemanha, a nação mais avançada do novo século, cercada por inimigos retrógados e a França de Robespierre. Este testemunho vale igualmente pela comparação que sugere entre crises, aparentemente sem relação entre si mas que tiveram ambas por efeito o reforço do Estado e do totalitarismo.

A intervenção americana

A intervenção americana foi um verdadeiro golpe de teatro.

No final de 1916, ninguém imaginava que Wilson, o pacifista, arrastaria o país para a guerra. Desde 1914, multiplicara os esforços para pôr fim ao conflito e desempenhava o papel de professor de moral. Assim, tinha sucessivamente condenado todas as violações cometidas pelos beligerantes, estigmatizando os Alemães quando invadiram a Bélgica, os Ingleses quando instauraram o bloqueio e violaram os direitos dos países neutros e, de novo, as potências centrais na altura da guerra submarina. «O torpedo que afundou o *Lusitania* afundou igualmente a Alemanha na opinião pública mundial». As simpatias de Wilson iam ora para um campo ora para o outro; eram conduzidas pela concepção que tinha do direito dos povos.

Parecia que os interesses do país o forçavam a acentuar as suas concepções pacifistas: Wilson tinha medo de que o *melting pot* americano explodisse se os nacionalismos tradicionais ressurgissem na altura de uma guerra, aniquilando a coesão dos Estados Unidos. Os Americanos de origem alemã ou irlandesa hostis à Inglaterra eram muito numerosos. A sua anglofobia manifestou-se violentamente na altura em que as tropas britânicas reprimiram a insurreição de Dublin, na Páscoa de 1916. Assim, uma aliança dos E.U.A. com a Grã-Bretanha podia comprometer a unidade da nação. Por outro lado, muitos interesses eram lesados pela política do bloqueio instaurada no princípio da guerra; aquela limitava igualmente os lucros que os exportadores podiam esperar obter com o alargamento das trocas com as potências centrais, complementares das vendas concluídas com os Aliados.

Uma aliança com as potências centrais parecia ainda mais inverosímil, apesar de todas as razões de queixa alimentadas contra a Inglaterra, tendo em conta os fortes laços económicos ou sentimentais que uniam a maior parte da população aos Aliados. Assim, a intervenção parecia uma inconsequência, mesmo se, com a proclamação da guerra submarina, os interesses e a vida dos cidadãos americanos se encontrassem directamente ameaçados. Aliás, nas eleições de Novembro de 1916, democratas e republicanos tinham disputado entre si a discussão destes temas, colocando a campanha eleitoral sob o signo da defesa da paz. Os democratas tinham alcançado a vitória porque foram os primeiros a lançar o *slogan*: «Se querem a guerra, votem Hughes; se querem a paz, votem Wilson»; repetiram a vitória ao ganhar a batalha verdadeiramente eleitoral. Assim, no princípio de 1917, nada levava a pressagiar a entrada em guerra da América ao lado dos Aliados, antes parecia que o boicote da Grã-Bretanha a certas firmas americanas, que por via dos Estados neutros comerciavam com os Alemães, indispusesse uma boa parte da opinião pública.

Na realidade, distinguindo-se de Bryan, Wilson e o seu conselheiro, o coronel House, não eram exactamente pacifistas: alimentavam a ambição de ser os artesãos de uma paz justa, cujos termos ditariam aos dois grupos beligerantes. Em 1915 e em 1916 multiplicaram as ofertas concretas para «uma paz sem vencedores nem vencidos». Tentaram mesmo impor a sua mediação aos beligerantes, ameaçando intervir contra aqueles que repudiassem os seus planos. Todas estas tentativas foram rejeitadas pelos Aliados e pelas potências centrais, pois ambos tinham ambições anexionistas que não queriam revelar. As propostas «generosas» de Wilson tê-los-iam encostado à parede, obrigando-os a revelar a distância que podia haver entre as declarações dos governos, os seus actos e as suas intenções. O Presidente dos Estados Unidos estava pessoalmente irritado e o desejo de impor a sua concepção de paz superou os seus sentimentos verdadeiramente pacifistas. Teria pensado que as suas ideias triunfariam mais facilmente se a América participasse na guerra?

Fosse como fosse, a inépcia e os cálculos errados dos militares alemães inverteram a tendência. Esperavam impressionar a América ao afundarem sistematicamente os navios que se aproximassem das costas britânicas. Ao proclamarem a guerra submarina até às últimas consequências, pensavam abater a Inglaterra antes que os E.U.A. estivessem prontos a intervir, caso os Americanos reagissem à nova política alemã. Na realidade, o interesse dos industriais e dos agricultores americanos era o de continuarem a fornecer material e produtos agrícolas aos Aliados, de longe o seu maior cliente. Samuel Gompers trouxe-lhes o apoio dos sindicatos. Os Ingleses tinham-se oferecido para comprar igualmente a parte das exportações destinadas às potências centrais que o bloqueio detinha no caminho: assim os Americanos não teriam perdas. Nessas condições, a guerra submarina levada às últimas consequências lesava gravemente os interesses americanos, uma vez que as trocas com os Aliados tinham quadruplicado desde o início da guerra. A imprensa tomou posição a favor dos Aliados, dando uma publicidade cada vez maior aos crimes cometidos pelos Alemães. De uma forma bastante irreflectida, estes multiplicavam as vítimas de nacionalidade americana, o que suscitava uma profunda indignação. Bryan, os pacifistas, tentaram resistir à corrente quando do torpedeamento do *Laconia* e do *Algonquin. A* rejeição pelos Alemães da última mensagem de Wilson para uma paz sem conquistas e o caso do telegrama Zimmermann (que teve o efeito de uma mecha num barril de pólvora), fizeram oscilar os dirigentes americanos e a opinião pública para o campo da guerra.

O secretário de Estado alemão prometia ao México as três províncias perdidas em 1848 se interviesse militarmente contra os E.U.A.; dava a entender que o Japão poderia originar uma volta nas alianças. Captado pelos serviços ingleses, o telegrama fora transmitido para o México a partir de território americano.

Nessa mesma altura, a queda do czarismo libertava-os de problemas de consciência: se participassem na guerra, Wilson e os seus amigos não seriam aliados de uma autocracia mas membros da fraternidade dos povos livres.

Sob o efeito destas emoções, Wilson propôs ao Congresso a entrada em guerra dos Estados Unidos. A 4 de Abril, a decisão foi tomada por uma grande maioria.

A falta de preparação dos E.U.A.

A América não estava preparada para o conflito. Foram-lhe necessários vários meses para equipar e preparar as tropas destinadas ao combate. Mas seriam capazes de atravessar o Atlântico? Esta questão angustiante colocou-se durante o Verão de 1917: o apogeu da guerra submarina, a desmoralização do Exército francês, a hecatombe dos soldados ingleses na Flandres, o desaire da ofensiva Kerenski, tantos acontecimentos que, por um momento, levaram os Aliados a temer que os Alemães arrebatassem a vitória antes de os Americanos poderem intervir. Pelo menos, a chegada de um contingente simbólico a partir de Julho de 1917 teve o efeito de elevar de novo o moral dos Aliados. Quando desfilou, em 4 de Julho, provocou entusiasmo nunca visto na história de Paris. Foi no decorrer desta manifestação que o coronel Stanton pôde pronunciar estas históricas palavras: «La Fayette, aqui estamos».

Sabia-se que os Americanos não estavam prontos; mas não se imaginava que estivessem também tão mal equipados. Como ajuda imediata, os Aliados pediram-lhes aviões, se possível 16 000 para o primeiro trimestre de 1918. Ora, nos Estados Unidos só havia 55 aviões em condições de voar, e quase todos desactualizados. Acontecia o mesmo com a artilharia. Quanto às forças armadas, estas compreendiam 200 000 homens, dos quais 67 000 membros da Guarda Nacional.

A mobilização interna fez-se de modo bastante espectacular. «Wilson, presidente da América em guerra, quis esquecer Wilson, o apóstolo da paz». Promulgou o Espionage Act (15 de Junho), mandou deter 1500 pessoas, entre os quais os chefes das correntes pacifistas, como Victor Berger e F. V. Debs, enquanto era afastado o próprio Bryan. Confiara a G. Creel a tarefa de organizar a propaganda de guerra. Fez-se apelo a cantores, músicos, artistas como Charlie Chaplin e Irving Berlin. Assim mobilizado, o público boicotou as empresas dirigidas por cidadãos de origem alemã ou austríaca e reviveram-se manifestações de xenofobia que faziam lembrar as do Verão de 1914. Seguiu-se o entusiasmo colectivo, e os ianques partiram para a guerra com uma «flor na espingarda», como acontecera com os Franceses e os Alemães. Porém, graças à cadeia cinematográfica Hearst, os Americanos conheciam perfeitamente a guerra e os seus horrores, mas queriam ignorá-los e a propaganda fê-los esquecer num abrir e fechar de olhos. Dez milhões de Americanos pacifistas e pacíficos transformaram-se, assim, em dez milhões de *Sammies* belicosos e patrioteiros. Este exemplo, significativo das virtudes de uma campanha de imprensa, é também revelador da complexidade dos níveis de uma consciência colectiva. Cidadão de um continente «livre», o Americano achara «a guerra civil europeia» muito fora de moda. Doravante, participaria nela por duas razões: como cidadão, partia para a guerra para fazer triunfar o Direito e a Justiça; como indivíduo, libertava-se do antigo estatuto de imigrado judeu ou irlandês, cumprindo pela primeira vez o dever cívico e integrando-se, assim, na pátria que os pais tinham escolhido. Bastou esta ideia para lhe estimular o entusiasmo.

Graças aos esforços de Creel, Baruch, Baker, a América fez um esforço económico extraordinário. Em poucos meses conseguiu equipar 4 milhões de homens, dos quais 1 850 000 partiram para a Europa.

Em Novembro de 1918, já dispunha de 3200 aviões de combate enquanto a sua frota mercante assegurava a substituição dos navios ingleses no Atlântico. A América revelava, assim, os meios gigantescos de que a sua economia dispunha e a elasticidade das suas estruturas. É verdade que as suas possibilidades foram multiplicadas pela injecção de reservas monetárias que a Europa colocara além-Atlântico e igualmente encorajadas pelo aumento dos lucros realizados nos últimos três anos; estes ultrapassavam as dimensões do velho mundo.

A curto prazo, a intervenção americana tornava-se verdadeiramente lucrativa para os Aliados: o apoio do seu poderio económico, o reforço dos *Sammies* que assegurariam rapidamente uma rendição das tropas de reserva, o reforço do bloqueio e da luta anti-submarina, o contributo da frota dos países latino-americanos ex-neutros e dos navios alemães refugiados nos seus portos, tantas vantagens concretas e imediatas que se acrescentaram ao efeito psicológico e moral. Aliás, este efeito atingiu mais Berlim do que Paris ou Londres, onde a opinião pública subestimou durante muito tempo o peso e o carácter da ajuda americana, sob o pretexto de que os ianques não eram «verdadeiros soldados». «Se a entrada em guerra dos E.U.A. foi uma garantia de sucesso nos planos militar, económico e financeiro», observou Pierre Renouvin, «limitou do ponto de vista diplomático a sua liberdade de acção». Com efeito, o governo de Washington desempenhou mais o papel de um associado que o de um aliado e a sua atitude passada mostrava que, sobre a questão das origens da guerra, sobre os seus objectivos, tinha pontos de vista diferentes dos da *Entente*. W. Wilson tinha consciência destas divergências mas achava prematura qualquer tentativa de impor as suas perspectivas aos parceiros: «haverá tempo quando a guerra tiver terminado».

A intervenção americana e a guerra na Ásia

A entrada em guerra dos Estados Unidos alterou os dados de guerra tanto na Ásia como na Europa. Desde 1914 que o Japão entrara no conflito ao lado da Grã-Bretanha, apesar do tratado celebrado entre as duas potências não obrigar a tal. À partida, o seu objectivo era duplo: ocupar o lugar dos Alemães no Extremo-Oriente, aproveitar o «vazio» deixado pelos Europeus para reforçar as suas posições na China. Realizou estes objectivos ao derrotar militarmente as guarnições alemãs de Chantung e ao impor à China as «21 exigências» que preparavam o protectorado do Japão sobre o país. Para evitar os efeitos desta capitulação, o governo chinês de Yuan Tche Kai quis, em seguida, declarar guerra à Alemanha; assim, teria participado na conferência de paz e, sob a protecção das potências, teria podido salvaguardar a sua integridade territorial. Mas o Japão opôs-se e a *Entente* teve de ceder, pois a ajuda da frota japonesa era-lhe indispensável para transportar para a Europa *Anzacs* e trabalhadores anamitas ou chineses. É certo que Britânicos e Franceses pressentiam já quanto era imprudente enfraquecer assim a defesa dos territórios que o Japão cobiçava havia muito tempo; mas, no final de 1916, as ameaças da guerra submarina sobrepunham-se a todas as outras: a necessidade fazia lei.

A intervenção americana levou a uma nova análise desta posição. O governo de Washington não quis deixar os Japoneses à vontade e só a participação da China na guerra era susceptível de travar as suas ambições. Contudo, após a morte de Yuan Tche Kai e do desaire da tentativa de restauração, a opinião dos meios dirigentes estava dividida e o país entrava de novo no caminho das lutas civis (1916). Sun Yat Sen e os amigos da Jovem China eram hostis à entrada em guerra, pois esta consolidaria a posição do clã dos militares. Estes, por seu lado, defendiam-na; formaram uma junta que tomou o poder em Junho de 1917. Dois meses mais tarde, o governo chinês declarava guerra à Alemanha. Logo a seguir, Sun Yat Sen formava um governo rival em Cantão.

Os Japoneses reagiram prontamente a esta «ingerência» dos ocidentais nos assuntos chineses: não eram eles da sua exclusiva competência, nos termos das «21 exigências»? Os Americanos recearam então que os Japoneses invertessem as alianças, que se associassem à Alemanha e ao México. No decorrer das negociações Lansing-Ishii tiveram de recuar e reconhecer que os Japoneses tinham interesses «especiais» na China. O governo de Tóquio deu imediatamente a sua ajuda aos militares chineses, cuja manobra «patriótica» se revelou à luz do dia. O recuo táctico da diplomacia americana ia reforçar a posição de Sun Yat Sen. Considerando-se traídos pelos seus aliados, os Chineses afastaram-se da América e da Europa; dois anos mais tarde, durante as negociações para a paz, exprimiram com violência o seu ressentimento.

Em direcção à guerra total

Em 1917, não havia nação que não estivesse, directa ou indirectamente, implicada na guerra. Àquelas cuja intervenção era mais recente, os parceiros pediam, quer ajuda económica, quer apoio em armas, uma novidade em relação aos primeiros anos de guerra. Em 1914, os Alemães avaliavam a aliança com a Roménia em divisões de infantaria. Em 1916, era avaliada em milhões de quintais de trigo.

É certo que o problema dos efectivos colocava-se mais do que nunca entre os beligerantes vítimas das sangrias de 1915 e de 1916; mas o exemplo da Rússia provava de modo flagrante que a força do número era ilusória se não estivesse em relação com o potencial económico e com a capacidade de conversão do potencial industrial em indústria de guerra. Isso era qualquer coisa de novo pois, nas vésperas da guerra, apenas dois sectores da economia estavam verdadeiramente associados às perspectivas de um conflito armado: o fabrico de material militar e a utilização dos caminhos-de-ferro. Por outro lado, o conceito de guerra estava relacionado com a noção de campanha militar: os soldados partem, combatem e voltam. Também os dirigentes e os estados-maiores tinham considerado as hipóteses de vitória em função do estado dos *stocks*. Disse-se que a hipótese de uma guerra contínua e duradoura não fora imaginada por ninguém, porque não se pensava que a sociedade e a economia pudessem funcionar muito tempo devido à ausência dos mobilizados. Desta maneira, quando em 1914 os magnatas da indústria pesada propuseram ao *Kaiser* um programa de munições abrangendo vários anos, o ministro da Guerra e o Estado-maior rejeitaram-no, vendo nesta proposta uma tentativa dos cartéis para se aproveitarem das circunstâncias e aumentarem abusivamente os seus lucros.

Mobilização e racionalização

Nestas condições, a ideia de uma mobilização da economia nasceu bastante tarde, muito tempo depois de se ter verificado a necessidade de intensificar a produção de armamento e, mesmo assim, esta só se impôs no final de 1914. Ainda em 1915, os militares dos dois campos estavam convencidos da vitória nesse mesmo ano; em 1916, começavam a associar o sucesso das operações militares à produção das fábricas de armamento e, em 1917, a conexão entre a realização de um programa de armamento e a produção industrial tornava-se finalmente clara. O problema global de uma «economia de guerra» só foi compreendido ao longo das experiências vividas por cada país e à medida que a necessidade se impôs.

Durante os primeiros meses da guerra, os países beligerantes conheceram apenas uma crise de adaptação devida à mobilização dos homens, à utilização dos meios de transporte pelo Exército e à ruptura das relações exteriores. Mais tarde, esta crise evoluiu em função da capacidade de adaptação da economia às necessidades da guerra e em função de modificações do «mapa de guerra». Deste modo, a ocupação da bacia do Norte atingiu duramente a economia francesa, a da Polónia prejudicou a indústria russa; o bloqueio marítimo paralisou muitos sectores da economia das potências centrais, antes que a guerra submarina criasse um estrangulamento particularmente perigoso para a máquina de guerra aliada. Posteriormente, a intervenção dos Estados Unidos modificou a relação das forças económicas no preciso momento em que estas começavam a ter tanto peso nos destinos da guerra como o potencial militar e humano.

Mobilização das economias

A articulação destas variáveis interferiu com constantes que se encontram em todos os beligerantes, mas que não intervieram nem com o mesmo vigor, nem com a mesma rapidez nos diferentes países. Em todos os países beligerantes, o aparelho de produção não parava de diminuir, uma vez que, em cada ano, os campos de batalha absorviam um número cada vez maior de vítimas, ao mesmo tempo que as necessidades de material, armas e munições não paravam de aumentar. Os primeiros sinais de uma economia de escassez apareceram ao mesmo tempo que a necessidade de dar «a todo o custo» prioridade a certas actividades económicas. A redução das trocas exteriores, devida ao bloqueio ou à guerra submarina, orientou a economia dos países beligerantes para a autarcia; este processo foi necessariamente mais rápido na Alemanha, fazendo-se acompanhar por um progresso técnico e científico, particularmente notável no domínio químico, no qual foi preciso obviar à escassez de petróleo, matérias gordas e metais raros. A partir desse momento, como só uma autoridade central podia racionalizar a utilização dos bens disponíveis quanto à mão-de-obra e fábricas e assegurar ainda uma distribuição justa dos bens de consumo, assistiu-se em todos os países ao início de uma assunção, pelo Estado, da responsabilidade da economia da nação, sector por sector. Em cada país, o funcionamento variou segundo a urgência e em função das estruturas da economia ou da tradição nacional. Assim, devido ao facto de nunca ter mobilizado o seu potencial humano, a Inglaterra foi a primeira a racionalizar o emprego dos homens e a assegurar a sua distribuição sistemática nas frentes, nas fábricas, nos campos. O exemplo de uma coordenação racional das actividades industriais foi dado pela Alemanha: muito prejudicada pela interrupção do seu comércio externo e, depois, por causa do bloqueio, criou, a partir de 1914, um Departamento das Matérias-Primas *(Kriegsrohstoff-Abteilung* ou *K.R.A.)*. Pouco a pouco, o governo procedeu a uma reorganização industrial que tendeu para a instituição de uma espécie de capitalismo de Estado, segundo as próprias palavras de W. Rathenau, que era o seu impulsionador. «Por um lado, isso significava um passo na direcção do socialismo de Estado, pois o comércio deixava de ser livre e estava sujeito a uma regulamentação. Por outro, isso significava uma tentativa de encorajar a auto-administração das nossas indústrias. O sistema dos Departamentos de Guerra fundava-se na auto-administração; o que não significava liberdade ilimitada. O K.R.A. foi criado sob estreita supervisão governamental. Os Departamentos serviam os interesses do público em geral; não distribuíam lucros nem dividendos... Os seus comités de coordenação serviam de intermediários entre as empresas representando o capitalismo e o governo. Tudo isto constituía uma inovação que podia ser aceitável no futuro».

A França e a Grã-Bretanha encontravam-se num situação menos difícil do que a Alemanha ou a Rússia visto que, para ambas, o mar estava livre. Apenas conheceram parcialmente esta mobilização da economia. A França, contudo, teve de improvisar um serviço de fabrico de material de guerra e de adiar o recrutamento ou desmobilizar certas categorias de trabalhadores especializados que tinham sido levianamente enviados para a frente. A conversão das fábricas para fins militares e a renovação da mão-de-obra (graças especialmente às mulheres) fez-se segundo a lei da oferta e da procura. Na Grã-Bretanha, onde o comando enviou para a frente mais tropas do que as que podia equipar e onde o governo reafirmara a sua doutrina de *«Business as usual»*([16]), o problema colocou-se de modo diferente. O governo inglês considerava que, liberto da concorrência alemã, a guerra abria possibilidades infinitas ao comércio do país e que qualquer regulamentação só poderia prejudicar a livre expansão da actividade económica da nação. Esta expansão das trocas externas permitiria ao país enriquecer e pagar a qualquer preço os armamentos necessários. Porém, o War Office sentiu necessidade de organizar um serviço único de produção de material de guerra para coordenar as compras, que acabou por estar sujeito ao controlo do Estado.

Esta mobilização da economia teve por efeito uma concentração das actividades da nação nas indústrias ditas «de defesa» cuja definição se alargou à medida que a guerra se tornava mais total. A mutação foi particularmente clara nas duas grandes potências que, do ponto de vista económico, eram as menos desenvolvidas: a Rússia e a Itália. Na Rússia, o número de operários a trabalhar para a defesa passou de 24% para 76% da população operária; na Itália, de 20% para 64%. Em França, na Alemanha e na Inglaterra, o esforço de conversão foi relativamente menor porque a economia destes países dispunha de uma base muito mais sólida. Assim, a Alemanha continuou a ter o total mais elevado de operários destinados à defesa (3 milhões e meio) mas foi só na Grã-Bretanha e nos E.U.A. que as actividades não destinadas à defesa continuaram a ocupar o número mais elevado de trabalhadores.

Baixa de produção, escassez

Apesar deste esforço de conversão, a produção económica dos países beligerantes sofreu uma baixa, ligeira na indústria, catastrófica na agricultura. Na indústria, o quadro adiante (p. 163) indicado mostra a quebra da produção de carvão, ferro fundido e aço na Alemanha, França, Rússia, Grã-Bretanha e Itália. Só a indústria inglesa viu algumas produções resistirem vitoriosamente a esta tendência([17]). No domínio

([16]) Ver pp. 171-175.

([17]) Foi a indústria americana que, da siderurgia ao cinema, tomou a dianteira. E manteve esta vantagem.

agrícola, particularmente atingido pela partida dos trabalhadores, a produção baixou, entre 1913 e 1917, de 50% a 70%, segundo os sectores, na Alemanha, 50% na Rússia, 30 a 50% em França. Seguiu-se o racionamento para a população, com a introdução de um sistema de senhas para o pão, carne e batatas, etc. De todos os países em guerra, a Alemanha foi o primeiro a conhecer a escassez e o que organizou, de um modo mais sistemático, o racionamento para a população; a partir de 1914, o Departamento dos Cereais determinava a composição da farinha panificável, introduziu nesta uma certa proporção de fécula de batata (era o pão K), limitou o consumo de pão. A utilização de matérias gordas para o fabrico de glicerina limitou igualmente o consumo das gorduras alimentares; seguir-se-iam em breve restrições a outros produtos. Em 1916, os poderes públicos centralizavam as operações de contabilidade alimentar, assegurando o racionamento generalizado de todos os produtos de grande consumo. A Inglaterra, pelo contrário, nunca teve necessidade de racionar senão alguns produtos originários de além-mar como o café e a manteiga. A França conheceu o racionamento da carne, do açúcar, etc., mas as classes populares não chegaram a sofrer de subalimentação, como na Áustria e na Rússia, onde o sistema de distribuição revelou insuficiências; na Rússia impôs-se a necessidade de instituir senhas de pão enquanto, em 1913, o país era o primeiro produtor e exportador de trigo do mundo. Na dupla monarquia, a Hungria não conheceu grandes dificuldades, o mesmo já não se passando na Áustria, nos países eslavos ou no próprio Exército, particularmente mal alimentado: «Os gorgulhos nos alimentos não fazem mal ao estômago», anunciava um comunicado aos exércitos em 1918. O tifo propagou-se na população subalimentada e, tal como na Turquia, a taxa de mortalidade subiu brutalmente.

Nas classes populares das cidades alemãs e austríacas, as mais atingidas pela escassez, as mulheres ficaram sujeitas à supressão do período menstrual, acompanhado, salvo raras excepções, por uma esterilidade temporária.

Assim, a guerra total não vitimava apenas os exércitos; destruía todas as forças vivas das nações, o que em breve iria provocar problemas insolúveis (ver "O possível e o impossível"). Mesmo depois de reunidos todos os esforços para produzir ainda mais ferro fundido, canhões e balas, estes produtos estavam sempre em falta e as quantidades fabricadas acabavam por ser insuficientes. Assim, em 1917, quando da ofensiva do Chemin des Dames, havia menos canhões por quilómetro de frente que durante a baralha do Somme em 1916.

Friedrich Friedensburg organizou as estatísticas da produção de ferro, carvão e aço durante a guerra. A curva da produção destes produtos esboça uma história da guerra paralela à dos combates. Mostra eloquentemente até que ponto a entrada em guerra dos E.U.A. foi decisiva e explica as razões da impaciência de Hindenburg, na Primavera de 1918, ao querer desencadear um grande golpe e acabar as hostilidades antes que o peso da intervenção dos E.U.A. se fizesse sentir.

POTÊNCIAS CENTRAIS / *ENTENTE*

	Agosto de 1914	1915	1917
Carvão	331/394	355/346	340/841
Aço	21/19	24/13	16/58
Ferro	22/22	25/16	15/50

A mobilização dos espíritos

Para vencer o inimigo, os governos apelaram ao poder coercivo das forças militares e económicas; procederam igualmente à mobilização dos espíritos. Estas técnicas de propaganda foram antes estudadas com mestria por Harold D. Laswell. Foram colocadas ao serviço de três ideias principais: a causa defendida era justa, a derrota levaria ao triunfo do Mal, a vitória era certa. Só o último ponto era recuperado pela propaganda destinada a desencorajar o inimigo.

A culpabilidade da Alemanha no desencadeamento do conflito foi um dos temas centrais na imprensa aliada. A partir de 3 de Agosto de 1914, *Le Petit Journal* descrevia superficialmente a crise do Verão e realçava a «duplicidade maquiavélica» da diplomacia alemã. Os Alemães não ficaram atrás: sob a direcção de A. O. Meyer, demonstraram a duplicidade dos seus inimigos no *Zum Geschichte Verstandnis des grossen Krieges*. Em 1918, esta polémica ressuscitou no período preparatório do tratado de Versalhes: cinquenta anos mais tarde, continuava viva. De qualquer forma, na Alemanha, o perigo da invasão russa era razão suficiente para continuar a luta, tal como para os Franceses a necessidade de libertar o seu território. Do outro lado da Mancha, a imprensa sublinhou da mesma maneira a ocupação da Bélgica como uma ameaça para o futuro da Inglaterra.

Desde a proclamação da União Sagrada, todos os governos lançaram apelos aos seus antigos adversários políticos. O *Kaiser* declarou que deixara de conhecer a existência dos partidos políticos e que a partir de então o povo estava consigo na totalidade; o czar disse o mesmo, apoiado pelo marxista Plekhanov. Em Paris, o antimilitarista Gustave Hervé declarava que «a pátria da revolução estava em perigo». Exuberância, misticismo, frenesim patriótico faziam-se acompanhar por um apelo ao julgamento da História e à misericórdia divina. «*Gott mit* *uns*»* era dito em todas as línguas, mas parecia que na pena de Henri Lavedan e dos publicistas franceses este frenesim atingia um delírio sem precedentes: «Acredito na coragem dos nossos soldados, na sabedoria dos seus chefes... Acredito na força do nosso direito, nesta cruzada pela civilização. Acredito no sangue das feridas, na água da bênção; acredito nas orações das mulheres, no heroísmo das esposas, na devoção serena das mães, na pureza da nossa causa, na glória sem mancha da nossa bandeira. Acredito no nosso grandioso passado e no nosso ainda mais grandioso futuro. Acredito nos nossos concidadãos, vivos ou mortos. Acredito em nós, acredito em Deus. Acredito, acredito». Responsável pela vida de milhares de homens, e supostamente dotado de razão, o general Fayolle escrevia que «Joanna d'Arc devia olhar-nos do alto do céu com complacência». *La Croix* proclamava que «a História da França era a História de Deus». Por contágio, este frenesim apoderou-se igualmente dos espíritos mais elevados. Henri Bergson escrevia assim no *Bulletin des Armées de la République* de 4 de Setembro de 1914: «(...) O conflito actual vê oporem-se duas forças (...) a força que se consome (a alemã), porque não apoiada num ideal superior; a força que não se consome (a francesa), porque apoiada num ideal de justiça e liberdade».

A Inglaterra não foi mais poupada do que a França: certos estilos anunciam o espírito nacional-socialista que iria conquistar a Alemanha de Weimar. «Chegou a hora de cobrir com um véu as obras daqueles que exprimiram de forma reconhecível o espírito dos Hunos do nosso tempo. O futuro pertence ao jovem herói que tiver a coragem de banir as obras de Haendel, Mendelssohn, Wagner, Brahms e Richard Strauss e que souber fazer brotar do seu ser... os acordes que ressuscitem o espírito indomável daqueles que vão para a morte a cantar *Tipperary*». Além-Reno, os intelectuais pensavam que a Alemanha se batia para defender a *Kultur* contra povos tão frívolos como os Franceses, tão estéreis como os Ingleses. Na *Handler und Helden,* o economista Vienter Sombart escrevia impavidamente: «O mundo divide-se em dois campos: o dos comerciantes, os Ingleses, e o dos heróis, os Alemães. Os Alemães verão necessariamente triunfar a sua causa, pois ela é a da civilização».

A vitória do inimigo seria o triunfo do Mal. Félix Sartiaux escrevia na *Morale kantienne et morale humaine*: «Um dos traços mais subtis do carácter alemão é a sua hipocrisia que aparece sob o disfarce de uma sinceridade ingénua. O juízo do historiador latino Velleius Paterculus foi citado com frequência. Considerava os Germanos uma raça de mentirosos natos». Este inimigo é igualmente cruel, ainda que «segundo o testemunho de Heine, o Cristianismo o tenha suavizado»; conduz uma guerra impiedosa, enquanto «nenhum

* «Deus está connosco» (*N. do T.*).

dos nossos escritores militares» escreve Ernest Lavisse, «jamais ensinou a doutrina da guerra atroz». Depois da guerra, G. Demartial revelou que certos oficiais franceses tinham realmente preconizado a destruição e o terror. Igualmente o *Engineer* de 25 de Setembro de 1914 propusera expurgar todas as fábricas alemãs para quebrar definitivamente a concorrência alemã. Revelar estas disposições, durante as hostilidades, seria agir «contra os Aliados» e a censura não deixara que este «antifrancês» se exprimisse. Da mesma maneira, não se devia saber que, a 25 de Julho de 1916, os Franceses e os Ingleses, ao bombardearem Karlsruhe, tinham morto ou ferido 26 mulheres e 124 crianças.

Para inflamar o ardor combativo da nação era necessário suscitar a sua indignação e persuadir os combatentes de que eram soldados do lado justo. Os serviços responsáveis estabeleciam o inventário dos crimes do inimigo. Assim, o governo francês publicou *Os Documentos relativos à guerra de 1914-1915. Relatórios e autos de inquérito da comissão instituída visando a verificação dos actos cometidos pelo inimigo em violação do direito dos povos* (1915).

Estes crimes eram os seguintes.

1. Violação da neutralidade do Luxemburgo e da Bélgica;
2. Violação da fronteira francesa antes da declaração da guerra;
3. Prisioneiros mortos ou feridos;
4. Pilhagens, incêndios premeditados, violações, assassínios;
5. Utilização de balas proibidas;
6. Utilização de líquidos inflamáveis e de gases asfixiantes;
7. Bombardeamento de fortalezas sem notificação e de cidades não fortificadas. Destruição de monumentos artísticos, religiosos, de beneficência;
8. Métodos pérfidos de guerra;
9. Crueldades infligidas à população civil.

Os Alemães não ficaram atrás. No *Der Weltkrieg Und der Zusammenbruch des Völkerrechts*, o doutor Ernst Muller-Meiningers estabeleceu, também, o catálogo dos crimes cometidos pelos Aliados contra o direito dos povos.

Em 1915 apresentava-se assim:

1. Como a Bélgica era conivente com os Aliados;
2. Violação dos acordos sobre a neutralidade do Congo. Guerras coloniais;
3. Utilização de povos não civilizados na guerra entre europeus;
4. Violação da neutralidade do Canal do Suez;

5. Violação da neutralidade chinesa pelo Japão e ataque inglês a Kiao Tchéu;
6. Utilização de balas *dum-dum* e outras balas semelhantes;
7. Desrespeito dos costumes relativamente aos diplomatas alemães;
8. Desrespeito e violação dos direitos da Cruz Vermelha;
9. Utilização de franco-atiradores e maus tratos para com os civis;
10. Métodos de guerra desumanos e contrários às convenções nacionais;
11. Atrocidades dos Russos na Prússia Oriental;
12. *Pogroms* dos judeus e outras atrocidades dos Russos na Polónia, Cáucaso, etc.;
13. Bombardeamento das cidades por aviões; utilização de obuses de gás;
14. Violação da neutralidade dos mares, bloqueios, etc.

O pormenor destes crimes comprovava a barbárie de um inimigo impiedoso: algumas narrativas, como a execução pelos Alemães da enfermeira Edith Cavell, conheceram uma grande popularidade. Os Aliados exploraram-nas com mais habilidade do que os seus adversários, como o prova a reacção dos países neutros aos «crimes» de uns ou de outros.

A «lavagem ao cérebro»

Último *leitmotiv* da propaganda: criar a ilusão da vitória e glorificar a superioridade dos seus chefes, das suas armas, da sua força. A calma segura do Tio Joffre, a força tranquilizadora de Hindenburg, «salvador da pátria», a infalibilidade de Kitchener, o «organizador da vitória», tantas imagens e mitos que a propaganda inventou e difundiu graças a meios de acção que as guerras anteriores não tinham conhecido: maior difusão da informação, boletins noticiosos exibidos nos cinemas, discos. Ao mesmo tempo, falsas notícias e falsas informações circulavam em todos os países, alimentando um clima de optimismo obrigatório. Esta «lavagem ao cérebro» desenvolveu-se mais entre os Aliados do que na Alemanha e na Áustria, onde, pelo menos, os jornais publicavam o comunicado militar do inimigo. Graux recolheu, para a França, informações inexactas e os falsos boatos difundidos pela imprensa e que intoxicaram a opinião pública. Em breve, os serviços de censura e de autocensura metamorfosearam os jornalistas em propagandistas; estariam eles conscientes disso ou eram vítimas, tal como os próprios políticos, da autopersuasão?

De qualquer forma, graças ao controlo exercido sobre as agências Reuter, Havas, etc., os serviços de censura não comunicavam aos jornais as «más notícias». Assim, os Ingleses ignoraram a perda do couraçado *Audacious*, a 27 de Agosto de 1914, tal como os Franceses acreditaram, ilusoriamente, que estavam a ganhar a guerra na Alsácia quando afinal perdiam, a norte, a batalha das fronteiras. Isto aconteceu durante anos inteiros, em que a verdade oficial teve por objectivo «encorajar a retaguarda e o soldado». Proibindo igualmente a publicação de qualquer informação que pudesse pôr em dúvida a legitimidade da causa defendida, a boa fé ou a competência dos dirigentes, a censura não conheceu limites para a sua arbitrariedade; em nome do patriotismo, atingiu os inimigos tradicionais do poder estabelecido: anarquistas, liberais, livre-pensadores.

Em 1917, entre os Aliados, a atmosfera tornava-se cada vez mais pesada e as instruções dadas à censura traíam o nervosismo dos meios dirigentes. Em Londres, o governo não quer que seja publicada qualquer informação sobre o estado das reservas de farinha, o racionamento dos víveres, a extensão do recrutamento. Imitando o governo francês, o gabinete belga refugiado no Havre proibiu que se referissem as greves ocorridas nas fábricas por ele administradas. Em Paris, o capitão Riboulet dá provas de uma vigilância sem quebras. Seguindo o exemplo dos Ingleses, só comunica a lista dos navios afundados uma vez por semana. Por falta de carvão, já muitas fábricas não podiam funcionar: proíbe que se aborde este tema nos jornais tal como o da limitação do número de dias em que se pode consumir chocolate ou café. A 13 de Fevereiro, o registo das instruções da censura alarga a sua vigilância aos relatórios da Academia de Medicina. Não se deve permitir que se escreva que a mistura das farinhas de milho e de trigo pode provocar a pelagra. Convém «a propósito do trabalho das mulheres grávidas, evitar divulgar as estatísticas deprimentes sobre a baixa de natalidade, a mortalidade infantil... não mencionar o formidável aumento da sífilis desde o início da guerra». A chegada maciça de trabalhadores chineses e de soldados anamitas causou numerosos incidentes: acusou-se aqueles trabalhadores de ocuparem o lugar «dos nossos filhos e dos nossos irmãos, que são doravante enviados das fábricas para a frente»; os Chineses desempenhavam igualmente o papel de uma mão-de-obra barata que o governo poderia utilizar para quebrar o movimento reivindicativo dos trabalhadores. Assim, já não se referem os incidentes entre Franceses e estrangeiros, o que aviva a xenofobia e o racismo. A censura dá ordens para não se fazer referência a estes problemas.

A arma voltou-se rapidamente contra si própria, pois a multiplicação dos «espaços vazios» nos jornais comprovava que a França já não era o «país da liberdade». Os excessos da autocensura levaram o público a duvidar da informação oficial e, depois, de toda a informação em geral, que era vista com cepticismo. Doravante, a imprensa falhava na sua missão de informar e contestar.

Drogada assim pelos jornais, cartazes, livros, filmes e canções patrióticos, a opinião pública perdia todos os dias um pouco mais das suas faculdades de exercer um papel cívico. As cerimónias oficiais, a comemoração das vitórias, o culto dos mortos, a algazarra dos instrumentos de metal e dos tambores assim como o chocalhar das medalhas, transformaram o cidadão do século XX em soldado nacionalista, persuadido de que qualquer crítica era indisciplina e qualquer difamação, traição: o serviço do país exigia a fé naqueles que o dirigiam, a certeza na vitória.

«Seguir-te-emos com um coração crente», escandiria em breve a multidão hitleriana. A renovação mística que ela encarnava nascera quinze anos antes em toda a Europa.

XIII

O POSSÍVEL E O IMPOSSÍVEL

Já haviam passado mais de três anos desde que a guerra começara. Dezassete milhões de homens tinham já morrido ou estavam feridos ou prisioneiros. Os combatentes já não ousavam ter esperança numa vitória próxima. Os povos já não tinham a mesma fé nos seus governantes, os soldados nos seus chefes, as nações nas suas alianças. Os planos de todos os beligerantes haviam-se revelado ilusórios e, doravante, mesmo as armas da propaganda pareciam inúteis. Assim, a dívida das nações já exangues crescia desmedidamente: só substanciais vitórias poderiam ainda estimular as energias e permitir a reconstituição das economias. Também os objectivos de guerra aumentam à medida que diminuem as possibilidades de os atingir. Talvez pudessem ter sido acessíveis se, em cada coligação, os parceiros fossem solidários; mas nunca o foram. Os Aliados, tal como as potências centrais, travam entre si uma luta surda pela hegemonia. Com as suas enormes ambições mantidas em segredo, cada nação luta por si enquanto, no seu seio, cada grupo, cada *lobby,* procura adquirir vantagens, tendo esperança em submeter a nação à sua lei.

O problema dos efectivos

A incerteza prevalecia: seriam reais as hipóteses de uma vitória? Todos se interrogam, na frente, no governo, na retaguarda, mas não se ousa fazer em voz alta uma pergunta tão incómoda. Pelo menos, os dirigentes fazem o balanço, procuram avaliar até onde podem ser esticadas as capacidades das nações. «Não basta vencer, é preciso vencer e viver», escreve o historiador Aulard. «Mais uma hemorragia como Verdun e a França sucumbiria com uma síncope», lê-se em *L'Heure* no princípio de 1917. Dos 3 600 000 homens que a França tinha em armas em 1914, restavam nesta data apenas 964 000 combatentes; 2 636 000 estavam mortos, prisioneiros, feridos ou desaparecidos. É verdade que as vagas preenchiam-se graças ao recrutamento prematuro de novos contigentes. No entanto, o efectivo convocado não ultrapassava os 3 113 000 homens, menos que em 1914. A Itália perdera já 877 000 soldados, a Inglaterra mais de um milhão, a Rússia 5 810 000 homens. Devido à falta de equipamento e de material, os recursos infinitos destes países pareciam agora ilusórios. É um facto que os Franceses e os Ingleses dispunham das suas tropas coloniais. Atiradores argelinos e marroquinos participaram na segunda fase da batalha de Verdun; foram utilizados maciçamente, com os Senegaleses, durante a batalha do Somme. Acusou-se mesmo Mangin de ser demasiado perdulário com o sangue destes soldados: parece que, mais tarde, também não poupou o dos seus concidadãos. Todavia, os chefes militares hesitam em utilizar os soldados de cor: «Perto de Arras, um regimento senegalês recuou. É uma carnificina», escreve Fayolle. «Esses tipos (*sic*) são incapazes de combater numa guerra europeia». Aliás, este «tráfico» suscita problemas na África negra, onde as populações se inquietam com o facto de não verem regressar os seus soldados. A censura proíbe que se refiram os incidentes que eclodem no Daomé e no Senegal. Em Marrocos, Gouraud e Lyautey temem que a partida dos atiradores enfraqueça o *maghzen**. Recorre-se então aos atiradores anamitas. Estes chegam em 1917, bem como os trabalhadores chineses; mas o comando prefere utilizá-los na retaguarda. Anamitas e Chineses substituíram, por isso, operários que foram enviados para a frente. Por rancor e por xenofobia, aqueles que partiam queixavam-se de assim se permitir que as suas mulheres trabalhassem ao lado de amarelos «que lhes tinham ocupado os lugares».

Por falta de efectivos, o contigente de 1917 fora convocada a 29 de Dezembro de 1915 e, pouco depois, chegara a vez do contigente de 1918. Mantiveram-se mobilizados homens cada vez mais velhos: em 1914, metade dos mobilizados tinha entre 29 e 47 anos; em 1918, essa metade situava-se entre os 33 e 51 anos. No final de 1916, o governo «autoriza» os condenados de delito comum a irem para a frente; em Outubro, a lei Dalbiez obriga todos os soldados dos serviços auxiliares e os reformados a serem submetidos a nova inspecção médica. É a caça aos que tinham conseguido escapar ao serviço militar, que Gallieni reclamava em 1914. «Convocam-se mesmo os cegos», conta Paul Morand. «Marcel Proust aguarda ser convocado. Se a convocação vier de dia, o que é provável, não poderá apresentar-se à inspecção pois está a dormir. Teme ser considerado desertor. Pede então a Lucien Daudet se o seu irmão Léon lhe poderia fazer um grande favor de conseguir uma inspecção para a meia-noite.»

As potências centrais fazem o mesmo apelo aos seus últimos recursos em efectivos. Em 1917, o alto-comando alemão dispunha ainda de

* Administração marroquina sob o protectorado francês (*N. do T.*).

dois milhões de soldados de 1914. A lei do serviço civil patriótico, votada a 2 de Dezembro de 1916, revela graves dificuldades mesmo se, no papel, as reservas constituíssem mais de dez milhões de mobilizáveis. Em 1918, declara Bertolt Brecht, mobilizou-se um soldado morto. Mais posto à prova, o Exército austríaco tem apenas 383 000 soldados de 1914, embora as suas reservas se elevem a sete milhões de soldados. Todavia, o estado do seu equipamento é cada vez mais deplorável. Com os Turcos e os Búlgaros, as potências centrais dispõem de mais de dez milhões de combatentes; ou seja, menos três milhões do que os Aliados. A desproporção aumenta com a entrada em guerra dos Estados Unidos, com o apelo sistemático às tropas da *Commonwealth*, sobretudo *Anzacs* e Canadianos, e também Indianos. Também os Alemães procuram utilizar homens válidos dos territórios por eles ocupados, nomeadamente os Belgas. Em Outubro de 1916, já tinham sido deportados 100 000 para a outra margem do Reno. Na Polónia, poucos voluntários se inscrevem na Legião constituída por Pilsudski.

O financiamento

O custo da guerra aumenta todos os dias. É enorme: só em França, entre 1914 e 1918, as despesas excederam as receitas em 140 milhões de francos-ouro. Segundo os cálculos de Fisk, o custo total ascendeu a mais de 80 mil milhões de dólares em 1913, isto é, tanto como a riqueza nacional da Grã-Bretanha, Austrália e Nova Zelândia reunidas. Um dia de guerra custava aos Alemães 7 milhões de marcos em 1870, 36 milhões em 1914 e 146 milhões no princípio de 1918. Cobertos em parte pelos empréstimos, em parte por emissões, os gastos ultrapassavam largamente os rendimentos dos Estados; enquanto, em 1913, o comércio dos beligerantes com os E.U.A., a Argentina e o Brasil apresentava um saldo positivo para estes países, de 15 mil milhões de francos, em 1918 atingia os 419 mil milhões.

«Business as usual»?

«Business as usual». Esta expressão de Winston Churchill entusiasmou as multidões, um *slogan* feliz que se adaptava admiravelmente ao humor dos Ingleses em 1914. Isto não significava, de modo algum, que os interesses privados não tivessem de se subordinar às exigências da vitória mas que a vitória passava pelos caminhos do *business*. Como cem anos antes, na altura da luta contra Napoleão, a Inglaterra seria o banqueiro da coligação. Por isso, ela devia enriquecer; a guerra não devia perturbar o movimento dos seus negócios, nem interromper a lei da oferta e da procura. Em 1916, quando as primeiras filas de espera

AS DIVISÕES EM PRESENÇA

		Potências Aliadas												Potências Centrais			
		Fr	GB	R	Bl	Sv	It	Rm	Gr	Pg	EUA	Total Aliados	Total P. cent.	Ale	AH	Bg	Tq
1914	Ago.	74	20	108	6	12						220	143	94	49		
	Dez.	74	67	108	6	12						267	212	117	57		37
1915	Mai.	81	77	112	6	12	36					324	248	149	64		38
1916	Fev.	99	79	136	6	§n	38					364	283	159	60	12	52
	Ago.	102	81	142	6	6	47	21				405	304	169	70	12	53
1917	Jun.	116	87	288*	6	6	59	15	3	1		521	369	232	80	12	45
	Out.	116	87	202	6	6	66		3	1	3**	505	369	234	78	12	45
1918	Mar.	114	85		12	6	53		4	2	5	281	365	234	78	12	41
	Jul.	114	85		12	6	56		7		25	305	356	235	72	12	37
	Out.	114	85		12	6	58		10		32	324	325	214	74		37
	Nov.	114	85		12	6	58		10		42	329	278	210	66		17

As potências centrais tiveram vantagem numérica entre Janeiro e Outubro de 1918.
Os Aliados tiveram-na entre Agostp de 1914 e Janeiro de 1918 e, de novo, em Novembro de 1918.
Bl: Bélgica; Sv: Sérvia; Rm: Roménia; Pg: Portugal; Bg: Bulgária; Gr: Grécia; Tq: Turquia.

Fonte: Mirovaïa Voïna v cifrah, Moscovo, 1934, p. 14.

* No final de 1916 foram constituídas 76 divisões com regimentos reduzidos a 3 batalhões (em vez de 4).
** Uma divisão norte-americana correspondia a um efectivo duplo de uma divisão europeia.

anunciavam a escassez, os conselheiros do governo pensavam que «deitar fora o leite ou dá-lo aos porcos não era um desperdício irracional; a lei não devia punir aqueles que se entregavam a este tipo de operações».

Do outro lado da Mancha, a tradição liberal autorizava uma posição igualmente clara. No continente, o espírito jacobino ultrapassara as fronteiras francesas e, em caso de guerra, a vida económica adaptava-se ao aumento do intervencionismo estatal, associado a uma tradição autárquica. No entanto, tanto em Inglaterra como no continente, a busca do lucro conduziu a comportamentos bastante semelhantes e que nem sempre eram conformes aos interesses da nação. Esta dicotomia parece ter provocado menos perturbação aos dirigentes do que os artifícios dos pacifistas.

Até que ponto os «negócios» são legítimos e onde começa a traição? No que diz respeito ao comércio interno, a fronteira podia ser difícil de definir; mas se se tratasse das relações com o inimigo? O problema punha-se aos Aliados de uma forma mais radical do que na Alemanha ou na Áustria-Hungria, uma vez que tinham sido aqueles a instaurar o bloqueio às potências centrais. Privá-las de alimentos, destruir-lhes os mecanismos da economia, suscitando assim o descontentamento e o pacifismo, privar os exércitos inimigos de matérias-primas necessárias ao aprovisionamento em armas e munições, tais eram os objectivos declarados e públicos do bloqueio.

Nestas condições, qualquer abastecimento ao inimigo, de uma forma directa ou indirecta, tornava-se traição. Como é que esta política se podia conciliar com a fórmula *«business as usual»*, quando a Alemanha era um dos maiores clientes do Império Britânico? Publicamente era condenado qualquer tráfico com o inimigo; na realidade, os negócios continuaram a fazer-se. A censura esteve atenta para que não fosse divulgada qualquer notícia sobre esse tráfico e os governos tornaram-se tacitamente cúmplices. É verdade que cada beligerante considerava que este tráfico comportava mais vantagens do que inconvenientes. Contudo, não podiam, todos em conjunto, ter razão, uma outra questão que não provocou grandes problemas de consciência aos dirigentes.

No que diz respeito aos capitais, a importância deste tráfico é difícil de avaliar; seria necessário conhecer as contas de certos bancos com interesses nos vários países dos dois campos, como o Barclays Bank e outros mais. Em compensação, existem informações sérias no que diz respeito aos produtos. A partir do território francês, parece que as «fugas» foram modestas; forragens e bovinos passaram a fronteira helvética com destino à Alemanha. É verdade que o governo francês tinha interesse em fechar os olhos pois as exportações provenientes de além-Reno eram muito mais graves: tratava-se de munições([17]).

([17]) Diziam respeito igualmente a material ideológico... Charles Pathé refere, nas sua *Mémoires*, que recebia negativos de guerra alemães através dos Americanos (antes de 1917).

«Na Alemanha, explica Feldman, o Exército exigia obuses do melhor aço e, desde 1915, o Ministério não renovava os contratos Thomas. Enquanto, constrangidos e forçados, os industriais se convertiam pouco a pouco aos obuses Martin, os *stocks* de obuses Thomas eram vendidos, via Suíça, à França e à Itália. Quando, em 1916, a Grã-Bretanha interrompeu as suas próprias exportações de aço, a procura dos países neutros, dos Franceses e Italianos aumentou bruscamente. Por falta de divisas, o governo alemão deixou os industriais reconverterem uma parte da sua produção, na condição de venderem os obuses aos preços fixados pelos cartéis, para evitar qualquer corrida em baixa entre os diferentes magnatas alemães. Estes cedo manifestaram preferência em vender os obuses Thomas ao inimigo do que os Martin ao Ministério. Quando da batalha do Somme o comando encontrou-se, pela primeira vez, menos bem abastecido de munições do que o adversário. Exigiu, com urgência, o máximo de obuses, mesmo obuses Thomas.

Os produtores ofereceram-nos ao Ministério, mas a preços fixados pelos cartéis. O Ministério exigiu o preço justo e os industriais recusaram-se a fornecer. Deste modo, vendiam ao inimigo, via países neutros, os obuses que já não forneciam aos seus próprios soldados. Esta situação não durou muito, Hindenburg precisava da ajuda dos industriais. Deu ordens ao Ministério para que pagasse "o preço que eles quisessem".»

A amplitude das exportações britânicas com destino à Alemanha foi bastante considerável. Ficticiamente, os países neutros declaravam-se compradores de produtos britânicos. Os exportadores argumentavam, em proveito próprio, que seria difícil dizer-lhes não, com o risco de se perder a sua amizade. O governo pediu aos países neutros a garantia de que os produtos comprados à Inglaterra não seriam vendidos à Alemanha. Doravante, Estocolmo revendê-los-ia a Copenhaga, ou vice-versa, antes de seguirem para a Alemanha. A proporção destas trocas pôde ser calculada por Consett, adido da embaixada britânica em Copenhaga, testemunha indignada deste tráfico e que se surpreendia com o facto de as suas revelações não impressionarem os seus superiores.

Segundo os seus cálculos, que não parecem muito exactos mas têm pelo menos um valor indicativo, a Holanda importou doze vezes mais cacau, durante a guerra, que durante os quatro anos precedentes. As suas exportações para a Alemanha aumentaram quase na mesma proporção. O mesmo se passou com o algodão, o peixe, a borracha e os produtos de primeira necessidade. Na Inglaterra e na frente, começavam a escassear produtos como o óleo para motor e para travões, que passava da Grã-Bretanha para a Suécia, daí para Copenhaga e depois para Berlim. Aconteceu o mesmo com o cimento: assim os famosos *blockhaus* das trincheiras alemãs vinham, em grande parte, de Inglaterra, via Holanda, bem como o níquel dos canhões e a gasolina para os aviões.

O caso dos produtos estratégicos é particularmente grave. A maior parte dos explosivos era à base de glicerina cujo fabrico exigia uma grande quantidade de sementes tropicais, como a copra e a soja. A Alemanha tinha falta total delas. Antes da guerra, o Império Britânico era o seu principal fornecedor, assim como a Rússia quanto às matérias gordas não tropicais. As estatísticas reunidas por Consett mostram que, de 1915 a 1918, as importações da Dinamarca duplicaram bruscamente, seguindo precisamente a curva das vendas inglesas e a das compras da Alemanha à Dinamarca: verifica-se tal facto com a copra, a soja e igualmente o cobre, produtos que constituíam o ponto de estrangulamento mais destacado da indústria de guerra alemã.

Conciliar os hábitos da economia de paz, aumentar os seus benefícios e, ao mesmo tempo, vencer, tais eram os objectivos das potências. É verdade que cada uma delas tentava submeter e espoliar não apenas o inimigo mas também o aliado... exigindo-lhe o máximo de sacrifícios: o possível e o impossível.

Egoísmo sagrado e coesão das alianças: o exemplo belga

O exemplo da Bélgica ilustra esta inconsequência; mostra igualmente a incerteza dos compromissos, a difícil situação das pequenas nações, os pensamentos dissimulados das maiores. O «desgraçado do pequeno povo belga» era o tema favorito da propaganda aliada; mas o seu destino era igualmente objecto da solicitude oficial dos Alemães que se apresentavam como os protectores da «nação flamenga». Declaravam ter invadido o país apenas para evitar uma ofensiva francesa; a sua presença em Antuérpia e em Bruxelas obedecia apenas a motivos militares. Por seu lado, o rei Alberto I declarava defender, pela honra, o último metro quadrado de território nacional que não fosse violado. Neutro, pretendia manter-se fiel aos tratados, não querendo saber nem da *Entente*, nem do ocupante.

Que valor tinham as afirmações de uns e outros?

Em 1914, com o território invadido, os Belgas consideraram que «se os Alemães tinham violado os seus compromissos, os Aliados também não souberam cumprir os seus». Depois do recuo precipitado dos exércitos franceses, os Belgas queriam conservar Antuérpia, a mais poderosa de todas as praças-fortes europeias. Reforçada por Ingleses e por Franceses, a cidadela teria constituído uma séria ameaça para o flanco direito dos Alemães. Antuérpia resistiu, na verdade, mas sem a ajuda do grosso das forças aliadas, querendo estas obrigar os Belgas a unirem-se à sua esquerda e a recuar com eles. Pensando que as tropas que enviassem para Antuérpia seriam inutilmente sacrificadas, Joffre e French recusaram-se a remeter outros reforços para além das tropas que ajudariam a cobrir o recuo das forças belgas quando a cidadela estivesse a ponto de capitular. Algumas semanas mais tarde, o que restava do Exército belga teve, de facto, de colocar-se à esquerda dos Franco-Britânicos, ainda que com rancor.

Surgiu, entretanto, um outro motivo de amargura. Vitoriosos no Marne, Joffre e French propuseram amalgamar as tropas belgas no interior dos exércitos franco-ingleses, à razão de uma brigada por divisão. Em suma, os Aliados pediram ao rei que aceitasse a dissolução do seu Exército. Alberto I respondeu com altivez que «o seu país ocupado já só afirmava a sua existência através do Exército».

Doravante, uma desconfiança comum pairou nas relações entre Belgas e Aliados. Estes pensavam que o rei não desempenhava lealmente o seu papel, censura que lhe fazia igualmente o governo refugiado no Havre. Na realidade, duvidando da vitória dos Aliados e considerando que a guerra acabaria por uma paz de compromisso, Alberto I queria manter, ao mesmo tempo, a ficção da neutralidade belga e defender o território nacional contra o invasor, sem se associar à *Entente*. Pelo contrário, os seus ministros pensavam jogar inequivocamente a cartada franco-inglesa. Não duvidavam da derrota da Alemanha, consideravam que o comportamento do monarca era equívoco e que esta semineutralidade implicava o risco de os Belgas perderem o lugar na Conferência de Paz, de tirarem partido dos benefícios da vitória. Estes ministros do Havre, cujas ambições não eram pequenas, esperavam que a paz lhes trouxesse, para além de substanciais indemnizações, o Luxemburgo e a Flandres holandesa.

O mapa de guerra continuava pouco claro, as posições não sofreram alterações até ao final de 1917. Várias vezes o rei recusou associar-se a operações militares comuns, que teriam tido como consequência a destruição do território nacional. Recusou igualmente a Pétain, em 1917, o que já recusara a Joffre, em 1914. É verdade que o soberano tinha, doravante, sérias razões para desconfiar dos seus «aliados»: o coronel House confirmara-lhe, em 1916, que os Ingleses e os Franceses tinham chegado a acordo para oferecer o Congo Belga à Alemanha em caso de paz de compromisso. Desta forma, à guisa de indemnização de guerra e para saldar todas as contas, o «pobre pequeno povo belga» receberia o produto da venda do seu próprio Congo.

Por seu lado, os Alemães tentavam negociar com Alberto I. Se conseguissem assinar uma paz separada com a Bélgica, demonstrariam aos Americanos e aos países neutros a falsidade das acusações proferidas contra si.

Uma negociação teve lugar entre Novembro de 1915 e Fevereiro de 1916, em Zurique, graças aos laços que uniam a família real belga e os Wittelsbach da Baviera. Em primeiro lugar, incidiu sobre o problema da neutralidade da Bélgica: «era para a defender e não como aliado da *Entente* que Alberto I continuava a defender-se». Agindo segundo as instruções de Alberto I, Waxheiler admitia no entanto que «a neutralidade era uma ficção, o seu princípio podia ser abandonado». O «Rei--cavaleiro» não excluía uma aproximação à Alemanha «sob uma forma que não ofendesse os sentimentos do povo belga e na condição de não comportar qualquer tipo de enfeudamento». Abordou-se mesmo a eventualidade de um acordo defensivo entre parceiros iguais. O rei propunha que os Alemães pusessem fim à ocupação do país; estava pronto a deixar aos Alemães o controlo dos caminhos-de-ferro que conduziam à França e aceitava que as forças alemãs ocupassem Maubeuge, Condé e Givet. Os Alemães ocupar-se-iam da defesa da parte sul do país, os Belgas da parte norte. Como compensação pelo abandono da neutralidade e pelas ocupações territoriais que a Alemanha poderia vir a fazer, encararam-se as de que Bélgica viria a beneficiar. Waxheiler pedia a linha do Mosa ao norte do Charleville, a região à volta de Maubeuge, Roubaix, Tourcoing; à custa da Holanda, o território à esquerda da foz do Schledt. Os Alemães rejeitaram estas condições. A nota diplomática de Torring, inspirada pela Wilhelmstrasse, dizia mais explicitamente o que o *Kaiser* entendia por «abandono da neutralidade»: tratava-se, nada menos, do abandono da soberania.

Percebendo agora com mais clareza as intenções do *Kaiser* e julgando que a causa dos Alemães estava perdida depois da entrada em guerra dos Americanos, o rei estabeleceu laços mais estreitos com os Aliados a partir do Verão de 1917.

Assim, no momento em que a Alemanha desejava concluir uma paz de compromisso com os Belgas, requeria deles condições impossíveis. Por seu lado, os Aliados só tinham aceite a colaboração militar do Exército belga sob algumas condições e, no entanto, tinham uma grande necessidade da sua ajuda. Sem se importarem com o sacrifício dos combatentes, os dirigentes procuravam assim satisfazer a sua sede de prestígio. A luta pela liderança dentro das coligações constituiu um outro aspecto desta «guerra dentro da guerra».

As relações entre os Aliados

Com o território invadido, acreditando no mito do «rolo compressor» que eles próprios tinham forjado, os Franceses consideravam-se desiludidos como esforço de guerra dos Russos. É certo que guardavam reconhecidos a recordação dos acontecimentos de 1914; mas pensavam que em 1915 tinham pago aos Russos com a mesma moeda. Os Russos enfrentavam apenas um milhão e meio de soldados alemães e austríacos, enquanto a oeste os Aliados tinham, perante si, mais de 2 300 000. Os Russos respondiam que não tinham sido os Franceses mas sim os Russos que haviam semeado o pânico entre o inimigo em

1914 e que continuavam ainda a duas etapas da Hungria. Os militares pediam aos Aliados para lhes distribuírem material, especialmente aviões. Um dos chefes da missão francesa na Rússia, o coronel Langlois, explicava aos seus chefes que «efectivamente a Rússia não produzira, por mês, o número de obuses necessários». Sem pestanejar, acrescentava: «Mas isto não será motivo para preocupação pois o programa russo, no que diz respeito aos canhões, também não será cumprido». O problema dos fornecimentos de armas e de material encontrava-se assim no âmago do contencioso franco-russo. A missão francesa, condescendente em relação aos Russos, recomendava os fornecimentos, mas as suas preferências iam para outros aspectos. O coronel Rampont escrevia, durante o Outono de 1916: «O que falta a estes Russos é o trabalho preciso e aplicado. Seria necessário que o Exército russo adoptasse os *nossos* métodos e que 25 000 homens formados por nós se batam na frente ocidental». A ideia não era nova: estavam a decorrer, já há alguns meses, negociações para expedir para a frente ocidental tropas russas não equipadas. Mas, em 1916, as condições do acordo tornaram-se nítidas. Dispondo de uma superioridade precária em artilharia e em aviação, os Aliados tinham de ser parcimoniosos no fornecimento do material aos Russos. Tendo em conta os riscos acrescidos da guerra submarina e o modo como, ao que parecia, os seus parceiros usavam o material, tornando os fornecimentos aleatórios, indicaram aos Russos que só honrariam os pedidos na condição de enviarem, para Marselha ou Salonica, contingentes russos mais numerosos. Esta forma de equiparar recursos humanos com pedidos em armamento chocou tanto mais a sensibilidade dos Russos quanto era facto que os riscos que eles corriam no mar não eram devidamente considerados. Tinham necessidade de material, custasse o que custasse; tiveram de se sujeitar.

O contencioso anglo-russo era mais grave e, desta vez, unilateral. Os Russos censuravam aos Ingleses combaterem com os soldados dos outros, uma querela de que não eram os únicos a partilhar. «O chefe dos franco-maçÕes ingleses, Sir Asquith, promete levar os soberanos alemão e austríaco a um tribunal internacional composto por parlamentares e advogados», escrevia Boulatsen, no *Russkij Grajdanin.* «Os Ingleses, incapazes de avançarem mais de dois metros na sua própria frente, contam com os soldados russos para brincarem aos soldadinhos...» A estas razões de queixa tradicionais acrescentava-se a inquietação dos meios dirigentes perante a ingerência económica dos Ingleses nos negócios russos, sobretudo quanto ao petróleo e à Marinha. Assistiam a um recrudescimento dos investimentos ingleses no Cáucaso e na Ásia Central mas, quando as missões financeiras russas desejavam contrair um novo empréstimo na praça de Londres recebiam um acolhimento bastante reservado; assim, em 1916, a missão Bark só conseguiu obter empréstimos a 3 e a 6 meses. Caso contrário, o juro era 1% mais alto que nos empréstimos feitos aos outros clientes.

O governo russo considerava, sobretudo, que a política inglesa no Mediterrâneo prejudicava a Rússia. Já em 1916 os Britânicos tinham organizado a operação dos Dardanelos sem a consultar. A instalação de um exército em Salonica, o constrangimento na Grécia, os acordos Sykes-Picot, constituíam outras graves razões de queixa: era claro que, uma vez mais, a Grã-Bretanha conduzia a sua política em relação à Turquia sem ter em conta os interesses da Rússia, com o objectivo de afastar os Russos de Constantinopla e dos Estreitos.

A desconfiança entre os Italianos e os outros Aliados explicava-se pelo carácter equívoco da política romana após a declaração de guerra: uma vez encetadas as hostilidades com a Áustria, os Italianos recusavam-se a declarar guerra à Alemanha. Conduzindo uma espécie de «guerra separada» na Albânia, em conflito aberto com os Sérvios, os Italianos não coordenavam a acção da sua frota com a dos Aliados na luta empreendida contra a guerra submarina. Por seu lado, os Italianos consideravam que os Aliados não respeitavam os seus compromissos ao prometer aos Eslavos do Sul (futuros Jugoslavos) territórios relativamente aos quais eles próprios tinham obtido promessas secretas mas concretas. Os insucessos militares de Cadorna puseram de seguida em surdina o descontentamento dos Italianos. No entanto, antes mesmo que a Áustria fosse vencida, já estava colocado o problema do Adriático e de Trieste.

Franceses, Ingleses e Russos também não chegavam a acordo entre si. Os Russos tinham sido afastados da direcção das operações contra a Turquia, e das primeiras negociações, às quais iriam seguir-se os acordos Sykes-Picot, do Pacto de Londres. Por seu lado, Franceses e Ingleses suspeitavam que o czar e os seus ministros queriam concluir uma paz separada: como a imperatriz Alexandra era originária de Hesse, pensava-se que era favorável às potências centrais; sabia-se que ela dominava o marido e meios bem informados davam importância às propostas do grão-duque de Hesse em favor da paz ou à missão efectuada por Protopopov na Escandinávia.

Efectivamente, havia na Rússia uma corrente favorável a uma paz separada com o *Kaiser*. Emanava dos meios de extrema-direita, agrupados à volta dos Cem-Negros. Estes pensavam que «se o governo quisesse que a Rússia reencontrasse a calma e ordem, antes de mais devia expulsar 'a escória judia' (termo pelo qual os Cem-Negros designavam os deputados da Duma), concluir uma paz separada com a Alemanha imperial e romper qualquer relação com a Grã-Bretanha». Esta corrente era bastante minoritária; compreendia, no entanto, pessoas próximas da Corte, especialmente Rasputine, que conseguiu a nomeação de um dos seus membros, Sturmer, para primeiro-ministro. A hostilidade geral dos grão-duques e dos militares a qualquer paz separada, a adesão global da burguesia liberal à guerra a qualquer preço, impediram Sturmer e o seu ministro Protopopov de levar mais longe as negociações iniciadas com os Alemães. Aliás, o czar era hostil a elas. De qualquer forma, as chancelarias ocidentais ficaram atentas; pareceu necessário tratar os Russos com menos desenvoltura. Tal foi o objectivo da Conferência de Petrogrado, em Dezembro de 1916, na qual lorde Milner, o general Wilson, o general Castelnau e Gaston Doumergue prometeram aumentar a ajuda económica e militar à Rússia. Sossegados com a lealdade do czar, deixaram a Rússia com um sentimento de inquietação quanto à situação em que se encontrava o país. Todavia, foram unânimes em considerar que nenhuma revolução eclodiria na Rússia antes do final da guerra.

Durante estas negociações, os Franceses e os Russos concluíram um acordo secreto, relativo aos objectivos da guerra. Os Ingleses foram afastados desse acordo. É verdade que, ainda mais do que com os Russos, os Ingleses mantinham com os Franceses relações pouco amenas, facilmente revestidas de desconfiança e de agressividade.

Uma guerra na guerra: as relações franco-inglesas

A táctica da diplomacia britânica, em Julho de 1914, ressuscitara de um modo brutal a velha tradição anglófoba e deteriorara gravemente a *Entente Cordiale*. Cinquenta anos depois compreendem-se as razões do Foreign Office, quando queria obrigar os Franceses a jogar até ao fim a cartada da paz. As garantias dadas aos Russos provam que a Grã-Bretanha tinha intenções de se manter fiel à sua palavra; todavia, o aliado francês podia considerar que fora abandonado e sentir, por isso, um legítimo rancor. Posteriormente, a incursão dos Ingleses, em Agosto de 1914, a desenvoltura de French que hesitava em voltar a embarcar ou a recuar para além do Sena quando o comando francês vivia o drama mais pungente da sua história, constituíam outra recordação que os chefes do Exército francês tiveram dificuldade em esquecer. Desde então, apesar do acordo de Londres, nos termos do qual os membros da *Entente* se comprometiam a não concluir a paz separadamente, apesar dos 100 000 combatentes ingleses perdidos no Marne, o encanto da aliança estava quebrado. As duas ofensivas inglesas em Artois, as batalhas do Somme, de Passchendaele, nada mudaram, nem sequer o milhão de soldados ingleses perdidos antes do final do ano de 1916 em diversas frentes.

Tal como os Russos, os Franceses acusavam os Ingleses de se baterem com soldados dos outros ou de só o fazerem quando se tratava de salvaguardar o seu império. Dos 500 000 Ingleses que se batiam em França em 1915, Joffre comentava ainda por cima: «Nunca ousaria deixar-lhes a guarda das linhas; sozinhos, seriam desbaratados; só tenho confiança neles quando estão enquadrados por Franceses». Em 1917, Pétain pensava o mesmo: «O comando inglês era incapaz, as suas tropas estavam a ser incapazmente utilizadas». É verdade que os Ingleses recusaram sempre as concepções de Joffre e de Pétain. No princípio de 1918, não conseguiram pôr-se de acordo quanto à constituição de uma reserva geral única: esta levantaria o problema do comando supremo.

O ressentimento dos Franceses alimentou-se de um rancor especial: longe de reconhecerem a superioridade dos Franceses no combate, em suma, de aceitarem ser secundários, os Ingleses consideravam facilmente que os Franceses tinham muito a aprender sobre o modo de conduzir uma guerra vitoriosa. Apesar de tudo, Waterloo, Sedan e Fachoda eram as últimas grandes datas da história militar francesa. Reprovavam a Joffre, Foch e Mangin não terem em devida consideração as perdas em homens, um juízo que a História consideraria correcto se não proviesse dos responsáveis de Passchendaele.

Os objectivos de guerra dos Aliados

O problema dos objectivos de guerra ameaçou igualmente a coesão das alianças. De resto, os membros da *Entente* só o examinaram, de forma constrangida e forçada, quando tiveram de consultar-se para oferecer à Itália a recompensa pela sua viragem ou então no decorrer das iniciativas de Wilson, no final de 1916, quando foi necessário recorrer a conversações secretas e resposta pública.

À excepção da retomada da Alsácia-Lorena, «cuja imagem surgiu bruscamente, a partir dos primeiros combates em 1914, da sombra discreta onde, até dias antes, estivera encerrada», e que foi apenas referida como objectivo de guerra pelos soldados que cumpriam o seu dever «para salvar o país», as ambições dos dirigentes franceses eram relativamente modestas. Visavam mais a restauração de uma situação passada ou garantir a segurança do país do que praticar uma política de potência. Quando os meios dirigentes defendiam uma política expansionista, pensavam mais na obtenção de uma compensação face às vantagens que os seus aliados poderiam obter do que em aumentar o seu próprio território. Esta perspectiva não deixa de os levar muito longe.

Assim, desde 1915, o presidente do Comité das Fundições, Robert Pinot, colocava a questão do Sarre «tendo em conta a situação extremamente crítica em que se encontravam as minas de carvão francesas, com um défice de 20 Mt em 1913». No seu parecer, não se tratava de uma compensação pelas perdas sofridas com a ocupação e a guerra mas de uma aquisição definitiva. Por seu lado, os meios nacionalistas, apoiados por uma coorte de historiadores, tais como Lavisse, Sagnac, etc., apresentavam o problema da anexação da margem esquerda do Reno. Segundo Maurice Barrès, a França devia garantir para si «uma zona de defesa contra as infiltrações alemãs». As populações poderiam escolher entre a adesão à França e a independência combinada com a neutralidade. O «Comité da margem esquerda do Reno» recordava as afinidades entre estas populações e a civilização latina, insistindo Barrès no seu catolicismo e o historiador Aulard invocando o comportamento dos Renanos na altura da Revolução francesa. Briand considerou que estes propósitos eram inoportunos, davam oportunidades à propaganda inimiga e à dos socialistas que, até aí, proferiam acusações infundadas. O primeiro-ministro deu ordem à censura para «proibir todos os artigos a favor ou contra a paz (...), todos aqueles que discutissem as condições de paz. Não tolerem nenhuma excepção». Também procurou fomentar as conversações privadas com os Russos. «Tomai Mayence, tomai Coblença, ide mais longe, se assim o considerardes», declarava Nicolau II a Maurice Paléologue, embaixador de França.

A vitória de Verdun, os sucessos da ofensiva de Brussilov e a entrada em guerra da Roménia abriram novas perspectivas. Para além da neutralização da margem esquerda do Reno, encarou-se «quebrar o Império Alemão e o militarismo prussiano».

Delcassé dera a conhecer o seu pensamento, antes, a Isvolsky, fazendo alusão às colónias alemãs, ao direito da Dinamarca sobre o Sleswig. Evocara mesmo o caso do Hanover, de que a Inglaterra talvez desejasse a independência. Estas ideias readquiriram consistência em 1916. Por outro lado, Joffre indicava a Poincaré os objectivos a atingir: anexação da bacia do Sarre; na margem esquerda do Reno, formação de três ou quatro Estados que seriam «separados politicamente da Alemanha», mas unidos à França por uma União aduaneira; instalação de testas-de-ponte na margem direita do rio, frente a Estrasburgo e a Gemersheim; redefinição do mapa político da Alemanha com o objectivo de diminuir a superfície da Prússia. Tratava-se, assim, de destruir realmente a Alemanha como grande potência e mesmo como Estado. Segundo Lorentz, aliás, ao receber alguns meses mais tarde o príncipe Sixto de Bourbon que viera examinar em segredo as possíveis condições para uma paz separada entre a dupla monarquia e a República Francesa, Poincaré oferecia a Silésia e a Baviera à Áustria-Hungria.

Estes projectos nunca foram comunicados à Grã-Bretanha; no que diz respeito à margem esquerda do Reno, Briand evocou apenas a necessidade «de um pretexto para toda a Europa». Em compensação, a missão Doumergue-Castelnau falou disto abertamente ao czar. Mais do que o próprio objecto da conferência, que era a ajuda aliada à Rússia, foi a questão da margem esquerda do Reno que esteve no centro das conversações secretas, estritamente franco-russas. O acordo fez-se sobre a constituição de Estados autónomos, independentes da Alemanha e enfraquecidos, no Reno. A sua ocupação servia de garantia à execução das cláusulas da paz. Em troca, os Franceses prometiam apoiar as reivindicações dos Russos sobre Constantinopla. Os Russos consideravam que os Estreitos constituíam a compensação oferecida em troca pela retomada da Alsácia-Lorena; pela margem esquerda do Reno, pediam a «liberdade de acção na sua fronteira ocidental», ou seja, que a França abandonasse a causa da independência polaca. Briand hesitou em aceitar mas resolveu-se a isso a 10 de Março de 1917. Concluído sem que a Inglaterra estivesse informada, este tratado secreto caducou alguns dias mais tarde, desfeito pela revolução. A que pressão cedera Briand quando a propaganda não cessava de clamar a luta da França pela defesa dos direitos dos povos? Quereria ele dispor de um trunfo face à crescente importância das propostas nacionalistas da direita e de Clémenceau? Ou então considerou necessário satisfazer o czar e evitar qualquer veleidade de ele concluir uma paz separada no momento em que a agitação eclodia em Petrogrado? Pelo menos, o tratado comprometia a Rússia, e dava uma garantia à França.

Por seu lado, os Ingleses tinham a intenção de se apropriar do antigo Império Alemão, «cuja reconquista era irreversível». Tinham igualmente ambições no Império Turco, rico em recursos petrolíferos que há muito cobiçavam. Os Franceses dirigiram igualmente o seu olhar para a Síria, pelo que se iniciaram negociações secretas. A Rússia juntou-se a essas negociações, a Itália foi afastada. Estes acordos Sykes-Picot delimitavam respectivamente as zonas que as três potências se reservavam relacionadas com a eventual criação de um reino ou de uma federação árabe. A Palestina devia beneficiar de um estatuto especial, os sionistas desejavam instalar aí o lar da colonização judaica. Nos E.U.A., tal como na Grã-Bretanha, agiram neste sentido, obtendo do governo inglês uma promessa tornada pública no final de 1917 (Nota Balfour). Ao norte do Império Turco, as províncias de Erzerum, Trébizonda e Ardahan passariam para a soberania do czar.

Os objectivos de guerra da Alemanha

As divergências entre as potências centrais incidiram igualmente sobre a condução ou sobre os objectivos de guerra. Mas foi, sobretudo, a vontade de poder dos dirigentes alemães que esteve na origem dos conflitos, mortais para a solidez das alianças, e para o futuro da própria Alemanha. O mérito de Fritz Fischer reside em ter mostrado que este espírito dominador não foi exclusivamente apanágio dos militares ou pangermanistas aos quais as pessoas «razoáveis» teriam tentado resistir, mas que foi partilhado por uma grande parte da opinião, incluindo os sociais-democratas.

É verdade que as variações do mapa de guerra, entre 1914 e 1918, tornaram estas ambições mais ou menos irreais e, na altura dos reveses, o Exército manteve-se intransigente enquanto o governo encarava uma opção. Se a táctica variava, o objectivo dos «moderados» e dos «extremistas» era idêntico: visavam a transformação da Alemanha numa potência «mundial».

Graças ao «Programa de Setembro», conhecem-se os objectivos de guerra oficiais, mas secretos, do governo alemão em 1914. Como em França, os considerandos atestam o seu carácter defensivo: «Trata-se de assegurar a segurança da Alemanha a oeste e a leste por um futuro indeterminado. Também a França deve ser enfraquecida a um ponto tal que nunca mais possa vir a ser uma grande potência. A Rússia deve ser rechaçada para tão longe quanto possível das fronteiras orientais da Alemanha e o seu domínio sobre os povos não russos deve ser quebrado».

A França devia ceder a bacia mineira de Briey, Belfort, a costa de Dunquerque a Bologne. Desmantelaria os seus fortes a oeste dos Vosgos. Assinaria um tratado que, uma vez a indemnização paga, a colocaria sob a dependência da Alemanha. A Bélgica cederia Liège e Verviers; seria avassalada enquanto o Luxemburgo, aumentado com a sua parte belga e com Longwy, seria anexado. Os Países Baixos seriam colocados sob a dependência da Alemanha mas depois de serem tomadas certas precauções, dado o carácter «independente» dos Holandeses. Uma associação económica da Europa Central (Escandinávia, França, Áustria-Hungria, Polónia, etc.) seria criada sob a liderança da Alemanha *(Mitteleuropa).*

As grandes linhas deste programa, que compreendia apenas uma parte dos objectivos de guerra da Alemanha, manter-se-iam inalteradas até ao fim da guerra. Correspondiam aproximadamente às exigências dos meios pangermanistas que pediam, além disso, a anexação de Toulon. Por seu lado, atrás de Thyssen, a grande indústria queria a linha do Mosa, incluindo os departamentos do Mosa e de Haute-Saône. Guilherme II acrescentava a isto a ideia de que as regiões anexadas deviam ser «esvaziadas das suas populações».

Destinados ao ajuste de contas com a França, estes objectivos de guerra obedeciam igualmente aos arrebatamentos anglófobos da Marinha, desejosa de obter o máximo de vantagens a oeste, para criar obstáculos à Grã-Bretanha, o inimigo principal segundo a opinião unânime. Para garantir a vitória contra a Grã-Bretanha, o almirante Tirpitz e o industrial Hugo Stinnes eram mesmo partidários de uma paz de compromisso com os outros adversários. Todavia, outros interesses exigiam igualmente anexações a leste e era assim uma dupla paz vitoriosa o que a diplomacia alemã desejava. Jagow escrevia: «Eu não sou daqueles que querem uma aliança a todo o custo com a Rússia só para pôr fim à Inglaterra... A Rússia é o adversário mais fraco e vencer a Inglaterra não é assim tão fácil como dizem estes senhores. A Alemanha não definirá os seus objectivos de guerra unicamente para satisfazer os interesses da grande indústria».

Se Hugo Stinnes, Krupp, Thyssen, etc., eram unânimes em querer reduzir a França «a um território sem reservas de carvão nem de ferro, que deixaria de ser um rival económico no mercado mundial ou um perigo político no conceito das potências», os seus objectivos de guerra não se limitavam à Europa Ocidental.

Sob a assinatura do seu presidente, Class, o *Alldeutscher Verband* redigira um programa que previa o regresso da Rússia às «fronteiras da época de Pedro, o *Grande*», a aquisição das províncias da Polónia, da Lituânia e das províncias bálticas. Os industriais não pediam mais; à excepção de Thyssen, que teria querido igualmente a bacia do Don com Odessa, a Crimeia, a região de Lvov e o Cáucaso, «pelos seus jazigos de manganésio». Estes objectivos iam ao encontro do objectivo de guerra essencial da grande indústria, «eliminar a tutela intolerável que a Grã-Bretanha exerce sobre a Alemanha nos negócios mundiais», visto que, através do Cáucaso, da Ásia Menor e da Pérsia, Thyssen pretendia ter uma fronteira com a Índia e com o Egipto. Já Hugenberg dividia estes territórios em duas partes: uma *Kulturland,* que seria povoada com colonos alemães e um *Vorland,* uma espécie de talude oriental face à Rússia; estavam previstas grandes transferências de mão-de-obra, tendo cada povo uma tarefa precisa a realizar. Assim, ter-se-ia chegado a um novo arranjo do mapa étnico e económico da Europa. Alguns anos mais tarde, Hitler iria retomar, por conta própria, este programa: encontramo-lo anunciado, ponto por ponto, nas *Considerações Soltas Sobre a Guerra e a Paz.*

As ambições dos homens de Estado alemães viravam-se igualmente para além-mar. Nas vésperas da batalha do Marne, o secretário de Estado para as questões coloniais, Wilhelm Solf, enviava a Bethmann-Hollweg um memorando redigido na previsão de uma paz possível com a França e a Bélgica.

Solf sugeria que Portugal, ainda que neutro, cedesse Angola e a metade norte de Moçambique para ligar, a oeste e a leste, as colónias alemãs de África. Além disso, o Império Alemão deveria incluir o Congo Belga, a África equatorial francesa até ao lago Chade, a totalidade do Togo e do Daomé, assim como o Norte do Senegal e da Gâmbia até Tombuctu. O anel do Níger constituiria assim a fronteira norte deste império cuja jóia deveria ser o Catanga. Os projectos de Zimmerman iam mais longe. Imaginava um Império Alemão que englobaria a África Central, entre o Sara e o Zambeze, e que compreenderia igualmente Madagáscar, Açores, Madeira e Cabo Verde. Um tal espaço permitiria o controlo das rotas do Império Britânico entre a Índia, a África do Sul e a Austrália. Posteriormente, graças ao prestígio que este novo império das Índias africanas exerceria, a América Latina afastar-se-ia da influência dos Estados Unidos. A leste, as posições alemãs do Chantung abririam a via a um protectorado sobre a China. Assim, para além da Mesopotâmia, o eixo Berlim-Bagdade dividir-se-ia em dois ramos. Um, pela Pérsia, o Afeganistão e a Ásia Central, atingiria a China e chegaria a Samoa; o outro, pela Arábia e a Índia africana, estenderia os seus tentáculos até Santa Catarina (Brasil).

Estes projectos atingiam a integridade territorial do Império Britânico, potência mundial considerada invencível. Quando a realidade se mostrou diferente, com o apogeu da guerra submarina e ainda durante a ofensiva de Março de 1918, os objectivos de guerra dos homens da Marinha, dos industriais e dos políticos alongaram-se ainda mais. Em África, todo o território moçambicano tal como o Norte da Rodésia, o Uganda e o Quénia, completariam o conjunto anteriormente previsto, tal como a Gâmbia britânica com Bathurst, Dacar, a Guiné portuguesa e todo um conjunto de bases navais. Mais a leste, a Reunião juntar-se-ia a Madagáscar e, na Ásia, o Norte de Bornéu; o controlo das outras ilhas da Insulíndia efectuar-se-ia a partir «de dentro» graças à subjugação dos Países Baixos.

A «guerra alemã»

Repousando umas vezes numa concepção da História, outras nos melhores interesses do povo alemão ou em grupos de pressão, estas ambições não se comparavam com as dos Aliados. É um facto que, «abastecidas e sem falta de espaço nacional», as potências inimigas tiveram, cada uma delas, o seu momento: chegara a vez da Alemanha. Esta ideia, inspirada em Ranke, remetia para o passado a glória da Inglaterra, hoje uma «velha nação», enquanto o povo alemão, que assistia ao crescimento brusco do seu poder e da sua população, representava a juventude e o futuro do mundo. «O que poucos de entre nós ambicionavam, o que estava adormecido no subconsciente de muitos, o que os nossos homens de Estado tentavam atingir pacificamente, o que os nossos inimigos temiam em segredo, o que os acontecimentos revelam a cada Alemão, esta guerra... fará da Alemanha uma potência mundial». É a «guerra alemã», depois de ter havido a «guerra espanhola», a «guerra francesa», a «guerra inglesa». A Alemanha devia ocupar lugar ao lado dos outros três: o Império Britânico, a Rússia e os Estados Unidos: «Cingida por duas potências mundiais a oeste e uma outra a leste», a Alemanha devia abrir caminho entre elas e mostrar a legitimidade de um «império que está de permeio». Na verdade, alimentava ambições mais longínquas, tal como as que enunciava o geógrafo A. Hettner: «Nós, Alemães, devemos impor aos povos utilitaristas, egocêntricos ou frívolos a nossa civilização. Nós, Alemães, queremos expandir a nossa cultura e ser os educadores do mundo».

Pensou-se durante muito tempo que, face às ambições anexionistas dos militares alemães, os meios civis e governamentais teriam tentado definir objectivos de guerra mais razoáveis. Os trabalhos de Fritz Fischer mostram que esta interpretação estava errada: as perspectivas de Bethmann-Hollweg, dos meios pangermanistas, da maior parte dos dirigentes, eram semelhantes. Contudo, o chanceler mantinha-as em segredo para enganar e enfraquecer o inimigo, aumentar os esforços da nação e entorpecer os socialistas. De resto, acrescentava Hugenberg, «os trabalhadores ficarão mudos de admiração perante as novas anexações». De qualquer forma, uma vez acabada a guerra, era necessário que a indústria alemã dispusesse de possibilidades que lhe permitissem fazer face aos pedidos dos trabalhadores. Bethmann-Hollweg tinha outra razão para esconder os seus objectivos de guerra. Estes teriam inquietado os parceiros da Alemanha, enfraquecido a coesão das alianças e tornado a vitória menos certa.

Relações germano-turcas e germano-austríacas

Procedia-se assim nas relações com os Turcos. Em 1914, estes esperavam pelo menos recuperar Chipre, a Arménia russa e o Egipto. As ambições da Alemanha quanto ao petróleo da Mesopotâmia, os fosfatos de Hedjaz, as suas perspectivas quanto à organização do mundo etc., começavam a inquietar seriamente os Turcos; a longo prazo, ameaçavam a independência económica do império. Sobretudo, este conflito manifestou-se na Transcaucásia, onde, depois do tratado de Brest-Litovsk, o panturanismo colidiu com o pangermanismo. O primeiro motivo de competição era o domínio do Mar Negro onde os Alemães mantinham posições desde a ocupação da Ucrânia. No dia 1 de Fevereiro de 1918, Turcos e Alemães passavam a vias de facto a propósito da questão da Geórgia, onde Ludendorff apoiava as nacionalidades ligadas à causa da Alemanha enquanto os Turcos pretendiam controlar o conjunto da Transcaucásia «que pertencia à sua esfera de influência.». Os Ingleses, provenientes do Sul, marchavam já sobre Baku; Turcos e Alemães viram-se forçados a estabelecer um *modus vivendi,* mas a sua aliança estava perturbada, como estava igualmente a do *Kaiser* com a Áustria-Hungria.

Os objectivos de guerra da dupla monarquia eram mais modestos do que os do Império Turco. Os meios dirigentes interrogavam-se mesmo sobre as vantagens de uma eventual anexação da Sérvia e do Montenegro. Temendo de antemão a agitação que estas minorias provocariam no império, Burian inclinava-se para a constituição de Estados satélites aos quais se juntaria a Albânia. Para além de algumas rectificações de fronteira do lado da Roménia e da Itália, a dupla monarquia só formulava com firmeza um objectivo de guerra: a constituição de um Estado polaco sob a sua égide. Este projecto adaptava-se mal aos planos dos Alemães. Após negociações difíceis, foi encarado deixar a Polónia para os Alemães; em troca, a Áustria receberia a Roménia. Contudo, era evidente que a Alemanha ambicionava também o petróleo romeno, tal como sonhava controlar toda a Europa Central. O projecto da *Mitteleuropa* ia fazer do aliado um satélite.

O novo monarca tentou encontrar as modalidades de uma paz com os Aliados. Doravante, o poder da Alemanha e os projectos da *Mitteleuropa* ameaçavam-no tanto como a acção das forças centrífugas: o *Kaiser* tentara, contra a vontade dos Austríacos, negociar com os Russos; Carlos I tentou, contra a vontade de Guilherme II, negociar com os Franceses e os Ingleses. Esta negociação secreta empreendida pelo príncipe Sixto de Bourbon abortou. Contudo, a Áustria comprometeu-se a apoiar a causa do regresso da Alsácia-Lorena à França; em troca, Carlos I estava pronto a entregar a Polónia a Guilherme II, em troca de uma contrapartida simbólica oferecida à Áustria na Roménia. Todavia, nesta altura, em Março de 1917, os apetites anexionistas das duas coligações eram demasiado fortes para que pudessem aceitar uma paz sem conquistas. A negociação falhou na parte a atribuir à Itália. Empreendida sem o consentimento formal da Alemanha, esta negociação esfriara particularmente as relações entre os dois aliados. Provocou igualmente a indignação da nova República Russa à qual Poincaré nada comunicara. A França laica e republicana tratara outrora o czar com mais consideração.

Algumas semanas mais tarde, em nome do imperador Carlos, Czernin remetia a Guilherme II um memorando no qual declarava que a «força militar da Áustria se aproximava do seu fim; dada a situação desesperada das populações, a fome, os efeitos da revolução de Fevereiro sobre as populações eslavas, o espírito de revolta entre os operários e os alógenos, pedia que a paz fosse concluída nas semanas seguintes». Guilherme II vivia na esperança de uma vitória total a leste e, em seguida, a este: respondeu «não» a Carlos I. A carta que o jovem imperador enviara ao seu primo merecia, no entanto, mais atenção: «Compreendei que combatemos doravante um inimigo de um novo tipo, mais perigoso do que a *Entente:* a revolução internacional (...). Suplico-vos que não vos contenteis em ver apenas as vantagens imediatas e que só o fim da guerra, concluída o mais rapidamente possível, nos permitiria afastar as nuvens que se acumulam no horizonte».

III

A PROBLEMATIZAÇÃO

A guerra exigia das nações o impossível. À partida dos soldados seguiu-se o trabalho das mulheres, depois a antecipação dos recrutamentos. Prosseguiu a estruturação de uma economia de guerra, com todas as suas sujeições. Por fim, o terrorismo das propagandas apelou às derradeiras energias da sociedade: por causa disso, o rosto da Europa transformou-se, assim como sofreram transformações a sua existência quotidiana, e a sua perspectiva do futuro.

De resto, o esforço dos homens, a aventura muitas vezes trágica de estar debaixo de fogo, os breves regressos, de licença, deram aos mobilizados uma consciência aguda da sua solidariedade. Os combatentes tornaram-se numa espécie de classe à parte, a classe dos sacrificados. Perante «os da retaguarda», os que lucravam com a guerra ou os que tinham conseguido não ser mobilizados, sentiram uma hostilidade surda, que não deixou ràsto na grande história da guerra; todavia, marcou toda uma geração.

A crónica reteve mais facilmente o conflito entre os poderes civis e militares, entre os chefes dos exércitos ou os líderes parlamentares. É verdade que as suas querelas desembocaram na história política tradicional, que já registara manifestações desses diferendos: tratava-se do ressurgimento de lutas mais antigas. Aconteceu o mesmo com a deterioração da União Sagrada, com o renascimento do movimento operário e socialista, em surdina desde o Verão de 1914. A guerra modificou-lhe as perspectivas e, violentamente, o espírito revolucionário ressuscitou.

Exprimindo-se às claras, o descontentamento das classes populares escondeu um outro mal-estar, o das classes médias. Este tinha em parte as mesmas causas económicas, mas a deterioração do seu estatuto social fez reagir os pequeno-burgueses de uma maneira diferente das classes populares.

O antagonismo entre a frente e a retaguarda e o descontentamento dos trabalhadores manuais e das classes médias, o relançamento do movimento revolucionário, tal como o ressentimento geral contra os aproveitadores da guerra, constituem fenómenos que traduzem um mal-estar, uma cólera.

A guerra mantinha-se, mas seriam bem conduzidas as hostilidades e justificar-se-ia um número de baixas tão elevado? O preço da vitória não seria demasiado alto e, nesse caso, não seria do interesse do país concluir uma paz negociada? Os dirigentes civis e militares teriam a noção do possível e do impossível? O prolongamento do estado de guerra não lhes proporcionava a ocasião de aumentarem abusivamente a sua influência na sociedade? Tais eram as interrogações e os alertas que não recebiam resposta pública. Contudo, as remodelações ministeriais, a substituição dos homens responsáveis, as crises que eclodiam na frente ou na retaguarda revelavam a existência de uma profunda perturbação, de uma situação muito grave.

Tentando esconder a verdade ao país, o que é uma forma de propaganda, os meios dirigentes procuravam, instintivamente, legitimar o seu direito de governar. Por detrás da hipocrisia das consultas eleitorais, esse direito procurava apoiar-se na competência, no serviço público, quando não assentava sobre o bom velho direito divino. Como os grandes chefes eram, por natureza, eficazes e infalíveis, mesmo que a vitória teimasse em escapar-se-lhes, esses dirigentes deviam descobrir a todo o custo os responsáveis pelos seus fracassos. O inimigo tinha, assim, espiões em todo o lado e se se pudesse demonstrar que os revolucionários estavam nas suas mãos, os dirigentes aproveitariam para destruir, em simultâneo, o inimigo nacional e o inimigo de classe. Na verdade, esta possibilidade só se proporcionou em 1917, depois da queda do czarismo, quando a sorte das classes dirigentes pareceu ameaçada pelo trágico destino da burguesia e da aristocracia russas. Mas até aí a atmosfera de «União Sagrada» dos primeiros meses de guerra perpetuou-se, pelo menos em público, deixando aos responsáveis civis e militares as armas da verdade oficial. Do lado dos Aliados, essa verdade transformou em sucessos fracassos tão estrondosos como o do Somme ou o do Chemin des Dames. Do lado das potências centrais, um ano depois, essa verdade apresentou o armistício de 11 de Novembro como o salário da vitória. De um país para outro em que jogava a solidariedade internacional das classes dirigentes, esta mesma verdade oficial fez da revolução o cumprimento do voto mais caro das classes dirigentes.

Assim, os antigos antagonismos reapareciam, apesar da guerra, enquanto o prolongamento desta fazia surgir tensões desconhecidas. Uma sociedade estava em transformação.

Que novas contradições se acrescentem às outras ou que se neutralizem e, no fim de contas, que se sobreponham umas ou outras, o que é facto é que as nações foram mais ou menos sacudidas por crises que iriam desembocar, em breve, no comunismo, mais tarde no fascismo, no nazismo ou noutros «ismos». De início, tratara-se de um simples questionar sobre a condução da guerra, sobre os seus objectivos, mas ele pôs em causa própria guerra, as razões que a tinham originado e, por consequência, o governo da sociedade.

XIV

NOVAS TENSÕES, ANTIGAS TENSÕES

Desde 1914, em França, os militares souberam rapidamente tornar-se senhores do poder. «Os prefeitos já não existem, os parlamentares são maltratados, os generais apropriam-se de funções tradicionalmente civis». É a desforra. Desde Boulanger e do caso Dreyfus, há uma parte dos quadros do Exército que só estava à espera daquele momento: estão agora totalmente satisfeitos. Em quatro semanas, o assunto está resolvido. Quando começaram as hostilidades, Poincaré não chegou a saber quem eram os generais que comandavam os diferentes exércitos da República; o supremo quartel-general não o informou da derrota de Charleroi nem do número de baixas sofridas durante os primeiros meses de guerra. Quando quis acompanhar Joffre à Alsácia reconquistada, a visita foi-lhe recusada. As autoridades militares nomeavam subprefeitos e juízes. Em breve, uma circular do supremo quartel-general proíbe os prefeitos de telefonar sem autorização, mesmo que o telefonema seja para o ministro. Alguns meses mais tarde, Viviani, tomava conhecimento pela sua florista de que o supremo quartel-general ia abandonar Chantilly. «Isto não é muito agradável para um primeiro-ministro», diz ele ao Conselho.

Estas situações caricaturais acontecem em toda a Europa. As tensões que revelavam não tinham grande importância em momentos de vitória. O mesmo já não acontecia quando surgia a ameaça da invasão ou quando aumentava a lista dos mortos; por isso eclodiu o conflito entre a administração civil e o Exército, em primeiro lugar, entre os Aliados.

PODER CIVIL E PODER MILITAR

Na Rússia, burocratas e militares lançavam as culpas uns para os outros; o Exército acusava a administração de imprevidência e esta acusava os militares de criarem o caos. Por seu lado, afastada do governo, a Duma condenava todos aqueles que exerciam o poder. Mas os ministros e os generais garantiam que tudo ia bem. Como dizia Miljukov: «Ou os dirigentes nos mentem, ou são incapazes, ou são inconscientes».

Na Rússia czarista, a querela entre burocratas e militares não era mais do que um jogo de sombras. Na Itália foi, durante muito tempo, o sintoma de um fenómeno mais amplo: o desinteresse geral dos Italianos pela guerra. Mesmo Caporetto, para os civis, era apenas uma espécie de conflito colonial que se desenrolava às portas do país. O Parlamento e os responsáveis das finanças distribuíam os créditos com a mesma parcimónia como se tratasse de uma campanha na Líbia. Ora só dois dos dezassete corpos de exército estavam equipados e Cadorna manifestou grande incapacidade de aproveitar as vantagens que uma ofensiva inesperada lhe teria proporcionado.

Os meios intervencionistas pressionavam Cadorna para agir: o generalíssimo exigia doze divisões complementares. Após seis meses de hesitações, o ministro concedeu-lhe oito, mas no papel. Estariam elas apenas prontas para a ofensiva de 1916? O tom subia entre o Estado-maior e o governo. Na altura de Asiago, o primeiro-ministro Sonino declarou «que não era já possível que os destinos da Itália estivessem nas mãos de um homem que não dava contas a ninguém dos seus desígnios nem dos meios de que dispunha». O governo convocou Cadorna que, como resposta, enviou um relatório de uma página. Como as tropas italianas recuperavam, o governo não ousou destituí-lo.

Depois destes acontecimentos, a Câmara recusou a confiança ao governo por um voto, numa votação em que a esquerda e a extrema-direita conjugaram os seus sufrágios. Na verdade, o Exército não saiu diminuído destas provações: considerava que os poderes civis deviam ser colocado à sua disposição e que, antes de agir, se devia consultar Cadorna. Assim, pensando que as tropas doravante teriam falta de capacidade ofensiva (o que se explicava pelo modo como os oficiais ordenavam que os soldados arremetessem frente ao arame farpado do inimigo), o Exército considerava que a responsabilidade se devia ao ministro do Interior, Orlando, a quem acusava de fraqueza perante os pacifistas; uma conjuntura que se repetiu, passo por passo, em França, onde, após os motins, Nivelle e Pétain acusaram Malvy.

Em França

Em França, onde a invasão estava às portas da capital, as condições eram muito diferentes, pois a existência do país parecia realmente ameaçada. Política no começo, a querela entre civis e militares adquiriu a forma de um conflito de autoridade. Assim, em 1914, as circunstâncias ajudaram Joffre, o melhor dos republicanos, a dotar o Exército de poderes considerados, em breve, exorbitantes. Durante a crise de Julho, Poincaré e Viviani estavam em São Petersburgo; na sua ausência, os membros do governo mostravam um certo nervosismo. A 25 de Julho, Messimy, ministro da Guerra, telegrafava aos oficiais-generais ausentes pedindo-lhes para se juntarem às suas guarnições. Joffre recordou-lhe a existência de um *Anexo IIA* que fixava a exacta cronologia das medidas a tomar em caso de urgência. «Daí em diante, o ministro não voltou a agir sem me consultar», comenta Joffre. A proclamação de estado de sítio, a 2 de Agosto, a suspensão do Parlamento, dois dias depois, reforçaram ainda mais a autoridade do comando. Indirectamente, a derrota aumentou ainda esse poder, pois Joffre convidou o governo a abandonar Paris se não quisesse repetir o erro de 1870. Este submeteu-se e a proclamação do general Gallieni não aumentou o prestígio dos parlamentares.

Doravante, os membros do gabinete já não ousaram reagir: estavam desarmados frente aos militares, e os ministros socialistas não eram os últimos a recomendar disciplina e obediência. No Conselho, o papel do ministro da Guerra, Alexandre Millerand, era o de assegurar boas relações entre civis e militares. Impedia os ministros de reagir contra os actos do comando, dando a compreender que, sem ele, o comando era bem capaz de se entregar a actividades sediciosas. É verdade que certos chefes não estavam completamente desprovidos de intenções reaccionárias: «O clericalismo veste farda para melhor partir para a guerra contra a República», escrevia Abel Ferry, o sobrinho de Jules Ferry. As ligações de Castelnau e Foch com os meios eclesiásticos eram conhecidas, tal como as ideias, bastante retrógradas, de Franchet d'Esperey. Os generais «republicanos», como Sarrail, não gozavam da inteira confiança dos seus pares. Ora, segundo Millerand, se o Exército ocupava, a pouco e pouco, o Estado e se apoderava dos poderes civis, e se os seus chefes usavam o argumento da necessidade «patriótica» para abusar dos seus poderes, não haveria, com efeito, que temer acções sediciosas enquanto Joffre permanecesse à frente do Exército. O generalíssimo também não tinha melhor advogado do que o seu ministro e tirava partido disso para enfraquecer rivais como Gallieni, e para assegurar a estabilidade da sua autoridade. Um conflito eclodiu a propósito do caso Sarrail: em Agosto de 1914, Joffre ordenara a Sarrail para abandonar Verdun; Sarrail recusara-se a obedecer e os acontecimentos acabaram por lhe dar razão. Joffre aguardou um momento mais oportuno e o fracasso de uma operação conduzida por Sarrail permitiu-lhe castigá-lo; habilmente, substituiu-o por Dubail, com reputação de «bom republicano». Já algo revoltado contra Joffre, o governo não se deixou enganar: nomeou Sarrail para o comando do Exército do Oriente. «Data histórica», comenta Abel Ferry. «Pela primeira vez, o Conselho revogava uma decisão do generalíssimo» (Julho de 1915).

Esta guerra feita a Joffre era apenas um dos aspectos da contra-ofensiva geral dos parlamentares. Teriam um longo caminho a percorrer pois, vencidos no campo militar, os oficiais-generais procuraram desforrar-se na frente interna. Desde longa data, sonhavam abater o orgulho desses deputados que se identificavam com a «meretriz», a República, responsável, aos olhos dos militares, pela própria falta de poder destes, falta essa que se identifica com falta de poder da nação. A declaração de guerra tinha posto fim a esta situação insuportável. Aliás, para o general Rouray deixara de haver deputados durante as hostilidades: puniu Jobert, alistado como voluntário, representante da Yonne, pelo seguinte motivo: «Sob o pretexto de, em tempo de paz, ser deputado», escreveu ao ministro.

Entre os militares e os parlamentares havia uma incompatibilidade absoluta de espírito e de atitude. Em nome do «segredo militar», os chefes militares recusavam-se a dar qualquer informação ao governo, aos deputados, à nação. Todavia, como dizia Abel Ferry a Poincaré: «Todas as ofensivas foram do conhecimento do governo, das Câmaras, do público, dos automobilistas e dos jornais estrangeiros, um mês antes do seu desencadeamento». «Conhecia-se o local, os meios, o dia ou, pelo menos, a semana». Nem por isso o Exército deixava de impor o silêncio ao país. A direita estremecia de gozo. «A França passa melhor porque a tribuna está calada», declarava o general Lyautey que, quando do recomeço dos trabalhos parlamentares, comentou: «Isto andava tão bem enquanto não se falava nem se escrevia».

Davam-se explicações sobre o material e negavam-se essas explicações quanto às existências, às ordens cruéis e impossíveis de concretizar. Todavia, os fracassos do ano de 1915, as hecatombes, acabaram por ser avaliados e conhecidos; isto suscitou perguntas e críticas. Solidário com os chefes militares, o governo reforçara a censura, em nome da União Sagrada. Assim, fazia calar os jornalistas e os deputados. O parlamento recalcitrou, apoiado sub-repticiamente por alguns membros do governo. «A nossa união só é possível no perpétuo silêncio?», exclamava Chaumet. «Só na condição de nada se dizer é que nos podemos compreender?». Era prematuro criticar abertamente os militares. Criticava-se então o seu ministro, Alexandre Millerand, teimoso e lacónico, que, protegendo toda a gente, enfrentava os ataques. Contudo, no estado em que se encontravam os assuntos deixados por Étienne e Messimy, era incapaz de determinar o número de espingardas ou de canhões de que o Exército dispunha e esta ignorância tornava-o muito vulnerável. Esta situação irritava especialmente Poincaré que, contrariamente a Guilherme II, não tomara a precaução de se informar do estado dos *stocks* antes de entrar em guerra. Tornado o alvo favorito da Comissão do Exército, e especialmente de Clemenceau, Millerand teve de se sacrificar após a interpelação de Accambray, em sessão pública. «Esquartejado vivo» pelos seus colegas de gabinete, teve de aceitar a presença ao seu lado de três secretários de Estado que assumiram as suas funções, especialmente Albert Thomas, nas Munições. Esta crise levou à queda de Viviani, à sua substituição por Aristide Briand.

A vitória dos parlamentares

Graças às Comissões do Exército e aos comités secretos do Senado, já os papéis respectivos do governo e do comando na direcção da guerra foram definidos e delimitados. Gaston Monnerville publicou os textos, durante muito tempo inéditos, que mostram os esforços repetidos de Paul Doumer, Georges Clemenceau e Jules Jeanneney para que o Parlamento retomasse os seus direitos. «O soberbo isolamento de que o quartel-general do Exército se rodeou», declarava J. Jeanneney, «a omnipotência severa, sem partilha, que exerceu ao abrigo de qualquer controlo, inclusive do controlo parlamentar, a atmosfera de idolatria que patrioticamente se manteve à volta dele, impediram o reconhecimento dos erros e o valor das sugestões que lhe eram feitas».

Estabelecera-se o princípio do controlo parlamentar sobre as forças armadas, mas permanecia ilusório. No ano anterior, emocionado pelos massacres inúteis, Abel Ferry convencera Millerand a visitar a frente, para que verificasse a situação real do sistema defensivo, as condições de vida dos combatentes. Cansado com esta insistência, o ministro aceitou, mas nada fez para que a sua inspecção se diferenciasse de qualquer outra visita encenada, como aquelas que, tradicionalmente, o comando organizava: as trincheiras estavam varridas, os soldados vestidos com farda nova, etc. Posteriormente, uma delegação parlamentar quis proceder a uma inspecção mais atenta; apresentou-se no quartel-general do general d'Urbal. Desejava proceder a uma inspecção das primeiras linhas. O general impediu-a «com uma impertinência cortês, de passar para além da retaguarda das linhas».

Após a partida de Joffre, a 2 de Dezembro de 1916, o êxito de Nivelle vem precisamente do facto de «o vencedor de Douaumont» estar animado de um outro espírito face aos parlamentares. Expunha os seus planos e os seus problemas aos homens políticos que o vinham interrogar: é o fim do «segredo». O período de Nivelle, que acabou em tragédia, marcou, assim, uma reviravolta. Os fracassos do sucessor de Joffre garantiram a desforra dos poderes civis, que, na época de Painlevé e de Clemenceau, definiram as funções respectivas de Pétain, Joffre e Foch, uma humilhação que era a consequência das fanfarronadas de Nivelle, o que os seus pares não lhe perdoaram.

Em 1917-1918, os civis voltaram à mó de cima. Contudo, tratou-se de uma vitória de Pirro, pois o controlo do Parlamento efectuava-se na altura em que as tropas francesas recuperavam a vantagem, o que tornava mais difícil a averiguação das responsabilidades e a aplicação das sanções. Falando cada vez mais alto, os militares atribuíam às pessoas da retaguarda, aos pacifistas, ao ministro do Interior Malvy, considerado «cúmplice deles», as responsabilidades das derrotas anteriores e, depois, das sublevações. A direita e Clemenceau levantavam a cabeça. Além disso, os militares tinham sabido jogar com a solidariedade dos combatentes para revoltar os soldados contra a inspecção dos parlamentares e de outras pessoas da retaguarda. Como é realçado por Michel Baumont, o pós-guerra pôde assim endeusar todos os chefes militares (excepto Nivelle) e esquecer ou desacreditar os deputados e senadores que tinham tido, tanto mais do que eles, o cuidado de salvar a vida dos combatentes.

Civis e militares na Grã-Bretanha

Além-Mancha, a glória de Kitchener era tanto mais incómoda quanto era facto que fora um dos raros chefes civis ou militares a ter previsto, com obstinação, uma guerra longa. O seu discurso franco adaptava-se mal aos hábitos parlamentares: mais difícil de governar do que a Índia, declarava em voz alta que a guerra, tal como a conduziam os Franceses, era um holocausto e que nunca deixaria que os soldados ingleses morressem enterrados nas trincheiras. O gabinete soube tirar partido destas afirmações: doravante, associou-o ao campo dos «orientais», ainda que Kitchener tivesse contra ele os comandantes dos exércitos no continente. Tendo-o assim enfraquecido, o primeiro-ministro retirou-lhe o comando da estratégia; o comando foi transferido e distribuído por todo o gabinete. Os adversários de Kitchener atribuíram-lhe em seguida a responsabilidade das derrotas sofridas em Artois, que se tinham devido à falta de munições, o que era da responsabilidade do ministério que ele sobraçava. Os ministros retiraram logo o controlo das munições a Kitchener e igualmente o da sua distribuição. Num abrir e fechar de olhos, os ministros civis tinham desarmado o Papão. Continuou como ministro ainda algum tempo e morreu no mar quando de uma missão à Rússia.

O conflito entre o governo e os militares estalou alguns meses mais tarde, quando Douglas Haig e Robertson quiseram reclamar a Lloyd George, então primeiro-ministro, a direcção estratégica da guerra. Na verdade, estes dois veteranos dos exércitos da Índia aceitavam com dificuldade que um plebeu dirigisse os assuntos do império. Mas Lloyd George foi mais rápido do que os seus generais: quando da conferência de Calais, aceitou colocar Douglas Haig sob o comando de Nivelle, não obstante as tradicionais querelas de precedência entre chefes aliados. Haig não lho perdoou. Após a derrota do Chemin des Dames, apesar da oposição de Lloyd George, Douglas Haig quis lançar a sua própria ofensiva. Depois de o ter feito, declarou ter tido a intenção de aliviar o Exército francês, vítima de sublevações; na realidade, após o fracasso dos Franceses, sonhava ver o Exército inglês orientar as operações e teria desejado que os Britânicos alcançassem sozinhos uma vitória, como os Franceses tinham conseguido em Verdun; por outro lado, esta vitória seria uma reprovação para Lloyd George. Este não pôde impedir Douglas Haig de agir. A ofensiva de Passchendaele foi um desastre que provocou, em ambos os lados, cerca de 400 000 vítimas. Lloyd George recusou-se a enviar-lhe reforços. Assim, Douglas Haig pôde endossar a responsabilidade desta derrota ao governo. Quantos *Tommies* foram vítimas desta querela absurda? Além disso, ela quase teve consequências trágicas para os Aliados pois, em 1918, só tinham tropas fatigadas para fazer frente às investidas das forças alemãs. Nesta data, hostil à unidade do comando interaliado, Robertson pediu a sua demissão. Douglas Haig teve de submeter-se às ordens de Foch e aceitar as decisões do seu governo.

Os almirantes contra Lloyd George

Conflitos igualmente graves opuseram os dirigentes ingleses aos almirantes da *Home Fleet.* Na Primavera de 1915, o almirante Fisher condenara a expedição dos Dardanelos e atacara pessoalmente o seu promotor, Winston Churchill. O almirante foi obrigado a pedir a demissão. Todavia, quando o primeiro-ministro Asquith remodelou o seu gabinete, na sequência do conflito entre Douglas Haig e Kitchener, afastou Churchill.

No ano seguinte, eclodiu uma nova crise, quando do recomeço da guerra submarina. Pensando que o destino dos navios da marinha mercante não era da sua competência, o Almirantado, em Março de 1917, ainda não lhes tinha fornecido instruções, no caso de virem a ser atacados pelos submarinos. Perseguir os submarinos, tudo bem! Interessar-se pelo destino dos cargueiros não era do âmbito dos couraçados de Sua Majestade; e ainda menos escoltá-los...

Lloyd George teve imensas dificuldades em fazer compreender aos almirantes que o importante não era afundar submarinos mas conseguir levar os navios mercantes a bom porto. Ora, os almirantes consideravam impraticável a organização de comboios. Apresentavam como argumentos a velocidade variável dos cargueiros, o seu elevado número, a multiplicidade das rotas marítimas, etc. Na verdade, dispondo de excelentes navios de guerra, os almirantes não queriam rebaixar-se. Graças à convocação de jovens comandantes, o governo pôde organizar alguns comboios que ancoraram triunfalmente em Bristol e em Liverpool. Os almirantes tiveram de ceder.

Na Alemanha:
a chancelaria contra o Estado-maior general

Na Alemanha, assistiu-se ao processo inverso. É verdade que a vitória não parara de sorrir aos militares ainda que derrotas momentâneas tivessem interrompido a sua marcha triunfal; o Marne custou o comando a Moltke e Verdun a Falkenhayn. Quanto ao resto, se a guerra durava, o erro era atribuído ao governo e aos diplomatas que não tinham sabido evitar a intervenção da Inglaterra e da Itália. Mesmo assim, os militares viam o futuro com optimismo uma vez que o território nacional permanecia inviolado. Neste ponto discordavam de Bethmann-Hollweg que, inquieto por natureza, via sempre esse futuro sob os mais sombrios auspícios. Tornar públicas as ambições anexionistas da Alemanha parecia-lhe loucura, o que criava uma outra fonte de conflito, uma vez que o chanceler julgava que isto comprometia a paz interna. Passava, assim, por timorato e o Estado-maior, tal como os meios de direita, censuravam-no por não deixar que as espadas se fizessem ouvir suficientemente.

A prova de força anunciava-se. Durante a Primavera e o Verão de 1916, deu-se a primeira contenda a propósito da frente oriental e, depois, a propósito da guerra submarina.

Na verdade, após a derrota de Verdun e a provação do Somme, Bethmann-Hollweg já não acreditava numa vitória total. Falkenhayn partilhava dos seus pontos de vista mas este apoio era-lhe penoso: a influência deste amigo pessoal do *Kaiser* sempre lhe fora insuportável e o fracasso dos seus planos militares a oeste não era de molde a melhorar a situação. O chancelar censurava ao general querer brincar aos diplomatas, aos estadistas. À frente dos exércitos, teria desejado um general vitorioso que «não fizesse política». Acreditou que Hindenburg era o homem oportuno. Durante o Verão de 1916, apresentou-se uma ocasião: Falkenhayn pensava que a Áustria-Hungria estava nas últimas e que talvez tivesse chegado a hora de uma ofensiva diplomática a Leste. Nestas condições, seria melhor expedir reforços para o Somme e para Verdun. Bethmann-Hollweg pensava, pelo contrário, que a paz passava por uma vitória militar na frente leste; talvez fosse esse o prelúdio para se chegar a uma paz geral. Sustentou os planos ofensivos de Hindenburg, que apoiava o príncipe Rupprecht da Baviera. Por esta circunstância excepcional, Francisco José aceitou deixar as suas tropas sob o comando alemão o que aumentou ainda mais o prestígio do vencedor de Tannenberg. Com a ofensiva de Brussilov e a entrada em guerra da Roménia, os argumentos de Falkenhayn revelaram-se sem base; a derrota definitiva de Verdun forçou-o a passar o comando à equipa de Hindenburg-Ludendorff.

Vitória enganadora para Bethmann-Hollweg. Ignorava que Hindenburg estivesse do lado daqueles que queriam a guerra total. Assim, aproximara-se das ideias de Tirpitz sobre a guerra submarina. Quando Bethmann-Hollweg não a quis recomeçar devido às promessas feitas aos Americanos, o que levou à demissão do almirante, Hindenburg e Ludendorff contavam-se entre aqueles que a aprovavam alto e bom som, pelo que acusaram o chanceler de traição. Por sua vez, em Outubro, tornaram-se defensores acérrimos da guerra submarina até às últimas consequências «quaisquer que fossem as implicações». Bethmann-Hollweg retorquiu que esta decisão era da sua exclusiva competência pois tratava-se de um acto de política externa que podia levar à entrada em guerra dos E.U.A. Mas o *Reichstag* desautorizou-o, na sequência de uma coligação «indigna» entre a extrema-direita e a extrema-esquerda, estando esta feliz por ver o chanceler da Guerra em minoria.

Alguns meses mais tarde, a América declarava guerra à Alemanha. Os factos pareciam dar razão ao chanceler mas os militares acentuaram que, por causa da revolução russa, a vitória estava doravante ao seu alcance. Bastava pedir um último esforço à nação. Ludendorff e Hindenburg preconizavam a mobilização de todas as forças do país, a todo o custo. Sobretudo, os dois chefes militares pensavam que a autoridade militar exerceria doravante a sua autoridade sobre todas as actividades do país. Assim, queriam sistematizar o serviço civil, o que era possível depois de a autoridade militar ter concluído com os sindicatos acordos directos incidindo sobre a utilização da mão-de-obra. Ludendorff desejava alistar todos os jovens, rapazes e raparigas, a partir da idade dos dezasseis anos. O Exército enviá-los-ia para os campos de treino militar ou para as fábricas, conforme as necessidades. Pouco a pouco, deixaria de haver civis e militares, mas uma autêntica sociedade igualitária, que ocuparia o lugar da velha sociedade do pré-guerra; tal como von Moellendorf declarava, era necessário «que uma consciência nacional aristocrática-corporativa-socialista substituísse a consciência internacionalista-democrática-parlamentar-capitalista». Um programa que o nazismo iria realizar, mais tarde, e que visava «unificar a pátria» pôr toda a nação em ordem unida, pôr fim à desigualdade que separava os da retaguarda dos da frente.

COMBATENTES E NÃO COMBATENTES

Este divórcio entre combatentes e não combatentes surgiu em todos os países beligerantes embora a extensão do fenómeno fosse variável nos diferentes países. Os «Diários de trincheira» e as cartas dos soldados revelam o aumento destas queixas contra a retaguarda, especialmente na Alemanha, em França e na Itália. Percorramos *Le Ver luisant, La Fusée, Le Canard du Boyau* ou dez outras publicações igualmente efémeras. Um aspecto salta à vista: nunca se aborda a vitória, a vida na retaguarda ou a política. Isso é uma preocupação para os outros. *La Fusée* declara-se «antipolítica, antiboche e antitriste». Na sua solidão, que é extrema, os homens que a redigem pensam que só o riso pode ajudar a superar a angústia quotidiana. As suas gargalhadas derramam-se em cada linha, mas deixam ecos de rancor e amargura. A guerra perdura, a morte ameaça e o combatente suspeita que é vítima de uma monstruosa fraude: pertence à classe dos sacrificados, enquanto os da retaguarda, militares ou aproveitadores, vivem sem preocupações excepto a de se espantarem pela demora da vitória. Em vários belos livros, André Ducasse, Jacques Meyer e G. Perreux souberam ressuscitar este espírito das trincheiras, recordar o comportamento dos «outros». «Quando os soldados afrontam os ciclistas, os ordenanças e os cozinheiros do Estado-maior, estes dão-lhes de beber e comer, oferecem-lhes cigarros, excedem-se em atenções para assim poderem comprar a segurança de que beneficiam». Na retaguarda, os estados-maiores são ainda mais odiados, «com os seus quépis *Delion* último modelo, os seus cinturões a tiracolo, os seus pingalins e as suas botas à cavaleiro engraxadas».

Os arquivos cinematográficos de Albert Kahn conservaram a dolorosa imagem destes homens que voltavam de licença, com boné de polícia deformado, ligaduras lassas e enlameadas, a chegar à estação de Paris-Leste, espantados perante o espectáculo de uma sociedade indiferente à guerra, às suas misérias, e para quem a vida continua. E continua sem eles, com os seus bailes, a sua Feira de Presuntos, as terças-feiras da Comédie Française e os passeios no Bosque de Bolonha.

Na *Histoire d'une compagnie,* Charles Delvert comentou estas imagens:

> «Sábado, 22 de Abril de 1916. Paris está belíssima, as árvores verdes, o sol alegra o *boulevard*, na sua habitual animação.
>
> Medito sem querer nessa Champagne que acabo de deixar, com as casas de que ficaram apenas algumas de paredes em ruínas, com esses campos imensos cuja única vegetação são pinheiros reduzidos ao estado de estacas e, aqui e além, algumas faixas de erva estiolada entre as crateras de obus que crivam esta terra branca ou esverdeada que faz !embrar um rosto picado de bexigas.
>
> Aqui, as pessoas tratam da sua vida como se nada se passasse. A avenida da Ópera, o *boulevard* des Capucines e da Madeleine, a rua Royale, a praça da Concórdia, têm o aspecto habitual.
>
> Os relvado são verdes, os canteiros de flores, desabrochadas, brilhantes e de cores frescas, as árvores têm a sua folhagem nova de primeira juventude, tudo parece mais belo do que nunca.

No céu azul correm ligeiras nuvens prateadas.

Sente-se uma alegria de viver.

Compreende-se que as pessoas da retaguarda se resignem à guerra.

Esta noite, apanhei o comboio de Bordéus às 21 h 50.

O que há de consolador é a certeza que se tem de que, se se morrer no arame farpado, não será uma perda muito notada pelas pessoas. Nunca acreditarias, testemunha P. Truffau, que estamos em guerra. Quanto mais dura mais se divertem; lojas iluminadas, automóveis fantásticos, mulheres chiques com pequenos chapéus, botas altas, pó-de-arroz, regalos e cães pequenos; e «desenfiados» com excelentes camisolas de tecido fino, calças justas e coisas amarelas ainda mais reluzentes do que as dos nossos oficiais. É uma coisa que verificam constantemente os homens sujos, com capacete, de capote desbotado e sapatos grosseiros, que erram pelos *boulevards*.»

De regresso à frente, nada irrita mais os soldados do que as jeremiadas dos da retaguarda. Um deles escreve à mulher: «Corremos o risco de não nos entendermos quando tu falas da "retaguarda" e eu da "frente". Os sacrifícios de toda a espécie são um quinhão que o soldado gostaria que fosse partilhado pelo outros como o são na frente (...) Senhas de racionamento de açúcar? "Logo, há açúcar", diz o soldado. Taxas sobre os bilhetes de espectáculo? "É porque os tipos vão ao teatro". Escassez de carvão, lenha a preços exorbitantes? "É porque eles têm os pés quentes"». (Citado por J. N. Jeanneney.) Ironia, amargura e cólera exprimem-se em pequenos apontamentos nos jornais de trincheira. Eis que um subprefeito, cheio de boas intenções, vem inquirir sobre as condições de vida dos soldados. O *Canard* du Poilu relata assim a sua visita:

«De repente, um silvo de obus... Precipitamo-nos para ver. Um civil, rapazes, um civil aparece, como um fantasma. Fresco e rosado, com chapéu alto, sobrecasaca e sapatos amarelos. O que é que ele anda a "cheirar" por aqui? É um espião. Mas não. Sorria com um bom sorriso francês. Sou o subprefeito, diz ele».

Pensamentos e sentimentos reprimidos foram expressos em *La Fusée:*

Soldado, verdadeiro príncipe dos combates.
Agarra nas tuas mãos cor de bronze
Algumas granadas anódinas,
Lança-as longe, mais longe do que isso
O mais longe que puderes
Até Lyon, Bordéus ou Nîmes,
Por favor, não falhes,
Atira-as sobre os aproveitadores.

Os combatentes não duvidam da legitimidade do seu sacrifício. No entanto, o impudor dos partidários da «guerra até às últimas consequências» exaspera-os quando o apelo vem da retaguarda. Um artigo do *Soldat Grajdanin* testemunha:

> «"Até ao fim", grasna o corvo limpando as ossadas nos campos de batalha. Que lhe interessa a mãe velha que espera o regresso do filho ou o octogenário que, com a mão insegura, conduz a charrua?
>
> "A guerra até ao fim", grita o estudante que reúne milhares de pessoas na praça pública assegurando-lhes que toda a nossa infelicidade vem dos Alemães. Durante esse tempo, o pai, que vendeu aveia a 16 rublos o *pud,* está sentado num barulhento *cabaret* onde defende as mesmas ideias.
>
> "Até ao fim", clamam os agentes dos governos aliados quando passam pelos campos de batalha apinhados de cadáveres de proletários.
>
> Poderá gritar: "A guerra até ao fim" o soldado sentado nas trincheiras? Não. A voz que grita é noutro sentido.
>
> Camaradas, que aquele que clama "A guerra até ao fim" seja rapidamente enviado para a linha da frente. Veremos depois o que dirá.»

Assim, as pessoas da retaguarda, quer sejam «patrioteiras» ou pacifistas, quer pensem na guerra ou a ignorem, quer tenham uma existência difícil ou tirem partido dela, esses «desenfiados» são culpados.

«Têm direitos sobre nós», exclamava Clemenceau no dia que se seguiu ao armistício. Falava dos soldados veteranos e exprimia o sentimento de milhões de soldados.

Ora, voltando à vida civil, estes soldados idealizaram imediatamente a parte da sua existência passada nas trincheiras, as virtudes que elas tinham suscitado. Face à retaguarda, onde reinava o oportunismo, o sistema D, o luxo e os prazeres sofisticados, a vida do combatente tornava-se um exemplo de solidariedade viril entre homens que um ideal único congregara, quaisquer que fossem as suas convicções religiosas, raça ou origem social. Nasceu assim o espírito do «antigo combatente», feito de rancor e nostalgia, com a sua aspiração comum ao reconhecimento dos outros, a necessidade de se voltar a encontrar para fazer reviver as relações intraduzíveis entre seres que viveram juntos a mesma tragédia.

Estes sentimentos exarcebaram-se após a guerra, quando estes desmobilizados decididamente não conseguiam readaptar-se à monotonia da existência de outrora. Os anos perdidos, a inutilidade do sacrifício, a indiferença e a ingratidão dos outros feriram-nos na sua sensibilidade, na sua dignidade, na sua honra. Vencedores ou vencidos, sentiram-se humilhados e, entre alguns deles, amadurecia inconscientemente a ideia de uma vingança. Militarizar a retaguarda, ensinar-lhe a viver e a morrer como tinham vivido e morrido os combatentes, tal é a lição que querem dar às associações criadas depois da guerra, mais tarde as Ligas dos anos trinta. Estas Ligas constituíram-se sob o signo do espírito das trincheiras. Na Alemanha, após a derrota, retomando sem o saber uma ideia de Ludendorff, Hitler declarava que «só pessoas desconhecidas podiam salvar o povo alemão (...) com a condição de virem da frente e de terem cumprido o seu dever durante a guerra». Após a vitória, Mussolini e outros, na França, na Bélgica e na Grã-Bretanha, apresentavam ideias semelhantes. Tal como Rudolph Hess o proclamou: «O Terceiro *Reich* encontrou o seu fundamento numa ideia que teve a sua origem nas trincheiras».

É verdade que só uma minoria de antigos combatentes militou nas Ligas e que só uma minoria dos membros das Ligas fez efectivamente a Grande Guerra. Subsiste, porém, o facto de que este núcleo exprimia o ressentimento de toda uma classe, a classe dos sacrificados.

AS PESSOAS DA RETAGUARDA: CAMPONESES E CLASSES MÉDIAS

Tomando consciência da sua solidariedade, a classe dos sacrificados alimentava um ressentimento particularmente vivo contra os aproveitadores da guerra, partilhando, neste ponto, a cólera da classe operária. O *Soldat Grajdanin* pensa naturalmente no *kulak** que vende aveia a 16 rublos o *pud*. Na Rússia, os camponeses proprietários viram efectivamente a sua sorte melhorar após o início das hostilidades. As necessidades de abastecimento, a partida dos homens, a escassez, fizeram subir os preços agrícolas. Na verdade, a falta de produtos vindos da cidade torna o seu lucro ilusório: para que servem rublos inúteis? A guerra enriqueceu-os mesmo assim, e os camponeses pobres, por sua vez, só pensam em tornar-se proprietários; acontece o mesmo em França e nos outros países beligerantes.

A guerra atingira com mais dureza a classe camponesa do que as outras porque 52% dos mortos eram, em França, camponeses. As famílias retiraram mesmo assim algumas vantagens. A oeste e a leste a guerra pôs fim ao endividamento do campesinato. Na Itália, melhorou igualmente a sorte dos mais desfavorecidos, como o comprova o enfraquecimento do movimento reivindicativo nos campos (ver o quadro 1, pág. 226). Assim, a Grande Guerra fez da propriedade burguesa o bem dos camponeses, um fenómeno de que os contemporâneos se aperceberam mas cuja importância só puderam avaliar quando viram despontar o declínio das classes médias.

O fenómeno foi geral: em França como na Áustria, na Itália ou na Rússia, a subida dos preços devida à escassez atingiu com dureza as classes médias. Mais vulneráveis do que as outras categorias da sociedade, as pessoas de rendimento fixos viram o seu nível de vida desmoronar-se: empregados, funcionários, senhorios, reformados proleta-

* Camponês rico, proprietário, na Rússia (*N. do T.*)

rizaram-se rapidamente, grupo a que se juntou a multidão dos publicistas, jornalistas e gente do espectáculo, que o estado de guerra ou a escassez reduziram ao desemprego.

Kautsky e Bernstein tinham previsto havia muito que, financiada pelas economias dos pequenos aforradores, a guerra faria das classes médias um novo proletariado. Ela arruinou igualmente os pequenos industriais e os artesãos que foram muitas vezes absorvidos pelas grandes empresas. Este processo foi particularmente rápido na Itália, onde o fenómeno de concentração se desenvolvera mais e onde o imposto de guerra atingiu, de forma mais desigual do que noutros países, os comerciantes e a pequena indústria.

Pessoas que viviam dos rendimentos, reformados, pequeno-burgueses subscritores de empréstimos do Estado, os seus filhos tinham partido para a guerra, eles próprios tinham arriscado os rendimentos do seu trabalho: esperavam que o fim da guerra lhes trouxesse, com os juros do seu dinheiro, a segurança da velhice. Para eles estava fora de questão uma paz sem vitória.

As perspectivas dos trabalhadores e as dos seus dirigentes eram, como é óbvio, completamente diferentes.

OS «OPOSITORES»

Agosto de 1914. O impulso patriótico tinha subjugado a Internacional. Perjuros aos seus juramentos, socialistas, anarquistas, militantes operários e revolucionários caíram sobre o inimigo, como toda a gente. Segundo o testemunho de Péricat pela França, de Dittmann pela Alemanha, aqueles que quiseram manter-se coerentes, resistir a esta explosão guerreira por pouco não foram linchados. A raridade dos testemunhos reflecte aliás esta mesma verdade, ou seja, um reduzido número de opositores. No coração de todos os Franceses, de todos os Alemães, o patriotismo sobrepôs-se ao internacionalismo: a educação recebida mostrara com mais força o adversário nacional que o inimigo social.

Durante a crise de Julho, o mundo dos militantes mantivera-se fiel ao espírito internacionalista até ao último momento; os secretários-gerais dos sindicatos franceses e alemães, Jouhaux e Legien, mantiveram relações muito estreitas. Quando da invasão da Bélgica, o primeiro pensamento de Ramsay MacDonald e de Appleton foi para esses «pobres socialistas alemães». Mas Legien tal como Jouhaux, Guesde ou Henderson foram levados por forças irresistíveis. Enquanto a guerra era acolhida com entusiasmo ou fervor, eles davam a impressão de viver num mundo à parte, mostrando consternação e desespero. «Neste dia (31 de Julho)» escreve Merrheim, secretário da Federação dos

Metalúrgicos, «tive a sensação de que estava tudo acabado; que Jaurès pensava que a guerra era inevitável e que a via como algo terrível para a classe operária». Na véspera à noite, nas instalações do *L'Humanité* repletas de militantes, a opinião dominante era a de que «as manifestações contra a guerra seriam doravante inúteis e que o Congresso Internacional não se realizaria». Enquanto, entre os anarquistas, «nada está organizado para se opor à mobilização», entre os socialistas a morte de Jaurès aumenta a confusão geral. No dia seguinte, a inquietação patriótica conquistou o país e o Comité confederal da C.G.T. repudiou por unanimidade a greve geral: imediatamente, o ministro do Interior Malvy suspende as medidas previstas contra os chefes anarco-sindicalistas; dá ordem aos prefeitos para não prenderem as pessoas inscritas no *Caderno B*.

Assim afastado o medo, os dirigentes revolucionários dividem-se em dois grupos. Aqueles que se sentiam vencidos e que, através de um esforço de análise, tentaram compreender os acontecimentos: uma parte deles formará posteriormente o núcleo do movimento pacifista. Aqueles que, naturalmente, ficaram na crista da onda popular. Era o caso de Jouhaux que, na campa de Jaurès, não sabe o que dizer «em nome dos trabalhadores que partiram, em nome daqueles que vão partir e dos quais faço parte». Não chegou a partir, mas a sua posição favorável à guerra estava na sequência da dos socialistas; nesse mesmo dia, votaram o orçamento militar.

Depois dos acontecimentos de 4 de Agosto, a invasão impeliu os últimos indecisos para a União Sagrada. A 26 de Agosto, os socialistas Jules Guesde e Marcel Sembat aceitavam entrar no governo de Viviani, seguidos em 1915 por Albert Thomas. Por seu lado, os chefes sindicalistas tomavam lugar no *Comité de Secours national,* com o secretário-geral ao lado do arcebispo. Algumas semanas mais tarde, «convocado pelo ministro do Interior, o anarquista Sébastien Faure desfazia-se em lágrimas. Com medo de fazer o jogo da Alemanha tornara-se partidário da guerra» (A. Ferry). Assim, num mês, toda a oposição à guerra tinha desaparecido; justificando esta reviravolta, os quatro grandes líderes socialistas, Guesde, Sembat, Longuet e Vaillant enviavam ao *Bureau* da Internacional um manifesto ao qual se associava o belga Vandervelde; nele declaravam que «os trabalhadores, destituídos de qualquer pensamento de agressão, estavam certos de defender a independência e a autonomia da nação contra o imperialismo alemão, de defender o direito dos povos a disporem de si próprios, de serem, enfim, compreendidos pelos socialistas alemães. Consideram que o progresso social passava previamente pela defesa da pátria».

Este manifesto cortava o cordão umbilical que ligava ainda os socialistas franceses aos seus camaradas alemães. Sabendo que os socialistas alemães tinham votado o orçamento de guerra do *Kaiser*, já não se punha o problema de retomar essas ligações. Várias tentativas foram feitas nesse sentido por neutros, mas todas fracassaram.

É verdade que alguns indivíduos sindicalistas, anarquistas ou socialistas, agrupados à volta da *Voix ouvrière,* tentaram lutar contra a corrente. Retrospectivamente, o seu papel ganhou importância porque estavam em contacto com os emigrados russos que iam realizar a revolução de Outubro; historicamente, a sua existência merece igualmente ser relembrada porque eles souberam manter uma chama internacionalista e mantiveram-se fiéis ao seu ideal pacifista. Mas a sua acção teve apenas um reflexo extremamente reduzido. Segundo Leonid Martov, que redigiu um opúsculo ainda inédito sobre *La Crise de la démocratie en France,* os elementos que mais se destacaram foram Louise Saumonneau, impulsionadora das mulheres socialistas, e Nicod. Juntos, redigiram a primeira circular contra a atitude tomada pelo partido. Entre os sindicalistas, foi Merrheim o primeiro opositor «responsável», a tentar aproximar a oposição sindical da oposição socialista enquanto o grupo Monatte queria impedir os anarco-sindicalistas de fundar uma nova Internacional que seria vedada aos socialistas. Estes precursores, aos quais se juntou A. Rosmer, foram muito poucos durante muito tempo. Todavia, a posição assumida por Romain Rolland no *Journal de Genève* de 22 de Setembro de 1914 dá uma projecção exagerada ao «pacifismo francês». Romain Rolland não se inspirava nem na tradição socialista, nem no espírito da Internacional: «*Au dessus de la mêlée*» era apenas «um pungente grito de humanidade». «Glorificou a corrente francesa de oposição à guerra».

Como em França, os socialistas e sindicalistas alemães realizaram a União Sagrada *(Burgfriede).* Porém, durante a crise de Julho, uns e outros tinham condenado a atitude belicosa dos dirigentes austríacos: «Nem uma gota de sangue alemão deve ser vertido em prol dos déspotas de Viena», escrevia o *Vorwaerts,* órgão oficioso do partido social-democrata. Contudo, a partir do momento em que a intervenção da Rússia pareceu provável, a guerra foi sentida como uma guerra pela defesa da pátria contra os Eslavos, pela salvaguarda do socialismo contra a autocracia. Com a proclamação do *Kriegszustand,* a 31 de Julho de 1914, as reuniões a favor da paz foram proibidas e o *Vorwaerts* não esboçou qualquer gesto de protesto. Na reunião do partido em que se devia decidir o voto sobre o orçamento militar, o «ambiente era tal», relata Eduardo Bernstein, «que já não se tratava do problema da Áustria, mas unicamente da Rússia e da França que, acreditava-se, tinham desencadeado as hostilidades, sem necessidade, a propósito de uma guerra balcânica». Alguns deputados encararam apenas, por princípio, o voto contra o orçamento militar: contudo, como o próprio Karl Liebknecht, tinham proclamado a necessidade da disciplina de voto pelo que a sua atitude não teve quaisquer consequências; viu-se, pelo contrário, que foi Haase, situado à esquerda do partido, que apresentou os motivos dos sociais-democratas para se juntarem à União Sagrada e votarem o orçamento militar.

O governo imperial ficou tão espantado que adoptou imediatamente uma atitude liberal face à oposição. Entrou em contacto com os líderes sindicais para estudar com eles as modalidades práticas da conversão económica e social que o estado de guerra iria provocar.

Assim, os representantes da classe operária, na Alemanha como em França, adoptavam uma atitude semelhante perante o problema da guerra. Jules Guesde justificava-a deste modo em Janeiro de 1918: «Assim como, em tempo de paz, em matéria social, a colaboração política e governamental das classes é o pior dos enganos porque preserva a *sociedade* capitalista cuja destruição se impõe para que os trabalhadores e a humanidade se libertem, assim também, em caso de agressão, em matéria de defesa nacional, essa colaboração torna-se um dever socialista, porque preserva a *nação*, que é, simultaneamente, o quadro indispensável à acção operária de hoje e a condição do internacionalismo no futuro».

Participação socialista do governo em França, integração do aparelho sindical no Estado, na Alemanha, tais eram as características específicas da União Sagrada em França e na Alemanha. Nem em Inglaterra, nem na Rússia, a solidariedade nacional atingiu semelhante unanimidade.

O caso da Inglaterra e da Rússia

Na Inglaterra, os mais pacifistas tornaram-se os mais belicosos a partir do momento em que a vontade de agressão da Alemanha se revelou com clareza e em que os interesses da nação foram postos em perigo pela ameaça sobre Antuérpia.

Todavia, um grupo de socialistas recusou fazer parte do coro: com Macdonald, Ph. Snowden e a maioria dos membros do British Socialist Party [Partido Socialista Inglês], reconhecia-se que a invasão da Bélgica era certamente um *casus belli* para o governo inglês; mas os socialistas não eram obrigados a aprovar os actos do governo; aliás a guerra tinha causas mais complexas do que as resultantes da crise de Julho.

Desta forma, quando Asquith convidou o secretário do Labour Party [Partido Trabalhista] a participar na coligação governamental, Macdonald recusou e apresentou a sua demissão: «Não queria estar de modo algum envolvido nesse caso». Além disso, no dia seguinte ao da proclamação do Defense of Realm Act, a 8 de Agosto, havia ainda 15% das empresas em greve e que prosseguiam nessa luta, numa percentagem superior à de qualquer outro país da Europa. Jornais como *The Pioneer* e *Forward*, de Glasgow, continuaram a condenar a política de Sir Edward Grey, rompendo brutalmente com os socialistas governamentais como Arthur Henderson ou *Jingoes* [patriotas exarcebados], tal como Hyndman que, minoritário no seio do partido, trabalhava sozinho no seu semanário *Justice*. A partir do mês de Setembro, constituía-se a Union of Democratic Control para exigir o controlo democrático da política externa do governo e para se manifestar contra a realização de acordos secretos: estava destinada a uma grande expansão e reivindicaria ter, em breve, mais de 500 000 aderentes.

A oposição de uma minoria de Russos à União Sagrada foi ainda mais radical, porque na Rússia os militantes revolucionários e a classe operária não se encontravam tão integrados na sociedade como no Ocidente.

Contudo, quinze milhões de soldados responderam sem demora ao apelo do czar. Tinha-se previsto um milhão de desertores: houve apenas alguns milhares. A opinião russa considerava que a causa era justa: o país honrava a promessa feita ao «irmão» sérvio, a aliança com as democracias ocidentais suscitava a esperança de, no pós-guerra, surgir um paralelismo das instituições com as do Ocidente. O próprio George Plekhanov, o «pai da social-democracia russa», pensava que a luta contra o imperialismo alemão devia sobrepor-se a tudo e convidava os revolucionários a suspenderem a luta contra o czarismo para não perturbar o esforço de guerra contra a Alemanha de Guilherme II.

Porém, nem toda a oposição desaparecera. Desde o primeiro dia, alguns emigrados, Lenine, Trotski, Martov, tinham condenado a «guerra imperialista» e denunciado a igual responsabilidade dos dois campos. Contudo, enquanto os seus companheiros se contentavam com preconizar uma paz imediata, Lenine recomendava, desde Setembro de 1914, a «transformação da guerra imperialista em guerra civil»: para a Rússia, o mal absoluto era o czarismo; a vitória dos seus exércitos só poderia consolidá-lo; desta forma, os revolucionários deviam lutar pela derrota do governo. E esta táctica, segundo ele, não era válida apenas para os revolucionários da Rússia. Este derrotismo *(porazentsvo)* recolheu poucos apoios. Em Paris, muitos dos emigrados bolcheviques alistam-se no Exército francês, mais sensíveis aos apelos de Plekhanov do que aos de Trotski do grupo *Nache Slovo*. Na Rússia, o mesmo contágio patriótico: é verdade que os sociais-democratas votaram contra o orçamento militar, e que os *trudoviks* abandonaram a sessão da Duma; mas nem por isso deixaram de declarar que iriam igualmente contribuir para a defesa nacional; apenas os bolcheviques mantiveram uma atitude de oposição absoluta.

Este fragor encontrou pouco eco: quando o governo de Goremykine deportou para a Sibéria os cinco deputados bolcheviques, não houve qualquer protesto. Ao apelo do partido, somente algumas fábricas fizeram greves. Teria a guerra feito dobrar os sinos pelo movimento revolucionário?

A derrocada da Internacional

Apesar da oposição dos socialistas russos, dos sérvios e da reserva de alguns indivíduos em Inglaterra, na Alemanha e, pouco depois, em França, a II Internacional tinha realmente entrado em derrocada. Militantes e trabalhadores de todos os países em guerra encontraram imediatamente uma justificação para a sua atitude. Annie Kriegel propôs uma classificação das razões invocadas pelos Franceses. Como esta análise tem um valor exemplar, retomamos o princípio à escala da Europa.

1. *Justificações teóricas decorrentes da natureza da guerra:*
   — A responsabilidade do país não está comprometida: a guerra é uma guerra de defesa autorizada e mesmo exigida pela doutrina socialista;
   — A classe operária tem interesse, a título idêntico à burguesia, na vitória: a guerra de classe procura não acrescentar à exploração capitalista a extrema exploração do capital inimigo;
   — A guerra não é apenas uma guerra imperialista: visa libertar os territórios invadidos pelos exércitos inimigos.

2. *Justificações fundadas nos aspectos internacionais socialistas*
   — A impotência da Internacional não deixa outra saída;
   — Tendo os socialistas do país adversário votado o orçamento militar de guerra, a Internacional só pode triunfar depois da destruição do imperialismo inimigo;
   — Todos os partidos socialistas nos países beligerantes fazem a União Sagrada.

3. *Justificações fundadas nos aspectos particulares de cada país:*
   — Algumas parcelas do território nacional foram outrora injustamente arrancadas à pátria;
   — A vitória do inimigo ameaçaria o destino das liberdades ou as hipóteses de instaurar o socialismo de que a nação é garantia;
   — Só o génio nacional pode trazer à humanidade os valores da regeneração que se espera do socialismo.

A caminho da associação capital-trabalho?

Um certo número de revolucionários ligados à União Sagrada declarava que a revolução e o socialismo brotariam da guerra. As suas premissas nada tinham em comum com as de Lenine ou de Rosa Luxemburgo. Léonid Martov analisava desta forma o percurso ideológico de militantes como Hyndman em Inglaterra, Gustave Hervé em

França, aos quais teria acrescentado Mussolini se tivesse escrito o seu opúsculo um ano depois: «Em primeiro lugar, defenderam os seus próprios objectivos socialistas; depois, a classe operária compreendeu a inutilidade de uma tal posição e fez da solidariedade nacional o critério da sua conduta política: em seguida, passaram para o socialismo nacional. Gustave Hervé prevê a derrocada do socialismo de classe, à alemã; anuncia o socialismo das pessoas "que reflectem". Jouhaux prevê uma era de associação capital-trabalho, e Rosenthal, em *Le Populaire*, traça os programas do futuro». Na Alemanha, a experiência fora mais longe: os sindicatos conseguiram obter o reconhecimento da sua legitimidade, do seu direito a negociar com o patronato e a burocracia.

Os opositores reaparecem: a caminho de Zimmerwald

Estes «sucessos» e estas razões não convenceram toda a gente. Em cada país, os opositores acabaram por hesitantemente se reagrupar. Nunca encararam a possibilidade de, como Lenine preconizava, agir no sentido da derrota do seu próprio governo; mas questionavam a natureza da guerra, contestavam que fosse apenas de carácter defensivo; ou então afirmavam o seu desacordo com os argumentos que legitimavam a guerra de um ponto de vista de classe. Todavia, sem o apoio da opinião pública, a sua argumentação não teria impacto, mesmo se tivessem conseguido reavivar a Internacional. Inversamente, a existência de um estado-maior e de uma teoria revolucionária permitiu orientar o descontentamento, dar-lhe um significado ideológico e explorá-lo na direcção do socialismo, do internacionalismo, da revolução.

O estado-maior constituiu-se antes que o grosso das tropas manifestasse vontade de se bater. Conseguiu elaborar os conceitos que iriam comandar a acção posterior do movimento revolucionário.

Graças às ligações dos países neutros, sobretudo de Italianos, Holandeses e Escandinavos, as relações entre revolucionários puderam renascer. Agruparam-se aqueles que estavam de acordo em afirmar que a guerra tinha um carácter imperialista, que era necessário dar de novo vida à Internacional, que esta se devia esforçar para pôr fim às hostilidades. Em Lugano e, depois, em Copenhaga, foram lançados apelos nesse sentido, mas em vão: Franceses e Belgas rejeitavam o próprio princípio de uma reunião à qual assistissem Alemães. Quando os socialistas aliados conferenciaram entre si, em Londres, não convidaram Sérvios, nem mencheviques ou bolcheviques russos, que tinham adoptado posições hostis à guerra. Paralelamente, a reunião dos socialistas centrais, em Viena, ficava vedada aos países neutros e ao inimigo.

A primeira conferência internacional a reunir socialistas beligerantes de campos opostos foi a das Mulheres Socialistas, em Berna. Reunida por iniciativa da secção russa, inspirada por Elisabeth Petrova (Inessa Armand), Nadejda Krupskaia, etc., de tendência bolchevique, foi convocada por Clara Zetkin. Teria desejado convidar apenas os elementos de tendência de esquerda do movimento, sem distinção de nacionalidades. Todavia, a reunião de Berna alargou-se a elementos menos extremistas «porque, entre as mulheres, era difícil distinguir a esquerda da direita (...) e muitas se recusariam assistir a uma reunião que só aceitasse gente das esquerdas». Representantes da social-democracia alemã vieram, mas sem a autorização do seu partido; não houve delegadas austríacas, mas compareceram quatro inglesas, a francesa Louise Saumonneau, várias russas e polacas; o governo recusou o passaporte às representantes dos Belgas. As resoluções adoptadas em Berna rejeitaram, ao mesmo tempo, o princípio da União Sagrada e o derrotismo dos bolcheviques; reflectiam o «pacifismo adocicado» dos Ingleses e dos Holandeses mais do que as concepções dos promotores. Todavia, bolcheviques e esquerdistas alemãs subscreveram-nas para impedir a ruptura da conferência.

Uma conferência das Juventudes socialistas reuniu, igualmente em Berna, Russos, Alemães e países neutros. Mas, tal como a precedente, emanava das instâncias da Internacional que se mantinham fiéis ao desejo antes expresso em Lugano. Graças ao empenho do italiano Morgari e do suíço Robert Grimm, esse desejo acabou por se realizar apesar da obstrução da maioria do *Bureau* e dos membros das organizações internacionalistas pertencentes a países beligerantes.

Também os 38 delegados que se encontraram secretamente em Zimmerwald, em Setembro de 1915, pertenciam à esquerda do seu movimento e tinham apenas fraco valor representativo; nem sequer constituíam uma pequena Internacional pois a reunião não emanava do seu secretariado nem do seu *Bureau*. Antes de enviarem os convites, os promotores tinham decidido não se limitar só àqueles que se situavam na extrema-esquerda, mas os convites dirigiam-se igualmente aos líderes mais moderados como Haase, Troelstra e Branting. Ficou igualmente acordado que a conferência não procuraria lançar os fundamentos de uma nova Internacional e se limitaria a apelar ao proletariado para uma acção em favor da paz.

Desde a abertura, manifestaram-se três tendências. Uma vintena de presentes, constituindo assim a maioria, queriam, antes de mais, que a conferência constituísse uma grande manifestação a favor da paz. Não desejavam uma ruptura aberta com os sociais-patriotas e a II Internacional. Entre eles encontravam-se os franceses Merrheim e Bourderon, representando respectivamente o Sindicato dos Metalúrgicos e a União dos Trabalhadores do Cobre (esta pertencia ao partido socialista mas não se encontrava em Zimmerwald a este título); compreendia igualmente a maioria dos Alemães, entre os quais Lebedour; os mencheviques Martov e Axelrod, alguns Italianos e Polacos. Os que não aceitavam estes objectivos, julgando-os demasiado moderados, exigiam uma denúncia da União Sagrada, uma ruptura com os sociais-patriotas e a transformação da guerra em guerra civil. Formavam um grupo de oito a dez delegados entre os quais se contavam Lenine, Zinoviev, Radek e o suíço Platten. De permeio, encontrava-se um grupo do centro com Roland Horst, Grimm, Trotski e Balabanova. Assim, a maioria pertencia à direita, ela própria situada à esquerda do movimento revolucionário de cada um dos países representados. A esquerda aceitou, no entanto, subscrever um texto redigido em comum, o Manifesto de Zimmerwald, destinado a ter uma grande repercussão no seio do mundo dos militantes socialistas e sindicalistas.

PROLETÁRIOS DA EUROPA!

«Há mais de um ano que dura a guerra! Milhões de cadáveres cobrem os campos de batalha. Milhões de homens ficarão, para o resto dos seus dias, mutilados. *A Europa tornou-se num gigantesco matadouro de homens.*

Quaisquer que sejam os responsáveis imediatos do desencadeamento desta guerra, uma coisa é certa: *a guerra que provocou todo este caos é o produto do imperialismo.* Surgiu da vontade das classes capitalistas de cada nação de viveram da exploração do trabalho humano e das riquezas naturais do universo. De tal modo que as nações economicamente atrasadas ou politicamente fracas caem sob o jugo das grandes potências, as quais tentam, nesta guerra, modificar o mapa do mundo pelo ferro e pelo sangue, segundo os seus interesses.(...)

Os capitalistas de todos os países, que cunham no sangue dos povos a moeda vermelha dos lucros da guerra, afirmam que a guerra servirá para a defesa da pátria, da democracia, para a libertação dos povos oprimidos. Eles mentem. A *verdade é que, de facto, enterram, sob os lares destruídos, a liberdade dos seus próprios povos ao mesmo tempo que a independência das outras nações.* Novas grilhetas, novas sujeições, eis o que resultará desta guerra, e é o proletariado de todos os países, vencedores e vencidos, que deverá suportá-las. (...)

As *instituições do regime capitalista que decidem o destino dos povos: os governos monárquicos ou republicanos, a diplomacia secreta, as poderosas organizações patronais, os partidos burgueses, a imprensa capitalista, a Igreja; sobre essas instituições pesa toda a responsabilidade desta guerra surgida de uma ordem social que as sustenta, que elas defendem e que só serve os seus interesses.*»

PROLETÁRIOS

«Desde que começou a guerra, colocaram toda a vossa força, toda a vossa coragem, toda a vossa resistência ao serviço das classes exploradoras, para se matarem uns aos outros. Hoje, é necessário, no âmbito da irredutível luta de classe, agir pela vossa causa, pelo objectivo sagrado do socialismo, pela emancipação dos povos oprimidos e das classes subjugadas. (...)

Operários e operárias, mães e pais, viúvas e órfãos, feridos e mutilados, todos os que sofrem com a guerra e pela guerra: para além das fronteiras, para além dos campos de batalha, para além dos campos e das cidades devastadas:

PROLETÁRIOS DE TODOS OS PAÍSES, UNI-VOS!»

Zimmerwald (Suíça), Setembro de 1915

As reacções da classe operária

Solicitada pela ideologia das classes dirigentes, dos sócio-nacionais, dos internacionalistas-pacifistas, a classe operária reagiu diferentemente em cada país, segundo a sua relação com o Estado, as condições do seu desenvolvimento, as tomadas de posição do seu estado-maior.

A sua posição

No seio da sociedade de guerra, a classe operária tinha uma posição ambígua. Por um lado, os seus elementos conscientes tinham conseguido, desde há muito tempo, incutir-lhe uma verdadeira vocação revolucionária, persuadi-la de que era a única qualificada para realizar a sociedade nova que todos os oprimidos invocavam nos seus desejos. Os trabalhadores viviam assim na esperança da «luta final». A guerra interrompera o seu impulso e, especialmente na Rússia, eles tinham o sentimento de que a guerra os sujeitava mais do que nunca aos seus amos de sempre. A confusão e a angústia desta classe eram tanto maiores quanto a opinião pública reservava os seus lamentos para os soldados «que ofereciam o sangue para salvar o país». Desta forma, nunca a classe operária teve tanto a certeza de constituir os «condenados da Terra».

Além disso, as classes dirigentes faziam sentir aos trabalhadores que a sua situação era relativamente privilegiada: mais valia o trabalho na cadeia de montagem do que a morte nas trincheiras. Faziam chantagem com a mobilização para quebrar a sua vontade reivindicativa. Em Inglaterra, antes mesmo de a lei de recrutamento ter sido votada, os tribunais enviaram para a prisão um número crescente de trabalhadores: para 15 prisões feitas em Agosto de 1915, passou-se para 772 em Julho de 1916; o motivo invocado com mais frequência era a recusa a pagar as multas. Em França, relata Henry Maunoury, «o Ministério de Guerra encontrara um meio elegante de desembaraçar os meios políticos de um certo número de sindicalistas revolucionários, reformados ou isentos do serviço militar por razões de saúde. Defendendo o ministério que se devia proceder a uma inspecção médica generalizada, o exame físico destes sindicalistas foi confiado a médicos devidamente amestrados e todos foram incorporados. O coronel Goubet, chefe da 2.ª Repartição, propunha enviar os mais exaltados, sobretudo um chamado R..., para certas regiões do Sara onde o desaparecimento do traçado das estradas coincidia com o dos caracteres e de onde nem sempre se voltava»; é duvidoso que estas últimas propostas tenham tido consequências mas o caso dos médicos suscitou vivas reacções nos meios universitários.

Condições de existência e sentimentos

As condições de existência dos trabalhadores mantiveram-se muito precárias. Para o mais infeliz, o operário russo, viver era não morrer. Doze horas de trabalho por dia na região de Korsovka no extremo norte; onze horas e meia para os que trabalhavam em Petrogrado e, em todos os casos, um salário de miséria. O cinema conservou as imagens trágicas destes adolescentes que se arrastavam numa mina, com uma corrente no tornozelo, a puxar um carro de minério. Aliás, a insegurança aumentava com os anos de guerra: na Alemanha, por exemplo, os acidentes de trabalho passaram de 102 332 para 112 257 entre 1914 e 1918 apenas nas indústrias químicas e nas minas. Na Grã-Bretanha, o número de mortos por acidentes de trabalho aumentou 35% durante o mesmo período.

É verdade que, desde há alguns anos, as condições de existência dos trabalhadores tinham melhorado, especialmente no Ocidente e, em particular, para os operários das fábricas de guerra: calculadas em percentagem, as subidas de salário aprovadas desde 1915 faziam tremer economistas e estatísticos. Satisfeitos com este progresso, políticos e chefes sindicalistas *já* ignoravam que o sentimento de alienação social não se calcula em percentagem. Aliás, tendo em atenção os aumentos dos preços, os trabalhadores verificavam que estas melhorias eram ilusórias; além disso, o espaço que os separava das outras categorias sociais era sempre intransponível e a sua condição de operários não se modificara.

O papel dos prisioneiros e das mulheres

Inicialmente favorecida na sua luta reivindicativa pelo emprego a tempo inteiro, a classe operária foi, a seguir, inferiorizada pelo afluxo de novas categorias de trabalhadores: prisioneiros de guerra ou estrangeiros e, sobretudo, mulheres e adolescentes.

O emprego de prisioneiros estava regulamentado pelas convenções internacionais que, no conjunto, foram respeitadas; no entanto, os Alemães instauraram uma espécie de trabalho forçado para os Belgas que, aos milhares, iam trabalhar para o Ruhr. Na Rússia, era concedido um tratamento «especial» a certas categorias de prisioneiros de origem eslava. Distribuíam-nos pelos grandes proprietários que beneficiavam, assim, de mão-de-obra gratuita à custa de milhares de miseráveis camponeses russos. Em França, o caso dos trabalhadores estrangeiros suscitou igualmente descontentamento e xenofobia.

Na realidade, a maior pressão sobre os salários derivava do afluxo de mulheres e de adolescentes. Em França, num total de 1 580 459 assalariados das fábricas de guerra, os efectivos femininos elevavam-se a 362 879, perto de um quarto. Em Ruão, 40% da mão-de-obra industrial era feminina. Teria Joffre calculado exactamente o alcance do seu dito espirituoso quando afirmou «que se as mulheres que trabalhavam nas fábricas parassem vinte minutos, a França perderia a guerra»? Verdade em França, verdade fora de França. Na Alemanha, o número de mulheres a trabalhar em fábricas passou de 1 405 621 para 2 138 910; aumentava sete vezes mais nas grandes empresas. Observava-se o mesmo fenómeno na Grã-Bretanha; nos E.U.A., havia duas vezes e meia mais mulheres operárias em 1918 que em 1917.

Paralelamente, o número de mineiros com menos de dezasseis anos aumentava sete vezes na Alemanha; o dos operários metalúrgicos quatro vezes. Na Rússia, o afluxo era equivalente.

Os jovens

Com o pai ou o marido na frente, recebendo uma miserável pensão (ou então nada de nada), assim obrigados pela necessidade, mulheres e adolescentes deviam aceitar salários vergonhosos: em média, 30 a 50% do salário masculino na Rússia; pouco mais noutros países: o grito «abaixo os salários de guerra» fez-se ouvir em todos os países.

É certo que este grito é solto primeiro pelos trabalhadores sem experiência, mas o salário da maior parte dos operários estagnava e ainda mais o da «aristocracia operária». Excepto nas fábricas de guerra relativamente privilegiadas, os salários acabam por se reduzir, a maior parte das vezes em prejuízo das categorias mais antigas. Estas podiam julgar-se legitimamente desfavorecidas. Assim, em Inglaterra, o salário médio de um operário especializado diminuiu regularmente em relação aos não qualificados: sendo a este último atribuído o índice 100, o salário do mecânico especializado passava do índice 171, em 1914, para o índice 130 em 1919. Observava-se um recuo idêntico nos caminhos-de-ferro, construções navais, etc.

No final de 1916, a subida dos preços tornava ilusórios os aumentos de salários concedidos aos trabalhadores. É verdade que muitas famílias viviam melhor do que antes da guerra, por vezes graças ao duplo salário. As injustiças, as restrições, as obrigações de toda a natureza tornavam, mesmo assim, a sua situação insuportável, o que fez ressuscitar o movimento reivindicativo.

O descontentamento social dizia respeito doravante a todas as categorias operárias, cada uma delas animada pelas suas próprias motivações. Um facto bastante curioso é que se inverteram os papéis entre jovens e velhos trabalhadores; as mulheres e os adolescentes compreendiam mal a paciência de que os mais velhos davam provas. Em Petrogrado, foram as mulheres operárias que animaram os primeiros cortejos revolucionários em Março de 1917; foram, em breve, acompanhadas pelos trabalhadores das grandes empresas, na sua maioria jovens, que haviam sido conquistados pelas ideias bolcheviques. Em França, a guerra fez-se igualmente acompanhar por um rejuvenescimento dos quadros revolucionários. Segundo os nossos cálculos, a sua idade média era de 35 anos e dois meses. Dez anos mais tarde, para 246 casos igualmente registados nos arquivos, a média de idade passou para 30 anos. Os militantes com responsabilidades com menos de 25 anos eram 21 em 1911; 41 em 1921. O rejuvenescimento era particularmente notório na província em que a idade média diminuía 8 anos.

Assim, o afluxo de novos trabalhadores, que de início dificultara a luta operária, levava a um seu relançamento, ainda que os interesses das diferentes categorias de trabalhadores fossem diferenciados. Os seus descontentamentos acabaram por se conjugar.

A subida dos preços

A subida dos preços foi o primeiro reagente do recomeço das lutas reivindicativas. Pouco sensível nos primeiros dezoito meses de guerra, sofreu um impulso em 1916 para atingir o topo dos índices 350, 400 e mesmo 600 em 1917-1918. Uma grelha completa dos preços e dos salários europeus é particularmente difícil no estádio actual da documentação: os números de que se dispõe, no entanto, mostram claramente a descida particularmente brutal do poder de compra dos Russos em 1917, a grave deterioração das condições de vida em Itália e na Áustria, onde a escassez e a incompetência do Estado uniram os seus efeitos para agravar as dificuldades da vida quotidiana([18]).

Os aproveitadores da guerra

Um outro reagente ressuscitou o movimento reivindicativo: o aparecimento dos aproveitadores de guerra, em Itália os «tubarões». Os dirigentes não cessavam de proclamar que as necessidades de guerra

([18]) Comparando a 1914 (igual a 100), o índice respectivo dos salários reais e dos preços da alimentação era, três anos mais tarde, em Inglaterra, de 118 e de 170; em França, de 130 e de 174; em Itália, de 138 e de 184, etc. Na Alemanha, o preço das roupas e dos sapatos sextuplicou em quatro anos.

exigiam iguais sacrifícios a todos. O espectáculo da vida quotidiana, o aparecimento dos novo-ricos mostraram aos trabalhadores a fragilidade destas declarações. Sobre este ponto, os que gozavam de licença militar e os trabalhadores eram solidários. O mesmo rancor animava-os contra os «comerciantes de armas» e outros açambarcadores, a legião dos comerciantes retalhistas, grossistas, e outros parasitas. Em Abril de 1917, um deputado revelava na Câmara dos Deputados que uma sociedade com um capital de 125 000 francos realizara dois milhões de francos de lucro num ano. Teria podido tornar públicos outros factos, que figuravam nas colunas de jornais financeiros de Zurique ou de Londres. Por exemplo, a extraordinária ressurreição das indústrias de Magdburgo, cuja decadência parecia inelutável nas vésperas da guerra; ou o aumento regular dos lucros de guerra nos cobres e nas indústrias químicas em que os dividendos passavam em dois anos, respectivamente, de 20,3% para 37,7% e de 19% para 31%. Para os grandes patrões do além-Reno, o «desafogo» deu-se em 1917, quando Hindenburg deu liberdade aos industriais «para que a produção aumentasse»: em seis meses, o seu lucro declarado atingiu 10 mil milhões de marcos. Os aproveitadores da guerra foram ainda mais espectaculares na Grã-Bretanha e nos Estados Unidos. Nos petróleos, por exemplo, a Anglo Persian Oil Company tinha um *déficit* de 26 700 libras esterlinas em 1914. Os seus lucros passaram para 85 000 libras esterlinas em 1916, 344 100 em 1917, 1 090 200 em 1918. A mesma progressão espectacular na borracha, em que os lucros aumentaram 40 vezes entre 1914 e 1918. Tratava-se nestes casos de indústrias recentes, com resultados ainda modestos. Nas indústrias químicas, metalúrgicas, etc., os lucros foram bem mais consideráveis: em três anos, a Workington Iron Steel passava de 184 milhões de libras esterlinas para 485 milhões; os da Henry Briggs Sons and Company, de 81 milhões para 184 milhões, etc. Tal como Krupp na Alemanha, Zakhorov na Rússia ou Vickers na Grã-Bretanha viam alargar-se o seu império.

Nos Estados Unidos, os lucros da Anaconda Copper passaram, entre 1915 e 1916, de 9 milhões de dólares para 51 milhões; os da Bethlehem Steel Company de 9 para 43 milhões; os da General Motors de 7 para 28 milhões. Os rendimentos das sociedades por acções progrediam de 3940 milhões de dólares em 1914 para 10 730 milhões de dólares em 1917.

Recrudescimento do movimento reivindicativo em França

Denunciando os aproveitadores da guerra, defendendo as reivindicações salariais, os dirigentes operários criticavam mais a maneira como a guerra era conduzida do que o seu princípio, mais a gestão económica do governo do que a sua política geral. Mas os trabalhadores?

Severine relata que, em Dezembro de 1915, quando um deputado de Paris quis falar da carestia de vida, 3000 socialistas e sindicalistas gritaram-lhe para falar da paz.

A duração das hostilidades, o comportamento das centrais sindicais, o descontentamento devido às dificuldades da vida quotidiana, a tradição de desconfiança face ao governo, tantos factores que despertaram o espírito de contestação adormecido desde a proclamação da União Sagrada. Em França, esses factores desempenharam um papel maior do que ideias propriamente zimmerwaldianas, que tiveram um eco reduzido. E certo que se constituíra um *Comité para o reatamento das relações internacionais*, no princípio de 1916, e a sua acção penetrava na ala mais avançada do movimento revolucionário. Mas a oposição à política da União Sagrada mantinha-se dentro de certos limites: a «minoria» socialista que se constituía pedia a saída dos socialistas do governo, o recomeço das actividades da Internacional; no entanto, não se tratava de operar uma cisão, pois a unidade do partido surgia sempre como um imperativo categórico. As posições desta minoria situavam-se, aliás, bem à direita do movimento de Zimmerwald. Por seu lado, os dirigentes revolucionários pareciam perfeitamente à-vontade nas suas relações com os «burgueses»: «O chauvinismo de Jules Guesde fazia concorrência ao de Poincaré» e, para assinar um acordo com o patronato, Jouhaux participava num banquete com a Associação dos Industriais e Comerciantes. Como numerosas categorias de trabalhadores beneficiavam do ambiente criado pela União Sagrada, e como o território nacional continuava invadido, a propaganda pacifista «enfrentava a tripla censura do Estado, do partido ou do sindicato, da opinião pública» e as greves, pouco significativas até ao Outono de 1916, mantiveram um carácter essencialmente reivindicativo. Desta forma, depois da 2.ª conferência de Zimmerwald, realizada em Kienthal, as resoluções votadas foram publicadas com uma tiragem de apenas 10 000 exemplares. Além-Reno, eram difundidas com uma tiragem superior a um milhão de exemplares.

O papel equívoco dos sindicatos na Alemanha

É verdade que, na Alemanha, os líderes do movimento operário colaboravam ainda mais estreitamente com o governo. É verdade que nenhum socialista detinha pastas ministeriais, mas os deputados sociais-democratas adoptavam posições consideradas escandalosas por muitos. Segundo a classificação do *Leipziger Zeitung*, uma boa meia dúzia destes «representantes da classe operária» teria podido inscrever-se verdadeiramente num grupo «burguês», quinze deles podiam ser qualificados como «imperialistas» e outros quinze adoptavam posições similares «enquanto durasse a guerra». Muitos outros que se diziam «realistas» procuravam, sobretudo, manter-se solidários com esta «maioria». Personalidades como Ebert e Scheidemann situavam-se «ao centro». Nem por isso Scheidemann deixava de fazer uma visita oficial à frente que, além do mais, se encontrava na Bélgica ocupada. Numa altura em que a invasão dos Russos surgia definitivamente como um mito e em que os objectivos da guerra anexionista do alto-comando eram discutidos em público, uma tal visita pareceu realmente pouco compatível com os princípios socialistas.

Sobretudo, desde que tinham recebido a garantia do governo de que não seriam molestados e de que seriam considerados interlocutores válidos, os dirigentes sindicalistas dispensavam o seu mais leal apoio às autoridades civis e militares. Ministério da Guerra e sindicato estabeleceram as regras de um jogo subtil que aumentava os poderes do *Bureau* sindical e protegia o Estado das labaredas demasiado fortes do espírito reivindicativo ou revolucionário. Feldmann mostrou bem como é que os sindicatos se transformaram desta forma em agentes do Estado: denunciavam os «agitadores» hostis aos acordos concluídos com as classes dirigentes ou o governo e pediram mesmo a ajuda do inimigo «de classe» para pôr fim à actividade dos sindicatos independentes, qualificados para o efeito como «amarelos».

Admitido a participar na aplicação da lei do serviço auxiliar de trabalho, o sindicato ficou doravante associado aos patrões e burocratas para decidir da afectação dos trabalhadores: estes corriam assim o risco de perder o direito à mudança de emprego; tiveram de se colocar à disposição da Repartição de utilização da mão-de-obra. É verdade que o sindicato consegue assegurar aos trabalhadores a liberdade de deixar um emprego por um salário superior, mas mediante notificação favorável do sindicato. Deste forma, os trabalhadores tinham os interesses protegidos, mas perdiam a sua liberdade em proveito daqueles que os representavam.

Os trabalhadores não tiveram imediatamente consciência disto porque o sindicato lhes apresentou como uma difícil vitória arrancada ao patronato a participação do sindicato nas decisões respeitantes a eles. Acontecia o mesmo com as concessões referentes aos seus salários.

Tais práticas indignavam a tendência mais extrema da social-democracia: esta julgava que a «maioria» e homens como Legien traíam igualmente o ideal revolucionário. Em sinal de protesto, Karl Liebknecht recusou-se a votar a renovação do orçamento militar (Março de 1915). Um deputado da ala direita do partido propôs o seu exílio. Indo mais longe, Karl Legien ameaçou deixar o partido se esta última decisão não fosse adoptada. A cisão era inevitável. Sob a influência das ideias de Zimmerwald uma «minoria» iria constituir-se em breve, formando o grupo dos Independentes, com Lebedour, Haase e Kautsky. Contudo, este, tal como E. Bernstein, dissociou-se do movimento de Zimmerwald. No lado oposto, Liebknecht, Rühle, Rosa Luxemburgo, adoptavam as posições da esquerda zimmerwaldiana: constituiriam em breve o grupo *Spartakus*.

Desta forma, era claro que na Alemanha já não havia nada em comum entre o que se designava «a esquerda». Entre as ideias de Zimmerwald, a táctica recomendada por Rosa Luxemburgo e a prática dos sócio-sindicalistas associados ao governo havia mais do que um cisma: duas concepções opostas sobre o futuro do Estado e da sociedade. Os acontecimentos posteriores iriam demonstrá-lo.

1918: os sindicatos contra os trabalhadores.

Durante o Verão de 1918, o patronato compreendeu que o *Kaiser* e o alto-comando conduziam a Alemanha para a catástrofe. Discretamente, banqueiros e industriais pediram a abdicação de Guilherme II. Abandonavam assim a Coroa antes dos socialistas maioritários, antes do *Reichstag*, antes do Exército.

Simultaneamente, esboçavam uma aproximação aos sindicatos e conseguiam, a 9 de Outubro de 1918, concluir um acordo com eles. Prevendo uma catástrofe iminente, Hugo Stinnes e Karl Legien associaram-se para se precaver do futuro. Mais do que a derrota temiam a revolução, a formação dos Sovietes como na Rússia. A atitude dos industriais é compreensível. Mas a dos sindicatos? Na verdade, tornados peças da engrenagem do Estado do antigo regime, temiam que uma revolução os destituísse desse poder tão dificilmente adquirido durante os anos de guerra. Não havia quaisquer dúvidas em como os sovietes colocariam à frente da república líderes mais extremistas do que os dirigentes sindicais. Desta forma, no principio do mês de Novembro de 1918, Karl Legien lançou um ultimato aos primeiros sovietes operários: se tentassem ultrapassar o sindicato pela esquerda, este cessaria toda a actividade e os patrões «decretariam o *lock-out* com as suas terríveis consequências».

Desde logo, Hugo Stinnes compreendeu que estava em boa posição: a 8 de Novembro, não cedeu na concessão da semana de 8 horas, nem no princípio das convenções colectivas; manteve a liberdade de ajudar os sindicatos «fraccionistas». O acordo foi todavia concluído, consolidando um certo número de vantagens obtidas durante a guerra. Assim, o sindicato tornava-se o escudo do patronato, em troca da autoridade que este lhe reconhecia sobre a classe operária. Paralelamente, o líder da social-democracia, Ebert, torna-se o árbitro da situação. A formação de sovietes e o exemplo russo ameaçavam o advento pacífico de um regime democrático. Legien estabelecera relação com Hugo Stinnes; Ebert celebrou um acordo com o general Groener, «cuja colaboração durante a guerra o mundo operário recordava com prazer»; o Exército apoiaria a República, na condição de esta manter a ordem face ao extremismo.

Aqueles que consideraram imorais as alianças e se recusaram a aceitá-las formavam, depois de 1916, as duas oposições ao regime de Weimar: à direita, os nacional-socialistas, à esquerda os espartaquistas. Havia já muito tempo que os jovens tinham rejeitado, com igual desprezo, patronato e sindicato, solidários e cúmplices; enganavam os trabalhadores, uns pelo proveito, os outros pelo poder.

Estes acontecimentos tiveram o seu epílogo quando da ascensão de Hitler: anteriormente, contestando com a mesma veemência o «infame conluio», espartaquistas e elementos da direita tentaram, mas em vão, tomar o poder: os espartaquistas em 1919, depois a extrema-direita.

Esta fracassou em 1920; teve êxito em 1923 quando Hitler compreendeu a necessidade de utilizar apenas as vias da legalidade: assim, tinha a certeza de poder manter dissociados sociais-democratas e comunistas.

Na Inglaterra, revolta das «bases»

Na Grã-Bretanha, tal como na Alemanha ou em França, parte dos quadros sindicalistas e dos dirigentes do Partido Trabalhista apoiaram a União Sagrada e fizeram, na prática, a colaboração de classes: a presença de Arthur Henderson no governo simbolizava esta política. A partir de 1915, esta chocou com um obstáculo que se apresentava pela primeira vez na história da Inglaterra: o problema do recrutamento.

Melhor do que Poincaré, Briand, Joffre ou ainda Kitchener, Asquith e Lloyd George tinham compreendido perfeitamente «que esta guerra era uma guerra industrial... que a produção estava completamente presente neste combate que não seria ganho nos campos de batalha da Bélgica ou da Polónia mas nas fábricas de França e da Grã-Bretanha». Desta forma, multiplicaram os casos de isenção ao serviço militar obrigatório. Os sindicatos obtiveram um direito de controlo, usando e abusando deste poder, como na Alemanha. Em 1916, tendo uma necessidade crescente de mais homens, o governo introduzia a prática da «diluição», substituindo os trabalhadores susceptíveis de serem enviados para a frente por mulheres, jovens, etc. Os operários especializados protestaram com violência, opuseram-se ao governo, ao patronato e à direcção sindical, coligados; os sindicatos estavam satisfeitos por poder acrescentar à sua clientela a massa daqueles que procuravam trabalho.

Seguiu-se uma revolta das bases operárias: apoiava-se no movimento dos *Shop Stewards,* os *comités* de fábricas que entendiam não deixar às centrais sindicais o poder de decisão em matéria de greves e de recomeço do trabalho. A sua acção datava de há vários anos, tal como eram anteriores à guerra as causas das grandes greves que eclodiram, em 1915 e em 1916, nas minas de Clyde ou do País de Gales.

Assim, os mineiros não contestavam nem a União Sagrada, nem a legitimidade da guerra pois 45% tinham subscrito os alistamentos voluntários. Mas eles sabiam que o preço do carvão aumentara, o mesmo acontecendo com o lucro dos proprietários das minas. Quando o patronato lhes recusou o salário mínimo prometido havia já muitos anos, e que correspondia a um aumento que variava entre 5% e 20%, segundo as regiões, eles protestaram. Conscientes dos seus direitos e preocupados em manter a cadência da produção, decidiram não fazer greve mas pedir a arbitragem do governo. Asquith pronunciou-se a favor de pequenos ajustamentos, nem sequer à escala nacional. Desta vez, para contestar a equidade da sentença, os mineiros fizeram greve. O governo reagiu, invocando as necessidades da defesa nacional e argumentando com o Munition War Act.

O encanto da União Sagrada estava assim quebrado e um conflito entre empregadores e empregados transformava-se num acto de rebelião contra a autoridade do Estado. Doravante, este deixava de merecer a mesma confiança. O problema da legitimidade da guerra surgiu como consequência, pois os temas pacifistas sobre a guerra, a natureza desta, revelavam-se com a experiência prática dos trabalhadores. No caso da greve dos mineiros, como na altura da «diluição», o comportamento das *Trade Unions* [sindicatos] prestara-se a equívocos. A base *(Rank and File)* negou-lhes o direito de exercer a autoridade de que os dirigentes se arrogavam. Doravante, uma boa parte dos trabalhadores dissociou o seu combate da luta que o governo conduzia contra o inimigo nacional: a curva do movimento das greves atesta-o.

Jornais como *The Call, Forward, The Pioneer* tornavam-se abertamente pacifistas. Encontravam aliados até no Parlamento, no qual a minoria dos Trabalhistas, o Independant Labour Party, desenvolvia temas similares. Uma Union of Democratic Control, muito antigovernamental, recrutava um milhão de aderentes antes do final de 1916. A sua acção adquiriu uma particular amplitude após a revolução russa.

Em Itália: «nem aderir, nem sabotar»

Acontecia o mesmo em Itália onde, até 1917, o intervencionismo de esquerda foi mais activo do que a oposição operária apesar da posição oficial adoptada pelo partido socialista, que aderira aos ideais de Zimmerwald. Este partido conseguia difundir estas teses, introduzindo-as no *Avanti,* cuja redacção enviara uma edição falsa às autoridades. Mas se a guerra não era muito popular, o derrotismo também não o era. Por outro lado, os dirigentes pacifistas estavam expostos ao aparelho de repressão, particularmente severo na Itália. Assim, a regulamentação de trabalho era decalcada do código militar, sendo o abandono do posto equiparado a uma deserção.

Nestas condições, a propaganda do partido socialista baixou o tom, adoptando com Lazzari o *slogan «ne aderire, ne sabotare»* (nem aderir, nem sabotar). Enquanto o cansaço não atingisse largas camadas da população, qualquer outra atitude era considerada aventureirista. Ora, a Itália entrara bastante tarde na guerra: no final de 1916, depois do alarme de Asiago, os sinais de descontentamento e de fadiga não eram ainda muito numerosos. Na Rússia iriam levar de vencida o regime.

A Rússia

As greves tinham aí recomeçado com uma amplitude extraordinária: a escassez, a diminuição do poder de compra, a repressão suscitavam um descontentamento crescente; havia também um cansaço da guerra, mas os trabalhadores hesitavam em manifestar os seus sentimentos pacifistas: isto ia contra o patriotismo e tornava a sua acção suspeita face à Duma. As greves obedeciam tanto a motivos políticos como económicos, por uma espécie de regresso à tradição revolucionária do período anterior à guerra.

Julgando que os factos começavam a dar-lhe razão, Lenine mantinha-se intransigente. A 23 de Agosto de 1915 escrevia a Sliapnikov, que ficara na Rússia:

> «Os malogros militares ajudam à derrocada do czarismo e facilitam a união dos trabalhadores revolucionários da Rússia e dos outros países...
>
> 1. A nossa vitória tornará cem vez mais poderoso o movimento das esquerdas na Alemanha.
>
> 2. Vencido o czarismo, proporemos a paz, sobre bases democráticas, a todos os beligerantes e, em caso de recusa, travaremos uma guerra revolucionária».

Em 1915, acabando de escrever o *Imperialismo, Estádio Supremo do Capitalismo*, Lenine considerava que uma revolução eclodiria não no país onde o capitalismo era mais forte, mas num Estado economicamente pouco desenvolvido. A guerra invertia assim os termos da dogmática marxista e tornava a explosão mais provável na Rússia do que noutro país. Lenine pensava também que a sublevação das nacionalidades contribuiria para isso e que era necessário encorajá-la.

As querelas entre as tendências esquartejavam o movimento operário, no entanto unânime no ódio que votava ao regime. Nestas condições, ainda que os militantes pudessem ter um ódio tenaz à autocracia, isso parecia não acarretar consequências. Ninguém imaginava que o encadeamento das palavras de ordem, mesmo contrárias, pudesse levar à revolução.

Um relatório da polícia, datado do princípio de 1917, descreve os sentimentos da classe operária, as dificuldades da vida, o cansaço da guerra: «O proletariado da capital está à beira do desespero: pensa-se que a menor explosão, devida ao mais pequeno pretexto, conduzirá a tumultos incontroláveis, com dezenas de milhares de vítimas. Efectivamente, as condições para uma tal explosão encontram-se completamente reunidas: a situação económica das massas, apesar de um considerável aumento dos salários, está próxima da miséria... Mesmo tendo em consideração que os salários aumentaram 100%, o custo de vida subiu 300%. A impossibilidade de obter os produtos, as perdas de tempo que as horas de bicha em frente às lojas significam, a mortalidade crescente devida às más condições de alojamento, ao frio e à humidade, resultante da falta de carvão... todas estas condições criaram uma tal situação que o conjunto dos operários industriais está pronto a entregar-se aos excessos mais selvagens de um motim provocado pela fome».

Por contágio, o descontentamento passava da retaguarda para a tropa, dos batalhões da frente para os da reserva: já irritados contra os oficiais, considerados responsáveis pelas hecatombes de 1915, os soldados culpavam os poderosos por todas as infelicidades do momento. As suas cartas estavam cheias de invectivas contra os responsáveis e falava-se de «um ajuste de contas» quando a guerra acabasse, ou talvez mesmo antes.

QUADRO I – MOVIMENTO DAS GREVES

	O primeiro número indica o número de greves, o segundo o número de grevistas					
	1913	1914	1915	1916	1917	1918
Rússia	2 404 887 096	3 534 1 337 458	928 539 528	1 410 1 086 384	928 539 528	
Grã-Bertanha	1 459 664 000	972 447 000	672 448 000	532 448 000	672 276 000	1 165 1 116 000
França	1 073 220 000	690 162 000	98 9 000	98 9 000	314 41 000	499 176 000
Alemanha	2 127 266 000	1 115 61 000	137 14 000	137 14 000	240 129 000	531 392 000
Itália:						
Indústria	810 385 000	782 173 000	539 132 000	539 132 000	516 121 000	303 158 000
No campo	97 80 000	123 44 000	69 48 000	69 48 000	61 15 000	10 709

PERCENTAGEM DOS GREVISTAS EM RELAÇÃO
AO NÚMERO DE TRABALHADORES

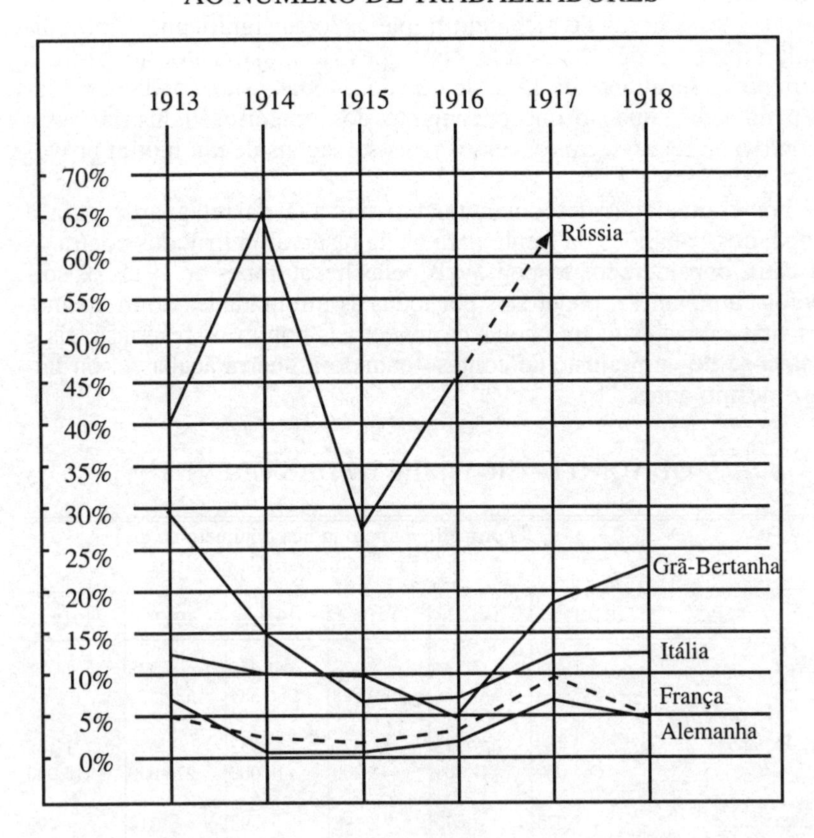

A subida global em 1917 manifesta-se claramente. Na Rússia começa em 1916.

A exiguidade relativa do movimento das greves na Alemanha e em França sobressai melhor neste modo de cálculo do que se nos reportarmos ao quadro I.

Acontece o mesmo com o vigor do movimento na Grã-Bretanha e mesmo na Itália.

Para o ano de 1914 é necessário recordar que a guerra começou no 2.º semestre: a quebra que se estende de Julho de 1914 a Outubro de 1916 não é tão clara como poderia parecer.

XV
CRISES DE GUERRA

Variações do «mapa de guerra», divergências sobre os fins a atingir, aparecimento de tensões sociais de um novo género, ressurgimento de antigos conflitos, são muitas as causas para as «crises» que abalaram as nações. Gastos pela guerra, os mecanismos económicos ameaçavam quebrar-se, o tecido social rasgar-se, a relação de autoridade desaparecer.

Remodelações ministeriais

De resto, se ninguém imaginava que a Grande Guerra daria à luz várias revoluções e, pouco depois, regimes tão novos como o fascismo e o comunismo, alguns espíritos pressentiram que «a guerra civil europeia» poderia pôr em perigo a hegemonia da velha Europa, os fundamentos e os valores da sociedade ocidental. A este título, homens como Giolitti em Itália, Joseph Caillaux em França, lorde Lansdowne em Inglaterra, mesmo Max de Bade na Alemanha souberam colocar-se acima da conjuntura política e militar. No clima de histeria patriótica dos anos de guerra foram qualificados de derrotistas. Assim ocorria com Joseph Caillaux, em França, a quem os seus inimigos Poincaré e Clemenceau atribuíam mais do que fizera, dado que ele mantinha uma reserva prudente. No fundo, as concepções «europeias» deste antigo defensor da aproximação franco-alemã eram pouco populares; confiou o seu *Bonnet rouge* a um testa-de-ferro, Almeyrida, que iria servir de alvo aos meios da *Action Française* e a Clemenceau.

Não acontecia o mesmo em Itália onde a tendência «neutralista» beneficiava do triplo apoio da extrema-esquerda, da «maioria» giolittiana e da Igreja. É um facto que uns desejavam a paz para evitar a revolução, outros para a realizar; nem por isso as suas forças deixavam de conjugar-se, enfraquecendo o esforço de guerra.

Em Inglaterra, o memorando apresentado, no final de 1916, por lorde Lansdowne, o pai da *Entende Cordiale,* traía o desencorajamento de certos meios políticos e económicos. Contra este estado de espírito, partilhado um pouco por Asquith, reagiram Lloyd George e Bonar Law, exigindo, como Clemenceau em França, métodos governamentais mais dinâmicos e uma total subordinação dos interesses privados às exigências da defesa nacional. A constituição de um War Cabinet restrito, de onde foi eliminado Asquith, prefigurou a contracção do poder, a sua personalização.

Na Rússia, na sequência dos desaires do ano de 1915, Nicolau II substituíra o grão-duque Nicolau à frente dos exércitos. Esta decisão, tal como a manutenção do velho Goremykine e, depois, a convocação de Sturmer, reputado germanófilo e protegido de Rasputine, suscitaram a oposição de todos os meios, mesmo dos mais conservadores. No final de 1916, urdiu-se uma conspiração palaciana, de que o *starets* foi vítima: morreu assassinado. Uma conspiração mais ampla, unindo os deputados da Duma, os generais e alguns grão-duques, tinha por objectivo desembaraçar-se dos próprios soberanos, cujo comportamento e incapacidade poderiam ser fatais à monarquia. Tratava-se também de salvar o país e de evitar a revolução que ameaçava rebentar na rua.

Em França, as remodelações ministeriais revelavam as variações da conjuntura política ou militar. Em 1915, Viviani e Delcassé cederam o lugar a Briand depois da interpelação de Accambray e da entrada em guerra da Bulgária ([19]). Um ano mais tarde, a substituição de Joffre por Nivelle faz-se acompanhar por uma remodelação ministerial do gabinete de Briand. Este, em breve, teve de batalhar contra um Parlamento que, animado com a sua vitória sobre o comando, entendia doravante prender pela trela o governo, quando no país recrudescia o movimento grevista e se reforçou a oposição socialista. No final de 1916, a participação dos socialistas num governo «burguês» foi apenas aprovada por 1637 contra 1372: seria isto o fim dos governos da União Sagrada? Preocupado em manter o contacto com a esquerda, o hábil e sinuoso Aristide Briand preferiu deixar o lugar ao velho Ribot. Ao líder moderado não faltavam nem perspicácia, nem subtileza. Firme e comedido, tinha horror à demagogia ou à hipocrisia; desta forma, Poincaré e Clemenceau acusavam-no de ter falta de carácter. Com a ajuda de Painlevé, afastou no entanto Nivelle após a batalha de Chemin des Dames. Depois, recomendando moderação, apoiou Pétain que conseguiu circunscrever a mais grave de todas as crises de guerra que a Europa conheceu antes da revolução russa: as sublevações.

([19]) Ver página 197.

As sublevações

Abril de 1917: rebentam motins no Exército francês. Soldados recusam bater-se, maltratam oficiais; o movimento alastra, atinge um grande número de batalhões; há unidades decididas a marchar em direcção a Paris, derrubar o governo, proclamar a paz. Irá o movimento alastrar a todo o Exército? Não: o comando consegue circunscrevê-lo. Por seu lado, depois da derrota da batalha de Chemin des Dames, o governo substituiu Nivelle por Pétain, assim encarregado de «levantar o moral» e de organizar a repressão. A calma é restabelecida ao fim de algumas semanas. Mas a que preço? E por que razão um tal movimento atingira assim o Exército francês? Duplo mistério.

Naturalmente, em 1917-1918, a censura proibia que fosse feita a menor menção ao drama das sublevações: seria pôr em jogo o «moral da nação», a sua «segurança».

Quer se trate das causas das sublevações ou da sua repressão, este drama deu lugar a afirmações tanto mais peremptórias quanto uns e outros estavam persuadidos de que elas não poderiam ser contestadas; graças aos trabalhos de Guy Pedroncini, é hoje possível conhecer a realidade dos factos.

Na opinião de alguns grandes chefes militares, aqueles que se recusavam a combater eram os «maus soldados», «os mais bravos e os mais enérgicos eram mortos... A infantaria contava (...) com um grande número de reservistas... descontentes por ser a sua vez de arriscar a pele». Para a maior parte dos generais, digamos quatro quintos, não havia dúvidas: «a origem destes movimentos parece cada vez mais provir de organizações ocultas que agem na retaguarda e cujas decisões são transmitidas por aqueles que gozam de licença». O porta-voz mais ardente desta tese é, sem dúvida, Franchet d'Esperey.

A 4 de Junho de 1917, escreve a Pétain: «A situação é clara. É uma organização geral vinda de Paris instigada pelos Alemães, e que procura entregar a França ao inimigo. Cabe ao governo agir na decapitação dos cabecilhas».

Estas cabeças são, naturalmente, os pacifistas, socialistas, anarquistas, revolucionários de todo o tipo, todos cúmplices e com ramificações até no Ministério do Interior.

Esta verdade do comando merecia verificação. Efectivamente, o movimento pacifista consegue atingir os regimentos da frente muitas vezes através dos professores primários. Ora, constata Pedroncini, esses regimentos não foram especialmente atingidos pelos movimentos colectivos de desobediência. A análise sistemática da extensão das sublevações no espaço e no tempo permite resolver o problema das causas do movimento:

«Em primeiro lugar, o grosso das sublevações concentra-se entre Soissons e Auberive, em gravidade e em frequência. É o sector da ofensiva de 16 de Abril e do princípio de Maio.

A oeste de Soissons começa a zona praticamente incólume a qualquer acidente. Corresponde à parte da frente francesa onde a calma se manteve. Só esteve verdadeiramente agitada um dia: 13 de Abril. Foi neste dia que o III Exército do general Humbert lançou a sua ofensiva.

Por fim, de Auberive à fronteira suíça, a frente aparece marcada por uma ténue franja de incidentes, de que a parte mais afectada tem o seu centro em Verdun.

Esta divisão da frente francesa em três sectores confirma uma hipótese: foi a ofensiva, quer pelo seu desaire devido à indiscutível impreparação, quer ainda pelo temor de que fosse inútil, que determinou as zonas dos actos colectivos ou limitados de desobediência.

A nomeação de Pétain nada mudou inicialmente, de tal forma que as ofensivas e os ataques continuaram: os homens tinham esperado que ele os impedisse. A partir do momento em que ele surge é certamente essa a nova orientação da guerra, o movimento perde a sua força (e isto mesmo antes que fossem feitas as primeiras execuções). É verdade que causas particulares e locais continuam ainda a fazer-se sentir aqui e além depois disso, mas o movimento é quebrado. Quando Pétain quer atacar em Verdun, reaparece uma certa febre nas unidades que vão participar na ofensiva.

Cansaço da guerra, sem dúvida mas, sobretudo, recusa de uma certa forma de guerra, é a hipótese à qual conduz a extensão das sublevações no espaço.»

Vê-se que estas conclusões apenas têm uma relação longínqua com o diagnóstico dos grandes chefes militares. São vencidos pelo testemunho dos arquivos. Por motivos óbvios, nenhum destes chefes se referira a erros do comando. Devemos ficar surpreendidos? Um inquérito foi, em seguida, ordenado por Painlevé para examinar em que condições Nivelle preparara e ordenara a ofensiva de Abril: foi afastado do seu comando; Nivelle cometera erros; a história oficial faz dele um bode expiatório, o que não é justo, pois a derrota de Chemin des Dames seguiu-se a outros desaires, a muitas outras tentativas vãs, sempre anunciadas pelo Estado-maior como devendo conduzir inelutavelmente à vitória: são esta acumulação, a negligência dos chefes e a incompreensão da retaguarda, que explicam o desespero dos soldados e a sua revolta que estala depois do malogro de Chemin des Dames.

Estes deixaram um testemunho que J.-N. Jeanneney conservou e de que nos deu conhecimento: «Recusámo-nos a marchar mas não para dar origem a uma revolução, que seria inevitável se continuássemos o movimento. Pelo contrário, manifestámo-nos para chamar a atenção do governo, fazer-lhe compreender que éramos homens, não animais que se conduzem ao matadouro».

Assim, grita-se «Abaixo a guerra», etc., canta-se *A Internacional,* mas isto não impedia de, após isso, «cumprir o seu dever». O que se não aceita é servir de carne para canhão para ajudar à promoção d' «esses senhores que têm galões».

Excluindo os incidentes muito numerosos nas estações, mas que não são explicitamente actos colectivos de desobediência, Pedroncini avalia o número de manifestantes efectivos em 30 000 ou 40 000. Qual foi a importância da repressão? 2700, escrevia *Le Progrès civique* em 1920, afirmação retomada mais tarde pelo historiador Albert Mathiez e outros. Em 1934, *Le Crapouillot* indicava que 1637 soldados foram fuzilados entre 1914 e 1918, dos quais 528 em 1917. O jornal de Galtier-Boissière acrescentava: «Todavia, certos autores consideram que, além das execuções sumárias nos campos de batalha, o número regular das execuções se aproximou dos 250». Recentemente, recordava-se ainda que os conselhos de guerra teriam pronunciado, em 1917, 38 315 condenações, enquanto, pelo contrário, Chastenet indica 150 condenações à pena capital, das quais 23 foram executadas. Falou-se, igualmente, de «dizimação» e Jean Giono, que a isso se referira num dos seus livros, quis informar Pedroncini de que, por seu lado, ouvira falar da dizimação mas nunca a tinha visto. Como realça o *Liberté* de 1 de Janeiro de 1968, Barbusse aliás só empregou, a este propósito, o condicional. Para dizer a verdade, percebe-se como nasceu esta «lenda». Por vezes tiravam-se à sorte os motins que eram presentes a Conselho de Guerra: isto não quer dizer que os soldados julgados fossem todos fuzilados ou que o comando tivesse sistematicamente procedido a esta lotaria. O clima da época, a solidariedade entre combatentes tornavam impossíveis as execuções sumárias: os responsáveis arriscar-se-iam a ser linchados. Podemos interrogar-nos, contudo, se não foram utilizadas certas formas ilegais de repressão: grupos de soldados arrependidos à força, enviados para missões impossíveis, postos em pelotões disciplinares...

É verdade que o comando tinha hábitos espantosos: era o caso de Joffre que, quando da retirada de Charleroi, ordenara que os desertores fossem perseguidos e passados pelas armas; em Novembro de 1914, o próprio Pétain participou na execução de um desertor para «servir de exemplo», no que foi aprovado por Joffre. A severidade e a arbitrariedade desta «justiça militar» suscitavam a reacção dos poderes civis mas foi necessário esperar por Janeiro de 1915 para que o Presidente da República visse satisfeita a sua exigência de ser consultado antes de qualquer execução capital. Nesta data, já haviam sido fuzilados cerca de cinquenta soldados. Pelo menos, no princípio de 1917, a justiça militar funcionava em condições mais ou menos regulares. Depois das sublevações, podemos registar que decretou um total de 3427 condenações, ou seja, cerca de 10% dos amotinados. Deste total, 554 foram condenados à morte e 49 executados.

Número menos elevado do que o indicado pela tradição antimilitarista; mesmo assim um total considerável e tanto mais marcante quanto é facto que os verdadeiros responsáveis (isto é, aqueles que tinham preparado mal e, apesar disso, aconselhado ou ordenado a ofensiva sem que as condições do sucesso estivessem reunidas) não foram incomodados nem condenados. Em toda esta história, Pétain representou um papel que parece claro: quis uma repressão ao mesmo tempo limitada e impiedosa. Melhor do que outros generais, chegou à compreensão da origem real das sublevações pois adequavam-se às posições que ele próprio tomara face a Nivelle e a Joffre. Ao decidir, em 19 de Maio de 1917, renunciar às operações dispendiosas, Pétain realizava o gesto que os homens queriam ver traduzido em factos, antes de voltarem de novo ao cumprimento do dever. Pois as sublevações «não significavam uma recusa de se baterem, mas de uma certa forma de se baterem». Pétain compreendeu-o e jogou com isso e, embora não fosse propriamente um advogado da defensiva a todo o custo, deixou-se passar por isso. Não perdeu nunca a popularidade assim adquirida.

O movimento das sublevações abalou ainda mais os meios dirigentes do que o malogro de Chemin des Dames. Associavam-no ao desenvolvimento das greves, aos êxitos do pacifismo. É verdade que, na Rússia, as manifestações de civis, muito menos graves de início, tinham degenerado; os soldados deram a mão aos trabalhadores e deitaram abaixo o antigo regime – o seu primeiro gesto fora abolir a antiga disciplina. O gesto seguinte seria a conclusão de uma paz separada?

A revolução de Fevereiro

Na Rússia, por meados de Fevereiro, as autoridades de Petrogrado decidiram instituir as senhas de racionamento. O público soube-o e, logo no dia seguinte, as filas alongavam-se na abertura das padarias, mercearias, talhos, etc. Esvaziadas em algumas horas, algumas lojas baixaram os estores de ferro. Formaram-se ajuntamentos, arrombaram-se montras. Estes incidentes repetiram-se nos dias seguintes: rebentaram a maior parte das vezes após longas horas de espera, sob temperaturas de 20º negativos, quando a multidão ouvia o *Nietu* fatídico («Já não há mais»).

Ultrapassando as proibições do governador da capital, as organizações legais e ilegais mobilizaram os trabalhadores que desfilaram na capital, sendo pouco depois seguidos pela multidão de descontentes. Gritava-se «Pão», «Abaixo o czarismo», «Abaixo a guerra». Os ânimos estavam bastante exaltados e os manifestantes uniram-se assim aos cossacos, encarregados da manutenção da ordem. Estes manifestantes tornaram-se revolucionários no dia em que, revoltados com o facto de serem obrigados pelos seus oficiais a atirar sobre a multidão, os soldados se amotinaram, juntaram-se aos manifestantes e marcharam com eles sobre o Palácio de Táuride, sede da Duma. Pusilânimes e inquietos, os deputados que tinham assento na Duma interrogaram-se se este exército viria atacá-los ou protegê-los. «Preocupados, emocionados, apoiando-se moralmente uns aos outros, os deputados sentiam subitamente que existia algo de aterrador, de perigoso, de que estavam ameaçados mesmo aqueles que haviam combatido contra o czarismo. Este algo era a Rua».

Contra a opinião dos seus colegas, Kerenski dirigiu-se então para a frente dos seus soldados e desejou-lhes as boas-vindas. Com esta iniciativa, salvou a aliança do povo e da Assembleia: já não havia poder legal na capital; os ministros andavam fugidos, todo o Exército se unira ao movimento. Nesse mesmo dia, 27 de Fevereiro, um grupo de militantes e de operários saídos da prisão de Krestys chegava à Duma. Falavam em formar um Soviete e pediam a Kerenski e a Tchkeidze, um líder menchevique, para intervirem junto da Duma para que esta os deixasse reunir no Palácio da Táuride. Assim, sob o nome de Soviete, um grupo de revolucionários promoveu-se a estado-maior da revolução. Presidido por Tchkeidze e Kerenski, compreendia uma maioria de socialistas moderados. Schliapnikov e Molotov eram os únicos representantes dos bolcheviques no *Bureau* que era constituído por cerca de trinta membros. Inquieta com a formação deste Soviete, a Duma constituiu-se então em «Comité para o restabelecimento da ordem e para as relações com as Instituições», cujo nome traduzia bem o programa. Os soldados revoltosos tinham então promulgado o *Prikaz I*, no qual exprimiram a sua recusa em obedecer aos antigos oficiais e declaravam que já não acatariam as ordens que não fossem emanadas do Soviete, pelo que o «Comité» da Duma entrou em negociações com este com vista a formar um governo provisório. Depois de muitas discussões, o Soviete aceitou o princípio «na condição de o governo aplicar um programa que tivesse o seu acordo».

Os líderes do Soviete aprovaram a escolha do príncipe L'vov para presidente do governo provisório, de Gutchkov e Miliukov para os ministérios da Guerra e dos Negócios Estrangeiros. Para dar ao gabinete um toque revolucionário, os membros da Duma insistiram em acrescentar Tchkeidze e Kerenski. O primeiro recusou claramente, mas o segundo aceitou, passando por cima das decisões do *Bureau* do Soviete: fez apelo à Assembleia plenária e, de certa forma, fez-se plebiscitar.

Duas graves incógnitas pairavam sobre o destino da revolução: a atitude de Nicolau II e a do Estado-maior. Na noite de 1 de Março, após cinco dias de tiroteio, quando se constituía o governo da revolução, ignorava-se quase tudo das decisões que podiam ser tomadas por uns ou por outros.

Entretanto, tendo a garantia de que o novo governo não procurava proclamar a República, o generalíssimo Alexeïev propusera submeter um manifesto ao czar. Quando compreendeu depois que, para salvar Miguel, era necessário sacrificar Nicolau II, convidou os comandantes dos exércitos a enviarem ao czar telegramas recomendando-lhe a abdicação «para salvar a independência do país e assegurar a salvaguarda da dinastia». Excepto Evert, os generais do império responderam prontamente «apontando respeitosamente os seus revólveres às têmporas do monarca adorado». Nicolau II, que dera provas, nos dias precedentes, de uma incrível passividade, nem sequer tentou resistir. Demitiu-se do império como um comandante de um esquadrão de cavalaria. No entanto, anotava no seu caderno: «Deixo Pskov, com a alma oprimida com o que acabo de ver. À minha volta, só há traição, cobardia, velhacaria»([20]).

A efervescência recomeçara em Petrogrado. Tinham-se ouvido rumores sobre o projecto de Miguel suceder a Nicolau II. A cidade revoltava-se outra vez. Kerenski e L'vov decidiram ir ao encontro de Miguel para lhe pedirem para, por sua vez, abdicar. Miliukov queria convencer Miguel II a resistir. Mas este, sem hesitar, aceitou.

O novo regime e o problema da continuação da guerra

O sucesso da revolução foi tão inesperado como o seu desencadeamento. O alto-comando juntou-se ao novo regime seguindo o exemplo dos grão-duques e dos notáveis. Na província, o antigo poder governamental desapareceu de uma só vez. Sem esperar directivas, a população instalou, de imediato, novas autoridades. Em alguns dias, não houve cidade, de Minsk a Vladivostok, que não se dotasse da sua administração revolucionária, soviete ou «comité»: a 17 de Março de 1917, quarenta e nove cidades já tinham constituído o seu soviete; a 22 de Março, havia setenta e sete sovietes de cidades, a que é preciso acrescentar os sovietes de camponeses ou de soldados, os «comités» revolucionários de toda a espécie.

Assim, o novo regime tinha à cabeça um «duplo poder»:

1. O governo, que procurava manter as estruturas de Estado e ter autoridade sobre a administração;

2. O Soviete de Petrogrado, poder de contestação ao qual se iam federar os sovietes de província.

Os partidos políticos constituíam igualmente forças que exerciam a actividade nos Sovietes esperando controlá-los. Mas, nesta data, foi a opinião pública que exprimiu os seus desejos com mais determinação. Deu a conhecer ao governo, aos Sovietes e aos partidos as suas exigências. O futuro do regime de Fevereiro dependia do modo como uns e outros respondessem a essas exigências.

No governo, os homens que aí se encontravam tiveram sempre o desejo de instaurar na Rússia um regime de tipo parlamentar, à oci-

([20]) Colocado em residência vigiada, Nicolau II foi assassinado por soldados Vermelhos em 1918: temiam que os exércitos Brancos de Kol'chack viessem libertá-lo.

dental. Ao tomarem o poder em Março de 1917, não se propunham subverter a ordem económica e social mas renovar o Estado e ganhar a guerra, deixando a uma Assembleia constituinte o cuidado de proceder a reformas estruturais. Contudo divergiam na escolha dos métodos. Segundo Gutchkov e Miliukov, qualquer concessão aos socialistas precipitaria a marcha para a catástrofe, pelo que seria necessário combater os Sovietes. Para os fazer desaparecer, Kerenski pensava, pelo contrário, que era necessário introduzir os seus chefes no governo.

Após a queda do czarismo, as populações da Rússia deram a conhecer as suas aspirações por um mundo melhor. Às reivindicações tradicionais dos operários e dos camponeses opunham-se naturalmente os proprietários que argumentavam com as necessidades da guerra para não se mudar a ordem estabelecida – os operários, soldados e camponeses tinham perfeitamente consciência das dificuldades do problema. Contudo, solidários e determinados em exigir as reformas e a melhoria imediata e divididos quanto ao problema da guerra, só ousavam abordar este tema com prudência, «pois muitos não compreendiam o significado da palavra de ordem "abaixo a guerra"». Todavia, este grito é dado às escondidas, por ocasião dos comícios. Mas os operários das fábricas químicas e de armamento pesado gritam «Viva a guerra», tal como os operários das centrais eléctricas da frente norte; sobretudo, o conjunto dos ferroviários mostra-se, no seu todo, muito patriótico.

No Exército, o problema da guerra não era abordado do mesmo modo: primeiro os soldados revoltaram-se contra o comportamento dos seus oficiais. Tal era o sentido do célebre *Prikaz I*, que significava não «a morte do Exército», como o comando russo ou aliado gostava de repetir, mas a morte de uma concepção de disciplina no Exército.

Este texto espalhou-se rapidamente por toda a Rússia, apesar dos esforços do alto-comando. Correspondia tão bem às aspirações da tropa que, em todas as unidades em que o grau de consciência era elevado, era de imediato concretizado:

«A cada ordem que eu lhes dava», relata em síntese o general Dragomirov, «os soldados respondiam-me: agora, isso já não se faz. Um deles referia-se sempre a um texto impresso que tinha na mão: não, dizia ele, isso já não se faz. E quando eu quis ver esse texto, recusou-se a dar-mo» *(Relatório ao general Russkij).*

Dando a alguns artigos do *Prikaz I* uma interpretação bastante ampla, retiram muitas vezes o comando a um certo número de oficiais. As razões que alegam os soldados do 5.º Pelotão do 1.º Regimento de reserva traduzem as queixas dos soldados contra os oficiais: linguagem grosseira, vias de facto com os soldados, injustiças, sanções excessivas, abuso de autoridade.

Estas queixas explicam as violências de que os oficiais foram vítimas quando a tropa viu que eles se recusavam a admitir que uma nova ordem devia nascer no Exército. Os oficiais não cessavam de enaltecer as virtudes do regresso à disciplina, «o que cavou um abismo entre soldados e oficiais. Estes, por mais que se esforçassem em explicações, não eram ouvidos». Os soldados eram seres humanos: desejavam ver melhoradas as suas condições de existência, que o Estado pensasse no preço do seu sacrifício, na miséria das suas famílias muitas vezes privadas de rendimentos. O 15.º Regimento de Atiradores apresentou um conjunto de reivindicações que eram o espelho das aspirações dos soldados de todos os países.

«1. Melhoria do pré.

2. Aumento dos abonos às famílias dos soldados e garantias para os casos de invalidez; medida absolutamente indispensável, pois um exército tranquilizado quanto ao futuro dos seus podia consagrar-se inteiramente à luta contra o inimigo.

3. Assegurar certas garantias aos soldados que, devido à guerra, terão ficado inválidos.

4. Introdução da eleição para a afectação a um certo número de funções.

5. Melhoria das condições de existência do soldado e, particularmente, das condições sanitárias.

6. Supressão da continência e da posição de sentido.

7. Rejeição da proposta do «comité» dos oficiais que impedia que se abordassem problemas políticos no Exército, posição que era considerada como um regresso ao antigo regime.»

Como o mostra o ponto 2, a aspiração dos soldados à paz, por mais natural que fosse, dava lugar ao seu patriotismo. Numerosos são, aliás, os testemunhos de militantes bolcheviques que atestam a dificuldade que encontraram quando abordaram este problema nas assembleias de soldados. Os soldados querem mostrar-se dignos das «responsabilidades que a revolução fez cair sobre eles», é uma questão «de honra entre eles e os seus antigos oficiais»; eles querem retirar-lhes o «monopólio do patriotismo» de que estes se arrogam.

Naturalmente, os soldados desejavam o fim da guerra e muitas vezes pediam ao governo para encetar negociações sérias, mas confiavam nele quanto à forma de o fazer e entendiam que a paz não devia acarretar prejuízos para a Rússia. Todavia, as posições assumidas pelos oficiais empurraram-nos a rever as suas próprias posições, acabando por se chegar ao efeito contrário: os soldados acabaram por contestar o próprio princípio da continuação da guerra, defensiva ou não, pois pressentiram que os oficiais esperavam assim ressuscitar o antigo regime, quando a aspiração suprema dos soldados era precisamente a sua supressão. «Decididamente», concluíam os soldados e sargentos da fortaleza de Kiev, «os oficiais não compreenderam nada do sentido da nossa revolução».

XVI

PAZ REVOLUCIONÁRIA, PAZ DE COMPROMISSO, PAZ VITORIOSA

Até à revolução russa, o problema da legitimidade da guerra, dos seus objectivos, tinha-se mantido um assunto do governo. É certo que surgira uma oposição, especialmente na Alemanha, que contestava, quer o modo como a guerra era conduzida, quer os objectivos que o governo encarava. Todavia, esta problematização não acarretava quaisquer consequências porque, graças às armas da propaganda, ao controlo da informação e da imprensa, à censura, as classes dirigentes tinham a população na mão: os verdadeiros contestatários não passavam de uma escassa minoria.

Com a queda do czarismo, tudo muda: em Petrogrado, o poder passa para as mãos de um governo que só existe enquanto satisfizer as exigências da opinião pública. Sem dúvida que esta está dividida mas, agora sem entraves, aborda todos os problemas que o futuro do país apresenta: à sua chegada a Petrogrado, Lenine verificava que nunca a História conhecera um país tão livre como a Rússia em 1917.

De todos estes problemas abordados, o mais grave era o da guerra: aprovando a fórmula «paz sem anexações nem compensações», a opinião pública e os sovietes forçaram o governo a ligar-se a este programa. A partir daí, a natureza da guerra, o seu carácter e os seus objectivos eram postos em causa não já por opositores irresponsáveis mas por uma das potências beligerantes, por um governo falando nessa qualidade.

Em nome da Rússia revolucionária, o Soviete de Petrogrado lançava a 27 de Maio de 1917 um apelo aos povos beligerantes para uma paz sem anexações nem compensações; doravante o problema da paz estava abertamente colocado. Seria a paz revolucionária que desejavam os internacionalistas, a paz vitoriosa que queriam os governos envolvidos ou a paz de compromisso que conciliadores tentavam negociar?

O fracasso da paz revolucionária

Depois de Fevereiro, a burguesia russa adoptara instintivamente o comportamento de uma classe dirigente. Ladeada pela maior parte dos intelectuais, universitários, etc., que receavam a explosão de Fevereiro, tencionava atingir os seus objectivos, que eram, na maior parte, opostos aos das classes populares. Queria continuar a guerra até ao fim vitorioso e apoiava-se nos princípios democráticos dos seus adversários para deixar a uma Assembleia constituinte o cuidado de realizar as reformas de estrutura. Procurava demonstrar que, em tempo de guerra, a sua convocação seria impossível, o que era um meio de adiar as reformas até à paz. Desejosa de ter na mão toda a economia russa e de a regenerar, não tinha intenção de diminuir o esforço de guerra, opondo-se por isso à primeira das reivindicações operárias, as oito horas. Dizia igualmente ser inviável aumentar os salários e era hostil aos «comités» de fábrica. Cheia de ilusões sobre a sua força, a burguesia não compreendeu o significado da revolução nem avaliou a força do movimento que animava o país. Só os oficiais manifestaram ainda mais cegueira.

Os homens que dirigiam o governo tinham assim de enfrentar reivindicações antagónicas. Sossegados pela lealdade dos pequeno-burgueses, dos ferroviários, dos artesãos e de uma parte dos camponeses, estavam decididos a recuperar a autoridade sobre o Exército, o que seria possível com a continuação da guerra. Temeram exageradamente um perigo contra-revolucionário e acreditaram ter adoptado um comportamento de homens de Estado ao opor-se «sagazmente» às reivindicações extremistas. As classes dirigentes e o Estado-maior não se sentiram satisfeitos e não ajudaram o novo governo a realizar a sua tarefa. Iriam assim empurrar as classes populares para o desespero, pelo que foram varridos.

Apenas uma reduzida minoria dos militantes bolcheviques e anarquistas previra esta evolução. No princípio de Abril, recebeu o apoio de Lenine, regressado do exílio, que, nas suas *Teses de Abril,* se tornou o campeão da paz, da absoluta oposição ao governo provisório e da passagem de todo o poder para os Sovietes. Desde o mês de Abril, o «partido de Lenine» qualificara-se como o único adversário organizado do regime nascido em Fevereiro.

É verdade que este não satisfizera nenhuma das reivindicações dos trabalhadores: à custa de tanto repetir que o estado de guerra impedia transformações ou reformas, dava aos operários, aos camponeses e aos soldados uma vontade furiosa de acabar com ele. Ora, longe de procurar as vias para uma paz geral, Miliukov agia como se os Russos tivessem derrubado o czarismo com o único objectivo de prosseguir mais activamente a guerra. Pensaria que, assim, o governo conseguiria unir o novo regime às democracias ocidentais e consolidar a coesão da sociedade ameaçada pela explosão de Fevereiro. Ao continuar as hostilidades até ao esgotamento do inimigo – o que se poderia traduzir também no esgotamento da revolução –, traria Constantinopla como dote à nova Rússia; de passagem, Miliukov esperava igualmente, ao brandir o perigo alemão, dividir os vencedores de Fevereiro, insurgir ainda mais o Exército contra os operários.

A 18 de Abril, Miliukov comunicou às potências uma «nota» muito aguardada. Contra toda a expectativa, insistia no impulso que a revolução iria dar à defesa dos direitos e dos princípios pelos quais combatiam a Rússia e os seus *Aliados;* recordava que o governo respeitaria fielmente as obrigações assumidas. Nem uma palavra sobre as aspirações da «democracia russa» a uma «paz sem anexações nem compensações». Pelo contrário, invocava «garantias» e «sanções» que os Aliados deveriam estabelecer mais tarde para instaurar uma paz duradoura.

Nos meios democráticos, a Nota teve o efeito de um detonador. Proporcionou aos bolcheviques a ocasião para organizarem uma «jornada» contra o governo e contra a direcção Soviete que o autorizara. Os líderes mencheviques conseguiram pôr fim à efervescência; aceitavam doravante participar no governo para fazer triunfar a política definida pelo Soviete. Miliukov abandonou o governo, anunciando a sua impotência para agir. Os bolcheviques anunciaram igualmente a sua falência.

Para impedir o alastramento das operações activas, os bolcheviques fizeram então campanha em favor do movimento de confraternizações, manifestações muito simples que eram uma espécie de balbucear em favor da paz. Os soldados russos tomaram essa iniciativa; os Alemães tinham interesse em encorajá-los. O Soviete condenou-os de imediato e o líder bolchevique Frunze, vindo da frente onde organizara confraternizações, submeteu-se: a prova estava feita de que o Soviete se mantinha o guia incontestado da revolução. Algumas semanas mais tarde, a viagem de Kerenski foi prova disso: em nome do novo governo e do Soviete, ressuscitou no Exército a chama patriótica que as manobras de Miliukov tinham feito vacilar.

Para voltar a dar ao Exército a sua capacidade combativa, Kerenski quis trazer-lhe pessoalmente a saudação calorosa da revolução; explicava aos soldados a razão dos seus sacrifícios e, se fosse necessário, travaria sozinho mil combates com o exército dos seus contraditores. Sob o olhar céptico ou trocista dos oficiais – ou dos soldados bolcheviques –, lançou-se na arena onde milhões de «aficionados» quiseram ver essa proeza: ficou com a alcunha do «mentalizador-chefe». O espectáculo foi bastante espantoso e alguns dos seus episódios são dignos de figurar numa antologia. O primeiro desenrola-se na capital, antes da sua partida; no congresso dos delegados da frente, Kerenski deu mostras da força excepcional dos seus dons de oratória:

«Camaradas, desde há dez anos têm sabido sofrer e ficar silenciosos. Sabiam como cumprir as obrigações que vos impunha um regime odioso. Sabiam disparar sobre o povo quando o regime assim o exigia. E o que se passa neste momento? Não poderão sofrer mais tempo? Ou será que a Rússia livre se tornou um Estado de escravos revoltados?

(intensos e variados movimentos na Assembleia.)

Sim, camaradas, eu não sei – não, não sei mentir às pessoas; não sei esconder a verdade...

Ah! camaradas, que tristeza por não ter morrido há dois meses...

Então teria morrido com o mais belo dos sonhos: para sempre tinha começado uma nova vida para o meu país; não haveria mais necessidade de chicote nem de vara para nos respeitarmos uns aos outros».

Nas vésperas da ofensiva de 16 de Junho, o Exército já não estava animado do mesmo espírito que após a crise de Abril. Aceitava, num esforço derradeiro, ter confiança nos seus chefes, obedecer-lhes na última ofensiva antes da paz.

Os soldados confiaram em Kerenski porque o governo e o Soviete, associados desde a crise de Abril, declaravam que procurariam chegar a uma paz geral sem anexações nem compensações.

Todavia, já não se tratava de respeitar os tratados assinados antes de Fevereiro; queria dizer que, renunciando a Constantinopla sem o dizer, Petrogrado também pretendia levar os Aliados a renunciarem aos seus projectos de anexações? Antes de mais, tropeçava-se no problema da Alsácia-Lorena. No Soviete, a maioria dizia que era necessário consultar os habitantes «pois, em meio século, a vida mudara de modo radical na Alsácia-Lorena e, com ela, as tendências da população»; razão por que precisamente os sociais-patriotas, em França, se opunham a qualquer forma de referendo. Mas a esquerda mantinha-se intransigente: não se devia à «obstinação da burguesia francesa, ao querer recuperar a Alsácia-Lorena, o prolongamento da guerra, ameaçando arruinar toda a Europa e a própria Alsácia-Lorena?»

«Uma paz fundada no direito dos povos não sanciona o direito das grandes potências de se apropriaram das colónias», acrescentava o bolchevique Kamenev. «Como preliminares, devem pois retirar-se as tropas da Alsácia-Lorena, da Bélgica, da Polónia, da Sérvia, da Macedónia, de Salonica, da Pérsia, da Irlanda, do Egipto, da Bósnia, a fim de dar às nações oprimidas toda a liberdade na delimitação das suas fronteiras». Para a Rússia «isso significa o abandono da Finlândia, da Polónia, do Turquestão, da Ucrânia, etc».

Concluía: «Uma tal paz não deveria ser estabelecida pelos governos capitalistas mas deve ser imposta à burguesia imperialista pelas massas proletárias».

A nova política externa da Rússia tinha como mentor e teórico Tseretelli. O líder menchevique pensava que, com a entrada em guerra dos E.U.A. e a revolução de Fevereiro, os apetites das potências ocidentais seriam refreados; assim, a renúncia russa a Constantinopla podia servir de exemplo. Na Rússia, o Soviete deveria promover a política da paz que seria adoptada e seguida pelos ministros e os partidos políticos. O Soviete encorajaria o governo para que interviesse junto dos Aliados e para que estes proclamassem os objectivos da guerra de acordo com a declaração de 3 de Maio. Em Petrogrado, a presença dos zimmerwaldianos no governo garantia o sucesso desta política. Mas não se tinha a certeza do comportamento nem dos Aliados, nem das potências centrais, pelo que a democracia russa devia reforçar a acção dos socialistas nos países beligerantes e ajudar à ressurreição da Internacional na qual Tseretelli «depositava uma fé messiânica». Uma conferência de todos os partidos socialistas em Estocolmo deveria elaborar um programa de paz, que aqueles tentavam impor nos seus respectivos países. Na Rússia, o assunto estava resolvido: faltava agora resolvê-lo nos outros países. A luta travar-se-ia, assim, em dois campos: o das relações entre governos e o das relações entre partidos socialistas; além disso, acreditava-se que cada partido socialista iria influenciar o governo respectivo.

Esta política baseava-se em várias estimativas. Pensava-se que na Alemanha, em França, etc., a esquerda socialista exerceria influência sobre as maiorias e que estas «esquerdizariam» a política dos governos. Por seu lado, o ministro dos Negócios Estrangeiros apoiar-se-ia nas declarações de Wilson, e preconizaria uma revisão dos objectivos de guerra: assim desautorizados por Washington, por Petrogrado e por Estocolmo, os defensores da guerra de conquista seriam levados a submeter-se e, a pouco e pouco, os Aliados e as potências centrais alinhariam com as posições do Soviete. Isto era uma má avaliação das reacções da Europa em guerra à revolução russa.

Em Berlim e em Viena, numerosas vozes afirmaram que a revolução russa era uma «crise de guerra»; com a tomada do poder pela burguesia, a Rússia ia agora conduzir uma «guerra aberta». Os actos do alto-comando e do governo provavam que em Berlim e em Viena se era sensível a esta interpretação dos acontecimentos: o número de divisões alemãs face aos Russos manteve-se estacionário em Abril de 1917, para passar de 72 para 75 divisões em Maio e para 78 em Junho.

Outros, cada vez mais numerosos, pensavam que o povo russo, esfomeado e cansado da guerra, estava em vias de se sublevar para pedir pão, liberdade e paz, quando os liberais russos partidários da paz se uniram ao movimento para se colocarem à sua cabeça e o dirigirem com vista à continuação da guerra. A declaração de 14/27 Março de

1917 deu peso à sua interpretação. Desde logo, para explorar a vontade da paz de uma parte da opinião russa, o Estado-maior austro-alemão absteve-se de lançar uma grande ofensiva a leste pois ela catalizaria o sentimento patriótico enquanto a inactividade permitiria que prosseguisse a desintegração. Além disso, o governo alemão deu todas as facilidades aos «pacifistas» russos que, na Suíça, queriam regressar ao seu país; Lenine, Martov e os seus amigos zimmerwaldianos obtiveram o visto de trânsito em treze dias, um tempo recorde. Paralelamente, Scheidemann e Czernin responderam publicamente ao «apelo» de 14 de Março; os dirigentes austro-alemães deram carta branca aos socialistas «maioritários» para agirem junto da democracia russa. Estes utilizaram os bons serviços de Parvus (Helphand), outrora ligado à ala esquerda da social-democracia russa e agora passado para o social-patriotismo. Os socialistas alemães intervieram igualmente junto do dinamarquês Borgberg que, chegado a Petrogrado em meados do mês de Abril, tentou organizar uma conferência socialista internacional; transmitiu igualmente aos Russos as condições de paz dos socialistas maioritários alemães. Assim, esta viagem e estas diligências estimularam a análise das formas de reunião da Conferência de Estocolmo.

Em Paris, em Londres e em Roma, a revolução foi acolhida de modo diferente: os meios socialistas e os liberais regozijaram-se com a queda do czarismo. Não a opinião conservadora; esta tentou acreditar na lenda de uma mudança de regime realizada com o consentimento de Nicolau II; depois, após o apelo do Soviete em 14 de Março, deixou transparecer a sua inquietação.

Os meios governamentais tentaram fazer das tripas coração. Quando se soube que só os «maximalistas» eram pacifistas e não todo o Soviete, nem por isso se sentiu tranquilidade. A imprensa contudo diferenciou Lenine, de quem se fez um agente alemão, do Soviete, que foi poupado. Os governos aliados saudaram o novo regime. Como se nada se tivesse passado, Nivelle enviava telegrama atrás de telegrama ao general Alexeïev para «exigir» o recomeço da ofensiva, pois a «comédia» da revolução não podia durar sempre. Após o apelo do Soviete «aos povos do mundo inteiro», os governos aliados encararam a «intervenção» junto do príncipe L'vov, utilizando os bons ofícios dos socialistas, insistindo na «vitória a alcançar sobre o inimigo comum». Duas delegações partiram para Petrogrado: uma embaixada «extraordinária» de dois ministros socialistas, Henderson e Albert Thomas; uma delegação encarregada de saudar a revolução em nome dos socialistas ocidentais, com Marcel Cachin, Marius Moutet, Sanders, etc. Na realidade, as duas missões tinham por objectivo reaquecer o ardor belicista do aliado russo.

Depois das habituais manifestações de boas-vindas, os socialistas aliados sentiram imediatamente a desconfiança de que eram objecto. No Soviete, «um frio da Sibéria» acolheu-os. «Tinham a impressão de que eram agentes de Shylock que tinham vindo exigir da revolução russa a ração de sangue e de carne para canhão», comenta Sukhanov. Tiveram de justificar a sua representatividade, souberam que o Soviete interviera em Paris e em Londres para que os representantes da tendência zimmerwaldiana fossem convidados a deslocar-se a Petrogrado e foram obrigados a dar «garantias» relativamente à Índia, Irlanda e Marrocos. Os socialistas aliados declararam que aprovavam a fórmula do Soviete: «Paz sem anexações nem compensações». No caso da Alsácia-Lorena, tratava-se de um mal-entendido; antes de decidir o seu destino, devia-se, segundo os Russos, consultar as populações; os Franceses concordaram mas a muito custo; convieram que cabia à França, espoliada em 1871, controlar as modalidades do referendo; pelo contrário, o Soviete considerava que era necessário recorrer, como em qualquer outro lugar, a uma comissão internacional. Os socialistas russos, além disso, pronunciavam-se contra o pagamento de uma compensação aos vencedores. A responsabilidade da guerra pertencia a todos: todos deviam participar na indemnização das vítimas.

Todavia, como os Russos afastavam qualquer ideia de paz separada, os socialistas aliados esqueceram rapidamente a desavença dos primeiros dias, estabeleceram excelentes relações com os seus colegas do Soviete e puderam, à vontade, «gabar os soldados». Influenciados, a pouco e pouco, pelo espectáculo extraordinário e pelo entusiasmo de uma revolução bem sucedida, converteram-se ao ideal dos sovietes. Partindo para a Rússia como advogados envergonhados, preocupados com os interesses do seu governo, voltaram da Rússia como cantores gloriosos da pátria da revolução.

A resposta das chancelarias ocidentais às notas do governo revolucionário desconcertou os Russos. As potências ocidentais reconheciam a justeza dos princípios da democracia russa, isto é, o interesse no recomeço de conversações interaliadas sobre os objectivos de guerra, mas estas concessões eram acompanhadas de tais considerações que a *Rabotchaïa Gazeta* podia escrever que «os Aliados queriam apresentar uma mercadoria antiga sob uma nova embalagem».

Foi sobretudo a resposta de Wilson que suscitou a confusão; o presidente dos E.U.A. opunha-se claramente às concepções russas, afirmando publicamente «que uma paz antes da vitória reforçaria o imperialismo alemão, precisamente favorável a uma paz de compromisso». Desta vez, foi o jornal do Soviete que criticou esta nota «confusa e pretensiosa». «Não é o tipo de linguagem que convém utilizar para se dirigir à democracia russa», concluía o *Izvestia*; «a nota era um ajuste de contas entre Wilson, o pacifista, e Wilson, o guerreiro», ironizava Tchernov.

«O chão abria-se sob os passos do meu sucessor Tereschtchenko», observava Miliukov. Como Lenine, tivera razão: a partir daí, a esquerda interrogou-se sobre se a Rússia se devia declarar «livre de qualquer compromisso».

No espírito dos dirigentes da nova Rússia, a política da paz revolucionária assentava essencialmente no sucesso de uma conferência socialista internacional([21]). Os delegados de todos os países beligerantes reunir-se-iam e estabeleceriam a fórmula que imporiam aos respectivos governos.

Estes não tiveram de se preocupar muito: as diferentes tendências do movimento socialista não chegaram a alcançar as vias de um acordo sobre o procedimento a adoptar; a Conferência de Estocolmo nunca se realizou. É verdade que foram iniciadas muitas negociações mesmo entre militantes socialistas de campos opostos; Tseretelli e os mencheviques apresentavam infatigavelmente os seus bons ofícios. Mas, na própria Rússia, esta política era contestada, não apenas pela direita, mas igualmente por Lenine e pela esquerda zimmerwaldiana que temia que a «paz de Estocolmo» salvasse a burguesia da revolução mundial. Os socialistas aliados temiam, sobretudo, as reacções da opinião pública, exaltada pela propaganda belicista. Assim, em Inglaterra, foi mais a acção «patriótica» do sindicato dos estivadores do que a do governo que impediram o socialista MacDonald de se apresentar em Estocolmo.

Antes mesmo de, dando o exemplo a Ribot, Wilson recusar os passaportes aos delegados que deviam seguir para Estocolmo, o encanto há muito que fora quebrado, e quebrado também estava o impulso que levaria ao sucesso da conferência. A conferência estava tão morta nos espíritos como nos corações. Morta antes de ter nascido.

Fracasso da paz de compromisso

A paz revolucionária falhara. Desta maneira, os defensores da paz vitoriosa ficavam face a face com os da paz de compromisso.

Na Alemanha, estes começavam a tornar-se influentes. Todavia, as suas iniciativas não produziram efeito porque chamavam compromisso a um regulamento que não satisfazia *todos* os objectivos de guerra da Alemanha.

Após a revolução russa, os progressos da oposição socialista criaram uma situação nova. O agravamento das condições de vida, o descontentamento crescente, a extensão do movimento grevista estiveram na origem de um clima verdadeiramente novo que reanimou a vida política. Na sequência do apelo do Soviete de Petrogrado, a social-democracia reclamara com insistência a conclusão de uma paz sem anexações nem compensações. Mais tarde, sob a influência do *Prikaz I* e das informações vindas da Rússia, eclodiram sublevações na Armada. Tinham por origem o fracasso da guerra submarina e os maus tra-

([21]) Sobre a Conferência de Estocolmo, remetemos o leitor para o nosso livro, *La Révolution de 1917*, Paris, ed. Aubier-Montaigne, 1967, cap. 8.

tos a que os marinheiros estavam sujeitos; contudo, eram os acontecimentos da Rússia que se encontravam claramente na origem da tomada de consciência. Os militares acusaram de imediato os socialistas de serem os responsáveis. Com efeito, em Kiel, os independentes animavam o movimento.

Os maioritários tiveram medo; temendo que o domínio sobre a oposição lhes escapasse, exigiram de Bethmann-Hollweg a democratização imediata do sufrágio eleitoral na Prússia e uma iniciativa a favor da paz sem conquistas. O chanceler esboçou promessas quanto ao primeiro ponto; quanto ao segundo, manteve-se inabalável. Todavia, escreveu a Hindenburg indicando que a ocasião era propícia ao estabelecimento de uma paz de compromisso: a guerra submarina não fora capaz de cumprir as suas promessas, pois a América entrara em guerra; ao ver as suas esperanças desiludidas, a opinião pública poderia demonstrar a sua inquietação. Rejeitar nesse momento qualquer noção de paz poderia acarretar «consequências incalculáveis».

Bethmann-Hollweg tinha o acordo de Czernin, mas o alto-comando alemão assim não o entendia. Já pouco satisfeito pelas concessões verbais do chanceler no respeitante ao sufrágio na Prússia, acolheu muito mal as propostas «pacifistas», que pressupunham contudo o domínio da Bélgica, da Polónia, etc. Se o moral enfraquecesse, a culpa caberia aos civis «que não sabiam reanimar a vontade nacional». Numa carta ao *Kaiser*, Hindenburg acusava agora o chanceler; colocava o problema da sua sucessão.

Quando no *Reichstag* o católico Erzberger juntou o *Zentrum* às posições pacifistas dos maioritários, Bethmann-Hollweg quis aproximar-se desta nova «maioria». Mas esta evitou-o: pretendia dissociar a sua acção da do chanceler. Assim desautorizado pelo Exército e pela oposição, Bethmann-Hollweg apresentou a sua demissão (12 de Julho de 1917).

A 19 de Julho, a resolução de paz proposta por Erzberger e Scheidemann obtinha a maioria no *Reichstag*. Esta extraordinária desaprovação da política imperial não provocou consequências; o poder pertencia doravante ao Estado-maior que tinha em Michaelis um chanceler a seu gosto.

Os partidários da paz de compromisso mostraram também a sua debilidade na Áustria-Hungria. O jovem imperador Carlos manifestara várias vezes o desejo de obter um acordo para poder consagrar-se inteiramente à resolução do problema nacional. As propostas de negociação que encetara em segredo com Poincaré, por intermédio do príncipe Sixto de Bourbon, não haviam produzido resultados se bem que Carlos se tivesse declarado pronto a abandonar qualquer pretensão sobre a Polónia. Teria devolvido a Galícia à Alemanha a fim de que esta pudesse, sem «se humilhar», devolver a Alsácia-Lorena à França. A negociação fracassara quanto às concessões a fazer à Itália, pois

Carlos I não podia aceitar ter de perder territórios ao mesmo tempo no Tirol e na Polónia. Sobretudo, parece claro que, nem Ribot, nem Poincaré ousaram aproveitar a oportunidade. Carlos I já não ousou tomar iniciativas. Os ministros e ele contentaram-se em repetir em todas as ocasiões que «a Áustria-Hungria se encontrava exausta».

Em França, os partidários da paz sem condições obedeciam a outros motivos. Alimentando ideias «europeias», Joseph Caillaux não participava das ideias do pacifismo internacionalista pois, como Giolitti na Itália, temia que da guerra brotasse um dia a revolução. Sobretudo, atento ao destino da França, observava que, a longo prazo, o abrandamento da curva demográfica enfraqueceria o país na luta económica e moral entre as nações. Por outro lado, destinada pela sua posição geográfica a suportar o peso da guerra, a França tornar-se-ia mais fraca do que os seus Aliados ou adversários; assim seria tanto mais perdedora quanto mais tempo a guerra durasse. Desta forma, a partir de 1915, Caillaux era partidário de uma paz de compromisso ([22]). O antigo defensor da aproximação franco-alemã tinha outras razões: sabia que tendo apreendido a realidade do poder graças ao estado de guerra, os meios conservadores encontrariam razões para o manter a qualquer preço. Suspeitava de que a direita e a *Action Française* queriam submeter a França à provação de uma longa guerra, pois a República não sobreviveria a tal situação. Fundamentada ou não, a sua análise irritava os meios que se arrogavam deter o monopólio do patriotismo. Distante e sarcástico, Caillaux não era um homem do partido; isolado, era vulnerável. A *Action Française* e Léon Daudet encarniçaram-se contra ele. Acusaram o antigo presidente do Conselho de dar cobertura a operações obscuras, de esconder ouro no estrangeiro, etc. No discurso de Mamers, Caillaux sentiu-se obrigado a frisar «que não consentiria numa paz que não implicasse a reintegração pura e simples da Alsácia-Lorena na família francesa». A seguir, constituiu uma «Liga republicana», mas no seu seio havia apenas personalidades de segundo plano, como Accambray e Pierre Laval. Sem dúvida que o antigo presidente do Conselho contava com o apoio de alguns jornais de esquerda, de *Le Canard Enchaîné* ao *Journal du Peuple;* esta solidariedade mantinha um carácter defensivo e os socialistas, embriagados pelo ideal de Estocolmo, nunca se esqueciam de recordar que o seu apoio a Caillaux «não impedia o seu desacordo com a política de paz por ele defendida» e qualificada como «burguesa».

Durante o Verão de 1917, o recomeço das greves, as sublevações, o eco da revolução russa tinham abalado profundamente a certeza dos meios dirigentes. É verdade que estes associavam factos estranhos uns aos outros, pois as sublevações não estavam ligadas à acção do paci-

([22]) Subestimava, amplamente, de resto, os apetites anexionistas dos dirigentes alemães.

fismo, nem o movimento de Zimmerwald e o bolchevismo eram «inspirados pelos Alemães».

A revolta dos soldados russos que combatiam na frente francesa juntava-se à confusão. Esta guerra já não era considerada por eles como sua, muitos tinham a intenção de voltar para casa. Painlevé temeu que a sua influência se fizesse sentir em toda a frente; com efeito, para impedir os perigos de um ataque inimigo nos sectores defendidos pelos Russos, o comando julgou que seria uma boa solução dispersá-los, ainda que aqueles pudessem espalhar um pouco por todo o lado as virtudes da revolução. O embaixador Isvolski e o general Bobrikov estavam sobretudo atentos «à deterioração do clima das relações com os nossos aliados franceses». Aceitaram que os soldados russos fossem transferidos para o quartel de La Courtine, perto de Limoges. Estes revoltaram-se, surpreendidos por serem assim tratados pela República Francesa. O general Bobrikov pediu a Poincaré o apoio das tropas francesas; o Presidente da República aceitou, *mas* «na condição de se tomar cuidado e evitar qualquer intervenção sangrenta para que os nossos inimigos não possam explorar o incidente» (*sic*). Algumas semanas mais tarde, o quartel de La Courtine estava subjugado e os soldados russos eram deportados para Mers el-Kébir. Tendo em conta a sua «influência sobre os Árabes», o comando francês transferiu-os para Laghouat.

Os meios socialistas continuavam eufóricos: prosseguiam na sua campanha a favor de Estocolmo. A sua consciência patriótica estava tranquila, uma vez que, procurando a paz, a Rússia democrática não deixava de se manter em guerra. Como as greves se intensificavam, atingindo as fábricas de guerra, nas quais ainda assim os trabalhadores eram mais bem remunerados, imaginavam que o país e o Parlamento os imitariam. A direita e Clemenceau não paravam de acusar Malvy: a sua fraqueza e complacência para com os pacifistas tinham permitido esta crise do moral, a mais grave que a França conhecera desde 1914. O comando fazia coro.

A partir de Fevereiro de 1917, Nivelle queixara-se a Painlevé: «o Exército estava infestado de panfletos, uma verdadeira epidemia». Falava de brochuras e de publicações editadas pelo *Libertaire* ou pelo «comité para o reatamento das relações internacionais». Os mobilizados faziam assinaturas das publicações e apoiavam os grevistas com quotizações. Em Bourges, «tinham ousado sindicalizar-se». Após as sublevações, Pétain enviara um outro relatório a Painlevé. Longe de acusar os generais, seus pares, dos erros da ofensiva de Abril, condenava a acção dos «agentes provocadores», dos pacifistas. Pedia uma acção contra a propaganda socialista, declarava-se hostil à deslocação de delegados a Estocolmo. Acusava os jornais parisienses de estarem na origem da campanha de desmoralização, exigia a «limpeza» das estações de caminho-de-ferro, medidas contra os mobilizados das fábricas que provocavam a agitação, etc. Em suma, antecipava os temas de *L'Écho de Paris*, da *Action Française* ou do jornal de Clemenceau.

Vergando-se perante estes ataques, Ribot recusara os passaportes para Estocolmo. Ignorava a visita que os enviados do Soviete, «os peregrinos da paz», tinham efectuado a Paris. Marcado pela derrota de 1870, animado pelo espírito de desforra e pelo de uma paz vitoriosa, Clemenceau explorou esta vantagem: a 22 de Julho, em sessão pública do Senado, relançou o ataque contra Malvy. Indirectamente visava Caillaux e todos os partidários de uma paz sem condições. Ribot retirou-se, dando lugar a Painlevé. Apesar dos esforços de Albert Thomas, o partido socialista não quis participar no governo «que recusara os passaportes». Na realidade, franqueava o caminho a Clemenceau, que encarnava o espírito jacobino, a guerra até às últimas consequências, a denúncia dos aproveitadores da guerra. «Acabara por se impor», nota Ribot, «ao tornar-se popular no Exército e no país pelas suas denúncias vigorosas contra Caillaux e Malvy. O Parlamento via-o chegar com inquietação, mas sabia que ele se sentia satisfeito por ser o motivo exclusivo dos ataques dos socialistas. Estes estavam convencidos de que não se ousaria pôr à cabeça do governo o antigo presidente do Conselho cujo nome recordava os conflitos violentos com os operários, a greve de Draveil; ocuparam-se em lhe abrir o caminho ao retirarem-se da União Sagrada. Enganaram-se sobre as suas próprias forças e sobre os sentimentos do país. Foram eles que mais contribuíram para a chegada do homem que consideravam seu inimigo».

«Apresentamo-nos perante vós com o único pensamento de uma guerra integral», declarava Clemenceau. «Toda a minha política tende para um único objectivo: manter o moral do povo francês durante esta crise que é a pior da sua história... A minha política externa e a minha política interna são uma só. Política interna: estou em guerra. Política externa: estou em guerra. Estou sempre em guerra». Imediatamente investido, Clemenceau «brincou» aos procuradores: retomando o *dossier* elaborado por Léon Daudet na *Action Française*, pediu autorização para levar a tribunal Joseph Caillaux. Aprendera devidamente a lição do caso Dreyfus. O antigo amigo de Émile Zola pôs, em primeiro lugar, Caillaux na prisão, ainda que a acusação de traição não tivesse qualquer fundamento, nem mesmo uma prova forjada. O Parlamento murmurou mas ele deixou-o murmurar, disputando à justiça militar o monopólio da arbitrariedade. Alguns socialistas protestaram mas Clemenceau sabia que podia apoiar-se na ala direita do partido, orientada por Alexandre Varenne e que tendia a provocar cisão. De qualquer forma, para Clemenceau, a paz deles já estava morta enquanto, conduzida por Briand, a paz de Caillaux podia ressuscitar.

A partir do momento em que Malvy deixara o Ministério do Interior, a repressão foi forte: zimmerwaldianos, como Hélène Brion, assim como anarquistas, eram presos e os seus jornais proibidos. Os panfletos clandestinos começaram a aparecer: segundo o relatório mensal do *Controlo geral da polícia administrativa no Ministério do Interior,* nunca foram tão numerosos como durante os primeiros meses do ano de 1918. O «panfleto» *Soldados e civis, nossos irmãos,* de orientação pacifista, circulava em vinte escolas femininas da região parisiense; um apelo em favor da paz, proveniente de Nice, foi distribuído em 23 grandes cidades; 71 panfletos pacifistas foram confiscados em Issoudun apenas durante o mês de Fevereiro. O movimento grevista, por inferior que fosse ao nível atingido na Grã-Bretanha ou em Itália, ignorou a situação dramática da frente e o bombardeamento de Paris pelo canhão *Bertha.* Os reveses da Primavera não o afectaram em nada e teve tendência a ampliar-se, passando de uma média de 30 a 40 greves por mês, com um máximo de 54 em Agosto. Contudo, não se tratava de greves apenas motivadas por razões económicas. Alimentava-as um certo clima de agitação política e reivindicativa, que não era muito vivo, no entanto, pois duas vezes em três as greves acabavam depois de satisfeitas as reivindicações salariais. Este movimento abrangia apenas uma reduzida minoria de trabalhadores (ver quadro da p. 227). A sua acção não provocou grandes alterações na produção das armas: aliás, a Alemanha conhecia o mesmo fenómeno e o material americano começava a assegurar a substituição. Nem por isso os partidários de uma paz imediata continuaram a defender propostas radicais; falavam de «greve geral internacional» contra a guerra. Verificavam a «passividade» da opinião pública, a sua inconsequência, sobretudo em Paris, «onde os trabalhadores faziam greve embora mantendo propósitos patrióticos».

A abertura das negociações de Brest-Litovsk fez perder consideração pelos Russos e pelo ideal revolucionário que representavam. Permitindo que se ignorasse o facto de que, antes de iniciar as negociações, o novo regime convidara todos os beligerantes a sentarem-se à volta da mesma mesa, os dirigentes franceses procuraram tirar partido dos sentimentos que um tal «abandono» podia suscitar nos soldados e na retaguarda. Na Primavera, os próprios termos do tratado permitiram-lhes ridicularizar os advogados da paz democrática. Com a ameaça do ataque alemão, esperado para a Primavera, o espírito da guerra «vitoriosa» triunfava decididamente. Clemenceau conseguira «obrigar os Franceses à vitória»: a sua determinação mergulhava profundamente no sentimento nacional. Essa determinação levou de vencida as forças vacilantes dos partidários de uma paz sem vitória.

Aconteceu o mesmo na Itália, onde os erros do comando e a crise do moral estiveram na origem de um desastre: Caporetto.

Caporetto

A Itália era o único país em que o Parlamento se opusera à guerra. Nem por isso deixou de ser declarada graças à acção dos meios expansionistas que souberam conquistar o apoio da rua. A experiência mostrava quanto a força do regime representativo podia ser ilusória: serviu para encorajar os seus promotores. Encararam o derrube da monarquia, a instauração de um regime nacional revolucionário; o poder deixaria de emanar do Parlamento e passaria a depender das Associações patrióticas; os ministérios deixariam de ser ocupados por homens políticos mas por especialistas. Esta problematização da tradição liberal e parlamentar animava o espírito dos *fasci;* a derrota fê-los atingir novos progressos.

Todavia, no princípio de 1917, o intervencionismo era sempre vivamente combatido. A oposição de esquerda alimentava-se do descontentamento dos trabalhadores, vítimas da subida dos preços e da escassez. As dificuldades da vida diária faziam sentir-se em particular pois, tal como na Rússia, a economia estava quase toda voltada para o esforço de guerra. Por outro lado, devido à falta de carvão inglês, os caminhos de ferro, já insuficientemente desenvolvidos, só funcionavam a 50%; as fábricas de têxteis apenas apresentavam 40% a 50% da sua capacidade de produção do período anterior à guerra. Como cerca de metade dos camponeses fora mobilizada, a própria produção agrícola periclitava; por várias vezes as grandes cidades tiveram falta de pão. Greves reivindicativas e manifestações pacifistas multiplicavam-se: a festa do 1.º de Maio de 1917 deu uma ideia da importância dessa situação. Em Milão, que tinha fama de ser uma cidade «intervencionista», houve mais de mil prisões. Nos campos, nas cidades do Sul, as mulheres eram particularmente activas; gritavam: «Abaixo a guerra, devolvam-nos os nossos maridos». Embora o *Avanti!* fosse proibido em onze províncias, a propaganda zimmerwaldiana não cessava de conquistar influência: quando Turati, que presidia aos comícios, tomou a palavra em Milão, a multidão impacientou-se: «Basta de conversas, é altura de passar aos actos».

Estas manifestações atingiram o seu apogeu em Turim, durante o Verão de 1917, logo após a passagem da delegação do Soviete pela cidade. Em nenhum outro local da Europa esta fora acolhida com tal entusiasmo. Repetiam-se os mesmos *slogans* que em Milão, mas o estado de espírito era revolucionário. Por muitas das suas características, as greves recordavam as de Petrogrado, em Fevereiro: as mulheres e os jovens desempenhavam um papel essencial; tentavam confraternizar com os *carabinieri* gritando-lhes: «Sois nossos irmãos». Limitado a Turim, mal liderado, o movimento não conduziu a nada, pois aqueles que o tinham desencadeado não abordaram o problema do poder: uma vez proclamada a greve geral, e os seus líderes presos, ergueram barricadas e maltrataram os burgueses. A repressão pôde assim desenvolver-se: houve 50 mortos, 800 feridos e mais de 1500 detenções.

A oposição de esquerda não tinha grande dimensão nos campos. Já o mesmo não acontecia com a Igreja, a quem os projectos dos intervencionistas inquietavam. O Papa tinha assim outra razão para combater a guerra. Qualificando-a como «massacre inútil», Bento XV assumiu uma posição sem equívocos. Tentando ultrapassar as simpatias em favor da Áustria, no princípio de 1917 ofereceu a sua mediação aos beligerantes, e depois tornou pública a sua acção, em 15 de Agosto, o que pôs em estado de alerta todas as chancelarias. Esta oferta esteve na origem de uma manobra diplomática igual a outras que a guerra conhecera. Confirmou que, para a Alemanha, a Grã-Bretanha continuava a ser o inimigo principal; que não se tratava de abandonar o domínio da Bélgica, condição apresentada pela Inglaterra. Mostrava igualmente que, nem o Papa, nem os Ingleses, nem os Americanos faziam da restituição da Alsácia-Lorena à França, ou do Trentino à Itália, uma condição preliminar a qualquer negociação. Bento XV propusera fundar a paz «não na violência mas na razão». Como salienta Pierre Renouvin, «se os seus sentimentos pessoais o inclinavam a pôr termo à mortandade, os interesses da Igreja pressionavam-no ainda mais. A guerra rompera a solidariedade dos fiéis, enfraquecera a organização internacional católica... Se o conflito se prolongasse, o perigo não se agravaria?... Podia a Igreja deixar-se ultrapassar pelos socialistas que preparavam a paz em Estocolmo?»

Sem dúvida que a paz procurada pelos internacionalistas nada tinha em comum com aquela que o Papa queria. A primeira seria imposta aos governos, a segunda salvá-los-ia do perigo revolucionário. Nem por isso os efeitos destas propagandas pacifistas deixavam de se acumular. Convencida pelo padre ou pelo militante, a retaguarda dava a conhecer o seu estado de espírito aos soldados, já cansados de dois anos passados longe do lar. Os efeitos eram previsíveis: na província de Genzano, pôde estabelecer-se uma relação quantitativa entre a actividade da esquerda socialista e o número de baixas por doença no Exército. Na Sicília, onde só a acção da Igreja se fez sentir, (apoiada, é verdade, por uma tradição de insubordinação já antiga) contam-se 20 000 desertores. Pelos campos soprou um vento de insurreição popular: quis-se «tratar do pêlo aos senhores». «É claro que nós estávamos incluídos», acrescenta Turati.

Em 1917, o número total de refractários era de 48 282, o dos desertores 56 286, números em constante progressão: só de Maio a Outubro de 1917, registaram-se 24 000 novos casos de refractários ou desertores.

Por sua vez, a frente manifestava o seu mau humor. Os soldados protestavam contra as asperezas da guerra e a desumanidade do comando. No II Exército, obrigava-se os soldados que não estavam na frente a trabalhos particularmente penosos, «para lhes dar vontade de voltarem às trincheiras». A arrogância dos oficiais, o seu desprezo pela vida dos outros lembravam a mentalidade da Marinha russa. Rebentaram sublevações em Ravena, na Primavera de 1917, ao grito de «pão», «licenças»: houve 48 fuzilamentos. As sublevações de Catanzaro fizeram igualmente 38 vítimas. O número de soldados fuzilados aumentava todos os anos: 66 em 1915, 167 em 1916, 359 em 1917.

Em Setembro de 1917, segundo *La Sentinelle* de La Chaux-de-Fonds, já não tinham conto os dias em que os soldados se recusavam a marchar. O comando estava inquieto, pois sabia que havia uma conexão entre a frente russa e a de Isonzo; reduzido à defensiva, depois da queda de Riga e do progresso da revolução, o Exército de Kerenski não poderia reeditar o feito de 1916. O refluxo das tropas austríacas na frente italiana era fatal. Como se poderia rechaçá-las? Quando os Austro-Alemães lançaram a sua ofensiva sobre Isonzo, a 23 de Outubro, dispunham apenas de uma ligeira superioridade numérica: 44 divisões, das quais 7 alemãs, contra 41 divisões italianas e 4126 canhões contra 3564. Uma falsa manobra de Cadorna, um acto de desobediência do general Capello e um fracasso transformou-se numa catástrofe. Rompida a frente, o recuo efectuou-se em desordem: surpreendidas, antecipadamente desmoralizadas, as tropas italianas debandaram. Mais de 293 000 prisioneiros. Os fugitivos recuaram até aos Abruzos. Como em França, em Junho de 1940, em que, desmoralizados pela propaganda conjugada da direita e da esquerda pacifista, os homens partiram desesperados para a guerra, os Italianos não encontraram em si próprios a força para reagir.

A derrota de Caporetto, em breve detida no Piave, tinha uma componente social; a recusa em obedecer e em bater-se era também uma espécie de balbuciar revolucionário. Maria Isenghi recorda-o ao citar um texto esquecido de Malaparte: «Mais tarde (...) os vencidos desinteressaram-se de Caporetto ou então tiveram vergonha. O receio de passarem por cobardes ou traidores à pátria levou-os a renegar os mais belos gestos, os mais corajosos de uma existência amedrontada».

Caporetto e a revolução de Outubro marcaram uma viragem na vida política italiana. A ameaça da invasão deu novo alento ao sentimento nacional e suscitou uma espécie de União Sagrada: até Giolitti aderiu a ela. Os grupos intervencionistas e os *fasci* desempenhavam o papel das forças da ordem de que só a extrema-esquerda leninista foi vítima. Lazzari e Serrati, director do *Avanti*, foram presos; o partido socialista desmantelado. Um fosso abria-se entre a tendência reformista e a oposição revolucionária, doravante muito isolada. Nem uns nem outros observavam que sob os seus próprios olhos crescia a influência dos *fasci*.

IV

A METAMORFOSE

O ano de 1917 fora marcado pelo triunfo da revolução na Rússia. Nos outros países, os dirigentes tinham conseguido evitar o contágio pacifista e ressuscitar o fervor patriótico. Neste mesmo ano, a entrada em guerra dos Estados Unidos, da China e do Brasil, etc., alargara o conflito às dimensões do planeta. Apoiando-se nos Catorze Pontos de Wilson, os povos da Ásia e de África tinham aproveitado a ocasião para dar uma nova força ao seu direito à independência, para proclamar o carácter próprio da sua civilização que jamais conhecera a ignomínia de um semelhante holocausto.

Outra característica, o ano transacto vira fracassar armas e técnicas novas: guerra submarina levada às últimas consequências, tanques, ofensivas ditas «de rompimento». É um facto que cada coligação conseguira sucessos, mas nunca foram decisivos. Desta forma, no princípio de 1918, se a vontade de vencer permanecia intacta, os dirigentes tinham menos ilusões que outrora sobre as possibilidades de a obter.

Ora, bruscamente, no decorrer do Outono, as potências centrais deixam cair as armas quando, depois de Caporetto, da paz russa, da capitulação romena, pareciam mais fortes do que nunca. Este enigma aparente está na origem de um mito cuidadosamente alimentado, segundo o qual as forças militares alemãs não estavam vencidas quando o governo pediu o armistício; teriam recebido «uma punhalada pelas costas». Os responsáveis por esta derrocada eram os socialistas: haviam criado perturbações na retaguarda para, com a Alemanha assim enfraquecida e vencida, poderem apoderar-se do poder.

Assim se anunciava uma nova era, na Alemanha e, em breve, noutros países. Entre os vencedores como entre os vencidos, o Exército e uma parte dos antigos combatentes iriam identificar-se com a pátria, acusar os parlamentares e os civis de terem traído os interesses da nação quando eles próprios se haviam sacrificado por ela.

Outra transformação: enquanto a vitória dos Aliados e a paz marcavam a irrupção da América nos assuntos de uma Europa ferida e diminuída, o sucesso dos bolcheviques conduzia ao nascimento de uma sociedade nova. Ao assinar uma paz separada em Brest-Litovsk e, depois, ao erguer a bandeira da revolução mundial, a Rússia socialista bania o consórcio dos Estados do antigo regime. As classes dirigentes, sentindo-se ameaçadas, constituíam uma frente comum; ultrapassando as divergências do «interesse nacional», estavam de acordo quanto à necessidade de lutar contra o regime dos Sovietes, dos seus admiradores e aliados.

O começo de uma tal orientação, que impregnou cinquenta anos de vida política e de relações internacionais, surgiu em plena guerra quando os bolcheviques tiveram de fazer frente às forças hostis e conjugadas das potências centrais e dos Aliados, no entanto ainda inimigas nos campos de batalha. No momento em que, ao apelo dos Sovietes, os revolucionários de todos os países fixavam os seus olhares nessa «intensa luz vinda do Leste», a guerra transformava-se em intervenção, em cruzada.

XVII
ENTRE A GUERRA E A CRUZADA

Porquê Outubro?

A Conferência de Estocolmo era um nado-morto. Na Rússia, este fracasso e ainda mais o da ofensiva Kerenski forneceram à opinião pública novos motivos de descontentamento. As reformas fundamentais tardavam e como todas as pessoas consideravam que o problema da guerra vinha à cabeça dos demais, era necessário resolvê-lo a qualquer preço.

Todavia, diversamente de todos os outros, a sua solução não dependia apenas da vontade dos cidadãos; era necessário convencer o inimigo e os Aliados a concluírem uma paz sem anexações nem compensações: o fracasso das primeiras confraternizações comprovou que a paz dos povos passava pelos acordos concluídos entre governos. Estes não conseguiam entender-se. Esta impossibilidade seria apenas da responsabilidade de Guilherme? Os bolcheviques asseguravam que não. Os ministros burgueses eram igualmente responsáveis: os de Paris tal como os de Londres ou de Petrogrado. Consequentemente, era necessário derrubar esses governos, tal como ocorrera com o czarismo. Não eram eles que, sem nada fazer pela paz, se opunham também a todas as reformas e que, na Rússia, condenavam à miséria operários e camponeses?

Na realidade, a partir do Outono de 1917, a metamorfose da sociedade estava concluída. Os Russos já não reconheciam a autoridade do antigo sistema social herdado do passado. «O mundo está subvertido», dizia um industrial obrigado a assistir a um comício em que depois foi sovado. Nas reuniões paritárias, criadas desde o Verão, as comissões de trabalhadores ensinavam aos antigos senhores da economia o que deviam saber sobre os direitos dos trabalhadores. As mesmas comissões asseguravam a vigilância da empresa e ocupavam as instalações da administração. Nos campos, os Sovietes procediam à divisão das terras, enquanto, nas pequenas cidades, os «comités» populares assaltavam as lojas e vendiam aos camponeses os produtos requisitados. Assim, muito antes de Outubro, o proletariado começava a exercer a sua ditadura e o embrião de uma nova ordem política, económica e social começava a formar-se.

O *putsch* de Kornilov revelou que o perigo de uma contra-revolução era uma ameaça real. Provisoriamente associados, Kerenski, os Sovietes e os bolchevistas puderam impedi-la. Todavia, prisioneiros da sua política conciliadora, Kerenski e o «comité» executivo dos Sovietes quiseram contemporizar com os seus adversários. Alienaram, assim, a opinião pública que não admitiu que a preocupação pela paz civil pudesse chegar ao ponto de perdoar à contra-revolução. Nas eleições de Setembro, os bolchevistas obtiveram um sucesso triunfal.

Durante os dias que precederam a insurreição de Outubro, ninguém imaginava, principalmente os bolchevistas, que o partido de Lenine se apoderaria sozinho do poder e para sempre. Para cerrar fileiras contra a reacção, o governo e os Alemães, «todos cúmplices», os bolchevistas adoptaram posições algo jacobinas. Os sectores mais radicalizados da opinião pública agruparam-se à volta dos Sovietes bolchevizados numa reacção de autodefesa, como outrora à volta da Comuna ameaçada. Assim, as jornadas de Outubro surgiram ao mesmo tempo como uma operação para defender a revolução contra aqueles que a ameaçavam e, igualmente, como uma operação ofensiva, com o objectivo de ultrapassar uma nova fase e de instituir o poder dos Sovietes.

O dilema de Brest-Litovsk

Quando Lenine desencadeou a insurreição de Outubro, não lhe acudia ao espírito que a revolução se limitasse a um só país, nem que, reduzida à Rússia, esta revolução pudesse ser socialista. Não que ele pensasse alastrar a revolução a toda a Europa, pelo menos nessa altura: julgava apenas que uma revolução assim circunscrita não seria viável. A conquista do poder na Rússia, o fim da guerra por uma paz democrática, a revolução proletária na Europa, tais eram, segundo ele, os elementos de um processo inseparável.

Assim, a 8 de Novembro de 1917, não foi a preocupação de salvaguardar os laços com os Aliados que levou Lenine e Trotski a propor a paz a *todos os* beligerantes. «A proposta devia conduzir inevitavelmente a um levantamento do proletariado contra todos os governos que a ele se opusessem». A paz transformava-se em espada, necessária à instauração da revolução social (Arthur Ransome). «Se o que era menos provável acontecesse», acrescentava Lenine, «se nenhum beligerante aceitasse um armistício, então, pelo nosso lado, a guerra tornar-se-ia realmente justa, defensiva: os Russos tornar-se-iam aliados do proletariado de todos os países, dos povos oprimidos do mundo inteiro». De qualquer forma, o governo soviético seria o lar da revolução mundial.

O decreto sobre a paz era um simples apelo aos governos e aos povos: Lenine sabia perfeitamente que nunca a França, a Alemanha, a Grã-Bretanha ou a Itália consentiriam numa paz sem conquistas. Esperava, pelo menos, obter o acordo dos Estados Unidos, talvez o da Áustria-Hungria, e pôr assim em funcionamento a engrenagem. Desta forma, não formulava as condições de uma paz socialista mas os princípios de uma paz fundada no direito dos povos disporem de si próprios; não falava nem do capitalismo, que estava «na origem da guerra», nem do socialismo, «o único remédio para todas as guerras». Adoptava a fraseologia wilsoniana e o Presidente dos Estados Unidos compreendeu perfeitamente que essa mensagem lhe era destinada. Respondeu-lhe a 8 de Janeiro de 1918 formulando os seus famosos *Catorze Pontos* em que afirmava a vontade das democracias em fundar a paz sobre o direito dos povos decidirem por si mesmos, sobre o desaparecimento da diplomacia secreta, sobre a absoluta liberdade de navegação dos mares, sobre a evacuação da Bélgica, a reconstituição do Estado polaco, o regresso da Alsácia-Lorena à França, a formação da Sociedade das Nações, etc.

O aparente acordo quanto aos termos escondia, todavia, um profundo mal-entendido quanto aos objectivos: os embaixadores aliados em Petrogrado pressentiam-no, a representação russa no estrangeiro confirmava-o. Efectivamente, não havia nada em comum entre as concepções de Wilson e as de Lenine. De qualquer forma, a partida não parecia definitivamente jogada na Rússia. É certo que o governo provisório já não existia; mas parecia que os Brancos de Kaledine, sublevados desde o mês de Novembro, seriam em breve os senhores de todas as Rússias.

Os bolchevistas tinham de resolver uma importante contradição: para salvar o seu poder e a revolução, era necessário que concluíssem a paz exigida pelos soldados, os operários, os camponeses. Ora os Aliados não aceitavam a ideia de uma negociação. Os bolchevistas ver-se-iam forçados a concluir a paz apenas com os Austro-Alemães. Desta forma, reforçariam o imperialismo alemão, destruindo as hipóteses de uma revolução na Alemanha, base indispensável para a construção da futura Europa socialista.

A 23 de Novembro, Lenine e Trotski pediam o armistício. Ao mesmo tempo publicavam os tratados secretos estabelecidos pelos Aliados, o que era uma forma de se justificaram e igualmente uma resposta às ameaças de ajuda a Kaledine. Tornando-se os Ingleses e os Franceses cada vez mais hostis, os bolchevistas lançaram a 7 de Dezembro um apelo aos povos do Oriente; nele convidavam a Índia, o

Egipto e todos os povos colonizados a sacudir o jugo do imperialismo. Desta vez o bolchevismo era levado a sério em Londres, onde o Foreign Office ordenou o impedimento por todos os meios da publicação deste texto. Nem por isso deixava de se difundir e, em Cambridge, Tilak fazia já aos seus condiscípulos indianos discursos de inspiração bolchevista.

Depois de se terem interrogado sobre as possibilidades de os bolchevistas se manterem no poder, os Alemães aceitaram entrar em negociações com eles; estas negociações de Brest-Litovsk, iniciadas em Dezembro de 1917, iriam durar mais de quatro meses: Kühlmann e Czernin aceitaram negociar com os Russos na base do direito à autodeterminação dos povos mas consideravam que os plebiscitos deviam ser organizados pelas autoridades locais. Partindo do princípio de que os exércitos do *Kaiser* ocupavam os países bálticos, os Russos rejeitaram este procedimento: queriam que todos os exércitos se retirassem antes de qualquer consulta. Era o impasse.

Por seu lado, Joffe, Kamenev e Trotski imaginavam que, ao encorajarem o movimento das confraternizações e ao ganharem tempo, o espírito revolucionário apoderar-se-ia da Alemanha, o que poria em causa a «vitória» dos seus exércitos.

Os Alemães temiam passar por lorpas. Quando souberam que a Ucrânia se revoltava contra o poder bolchevista, os militares aconselharam a ruptura das negociações: enquanto esperavam, as potências centrais assinavam com a *rada* de Kiev um tratado que devia fazer da Ucrânia o celeiro de trigo das potências centrais. Nesta data, no princípio de Fevereiro, a situação dos bolchevistas era pior do que em Dezembro. As importantes greves de Berlim, Viena, Budapeste tinham já acabado; a Ucrânia escapava ao governo de Moscovo enquanto, na Finlândia, Mannerheim erguia a bandeira da independência.

Trotski afirmara que não assinaria um tratado de paz anexionista e declarara ao mesmo tempo que o estado de guerra terminara. Esta atitude embaraçara os Alemães. Explicava-se pela incapacidade dos bolchevistas em incentivarem os soldados a recomeçar o combate. Efectivamente, quando a 8 de Fevereiro, os Alemães romperam de novo com as negociações, as suas tropas não encontraram qualquer resistência. «É a guerra mais cómica que eu já vivi», afirma Hoffmann. Até então, Lenine deixara agir os seus amigos, recomendando-lhes apenas que não se recomeçasse a guerra, mesmo que fosse considerada uma guerra revolucionária. Doravante, pronunciava-se a favor da assinatura imediata, quaisquer que fossem as condições. Estas eram muito duras: o Exército soviético devia abandonar a Ucrânia, a Rússia devia fazer a paz com a *rada* e abandonar qualquer pretensão sobre os países bálticos. Perante estas exigências, Joffe e Trotski pensaram não ser de excluir um apelo aos Aliados. Desembarcados em Arkhangelsk, não se tornavam estes em aliados «objectivos» agora que a Alemanha ameaçava destruir a Rússia? Por seu lado, Boukharine, que continuava a pensar que a paz com a Alemanha reforçaria o imperialismo e dobraria a finados pela revolução mundial, exclamara: « Fazemos do partido um monte de estrume».

Com o apoio de Zinoviev, de Sverdlov, de Estaline, Lenine levou a melhor. A 3 de Março, Sokolnikov assinava o tratado que o Congresso dos Sovietes ratificaria por 784 votos contra 261.

Equívoco da intervenção

Desde Novembro de 1917, o general Alexeïev sublevara o Sul do país contra os vencedores de Outubro. Em breve, comandadas por Denikine, as suas tropas encontraram um apoio inesperado na Legião Checa, composta por antigos prisioneiros de guerra austro-húngaros. Na realidade, estes atravessaram a Sibéria para voltar aos seus lares, mas entraram em conflito com os sovietes locais e o governo Branco de Samara conseguiu pô-los ao seu serviço. O exército Branco tornava-se assim uma força. Os Aliados perguntaram a si próprios se não teriam interesse em apoiar a sua causa pois, uma vez vitoriosos, os Brancos recomeçariam a guerra e ressuscitariam uma segunda frente. Por isso, tropas britânicas desembarcaram em Murmansk e em Arkhangelsk. À partida, tinham por missão contrapor-se ao avanço alemão e impedir os nacionalistas finlandeses de cortar a via férrea Petrogrado-Murmansk, mas, rapidamente, passaram a apoiar, cada vez mais abertamente, os Brancos.

«O bolchevismo é um flagelo», escrevia A. Gauvain no *Journal des Débats*. «Se não formos nós a combatê-lo, a Alemanha encarregar-se-á... desta missão». Era necessário evitá-la, consideravam os meios influentes, especialmente o coronel Knox e o general Janin, chefes da missão aliada na Rússia, alma da intervenção.

Assim, antes de Brest-Litovsk, os temas da contra-revolução eram tomados em consideração pelos Aliados. Até 11 de Novembro de 1918, todavia, a luta contra as potências centrais continuou a ser a sua principal motivação. Desta forma, perante as exigências alemãs, a secessão da Ucrânia e da Finlândia, as ameaças de destruição do Estado russo, os bolchevistas perguntavam a si próprios, por falta de alternativa, se não seria melhor preferir a cooperação com os Aliados à colaboração com os Alemães. Por seu lado, os Aliados sabiam que os meios antibolchevistas eram precisamente aqueles que preconizavam um entendimento com o *Kaiser* nas vésperas da queda do czarismo. Assim, mal por mal, os Aliados deviam abster-se de apoiar os adversários de Lenine. É verdade que, pelo canal Trotski-Sadoul-Thomas (e Trotski-Flobins-Henderson na Grã-Bretanha), os meios parlamentares sobrestimavam as possibilidades de uma bolchevização da Alemanha.

Quando, segundo a expressão de Rosa Luxemburgo, «a permanente imobilidade cadavérica do proletariado alemão» forçou os revolucionários russos a concluírem uma paz com o imperialismo alemão como único poder reinante neste país e quando só esta atitude de cadáver permitiu ao imperialismo alemão utilizar a revolução russa em seu proveito, os Aliados puderam finalmente proclamar a legitimidade do combate que pretendiam travar contra a fortaleza do proletariado internacional.

De resto, os governos aliados não esperaram por esta demonstração nem pela conclusão da paz de Brest-Litovsk para oferecer a sua ajuda aos meios mais hostis à revolução russa. Apesar da oposição dos socialistas, ajudaram Kornilov contra Kerenski, ajuda reiterada nas vésperas de Outubro, persuadidos de que este seria em breve obrigado a entregar o poder aos militares. Após a vitória dos bolchevistas, o rei da Roménia propunha aos seus Aliados uma ajuda aos Cossacos de Kaledine, depois de tentar reunir-se, pelo Kuban, com os Britânicos que avançavam na Mesopotâmia. Balfour e Churchill desejavam reconhecer o governo Branco. Foi decidido prestar ajuda a Kaledine, apesar das reservas de Lloyd George e de Wilson, pois as outras oposições «mesmo reunidas, não passavam de um grupo de tagarelas e de teóricos». Nesta altura, calculando, com mais exactidão do que os seus Aliados, o que significaria para o capitalismo o sucesso de Lenine, o governo inglês orientava as manobras. Todavia, o imperialismo alemão ainda não estava batido e Lloyd George via bem a dificuldade de tratar ao mesmo tempo com os bolchevistas em Petrogrado (contra os Germano-Finlandeses) e com os Brancos em Novo-Tcherkask (com medo de que eles se aproximassem do *Kaiser*). É verdade que antes, como depois de Brest-Litovsk, todas as partes envolvidas faziam jogo duplo. Acontecia assim com os bolchevistas, que não conseguiam determinar onde residia o maior perigo, se nos Aliados, se nos Alemães, e que mantinham o contacto com os dois campos: as potências centrais praticavam igualmente jogo duplo, assinando com Lenine em Brest-Litovsk e apoiando os movimentos antibolchevistas da Geórgia, da Ucrânia e da Finlândia.

A intervenção aberta dos Japoneses, vindos para apoiar os Brancos e bem determinados em obter uma província marítima, teve como efeito a aproximação dos bolchevistas dos Alemães. Na verdade, era evidente que o desembarque americano, que se seguiu, tinha por objectivo essencial contrapor-se às ambições nipónicas. A intervenção militar «aliada» nem por isso deixava de tornar-se cada vez mais perigosa para os Sovietes. O fracasso das ofensivas alemãs da Primavera trouxe-lhes a confirmação. A partir de 3 de Junho de 1918, o conselho superior interaliado de guerra decidia o envio de 4000 a 5000 soldados por país: «Enquadrariam os Checos e apoiariam os Brancos». Imediatamente os bolchevistas fizeram apelo à Alemanha, que se encontrava, precisamente, na urgente necessidade de levar tropas para a frente ocidental. Foi concluído um acordo a 25 de Agosto de 1918; uma das cláusulas previa «que os Sovietes evitariam doravante fazer qualquer tipo de propaganda nos Impérios Centrais». Assim, muito antes da época estalinista, os dirigentes bolchevistas sacrificavam a causa da revolução pela necessidade de salvar o regime instaurado na Rússia.

A cruzada antibolchevista

Nos seus *Cahiers,* na data de 12 de Outubro de 1918, Maurice Barrès dava realce a estas opiniões extraídas da *Gazette de la Croix,* o grande jornal renano: «A luta contra o bolchevismo deve servir de ligação entre as três potências aliadas e os seus inimigos. Uma Alemanha forte resistirá ao bolchevismo. Se ela sucumbisse, a pior espécie de revolução aniquilaria a Europa. A *Entente* não devia negligenciar este ponto de vista». Esta argumentação não deixou indiferentes os Aliados, pelo menos Foch, segundo parece. Doravante optimistas quanto ao resultado da guerra, intervinham abertamente nos assuntos russos: a criação de uma segunda frente, a «protecção» da Rússia, deixavam já de estar em causa; o carácter político da intervenção era patente. Desde o mês de Outubro, a luta contra as potências centrais e a luta contra os bolchevistas, voluntariamente confundidas até essa altura, encontravam-se agora veladamente dissociadas. Em Paris e em Londres, os meios dirigentes avançavam agora o argumento dos capitais investidos na Rússia para legitimar a sua acção. De resto, ainda bastante mal definidos, os seus motivos e ambições inquietavam até os Brancos. W. Wilson nem estava informado do plano Clemenceau, inspirado pelo Estado-maior e que os Ingleses não desaprovavam. A *23 de Outubro de 1918*([23]), definia-o a S. Pichon: «O bolchevismo tornou-se uma força com a qual se deve contar. Ameaça com o Exército Vermelho, cujos efectivos sonha elevar até um milhão de homens. Procura alargar a todos os territórios da antiga Rússia, em primeiro lugar, e ao resto da Europa a seguir, o regime dos Sovietes. Esta nova e monstruosa forma de imperialismo faz pesar sobre a Europa um perigo tanto mais terrível quanto é facto que ocorre no preciso momento em que o fim próximo da guerra vai provocar inevitavelmente em cada país uma grave crise económica e social (...). Os Aliados devem assim provocar a *queda dos sovietes*([24]). Não se trata de conseguir este resultado levando a guerra à Rússia, mas procedendo ao cerco económico do bolchevismo (...) através da ocupação pelas forças aliadas (a começar pela Roménia, Odessa, etc.) dos campos de trigo da Crimeia e da Ucrânia e

([23]) Sublinhado nosso.
([24]) Sublinhado nosso.

das bacias mineiras de Donest, caução necessária para garantir o pagamento dos 26 mil milhões emprestados à Rússia e de que o bolchevismo renegou a dívida (...). Os exércitos do Oriente e os exércitos ingleses na Turquia, após a capitulação desta, fornecerão divisões necessárias para constituir à volta do bolchevismo não apenas o *cordão sanitário*([25]), que o isolará e o condenará a perecer de inanição mas, também, os núcleos de forças aliadas em volta dos quais os elementos sãos da Rússia se poderão organizar com vista à renovação do seu país sob a égide da *Entente*». A guerra de 1914-1918 cedera lugar à cruzada.

As origens da «guerra civil europeia»

A 15 de Outubro de 1918, uma companhia do 21.º Batalhão de Infantaria Colonial, desembarcado em Arkhangelsk, recusara combater os bolchevistas aos primeiros rumores anunciando um armistício na frente ocidental. Estas faíscas iriam em breve multiplicar-se, suscitando entre os dirigentes uma inquietação maior do que a agitação mantida na própria metrópole pelos agrupamentos anti-intervencionistas. É verdade que em França e, sobretudo, na Grã-Bretanha, estes tentaram alertar a opinião pública contra o atentado que os dirigentes aliados perpetravam contra a pátria da revolução; mas o seu público continuava reduzido, uma vez que, no congresso socialista de Julho de 1918, 1172 mandados aprovavam a intervenção e somente 1544 a condenavam. Além disso, observa justamente A. Kriegel, estes «não tiveram nenhum escrúpulo em pronunciar-se contra a intervenção porque a França deixara de ter interesse nisso em termos de uma saída favorável da guerra».

É verdade que, nos dois campos, encontravam-se já revolucionários que colocavam doravante em primeiro plano, quanto ao seu dever de cidadãos, a defesa da pátria da revolução. Os revolucionários mais velhos tinham sido incapazes de impedir a guerra, mas eles saberiam assegurar o sucesso do socialismo. Pelo contrário, outros faziam passar a defesa da ordem social antes da destruição do «inimigo hereditário». Para uns e para outros, o ser social estava *dissociado* do ser nacional. O sentimento patriótico já não o absorvia como em 1914: a guerra desempenhara o papel de um revelador, de um detonador, tal como fazia estilhaçar uma das relações de autoridade herdadas do passado.

Assim, antes que os tratados que lhe iriam pôr fim trouxessem em si os germes do segundo conflito mundial, a guerra de 1914-1918 transportava já nas suas entranhas a guerra civil que ainda divide a nossa sociedade.

([25]) Sublinhado nosso.

XVIII

AS ILUSÕES DE UMA VITÓRIA

O mapa de guerra no princípio de 1918

No princípio de 1918, os Aliados interrogavam-se sobre a saúde física e moral das tropas franco-inglesas. Enquanto Lloyd George esperava ganhar a guerra no Oriente, o comando francês contava essencialmente «com os tanques e os Americanos». A frente ocidental era o mais importante teatro de operações; o comando aliado perguntava a si próprio se os Alemães conseguiriam trazer todas as suas tropas da frente oriental antes da chegada maciça dos *Sammies*. Para vencer, o comando alemão devia ganhar esta corrida contra-relógio.

Na própria França, as concepções defensivas de Pétain eram combatidas por Foch, que o queria substituir. «Se a batalha que se anuncia durar mais de um mês», dizia Pétain a Poincaré, «não poderei reconstituir as divisões mobilizadas e ser-me-á impossível proceder à contra-ofensiva necessária para aliviar a frente atacada». Na Directiva IV, de 22 de Dezembro de 1917, Pétain indicava que não se poderia conter e quebrar os ataques alemães senão travando a batalha nas posições da retaguarda e não nas primeiras linhas, uma táctica que aplicará com sucesso em Junho e Julho de 1918, mas que Clemenceau considerava uma cobardia. Tornara-se o apóstolo da defesa a todo o preço e não podia admitir que se abandonasse a primeira posição.

Os dois aliados solidarizavam-se apenas para criar problemas a Pershing, que não queria ver as tropas americanas misturadas com as dos Aliados. Com dificuldade, obteve a responsabilidade de um sector da frente na Lorena. Esta querela de autoridade e de amor-próprio, atrasou, por vários meses, a utilização maciça das tropas: quantos mortos inúteis não terá custado tal atitude?

As potências centrais eram mais vulneráveis do que parecia. Embora a Alemanha tivesse podido recompor a situação económica, o ano iniciava-se sob sombrios auspícios: a colheita de 1917 fora deplorável, o racionamento de batatas reduzido a 3,5 kg por semana, o de carne a 250 gramas, o de matérias gordas a menos de 100 gramas. É certo que a penúria estimulava o espírito imaginativo dos inventores: se havia escassez de algodão, fabricava-se tecido de papel e de fibra de urtiga; 50 milhões de sapatos tinham solas de madeira. Contudo, o descontentamento aumentava e as greves multiplicavam-se. Em Janeiro, atingiram o auge mas, desta vez, o governo utilizou medidas drásticas e o trabalho recomeçou.

A paragem das operações a leste permitia às potências centrais dividirem melhor entre si a repartição das tarefas. Todavia, a aliança de Carlos I era mais incerta, tal como a da Turquia([26]). Por outro lado, após o tratado de Bucareste, a discórdia manifestava-se em Fernando da Bulgária, descontente por ver que não lhe era atribuída a Dobrudja.

Outro motivo de inquietação: Hindenburg via desvanecer-se a esperança de transferir rapidamente as suas tropas para oeste. Na Primavera de 1918, havia ainda perto de um milhão de soldados alemães na Finlândia, na Rússia e na Roménia. Considerou mesmo imprudente transferir um tão grande número, pois algumas divisões haviam aderido às ideias revolucionárias, pelo que tinha medo que contaminassem as outras.

Assim, no princípio de 1918, quando os Alemães decidem desferir um grande golpe a oeste, as condições gerais eram-lhes menos favoráveis do que alguns meses antes. É verdade que estavam animados pela esperança de vencer definitivamente; mas sabiam também que iam lançar a derradeira ofensiva e que, para a tornar vitoriosa, as semanas escasseavam.

Os primeiros lançamentos de panfletos sobre a Alemanha, o bombardeamento regular de Paris pelos *Taube* e pela «grande *Bertha*», um canhão enorme escondido na floresta de Compiègne, atiçavam a guerra de nervos. A ansiedade era mais profunda do que nos anos precedentes. Como se os dois campos pressentissem que se anunciava a hora do desafio decisivo.

O assalto

Hindenburg e Ludendorff decidiram lançar uma série de acções de desgaste sobre os Ingleses, especialmente postos à prova em Paschendaele. Contavam fazer incidir o esforço na junção da frente francesa: sabendo do desentendimento entre Haig e Pétain, contavam tirar partido disso: os Franceses correriam em socorro do aliado em perigo?

A 21 de Março, a primeira ofensiva, perto de Saint-Ouentin. 4000 canhões apoiavam a acção de 65 divisões. Os Ingleses não podem

([26]) Ver páginas 187 e seguintes.

suportar tal choque, dá-se o rompimento e cabe a Ludendorff dar o empurrão final. Tal como previra, Pétain quer, em primeiro lugar, manter o grosso do Exército francês para se precaver de um segundo ataque, no seu entender, inevitável: hesita antes de enviar as tropas de Fayolle para reforçar Douglas Haig. Julgando-se doravante incapazes de defender Amiens, os Ingleses encaram um recuo geral para os portos da Mancha. A sul, os Alemães reocuparam Noyon e, em Paris, considera-se que a situação é séria: activa-se um dispositivo de recuo do governo para Tours.

Clemenceau suscita imediatamente a reunião de uma conferência interaliada, em Doullens. Foch consegue ressuscitar nela um clima de cordial entendimento. O seu ardor contrasta com o desânimo de Haig e de Pétain. «Bater-me-ei frente a Amiens; bater-me-ei em Amiens; bater-me-ei atrás de Amiens». Os Aliados confiam-lhe os poderes de coordenação na frente ocidental. Imediatamente, Foch envia reforços da frente francesa. Estes chegam a tempo de dar uma ajuda aos Britânicos e colmatar a brecha aberta pelos Alemães.

A 9 de Abril, Ludendorff procede à segunda ofensiva de desgaste. Desta vez, atingiu a extremidade norte da frente anglo-portuguesa para tornar difícil qualquer intervenção francesa. O seu objectivo é isolar o Exército belga e, com ele, uma parte das tropas inglesas, de os empurrar para o mar. Mas as 36 divisões do príncipe Rupprecht não conseguem romper. Combates encarniçados têm lugar frente ao monte Kemmel (25-28 de Abril de 1918).

A 27 de Maio, Ludendorff ataca os Franceses na outra extremidade da frente, de Chemin des Dames a Champagne. À partida, trata-se de uma manobra de diversão, que permitirá o relançamento ulterior da operação de destruição da frente inglesa. Desde Março que as linhas francesas se tinham alargado; além disso, tinham ficado enfraquecidas devido aos reforços enviados para a Picardia e para a Flandres. Os Alemães ficaram, apesar disso, surpreendidos com o facto de conseguirem romper, em quarenta e oito horas, entre as regiões de Soissons e de Reims. A 30, atingiam o Marne. Por seu lado, Pétain encarava um recuo geral. Abandonando seu plano, Ludendorff quis dar maior ímpeto à ofensiva. Mas as posições inimigas aguentaram o embate. A 11 de Junho dava ordens para parar a ofensiva.

Os sucessos dos Alemães eram incontestáveis: um avanço que podia atingir 60 km, a superfície de um departamento suplementar ocupada, Amiens e Reims ameaçadas. Contudo, estes sucessos não eram decisivos e Mangin alcançava mesmo um pequeno êxito ofensivo. Em Paris, a emoção é considerável, a ansiedade começa a fazer-se sentir: uma vez mais, os Alemães estavam em Noyon. O Parlamento exige explicações de Clemenceau: o «Tigre» enfrenta-o. O Parlamento ficaria satisfeito se o pudesse acabrunhar mas ele consegue salvar Pétain e Foch; termina a sua intervenção com esta apóstrofe: «Resta aos vivos concluírem a magnífica obra dos mortos».

Ludendorff tenta então um último esforço: em Champagne. É a *Friedensturm*, a ofensiva de paz de 15 de Julho de 1918. Prevenido do local e da data da operação, graças à captura de prisioneiros, Pétain reeditou a manobra do recuo imaginada por Hindenburg em 1917: deteve assim os Alemães nas segundas linhas, preparadas de antemão. A contra-ofensiva Gouraud-Mangin, cuidadosamente preparada a partir do forte de Villers-Cotterêts e apoiada pelos tanques e pela aviação – utilizada pela primeira vez maciçamente numa batalha –, obrigou os Alemães a um recuo geral. Esta segunda batalha do Marne marcava uma viragem na guerra.

A vitória dos Aliados

Nomeado generalíssimo e, depois, marechal de França, Foch pôs em prática o seu plano de ofensiva geral apesar das reticências de Pétain e de Haig, que apresentavam o inventário das suas enormes baixas. Nem uns nem os outros imaginavam então que esta ofensiva seria a última e que a guerra ia acabar. Clemenceau e Foch arquitectavam planos para 1919. Contavam provocar o desmoronamento da Áustria, onde os desertores eslavos já formavam bandos, quase um exército; esperavam igualmente ajudar os Brancos a acabar com os bolchevistas e a ressuscitar uma segunda frente.

Todas as frentes deviam pôr-se sucessivamente em movimento: Palestina, Oriente e frente ocidental, da Flandres à Lorena, onde doravante se encontrava concentrado o grosso das forças americanas. Os Italianos tinham realizado grandes esforços no Monte Grappa; foi acordado que apenas lançariam a sua ofensiva em Outubro.

A 8 de Agosto de 1918, com mais de trinta divisões, os Franco-Britânicos atacava na região de Amiens. A acção principal é conduzida pelos Ingleses de Rawlinson. Graças ao efeito de surpresa, ao nevoeiro e aos tanques, a primeira grande acção de rompimento desde 1914 é bem sucedida. É «um dia de luto para o Exército alemão» diz Ludendorff: fenómeno inédito, milhares de alemães rendem-se quase sem combate.

Depois de um intervalo, os Franco-Britânicos retomam o ataque a 20 de Agosto. Ludendorff tem que ordenar um recuo geral para a «Linha Siegfried», de Saint-Vaast a La Fère. Prevê já, muito recuada, uma segunda linha de Guise a Rethel. Os Americanos atacam então na Lorena, subjugando a saliente de Saint-Mihiel em quatro dias. Os Anglo-Franco-Belgas relançam a sua ofensiva perto de Cambrai: Ludendorff apresenta a demissão.

Em meados de Setembro, toda a frente ocidental está em movimento; são, por sua vez, desencadeadas as ofensivas conjugadas sobre as «frentes secundárias».

As primeiras vitórias são obtidas na frente da Palestina onde, sem dificuldade, Allenby triunfa na batalha de Megiddo, a Sedan do Exército turco (19 de Setembro de 1918). Este capitulará, em breve. Depois da Mesopotâmia, uma outra coluna viola a neutralidade da Pérsia para atingir Baku: trata-se de evitar a chegada dos Germano-Turcos, de deitar a mão ao petróleo e de impedir os bolchevistas de controlar a região. Sob a égide dos Ingleses, é constituída uma Legião Arménia, que luta contra os Turcos e contra os Sovietes.

No Adige, o dispositivo ofensivo dos Italianos começa a funcionar a 25 de Setembro. Um mês mais tarde, obtêm a vitória de Vittorio Veneto.

A 26 de Setembro, depois de um tempo de paragem originado pelos desentendimentos entre os comandos francês e americano, Pershing lança uma nova ofensiva em Argonne, enquanto Gouraud avança em Champagne e Douglas Haig na Flandres: os Anglo-Canadianos penetram nas linhas alemãs, libertando Cambrai e Lille.

Nos Balcãs, contando com a lealdade do Exército grego, Franchet d'Esperey atravessa o maciço de Mogléna. Conquista Gradsko, Prilep e Uskub aos Búlgaros enquanto a cavalaria de Jouinot-Gambetta avança em direcção a Nich. Arz não pode enviar a tempo os reforços necessários e o rei Fernando decide render-se (26 de Setembro de 1918). Os Franceses esqueceram-se de convidar os seus aliados e concluíram sozinhos o armistício. Os Ingleses agiram do mesmo modo quando assinaram o armistício com os Turcos. Humilhado pelas cláusulas do tratado de Bucareste, inquieto com as simpatias que o bolchevismo encontrava na Bulgária, com o seu Exército em vias de decomposição, e o Estado-maior já em fuga ou com baixa por doença, como era o caso do generalíssimo Yekoff, Fernando abdicou em favor do seu filho para salvar o trono. Tal como fora previsto por Briand, a aurora da vitória levantara-se a Oriente.

A derrota escamoteada

Já há muito tempo que o alto-comando alemão dera a conhecer a sua determinação em pôr fim às hostilidades. Não queria que os Aliados descobrissem o estado real das forças imperiais; e, ainda menos, ver-se na incapacidade de impedir a sua ofensiva. Esperava salvar o Exército, se não o regime, negociando enquanto se encontrava ainda a cem quilómetros de Paris. Ludendorff dissera-o e repetira-o em privado. Külmann, ministro dos Negócios Estrangeiros, acreditou ser o momento oportuno para lançar uma ofensiva de paz. O seu apelo às potências inimigas foi mal acolhido pelos militares: «a vitória era certa» e Külmann foi sacrificado a esta verdade oficial. No entanto, após a segunda batalha do Marne, Ludendorff e Hindenburg aceitavam como fatal a ideia de uma paz sem anexações: as que tinham sido obtidas em Brest-Litovsk bastariam. Após 8 de Agosto, parecendo a derrota inelutável, Ludendorff apresentou a sua demissão. Foi recusada. Com a ocupação da saliente de Saint-Mihiel pelos Americanos (em apenas quatro dias, quando os Franceses nunca o tinham conseguido por falta de meios) e, sobretudo, com os sucessos britânicos na região de Cambrai, os nervos de Ludendorff e de Guilherme II cederam. O derrotismo apoderou-se do alto-comando que doravante exigirá a conclusão de um armistício imediato e o envio de uma mensagem de paz a Wilson.

A 28 de Setembro, os Alemães tomavam conhecimento, ao mesmo tempo, da capitulação búlgara, da perda de Damasco, da exoneração do chanceler Hertling. Conhecido pelas suas ideias liberais e pacifistas, o príncipe Max de Bade foi chamado para o substituir. Sem a participação dos sociais-democratas o seu governo recusava a chancelaria: de outro modo, os E.U.A. recusar-se-iam a negociar com um governo que não considerassem representativo. As considerações deste tipo importavam pouco aos militares, que se impacientavam e continuavam a falar como senhores, como vencedores. A revelação feita a Max e aos parlamentares foi brutal: o Estado-maior deu-lhes a ler um relatório sobre a situação que revelava a iminência de uma catástrofe. Ebert estava branco como a cal, Scheidemann e Max de Bade mudos de espanto. «Não há nada mais a fazer do que meter uma bala na cabeça», declarava o ministro da Prússia, conde von Waldow. O relatório de von den Bussch não exagerava a gravidade dos factos. Max de Bade hesitava, apesar disso, em iniciar as conversações em tais condições. «Tu não estás aí para criar dificuldades ao alto-comando», ordenou-lhe Guilherme.

Os socialistas aceitaram participar no governo para pôr fim à guerra e salvar a Alemanha de um desastre. Quando Wilson respondeu (sem consultar os seus aliados) à mensagem de Max de Bade, parecia exigir, antes de mais, a transformação das instituições políticas na Alemanha. Foi porque o Exército se opôs a estas condições e porque Ludendorff pediu vibrantemente a demissão que pôde nascer e apoderar-se da opinião pública, que ignorava de todo o estado real da situação militar, o mito da «traição» dos civis.

A uma nova oferta da Alemanha, Wilson e os seus aliados responderam com um apelo directo ao derrube do *Kaiser*. Já o império de Carlos I se desfazia em pedaços. Em Praga, a 29 de Outubro, um movimento popular aclamava a República Checoslovaca; nessa mesma altura o conde Karolyi anunciava o nascimento do Estado húngaro e o conselho nacional esloveno a formação da Jugoslávia. Por seu lado, após o armistício de Villia Giusti, a Assembleia Nacional austríaca proclamava a República.

Se Carlos I renunciava com facilidade a «qualquer participação nos negócios de Estado», Guilherme II recusava-se a admitir que era o único obstáculo à conclusão do armistício. Pensava que se transformasse a natureza do regime, se o governo de Max de Bade e de Ebert promovesse reformas, os Alemães e Wilson ficariam satisfeitos. A 24 de Outubro, comentando a terceira Nota de Wilson, Noske desenganou-o mas apenas com subentendidos. Tornado um partido governamental, a social-democracia maioritária afectava ter uma certa reserva quanto ao problema dinástico. Não era o caso, nem dos independentes, nem dos espartaquistas que reclamavam a abdicação «no momento em que todos os tronos rolavam por terra»; os próprios «nacionais» iam mais longe do que os socialistas; a 24 de Outubro, o *Frankfurter Zeitung* afirmava que só a abdicação garantiria a conclusão de uma paz honrosa. Mas o *Kaiser* entendia «ficar com o Exército» e Max não ousava contradizê-lo: teria desejado uma abdicação voluntária, «que salvaguardasse a unidade da Alemanha». Hindenburg e Groener (que substituía Ludendorff) estavam solidários com o Imperador: segundo eles, a abdicação «significava o fim do Exército». Acusavam o governo, que deixava a imprensa arrebatar-se e que era responsável pela confusão. Só o ministro do Interior, Drews, ousou recordar algumas verdades ao generalíssimo: «Quem não parava de telefonar para reclamar o armistício, para ordenar o envio de uma *Nota* a Wilson, para reclamar a formação deste governo?».

Os socialistas controlavam a situação: instalados no poder, esperavam que Max de Bade obtivesse a abdicação de Guilherme II. Ameaçavam sair do governo, davam a entender que estalaria uma revolução, pela qual não seriam responsáveis. Mas, dividido entre a fidelidade para com os Hohenzollern e os deveres do seu cargo, o chanceler não sabia se devia agir ou pedir a demissão. Procurava convencer Guilherme II. Longe de querer abdicar, este escusava-se a qualquer entrevista.

Uma manobra de habilidade começou a travar-se. No princípio de Novembro, os Alemães queriam concluir a paz o mais rápido possível, antes que a realidade da derrota surgisse aos olhos dos Aliados, antes que o solo nacional fosse violado. Desta forma, o Exército recuava apenas passo a passo, para evitar o afundamento da frente. Longe de duvidarem da extensão da sua vitória, os Aliados hesitavam em explorá-la. Foch e Clemenceau pressentiam muitas armadilhas no caso de um armistício apressado mas, tal como Haig, temiam uma possível reviravolta: dado o esgotamento das suas tropas, desejavam condições de armistício aceitáveis. Não queriam sacrificar inutilmente vidas humanas. Pelo contrário, desejoso de associar de um modo mais significativo as tropas americanas à vitória, Pershing era claramente hostil a um armistício prematuro, enquanto Poincaré tinha medo de que as negociações fizessem perder ímpeto ao Exército francês.

A 3 de Novembro, rebentavam sublevações em Kiel: os marinheiros recusavam-se a sair do porto e a travar uma batalha «por uma questão de honra». Tendo os Americanos pedido a paragem imediata da guerra submarina, o almirante Hipper queria bater-se uma última vez com a *Home Fleet*. A sublevação dos marinheiros forçou a que as coisas não se passassem assim. Tendo sido presos e levados para Kiel, os revoltosos organizaram manifestações. Cantavam a *Internacional* e afirmavam a vontade de derrubar o regime. Constituiu-se um soviete: em poucos dias, apesar da intervenção de Noske, a revolução alastrava a toda a Alemanha; de Estrasburgo a Munique e a Leipzig, a Alemanha via instaurar-se o regime dos Conselhos.

Diferentes dos sovietes russos, estes *Rätebewegungen* dependiam mais da vontade dos soldados do que da dos trabalhadores. Uma parte destes, contudo, ligou-se ao movimento, conduzidos pelos líderes espartaquistas e independentes. Seguindo o exemplo de Noske, em Kiel, Ebert, Scheidemann e outros chefes da social-democracia ou dos sindicatos tentavam neutralizar o movimento. Ora, só a abdicação imediata do *Kaiser* podia restabelecer a autoridade deles: já ressuscitava o espírito das greves de Janeiro, a classe operária passava-se para os independentes e para os espartaquistas, a revolução estava no ar.

A 9, Max de Bade demitia-se. Cedia o poder a Ebert. Previamente, o herdeiro do trono de Bade e o antigo metalúrgico forçaram a decisão do *Kaiser* ao anunciar a sua abdicação. Em Spa, Guilherme declarava que ia restaurar a autoridade do rei da Prússia. Na realidade, refugiava-se na Holanda; seria o governo socialista que suportaria os encargos da derrota.

A vitória escamoteada

A 11 de Novembro, os Alemães aceitavam as condições de armistício apresentadas pelos Aliados: evacuação dos territórios invadidos (incluindo os que os Alemães ocupavam a leste após Brest-Litovsk), repatriamento dos prisioneiros, entrega de 5000 canhões e 30 000 metralhadoras, evacuação da margem esquerda do Reno pelos exércitos alemães, proibição de destruir caminhos-de-ferro e estradas, reparação das regiões devastadas (minas, condutas de água, etc.), restituição de 5000 locomotivas e 15 000 vagões, direito de requisição em território ocupado, restituição dos objectos roubados durante a guerra, rendição da frota de guerra, etc.

Ingleses e Americanos consideravam que estas cláusulas eram severas; eram-no se comparadas com as primeiras propostas de Wilson. Na realidade, eram benignas tendo em conta as devastações causadas no território francês, e as perdas humanas, proporcionalmente mais pesadas entre os Aliados. É verdade que uma indemnização devia ser estabelecida, mas era igualmente claro que os Anglo-Saxões não queriam uma paz de castigo que pudesse ressuscitar o espírito de desforra. Não eram já os Americanos hostis à entrada das tropas francesas na Alsácia-Lorena e não concordavam com os Ingleses em julgar «inútil e excessiva» a ocupação das pontes do Reno? Estes sinais prenunciadores da desunião dos vencedores anunciavam os dissabores que o governo francês iria conhecer depois da guerra.

Ora, se é certo que, a partir de 1919, os Anglo-Saxões dispunham de meios para fazer triunfar as suas concepções, o mesmo não acontecia nas vésperas do 11 de Novembro: nesta data, os Franceses tinham a possibilidade de impor as suas perspectivas.

Pôs-se o problema de saber se o medo da bolchevização do povo alemão não levara os Aliados a contemporizar. Sabe-se que esta ideia ocorreu a Foch, que os dirigentes do outro lado do Reno tiraram partido disso, e que os meios de esquerda, em França, também recearam esse facto, mas nada prova que os líderes responsáveis tenham sido verdadeiramente sensíveis a ele. Desta forma, cinquenta anos depois, as interrogações continuam. É certo que Poincaré considerava que era necessário exigir cláusulas mais duras; mas Foch e Weygand asseguraram-no de que os seus objectivos militares tinham sido atingidos. Por um erro de visão que hoje é flagrante, estes últimos consideravam que as suas condições bastariam para que a Alemanha ficasse «à mercê do vencedor». Na altura, tal como Poincaré, não perceberam a vantagem que haveria em fazer sentir a derrota ao inimigo levando a guerra até ao seu território; a 11 de Novembro, nem tiveram sequer a ideia de destruir o seu potencial industrial ou de controlar a sua economia. Estes militares concluíram «um armistício entre soldados». A Europa e a guerra tinham entrado na era industrial, eles continuavam a ignorá-lo e, quais cavaleiros medievais em pleno século XX([27]), julgavam que uma nação desarmada era uma nação vencida.

Assinado o armistício, os vencedores descobriram, sob a capa de um povo submisso, uma nação encolerizada. Desde 1914 que os Alemães tinham conseguido manter inviolada a *Vaterland,* ocupando ainda três quartos da Bélgica, Mézières e Briey no dia do armistício. Durante mais de quatro anos, as tropas imperiais tinham acampado em território inimigo e destruído as suas forças vivas. Haviam perdido uma batalha mas, excepto em alguns sectores da retaguarda ou da frente, nem os civis nem os militares tinham o sentimento de ter perdido uma guerra. Os aplausos do público provam-no numa Berlim em júbilo, quando as tropas desfilam após o 11 de Novembro e quando Ebert saúda esses soldados «que regressavam invictos de um combate glorioso», consagrando assim um mito de que se alimentará a propaganda hitleriana.

([27]) É significativo que, tendo circulado de automóvel durante toda a guerra, quisessem desfilar a cavalo no dia da vitória.

XIX

QUEM GANHOU A GUERRA?

Acontece aos tratados como às guerras: cada um tem a sua história, as suas crises, um destino; longe de ser um feito, a ilusão de um momento, os tratados são um novo ponto de partida para a guerra. Também assim aconteceu com os tratados de 1919: ainda a tinta da assinatura no Tratado de Saint-Germain não secara e já começavam, dois dias depois, as hostilidades entre a Itália e a Jugoslávia por causa de Fiume.

Vários tratados puseram fim à guerra de 1914-1918.

Porém, naquela altura, e durante vinte anos, foi o Tratado de Versalhes que atraiu todos os olhares, suscitou todas as atenções. Punha fim, julgava-se, à hegemonia da Alemanha, às ameaças que esta fazia pairar sobre a Europa. Contestado, vilipendiado pelos vencidos, o Tratado de Versalhes teve uma existência agitada. Durante vinte anos, Hitler só falou em *Diktat*. A Segunda Guerra Mundial resultou directamente deste tratado. Contudo, setenta anos mais tarde, a estrela parece extinta – ou quase. A Alemanha já não reivindica a Alsácia-Lorena, o chanceler Kohl reconheceu a linha Oder-Neisse, instituída em 1945 e que entrega toda a Posnânia e parte da Silésia à Polónia, etc.

São pequenos astros, que julgávamos extintos e de que nos havíamos esquecido até do nome, que despertam: primeiro, os tratados de Saint-Germain e Trianon, que puseram fim à dupla monarquia, cujas cláusulas foram postas em causa em 1939, em 1940, e em 1945, sendo-o ainda hoje, especialmente entre a Roménia e a Hungria. O Tratado de Neuilly, com a Bulgária, despertou, também ele, durante a Segunda Guerra Mundial. Mas é sobretudo o Tratado de Sévres, que pôs fim ao Império Otomano, que não cessa de relembrar a sua existência, bem como o de Lausana que lhe sucedeu. Na Síria, no Líbano, na Arménia, no Iraque, etc., ele eclode por todo o lado. Neste aspecto, a guerra de 1914-1918 ainda não acabou.

VERSALHES

Aquando da negociação do Tratado de Versalhes, o chefe de governo francês, Georges Clemenceau, estava solidamente instalado no poder; à esquerda, contestam-lhe a intervenção na Rússia e as greves são violentas; à direita, censuram-lhe não possuir uma vontade de paz mais conquistadora; mas Clemenceau tem sobretudo que superar graves dificuldades financeiras dada a necessidade urgente de despender somas consideráveis para restaurar os territórios destruídos. Mas nada disto põe em causa a sua autoridade.

O principal problema é o das garantias que a França exige. A restituição da Alsácia-Lorena, sem referendo, é conseguida, quer através de um dos 14 Pontos de Wilson, quer por uma das cláusulas do armistício. Além disso, se é certo que alguns não veriam com bons olhos o desmantelamento da Alemanha, como por exemplo o general Mangin, a maioria dos políticos está de acordo quanto à necessidade de apoiar ou favorecer as tendências federalistas, mantendo-se intransigentes quanto ao ponto do desarmamento total – que evitaria uma guerra de vingança.

Como garantia, na ausência de um Estado autónomo constituído na margem esquerda do Reno – que fora o objecto de um acordo secreto com Nicolau II em Fevereiro de 1917, agora caduco, mas que mantém os seus apoiantes –, e não havendo uma anexação pura e simples, o governo francês exige pelo menos uma desmilitarização absoluta: «Nem um soldado alemão, nem uma fortaleza na margem esquerda do Reno e num raio de 30 quilómetros na margem direita». Visão demasiado curta, como o recuo na história permite verificar, pois não se tratava de controlar as indústrias metalúrgicas, por exemplo, nem – *a fortiori* – aquelas que se poderiam desenvolver no resto do país. Além disso, a França reivindica a região do Sarre, «complemento das jazidas da Lorena», para compensar a destruição resultante da ocupação alemã, e porque o Sarre fora francês à época da Revolução.

De qualquer forma, e considerando as dificuldades financeiras extremamente graves em 1919, é acordado que «a Alemanha pagará». Quanto, como e em quanto tempo – esse é um dos temas de discussão entre os parlamentares. Mas o único verdadeiro conflito existente é o que opõe Foch a Clemenceau, e que tem repercussões nas dissensões que acompanham o armistício. Uma vez este concluído, Foch torna-se intransigente. Exigira inicialmente que os territórios fossem separados da Alemanha e que formassem Estados autónomos «ligados ao destino do Ocidente continental», ou seja, integrados de facto, populações incluídas, no sistema defensivo dos Aliados; depois, exigira que pelo menos o Reno se tornasse uma fronteira militar, mas a título definitivo. Clemenceau contrapôs-lhe que os Aliados nunca o permitiriam. Na verdade, Clemenceau iludia-se quanto à força das alianças, e Foch quanto ao comportamento que os Alemães poderiam ter. Os acontecimentos posteriores no Sarre mostraram que estes não teriam tolerado ser associados à força à Bélgica e à França.

Assim, apesar da sua temida e temível combatividade, Clemenceau surge em Versalhes mais preocupado com um compromisso duradouro do que como intransigente e incendiário. Desconfia, contudo, da «nobre sinceridade» do presidente Wilson, não acredita sequer na futura Sociedade das Nações, e pretende limites à aplicação dos 14 Pontos: por exemplo, exige que o direito à autodeterminação dos povos respeite a homogeneidade dos Estados – o que visa a Checoslováquia que deve nascer entre os Alemães e os Sudetas; mas Clemenceau é hostil ao desmantelamento da Alemanha, à anexação à França de territórios povoados por Alemães para evitar a existência de «protestadores» como haviam sido os habitantes da Alsácia-Lorena; deseja ainda que, à esquerda do Reno, a Alemanha seja apenas neutralizada. É também favorável a uma restauração completa da Polónia, pois «deve existir uma Polónia forte, antialemã e antibolchevique.»

Em Inglaterra, as desilusões com a vitória são mais sensíveis que alhures: mais de um milhão de desempregados, parte dos quais sem compensação, e nenhum benefício social novo em relação à época antes da guerra.

Por outro lado, Lloyd George é apanhado entre dois fogos. Tal como Clemenceau, acusam-no de não ser suficientemente «wilsoniano», de prolongar a intervenção na Rússia, ou de ser demasiado flexível nas indemnizações a exigir aos Alemães.

Ora, para a Inglaterra, a grande ameaça vem de Leste: é a Revolução Russa, a sua eventual expansão e o receio de que esta se faça sentir primeiro na Alemanha, que explicam o «laxismo» de Lloyd George face ao vencido, que não se queria «lançado nos braços do bolchevismo» caso lhe fossem impostas cláusulas demasiado duras. Com efeito, houve uma reacção alemã, mas na direcção contrária: a do nazismo. O diagnóstico de Lloyd George sobre o problema alemão foi relativamente mais exacto do que o dos Franceses, mas enganou-se mais do que estes quanto ao futuro papel dos Americanos ou da Sociedade das Nações (SDN).

É certo que, fora das negociações de Versalhes, Wilson dá uma imagem fascinante da nova América. A guerra trouxe prosperidade e de devedores da Europa os Americanos tornaram-se seus credores.

Wilson fez da paz de Versalhes e da criação da Sociedade das Nações um caso pessoal – como com a recente entrada em guerra dos E.U.A. Por isso, o seu prestígio em Versalhes é imenso e os seus 14 Pontos servem de referência a todas as negociações. Como a Inglaterra, pretende preparar cautelosamente o *Reich* mantendo apenas a «boa Alemanha», «social-democrata», a custo da eliminação da «Alemanha imperialista e militarista responsável pela guerra». Segundo Wilson, este é o único meio de evitar uma guerra de vingança e de prevenir os progressos do regime dos Soviéticos. Todavia, neste ponto, ao contrário de Lloyd George e de Clemenceau, Wilson é muito menos hostil à nova república russa do que a maioria dos dirigentes europeus. De resto, a intervenção americana na Sibéria tivera por objectivo opor-se às acções dos Japoneses, mais do que manifestar hostilidade aos Soviéticos.

É em Itália, na altura das negociações, que a situação política e social é mais grave. A brusca ascensão do movimento sindical e do partido socialista suscita uma identificação com o regime dos Soviéticos que supera largamente o que se passa noutros países e na Alemanha. Uma reacção a esta mudança revolucionária traduz-se num duplo nascimento: a entrada oficial dos católicos na vida parlamentar (o partido popular de Dom Luigi Sturzo) e a criação de um partido e de um sindicato fascistas sob a égide de Benito Mussolini. Ambos são hostis ao socialismo: o primeiro é anti-imperialista e o segundo nacionalista. O governo de Orlando é, assim, apanhado entre os dois extremos. Pela primeira vez, em Milão, em Fevereiro de 1919, uma contramanifestação fascista opõe-se aos sindicalistas e aos socialistas: será «o primeiro episódio da guerra civil» como o afirma Mussolini?

Orlando vê, assim, a sua autoridade posta em causa em Itália, sem dúvida, mas também em Versalhes. Para já, o projecto para a constituição de uma Jugoslávia neutraliza as ambições italianas no Norte da Dalmácia, eslava, quando os acordos de Londres em 1915 haviam previsto, como paga pela intervenção, uma extensão do território italiano a expensas da Áustria-Hungria. Além disso, os princípios de Wilson interditam a aquisição do Alto Adige, zona de segurança reivindicada por Roma mas que é de língua alemã. Para mais, Roma pretende adquirir Zara, Fiume, Trieste – a segunda destas três cidades nunca lhe fora prometida, pelo que, decididamente, a destruição da Áustria-Hungria apenas traz vantagens precárias: e, na falta de melhor, a satisfação de ver desaparecer o inimigo hereditário. Porém, no lado oriental, os Ingleses, os Franceses e os Gregos parecem mais bem colocados do que os Italianos para partilhar os despojos do Império Turco. Imagina-se a cólera dos nacionalistas italianos.

As negociações sobre fronteiras e territórios foram as mais acrimoniosas e, em especial, as que incidiram sobre o Sarre, a Renânia e o Adriático.

Os problemas associados às outras fronteiras da Alemanha foram resolvidos mais facilmente. Lloyd George e Wilson impuseram uma norma aos Polacos: fariam parte do futuro Estado os territórios onde os Polacos contassem mais de 65% do total da população, caso de parte da Posnânia e da Alta Silésia, que os Polacos reivindicavam na totalidade. O acesso ao mar foi resolvido pela atribuição do estatuto de cidade-franca ao porto de Danzig [Gdansk]... No total, mais de dois milhões de Alemães ficaram sob hegemonia polaca, o que invertia a anterior situação, criando uma nova, «intolerável», contrária aos princípios de Wilson... Estes pareciam decididamente difíceis de aplicar: quando as populações estão misturadas, o que significa o direito à autodeterminação dos povos? Este conceito foi igualmente posto a ridículo na Boémia e na Morávia. Os Alemães haviam subtraído parte destes territórios dos Sudetas aos Checos – à Boémia – e a nova Checoslováquia a surgir entendeu recuperá-los. Ademais, a França exigiu que, junto ao *Reich*, a Checoslováquia dispusesse de boas fronteiras naturais. Contudo, os Alemães da Boémia reagiram violentamente. Queriam tanto ser súbditos checoslovacos que a Áustria, ou o que dela restava, aceitou que integrassem a sua nova república, que entendeu rapidamente unir-se à Alemanha. De facto, em vésperas do desmoronamento da dinastia dos Habsburgo, a 21 de Outubro de 1918, Wilson havia declarado que cada povo do antigo império podia decidir livremente o seu destino. Os Húngaros, os Checos, etc., haviam escolhido a independência, os Galicianos a união com a Polónia. Por seu lado, a 9 de janeiro de 1919, os Austríacos pediram a união com a Alemanha. Preferiam o *Anschluss* à existência de um Estado minúsculo, desprezado pelos seus antigos súbditos húngaros, checos, etc., que dispunham de Estados mais fortes do que o do antigo senhor... Mas Clemenceau e Orlando recusaram admitir este crescimento da potência germânica que acabaria por resultar na concretização dessa «grande Alemanha» que a França conseguira impedir após meio século e que, paradoxalmente, se constituiria na altura em que essa mesma Alemanha acabara de perder a guerra. Clemenceau foi apoiado por Orlando que também não queria que a potência alemã chegasse ao desfiladeiro de Bréner. Lloyd George partilhava os seus pontos de vista porque receava que o equilíbrio de forças se modificasse perigosamente no continente. Wilson estava mais hesitante: «Podemos proibir uma anexação, mas não podemos recusar a um país o direito de se unir a um outro se assim o desejar». Cedeu, contudo, porque os seus especialistas lhe mostraram o poderio económico de que disporia este futuro *Reich*. Impôs, por fim, uma solução de compromisso que se tornaria no artigo 80 do Tratado de Versalhes: a Áustria não poderia tornar-se alemã sem o consentimento da SDN.

Tudo se passou como se o direito dos povos à autodeterminação só valesse para o lado dos vencedores...

O princípio das reparações de guerra a atribuir aos vencedores foi admitido pelos Alemães, logo aquando da assinatura do armistício, mas o montante não foi fixado e o seu valor variava de um país para outro: os Franceses avaliaram-nas em 800 milhões [de marcos-ouro], os Ingleses em metade, os Americanos em 1/4, com o total a pagar entre 30 ou 50 anos. Dos 25 milhões a pagar nos dois anos seguintes, os Belgas obtiveram, com dificuldade, um estatuto prioritário que lhes concede dois milhões.

Para além disto, a Alemanha de Guilherme II foi considerada culpada de causar a guerra, em especial por Wilson; com efeito, o artigo 228 do Tratado prevê o julgamento dos criminosos de guerra, nomeadamente os responsáveis pela guerra submarina «que deixaram morrer homens perdidos no mar» após a destruição dos navios. Sobre este ponto, Lloyd George exigiu uma punição exemplar. Chegou a pensar-se ameaçar a Holanda com a recusa em admiti-la na SDN se não entregasse Guilherme II, que ali se refugiara. Por último, os vencedores procederam à partilha das colónias alemãs: a França ficou com metade do Togo e a maior parte dos Camarões; a Grã-Bretanha recebeu o resto destes dois países e o essencial de Tanganica (a actual Tanzânia); a Bélgica obteve o Ruanda-Burundi; a União Sul-africana recebeu o Sudoeste africano (Namíbia). O Japão, por seu lado, ficou com as ilhas Marianas, Carolinas e Marshall; a Austrália, o Nordeste da Nova Guiné, e a Nova Zelândia, as ilhas Samoa.

Esta partilha excluiu a Itália – que deveria receber os despojos do antigo Império Otomano (Rodes e o Dodecaneso), pouca coisa, na verdade. Em princípio, todas estas cessões eram feitas a título precário, em nome de mandatos sujeitos ao controlo da SDN.

Os Alemães rejeitaram veementemente o *Memorandum*. «Documento de ódio e obstinação», declarou Scheidemann, o novo presidente da República de Weimar, «em contradição com as bases de uma paz justa, tal como estabelecem os 14 pontos de Wilson». Na Alemanha, só o deputado socialista de esquerda, Haase, julgava que havia que aceitar as condições, mas «porque a Revolução europeia anulará brevemente semelhante tratado». As «observações alemãs», previstas pelo processo do tratado, incidiam antes de mais sobre questões territoriais. Contestavam também, um a um, os outros artigos do Tratado, em particular aqueles que denunciavam a culpabilidade alemã; por isso, a hipótese de se retomarem as hostilidades foi novamente levantada e o marechal Foch foi convidado a indicar as possibilidades com que se deparavam os exércitos aliados.

Na altura em que lhes apresentavam as novas cláusulas sobre a Silésia – nomeadamente onde deveria ter lugar um referendo, em 1920 –, que deveriam assinar até às 23 horas de 23 de Junho de 1919 – e daí o termo alemão *Diktat* –, os dirigentes de Weimar estavam divididos.

O presidente Ebert propôs aos opositores à assinatura que formassem um governo e assumissem as consequências de uma recusa, ao que estes se eximiram. Os generais Hindenburg e Groener garantiram ao governo que o Exército assumiria a aceitação, permanecendo fiel ao governo que assinasse o Tratado, o que foi feito a 28 de Junho de 1919, na Galeria dos Espelhos de Versalhes.

OS TRATADOS SATÉLITES

O Tratado de Saint-Germain

O Tratado de Saint-Germain selou o fim do Império Austro-Húngaro. A Áustria cedeu todos os seus territórios não alemães: a Galícia aos Aliados, que a restituíram à Polónia; o Sul do Tirol, Trieste e parte da Dalmácia à Itália; a Boémia-Morávia constituíram o essencial da Checoslováquia e a Hungria tornou-se independente. Reduzida a 84 000 km² e seis milhões de habitantes, a Áustria deveria reconhecer a independência de Estados sucessores mais vastos do que ela, via proibida a sua união com a Alemanha (Artigo 88), reduzido o seu Exército a 30 000 homens, sem aviação nem artilharia pesada e forçada a ceder a sua marinha de guerra. Este desmembramento completo – operado em nome de promessas feitas durante a guerra e dos princípios de Wilson – iria suscitar uma reacção favorável ao *Anschluss* com a Alemanha. Por isso, a lógica de vitória voltava-se contra os vencedores...

Ao Tratado de Saint-Germain estava ligado o Tratado de Trianon, assinado entre os Aliados e a Hungria: este sancionava a perda de 2/3 do território da Translitânia após a união da Ruténia e da Eslováquia à Checoslováquia, da Transilvânia e do banato de Temesvar à Roménia. Perto de milhão e meio de Magiares ficaram por isso na Roménia, 700 000 na Checoslováquia e quase 500 000 na Jugoslávia.

A cólera dos Húngaros juntar-se-ia à dos Búlgaros, que veremos aliados da Alemanha durante a II Guerra Mundial.

Em Novembro de 1919, o Tratado de Neuilly restabelecia a Bulgária nas suas fronteiras de 1913, ou seja, ao Tratado de Bucareste: perdia assim a Trácia Oriental e o seu acesso ao mar Egeu, concedido à Grécia com o porto de Alexandrópolis, a Dobruja Meridional cedida à Roménia e a Macedónia Oriental atribuída à Jugoslávia.

Sévres e Lausana

«Todos partilhámos alegremente a Turquia, tanto a da Ásia como a da Europa. A discussão incidiu longamente sobre o destino de Constantinopla.» Esta declaração do coronel House, conselheiro do presidente Wilson, vale por uma declaração anterior ao armistício de Moudros. Os Estados Unidos não estavam em guerra com o Império Otomano, mas os sentimentos de Wilson em relação a este Estado eram negativos: «Em breve, deixará de haver Turquia», havia ele declarado. De facto, as decisões eram tomadas depois dos acordos Sykes-Picot e dos acordos de Londres. Posteriormente, haviam sido previstas modificações, para satisfazer a Grécia em Esmirna, e a Itália também – os

Árabes estavam gratos aos Aliados por os terem livrado da ocupação turca – e estava previsto que, para além dos mandatos da França e da Inglaterra – na Síria, Líbano, Iraque –, nasceriam um ou dois Estados árabes independentes. A alma desta regeneração árabe era Hussein Ben Ali, descendente do Profeta, que desencadeara a revolta do seu povo contra os Turcos em 1916.

A um primeiro mal-entendido quanto às fronteiras do futuro Estado árabe com as regiões controladas pelos Ingleses ou pelos Franceses, juntou-se um segundo, pois com a Declaração de Balfour, em Novembro de 1917, a Grã-Bretanha anunciava que seria criado um país judaico na Palestina. Este projecto fora apresentado ao xerife Hussein em Janeiro de 1918, que não se opusera na condição de que os direitos dos Árabes na Palestina fossem respeitados. Aliás, não estava nos planos dos negociadores ingleses que a Palestina fizesse parte do futuro reino árabe independente. No mesmo espírito assinou o rei Faiçal um acordo com Weizmann, representante da organização sionista, ficando decidido que os lugares santos muçulmanos permaneceriam sob controlo do Islão.

A nordeste, os Turcos tinham participado nas negociações de Brest-Litovsk, mas as suas cláusulas não foram reconhecidas pelas populações do Cáucaso: a guerra estalou novamente entre Turcos, de um lado, e Arménios e Georgianos, do outro. Contudo, após o armistício assinado pelos Turcos com os Ingleses, em Moudros, as suas forças deixaram as regiões que haviam reocupado.

De facto, o desmembramento do Império Turco, tal como fora previsto pelos vencedores, suscitou um revivalismo nacional que tomou corpo na revolta de Mustapha Kemal Pacha. Apesar de parte do território estar ocupada por Ingleses, Franceses, Italianos e Gregos, os objectivos de Kemal, ditos de «luta nacional», definiam o território otomano, «reconheciam aos países de população maioritariamente árabe o direito de decidirem livremente o seu destino, mas não aos Gregos nem aos Arménios nos territórios maioritariamente turcos: não saberiam aí constituir um Estado». Implicitamente, este direito não era reconhecido nem aos Arménios, nem aos Gregos nas regiões do «território turco» em que eram maioritários.

No entanto, o Tratado de Sévres, assinados pelos Otomanos em Abril de 1920, reconhecia a independência da Arménia. Os Estados Unidos deveriam garantir este Estado, arbitrando os seus limites. O governo de Istambul aceitou a perda de todos os territórios árabes, da Trácia Oriental, das ilhas de Imbros e do Dodecaneso atribuídas à Grécia; de Rodes e de Castellorizzo ocupadas pela Itália desde 1912. O Império Otomano estava assim reduzido à Anatólia turca, também ela dividida em zonas de influência inglesa, italiana e grega (que Ataturk posteriormente libertará); os Estreitos deveriam ser desmilitarizados. Além disso, as capitulações, herdadas do século XVI, foram repostas em vigor e agravadas pelo pagamento de uma indemnização enquanto as finanças turcas estivessem sob controlo aliado.

Estas cláusulas humilhantes foram rejeitadas e a guerra retomada, acompanhada de massacres recíprocos entre Gregos, Turcos e Arménios. Em Novembro de 1922, a guerra chegava ao fim e, no Tratado de Lausana, os Soviéticos participaram pela primeira vez na revisão de um dos tratados que punha fim à guerra, o Tratado de Sévres. A independência da Arménia deixava de ser uma questão.

Quanto aos territórios árabes, foram postos sob mandato dos Ingleses e dos Franceses. Estes entraram em Damasco e o emir Faiçal foi obrigado a reconhecer a divisão da grande Síria, com a separação do Líbano do resto do país, justificada com a existência de uma comunidade cristã que gozava da protecção da França há mais de um século. Este acordo salvaguardou os interesses da dinastia hachemita que conservou simultaneamente o trono do Iraque e o da Transjordânia, mas sob controlo britânico. Em 1920, os Árabes da Síria sublevaram-se contra esta nova ocupação estrangeira.

Quanto ao território nacional judaico, o Conselho da Sociedade das Nações confiou à Grã-Bretanha a diligência de o constituir mediante concessão de um mandato sobre o país (24 de Julho de 1922).

O armistício fizera nascer ilusões; os tratados de paz apenas suscitaram ira e desencanto. Para mais, o seu principal artesão, a América de Wilson, recusou assinar o pacto da Sociedade das Nações que devia garantir a sua execução, prevalecendo Cabot Lodge sobre Wilson ao demonstrar ao Senado americano que o pacto seria inaplicável; por último, a sombra de um grande ausente, a União Soviética, pairava sobre as negociações, desempenhando o medo do «perigo vermelho» um papel crucial, assim como este objectivo: enfraquecer a U.R.S.S., isolá-la, diminuí-la – impedir qualquer possibilidade de contágio revolucionário.

Que balanço

Em Versalhes, despojado da Alsácia-Lorena, da Posnânia, de Eupen e de Malmédy, tendo perdido os seus territórios de além-mar, duvidando da lealdade dos vencedores em organizar, como prometido, um plebiscito na Silésia e no Sarre, com o seu Exército reduzido a 100 000 homens, a sua frota de guerra confiscada, julgado responsável pela guerra segundo o artigo 231 do Tratado, e assim condenado a pagar indemnizações, o povo alemão acusou os dirigentes de o porem a ridículo ao aceitarem uma paz de traição. A ocupação da margem esquerda do Reno durante quinze anos, a título de caução, leva ao auge a sua irritação. Exacerbado pela propaganda «revanchista», o mito da «punhalada pelas costas» ganha consistência. A duplicidade dos vencedores aumentava a sua cólera, uma vez que eles consideravam ter-se batido em nome dos princípios do direito dos povos e que estes só jogavam em seu favor: os Alemães dos Sudetas não eram «atribuídos» à Checoslováquia e os Húngaros da Transilvânia à Roménia?

Na sua precipitação em suster a cólera dos Alemães como uma caução de vitória, os Aliados não se apercebiam de que perdiam a paz no preciso momento em que ganhavam a guerra. À parte duas ou três províncias perdidas, a Alemanha mantinha-se intacta; não sofrera qualquer perda material durante a guerra, o seu potencial económico continuava excepcional e as indemnizações previstas pelo tratado de Versalhes não limitavam, nem o seu desenvolvimento, nem a sua liberdade de manobra. Enquanto a França, ferida, parcialmente destruída, exangue, gastava uma parte da energia nacional a reconstituir a sua economia, a Alemanha tinha apenas de a reconverter.

Arruinadas pelo esforço de guerra, pelas compras ao estrangeiro, a França e a Inglaterra, prósperas em 1914, viram desaparecer o seu crédito no exterior antes de ele se transformar em conta a débito. Já não beneficiavam dos investimentos feitos na Rússia e no Império Turco. Com a sua base financeira assim enfraquecida, perdiam a vantagem que a prevenção financeira outrora lhes dava face à Alemanha e a outros países. Desta forma, os Estados Unidos podem ser considerados os verdadeiros vencedores da guerra, pois tinham mantido o seu território intacto e tornaram-se os credores de todos os outros beligerantes.

Igualmente no plano estratégico, a França e a Inglaterra perdiam a partida. A Grã-Bretanha via o Japão ocupar o seu lugar no mercado asiático e os povos de cor a contestarem a sua hegemonia, de Calcutá ao Médio Oriente. Quanto à França, os seus dirigentes esqueciam que, em 1914, o Império Alemão vira o seu *Drang nach Osten* proibido pelo temível obstáculo dos dois impérios, a dupla monarquia e a Santa Rússia. Esta fora amputada de todos os seus territórios ocidentais, empurrada para Leste em nome da cruzada contra o bolchevismo. Nesta mesma altura, os tratados da Saint-Germain consagravam a substituição do antigo Império dos Habsburgo por uma miríade de pequenos Estados. Em breve, esta nova situação facilitou a realização da *Mitteleuropa,* tornando-se os Estados Unidos danubianos e bálticos uma presa fácil para a Alemanha que observava que, em França, os dirigentes sacrificavam doravante o interesse nacional ao interesse de classe. Por outro lado, por ter reduzido a antiga metrópole ao tamanho de um Estado menor, os Aliados ofereciam a Áustria como dote ao povo alemão: humilhada pela sua perda de autoridade, de que os antigos súbditos eram doravante as testemunhas, a Áustria preferia desaparecer para se fundir no segundo *Reich.* Desde o dia 10 de Novembro de 1918, o seu Parlamento reclamava «a ligação à pátria alemã».

11 de Novembro de 1918. O júbilo foi geral. Era a última das guerras... Paris, Londres, Nova Iorque festejaram o armistício, depois a

vitória, enquanto em Versalhes, em Saint-Germain, em Neuilly, em Sèvres, um exército de diplomatas fundava a Sociedade das Nações e assinava os tratados que deviam assegurar a paz durante cem anos.

É um facto que os governos das grandes potências vitoriosas queriam assegurar o domínio dos vencedores; subestimaram a cólera da Alemanha, o descontentamento da Itália, cujos «interesses» eram, em parte, sacrificados aos da Jugoslávia. Ignoraram igualmente as perturbações na Europa balcânica ou na Irlanda, o fogo que começava a despontar na Ásia e no mundo árabe.

O BALANÇO

	Mobilizados entre 1914 e 1918 em milhões	Mortos	Feridos	Percentagem de mortos inválidos e feridos relativamente ao total de mobilizados	Aumento de óbitos civis e défice dos nascimentos (cálculo aproximado)
França	8,410	1,35	3,5	60	aprox. 1,200
Grã-Bertanha	8	0,95	2	37	aprox. 0,800
Itália	5,250	0,5	?	–	–
E.U.A.	4	0,1	?	–	–
Rússia	–	2,3	?	–	–
Alemanha	13	1,6	4	41	aprox. 0,900
Áustria-Hungria	9	1,45	2	38	–
Turquia	–	0,4	?	–	–

NOTA: estes múmeros não deverão ser considerados definitivos. Mas foram todos estabelecidos pelos mesmos autores (excepto a última coluna). Correlações e comparações têm assim um interesse indicativo.

A França contava, além disso, com 700 000 casas e 20 000 fábricas destruídas tal como 50 000 km de vias férreas ou estradas inutilizadas; 3 milhões de hectares de terra tinham ficado danificados; a produção de cereais baixara 40%, a produção industrial 50%.

XX
RECORDAÇÕES AMARGAS

«Sim, é preciso que se saiba que os mutilados não se consideram párias, azarados ou desgraçados... Nós todos, manetas, zarolhos, disformes, pretendemos ter tanto ou mais valor, físico e moral, do que qualquer outro... E como! Aqueles que se serviram das suas duas pernas para correr mais depressa ao ataque, uma vez amputados seriam ultrapassados na vida pelos que aqueceram as mãos no aquecedor de um escritório... Lugar a nós, e sabei que esse lugar nós saberemos tomá-lo.»

Maurice Leblanc
Arséne Lupin, O Triângulo de Ouro

Com o regresso do soldado, a reconstrução do lar destruído, a reconversão à vida civil, os dramas e as alegrias que os acompanham, homens e povos interrogaram-se. Uma vez perdidas as ilusões, o problema da sua existência passada e do seu futuro colocava-se perante eles.

Uma vez esquecidas as ilusões dos primeiros anos de guerra, os sobreviventes foram os actores de um drama sem precedentes. Quantos se interrogaram sobre o papel que puderam desempenhar ou sobre o significado geral do conflito?

Para os imigrados recentes, os alógenos, os judeus, para outros ainda, o baptismo de fogo fizera deles cidadãos; ninguém poderia já pôr isso em dúvida. Mas que vantagem teria a guerra trazido aos outros? De regresso aos seus lares e passada a alegria pelo fim do pesadelo, conheceram a amargura de uma reconversão difícil. Hábil a elogiá-los, a honrá-los com a pompa das cerimónias que os ligava à ordem governamental, o Estado não assegurava aos antigos combatentes os direitos que tinham sobre a nação. Por não terem organizado o seu regresso, estes encontravam-se muitas vezes reduzidos ao desemprego, à mendicidade. Promessas e discursos tornavam mais odioso este desinteresse real dos dirigentes da retaguarda relativamente a todos estes infelizes. As antigas feridas, mal cicatrizadas, reabriram-se: a recordação amarga das licenças, a consciência da injustiça, o ressentimento contra os aproveitadores de guerra, a retaguarda, os deputados, todos eram cúmplices. Por reacção, a solidariedade que reinara nas trincheiras parecia idílica: aí ignoravam-se as classes sociais, os privilégios; este outro mito estava em vias de nascer, um mito que os filmes e os romances iriam ilustrar durante mais de vinte anos. Sem dúvida, o pós-guerra conheceu outras cóleras, especialmente a dos trabalhadores que perpetuavam a tradição revolucionária do século precedente: mas os contestatários inscritos no desemprego que desfilavam em Londres, com o boné na cabeça, iriam alargar mais tarde o campo do Partido Trabalhista ou iriam reforçar as tropas do «fascista» Mosley?

Além-Mancha, como noutros locais, tinham sido os únicos a sacrificar-se pela pátria e identificar-se com ela. É um facto que, sem se contradizerem, não podiam dessolidarizar-se dos políticos que não cessavam de os glorificar e, em França como nos outros países, elegeram em 1919 os mesmos dirigentes de outrora. Todos votavam ao desprezo os Vermelhos e todos aqueles que repetiam, tais como a vanguarda surrealista e *Dada,* que os antigos combatentes tinham desempenhado o papel de parvos, simples marionetas movidas pelo Capital e os comerciantes de canhões. Esta forma de ver o problema humilhava-os e, por reacção, levava-os a cerrar ainda mais as suas fileiras, a legitimar o seu sacrifício, a adoptar posições nacionalistas. Conduzia-os algumas vezes a ressuscitar a ideia expressa outrora por alguns chefes militares que queriam militarizar toda a nação, para lhes ensinar *manu militari* o sentido do dever.

O rancor das principais Associações de antigos combatentes (e, em breve, da Cruz de Fogo e dos Capacetes de Aço) manifestou-se assim contra os da retaguarda, os aproveitadores da guerra, os que arranjaram pretextos para evitar o serviço militar, os dirigentes políticos que se submetiam à paz e aqueles membros dos sindicatos que tinham «a falta de pudor de reivindicar tempos livres enquanto eles próprios, 24 horas sobre 24, arriscaram a sua vida pelo país».

O seu ressentimento exprimia-se igualmente contra as mulheres, aproveitadoras da guerra à sua maneira, uma vez que a partida dos homens permitira a sua emancipação. Para a maior parte, elas tinham escapado ao risco de continuar solteiras, casando quer com estrangeiros que não estavam mobilizados, quer com homens quatro a cinco anos mais jovens do que aqueles com quem teriam normalmente casado se não tivessem morrido na guerra (L. Henry). Reduzida assim a diferença de idade entre os cônjuges, o equilíbrio do casal do pós-guerra não é já o de antes de 1914. A família tradicional dissolve-se, como se dissociara o sentimento patriótico pelo facto do sucesso da revolução e da cruzada contra a Rússia vermelha. O imperativo da moral do trabalho tinha-se igualmente enfraquecido. Assim, não é fortuito que, tendo conquistado o poder em França depois de 1940, os antigos combatentes tenham adoptado a fórmula «Família, Trabalho, Pátria».

Antes, o Estado e as classes dirigentes limitavam a sua atenção às revoltas vindas de baixo. Estas constituíam ameaças permanentes e maiores do que outrora, porque o sucesso da Revolução Russa fortalecera as forças revolucionárias de todos os países. Muitas destas forças consideravam que a pátria se encontravam a Leste. Mas havia igualmente descontentes de um outro tipo: aqueles que a guerra arruinara, especialmente proprietários rurais e pequeno-burgueses; igualmente, aqueles em quem se cruzava o ideal revolucionário da tradição socialista, o culto da terra, o gosto pela violência nascidos na lama das trincheiras. À imitação dos *fasci* italianos, tornaram-se em breve os arautos de uma revolta que, pelo seu estilo, ressuscitava os ritos guerreiros aos quais bastantes haviam ficado ligados. «Renovadora e conservadora», anti-socialista e proclamando-se hostil à plutocracia internacional, a sua acção apresentou-se como a luta por uma nova cultura. O seu triunfo violento na Itália, os seus progressos na Alemanha e na Europa Central, fascinaram uma parte dos dirigentes e das classes médias, aqueles que a guerra e o pós-guerra tinham enfraquecido, jovens, antigos combatentes, a quem a experiência comunista inquietava e aterrorizava.

Todavia, as classes dirigentes pensaram precipitadamente que esta atmosfera de mal-estar, a desunião dos vencedores, a difícil aplicação do Tratado de Versalhes, as crises ligadas à reconversão económica e social, constituíam fenómenos passageiros que a sociedade capitalista saberia absorver tal como soubera desacreditar o socialismo. Efectivamente, o bar americano, o tango, o *charleston* ocupavam já o lugar da madrinha de guerra, do desfile militar e de *La Madelon*. Os progressos da técnica, a sua utilização pacífica, criavam novas distracções que, com o espectáculo do desporto, o cinema, o *music-hall*, a promessa de férias, forneciam à sociedade a evasão que ela procurava. Franceses, Alemães e Ingleses, que têm a noção de acordar de um pesadelo, gostam de se atordoar: em 1920, em Paris, há mais gente para festejar a Páscoa do que para comemorar a vitória. Todavia, na Alemanha, na Itália (e, em breve, na U.R.S.S.), saraus de ginástica de impressionante dimensão revelam já secretas aspirações a uma ordem «nova».

Os amanhãs não serão radiosos.

A Recordação e a Memória

Em 1966, em Verdun, cinquenta anos após a batalha, os antigos combatentes franceses e alemães reuniram-se para comemorar o seu sacrifício; após um momento de hesitação, apertaram as mãos e depois abraçaram-se, chorando, irmãos reencontrados de uma tragédia que a História raramente conheceu.

Será possível imaginar, cinquenta anos após a batalha de Varsóvia, uma reunião de Polacos e judeus, Alemães e Russos para recordar este outro pesadelo?

Reside aqui uma das diferenças entre as duas guerras mundiais, representada também numa réplica, depois suprimida, de *A Grande Ilusão*: na versão de 1937, um prisioneiro francês, ao ouvir os Alemães desfilar, comentava: «O barulho dos passos é o mesmo em todos os exércitos do mundo». Em 1946, preocupado em não desagradar ao seu público, Jean Renoir suprimia a frase; depois de quatro anos de ocupação nazi, não se podia comparar os passos dos libertadores aos dos algozes.

Por isso, duas guerras não deixaram o mesmo vestígio, a mesma recordação...

Ao considerar o ponto de partida das duas guerras, contudo, poderíamos crer num balanço inverso. Pois em 1914 julgávamos saber por que é que nos batíamos: o inimigo nacional intentava contra a própria existência da pátria, ao passo que em 1939 esse inimigo não estava claramente definido: seria o nazi ou o bolchevique, para os Franceses, o alemão ou o anglo-saxónico, para os Soviéticos e, para os Italianos, adversário ou aliado? Ora, no final da guerra, a relação inverteu-se: tanto a ocidente como na U.R.S.S., o nazi tornou-se no inimigo de todos e para todos o combate ganhou um sentido, enquanto que em 1918 os combatentes tiveram a impressão de ter sido vítimas de um logro; o inimigo diante deles, na trincheira, tornou-se numa espécie de irmão, e o sentimento de ódio transferiu-se para os da retaguarda, os oportunistas e os não mobilizados «que estiveram à boa vida». Este ressentimento encobre o fascismo e o comunismo, enquanto que em 1945 não há sequer diferença entre os combatentes e os da retaguarda: estes, ou sofreram tanto quanto os outros, ou os civis lutaram na Resistência. Tenta-se depois reviver em conjunto, enquanto que em 1918, passada a euforia, difamamo-nos mutuamente.

Acontece com a recordação da guerra o mesmo que à própria guerra: varia de acordo com as memórias; a dos chefes e dirigentes políticos não é necessariamente a dos combatentes ou a daqueles que ficaram na retaguarda; a memória dos vencedores também não é a dos vencidos. Há zonas da memória que sobrevivem, outras que finalmente renascem nos momentos mais inesperados. Assim, a recordação dos massacres da Arménia, em 1915, renasce bruscamente no início dos anos sessenta – depois de os Alemães terem admitido os seus crimes contra os judeus, os Arménios exigiram o mesmo do governo turco. De igual modo, os tratados extintos de Trianon ou de Sévres ressurgem em ebulição a cada vez que eclode um conflito – a Síria tornou a pô-los em causa, e posteriormente o Iraque. Os tratados com a Hungria e a Bulgária chocavam sob as cinzas, de 1919 às negociações de Viena e depois Munique; esses tratados reavivaram-se a expensas da Roménia e reanimam-se novamente após a Europa de Leste lhes ter dado as vantagens da liberdade... No Sul do Tirol, na Transilvânia, na Alsácia-Lorena, essas províncias disputadas, a guerra de 1914 e as suas questões permaneceram bem presentes. Em Metz, por exemplo, em Setembro de 1940, os Alemães apagaram a inscrição do monumento aos mortos de 1914-1918, substituindo-a por outra, em alemão, dedicada àqueles que tombaram pelo *Reich*. A esta cerimónia assistiu uma multidão considerável.

A recordação desempenha também um papel de referência. O essencial da memória histórica dos dirigentes de entre as duas guerras – com excepção dos bolcheviques... – recorre ao arsenal de ideias e experiências de 1914-1918. Porque se trata da guerra do futuro, da defesa do país, de solidariedades e de amizades feitas e desfeitas – de 1918 a 1945 esta referência é constante. É obsessiva em Hitler, em Pétain, nos militares de todos os calibres – excepto De Gaulle; o Plano Schliefen está tão vivo em 1940 quanto em 1914 – a operação de von Manstein através das Ardenas, a fraca defesa do maciço referem-se explicitamente a 14-18; este exemplo vale também para as relações anglo-alemãs; Hitler espera não entrar em guerra com a Inglaterra, durante o Verão de 40, exactamente como Guilherme II durante o Verão de 1914 tivera os mesmos argumentos... Para assinar o armistício Pétain descobre as suas referências em 1918, e para não aplicar as cláusulas do armistício Hitler refere-se aos mesmos acontecimentos desse ano.

Mas referência não é memória([28])... E a memória deforma à sua maneira. Selecciona o inefável, as vítimas do gás, em particular; esquece outros mortos vítimas de tifo, ou de gripe, que em 1918 fez quase tantos mortos a oeste quanto as grandes batalhas; a morte destas vítimas foi menos nobre e dela não se fala... A política confunde-se, bem como as rivalidades entre chefes: a ocidente glorificaram-se as vítimas de Verdun, mais do que as do Somme ou de Passchendaele, e a leste esquecem-se de comemorar o sacrifício dos soldados russos mortos na guerra; mais sorte tiveram os mortos da guerra civil...

Mais do qualquer outra nação, a França comemorou a grande guerra – através de museus, de bibliotecas especializadas (a B.D.I.C.) e apenas a Alemanha de Weimar se lembrou de construir um museu pacifista, o *Antikriegsmuseum* de Berlim. Mas, em todos estes países, esta guerra alimentou o imaginário de romancistas, poetas, filósofos, cineastas. De E.-M. Remarque a Henri Barbusse, de Jules Romains a Bertrand Russel, descreveu-se o horror, tenta-se analisar a natureza da

([28]) A memória historiográfica contém em si naturalmente vários riscos. Na Alemanha, por exemplo, perpetua-se um debate sobre as origens da guerra de 1914-1918 que há muito que se extinguiu noutros lados. Com efeito, trata-se de uma interrogação sobre a natureza e as origens do nazismo; quanto mais se prova as ambições ilimitadas da Alemanha de Guilherme II, mais se dissolve a especificidade do nazismo, pelo menos na sua vontade hegemónica.

guerra, enquanto que para outros, como D.H. Lawrence ou Marinetti, o fim da guerra significa o retorno ao antigo sistema, ao tédio e à frustração. Deste ponto de vista, é exemplar a reflexão de Bertrand Russel, que crê que o pensamento ocidental antes de 1914 havia sobrestimado o papel da razão e subestimado o da pulsão. Em surdina, o antigo antagonismo entre revolucionários e tradicionalistas faz-se substituir pelo antagonismo que se desenvolve entre belicistas e pacifistas. E, em 1939, abafa-o.

Esta clivagem é sem dúvida a principal herança que a guerra legou à história – pelo menos até 1940.

O horror da guerra, o seu absurdo constituem também o tema favorito de escritores e cineastas. O grito de Péguy, «felizes os que morreram por uma tão justa guerra», foi certamente ouvido mas foi ofuscado pelos corifeus em favor de um retorno a uma humanidade pacífica.

A crueldade da guerra é, evidentemente, o primeiro tema da recordação; esta conforma-se com uma nostalgia da fraternidade dos combatentes, em *Les Croix de Bois*, de Raymond Bernard (1931), em *Berge in Flammen*, etc. Mas a amargura destes combatentes, a desenvoltura da retaguarda, o comportamento das mulheres – por vezes adúlteras – constituem a principal obsessão da memória do pós-guerra: de *Westfront*, de Pabst, a *Diable au corps*, de Radiguet, adaptado posteriormente por Autant-Lara, a mesma ideia percorre todo um conjunto de filmes e de romances: é típico o antifeminismo de *La Grande Illusion* mas encontramos o mesmo traço algures durante todo o período entre as duas guerras. Foi sem dúvida Abel Gance, com *J' accuse* e depois *Paradis perdu*, quem melhor soube exprimir mais intensamente o drama de todas estas existências aniquiladas.

Raramente se pôs em causa, após 1945, a legitimidade da II Guerra Mundial. Este acto de questionar alimenta, pelo contrário, aqueles que evocam o primeiro conflito mundial – mesmo após o fim do segundo. E mostra, antes de mais, que os combatentes dos dois campos são, no fundo, irmãos – Alemães e Russos em *Okraina*, Franceses e Alemães em *La Grande Illusion*: o seu combate era absurdo, e ilusória a noção de que os povos queriam realmente destruir-se. O segundo pós-guerra leva mais longe a análise e retoma a ideia de *A Oeste nada de novo*: é a ordem militar, são as instituições que produzem a morte, umas vezes pelo que instilam de rivalidades, de invejas, de irresponsabilidade (*Les sentiers de la gloire*, *Les hommes contre*), outras porque transformam os homens considerados livres em escravos, ao fazer executar inocentes (*Pour l' exemple*).

Todos estes artistas souberam denunciar os tabus, mostrar o contrário da guerra; alimentaram a consciência dos homens de boa vontade mas não ajudaram a elucidar como é que esses mesmos homens puderam tornar-se fascistas – ou estalinistas.

BIBLIOGRAFIA

Segundo Dedijer, foram consagradas mais de 3000 obras à crise de Sarajevo. Este número, que exprime uma grandeza, revela a vastidão da literatura consagrada à Grande Guerra. Em Paris, a Biblioteca de Documentação Contemporânea Internacional conserva mais de 50 000 títulos sobre o primeiro conflito mundial: a esse número convém acrescentar os jornais, artigos de revistas, arquivos impressos ou manuscritos, os documentos cinematográficos e iconográficos, etc.

Uma excelente selecção bibliográfica figura na obra capital de Pierre Renouvin, *La Crise européenne et la Première Guerre Mondiale,* Paris, 4.ª edição, 1962, 779 p. Remetemos o leitor para esta obra, assim como para as outras obras de Pierre Renouvin.

Convêm chamar a atenção para o interesse excepcional de duas obras:

Fischer (Fritz), *Griff nach der Weltmacht, die Kriegszielpolitik des Kaiserlichen Deutschland, 1914-1918*, Düsseldorf, 1961, 902 p.

Meyer (J.), Ducassé (A.) o Perreux (G.), *Vie et Mort des Français,* Paris, 1959, 510 p., bem como as outras obras de J. Meyer e de A. Ducassé.

BIBLIOGRAFIA DA PRIMEIRA PARTE

Anderson (E.) e Anderson (P.), *Political Institutions and social change in continental Europe in the 19th century,* Berkeley 1968, 461 p.

Clarke (I. F.), «Forecasts on warfare in fiction, 1803-1914» in *Comparative Studies in society and history,* 1967, 1.

Contamine (H.), *La Revanche,* Paris, 1957.

Dedijer (V.), *The Road to Sarajevo,* Nova Iorque, 1966.

Geiss (I.), *July 1914, selected documents,* Londres, 1967, 400 p.

Girardet (R.), *La Société militaire en France,* Paris, 1960.

Haupt (G.), *Le Congrès manqué,* Paris, 1965, 300 p.
Morazé (Ch.), *Les Bourgeois conquérants,* Paris, 1957, 491 p.
Stone (N.), «Army and society in Habsburg monarchy», in *Past and Present,* Abril de 1966.
Sternberg (F.), *Le Conflit du siècle,* Paris, 1957.

Assim como todas as grandes obras sobre a história dos principais países nos séculos XIX e XX (E. Halévy, F. Chabod Zeman e Valiani, Florinsky, etc.).

BIBLIOGRAFIA DA SEGUNDA PARTE

Indicámos no texto os testemunhos que nos pareceram mais importantes: David Lloyd George, Abel Ferry, A. Ribot, Gallieni, Joffre, Douglas Haig, Falkenhayn, etc. Aconselha-se também a leitura das obras de Lenine e os escritos provenientes de diferentes horizontes ideológicos: Maurice Barrès, Georges Sorel, Karl Kautsky, G. Piekhanov, Léon Trotski, etc. Uma selecção dos jornais mais importantes devia ir da *Action Française* a *Demain* (editado na Suíça), ao *Pravda* ou ao *Rabocee Znamenïa* (bolchevista e anarquista, após Março de 1917). Incluiria, pelo menos, um jornal que reflectisse cada corrente de opinião: *The Times* (mais completo do que *Le Temps* ou o *Corriere della Sera), The Manchester Guardian, La Victoire* de G. Hervé, *L'Humanité, Le Journal du Peuple, Avanti* e jornais alemães ou austríacos de várias tendências: *Vorwaerts, Die Leipziger Zeitung,* etc. A leitura de *L'Osservatore Romano* (Vaticano) é instrutiva.

Além disso, mencionamos algumas obras às quais somos particularmente devedores:

Bidou (H.), *Histoire de la Grande Guerre,* Paris, 1939, 696 p.
Cru (N.), *Témoins,* Paris, 1932.
Duroselle (J. B.), *De Wilson à Roosevelt,* Paris, 1960, 493 p.
Feldmann (G.), *Army and industry and Labor in Germany* (1914-1918), Princeton, 1968.
Hurwitz (S.J.), *Propaganda technique in the World War,* Nova Iorque, 1938, 233 p.
Paris (R.), *Histoire du fascisme en Italie* (1), Paris, 1962.
Péricard (J.), *Verdun*, Paris, 1938.
Paxson, *America at war,* Boston, 1939, 2 vol.
Ratinaud (J.), *La Course à la mer,* Paris, 1967, 365 p.
Renouvin (P.), *Les Crises du XXe siècle,* Paris, 1957, 2 vol.
Schérer e Grunewald (J.), *L'Allemagne et les problèmes de la paix,* Paris, 1962 (Documentos publicados pelos autores).

Fácil actualização bibliográfica em: Herzfeld (H.), *Der erste Weltkrieg*, Munique, 1968, 371 p.

BIBLIOGRAFIA DAS TERCEIRA E QUARTA PARTES

Kriegel (A.), *Aux origines du communisme français*, Paris, 1964, 2 vol.

Mayer (Arno), *Politics and diplomacy of peacemaking, containment and counterrevolution at Versailles*, Nova Iorque, 1967, 920 p.

Consulte-se também:

Carr (E.), *The Bolchevik Revolution*, Londres, 1950-1964, 3 vol.

Delmas (J.), *L'État-Major français et le front oriental (Nov. 1917-Nov. 1918)*, 3.º ciclo, Sorbonne, 1965.

Fay (V.), Ferro (M.), Broue (P.), Kriegel (A.), De Clementi, Tych (F.), Nagy (B.), Steiner (H.), Scharf (H.), *La Révolution d'Octobre et le mouvement ouvrier européen*, Paris, 1968, 229 p.

Ferro (M.), *Fascisme et grand capital*, Paris, 1938.

Karliner (M.), *Rabocee dvizenie v Anglii v gody 1914-1918*, Moscovo, 1961, 487 p.

Kirova (K.), *Revoljucionnoe dvizenie v* Italii *(1914-1918)*, Moscovo, 1962, 432 p.

Lutz (R. H.), *Fall of the german empire*, Stanford, 1932, 2 vol.

Pedroncini (G.), *Les Mutineries de 1917*, Paris, 1967, 325 p.

Ulman (R. H.), *Intervention and the war*, Princeton, 1961, 345 p.

Revue d'Histoire moderne et contemporaine, número consagrado ao ano de 1917 (Janeiro-Março 1968).

«From war to peace», número do *Journal of contemporary history*, 4, 1968.

Consultámos igualmente os arquivos Klotz (B. D. I. C.) e algumas colecções dos arquivos de Vincennes.

BIBLIOGRAFIA SOBRE A PARTICIPAÇÃO DE PORTUGAL NA I GUERRA MUNDIAL

História do Exército Português, Ed. Inquérito, Lisboa.
A Intervenção de Portugal na Grande Guerra, 2 vol. Ed. Ática.
A Batalha de La Lys, Marechal Gomes da Costa.
O Corpo do Exército Português na Flandres, Marechal Gomes da Costa, Porto, 1920.
A Guerra das Colónias, Marechal Gomes da Costa.
Calvários de Flandres, Augusto Casimiro, Porto, 1920.
Sidónio Pais, Augusto Casimiro, Porto, 1921.
Nas Trincheiras da Flandres, Augusto Casimiro, Porto, 1919.
Portugal na Guerra do Mundo, Augusto Casimiro, Coimbra, 1922.
Comentário leve da Grande Guerra, Agostinho de Campos, Porto, 1915.
Portugal em Campanha, Agostinho de Campos, 1921.
Um Ano de Guerra, Aires de Ornelas e Vasconcelos, Porto, 1916.
Segundo Ano de Guerra, Aires de Ornelas e Vasconcelos, Porto, 1916.
O Império Colonial Português perante a Guerra actual, Aires de Ornelas e Vasconcelos, Lisboa, 1917.
A Mulher Vítima da Guerra, Alberto de Sousa Costa, Lisboa, 1916.
A Avalanche, Albino Forjaz de Sampaio, Porto, 1918.
Da Flandres ao Hanovre e Mecklenburg, Alexandre José Malheiro, Porto, 1919.
Portugal na Grande Guerra, Almada Negreiros, Paris, 1920.
A Malta das Trincheiras, André Brun, Lisboa, 1918.
Em Honra dos Soldados Desconhecidos, António José de Almeida, Lisboa, 1921.
O Flagelo dos Mares, Basílio Teles, Porto, 1918.
Na Flandres, Basílio Teles, Porto, 1918.
Tropa de África, Carlos Selvagem, Lisboa, 1925.
Episódios Dramáticos da Guerra Europeia, Eduardo de Noronha, Lisboa, 1915.

O Monstro Alemão, Guerra Junqueiro, Porto, 1918.
Portugal contra a Alemanha, Henrique Lopes de Mendonça.
Memórias da Grande Guerra, Jaime Cortezão, Porto, 1919.
Portugal perante a Guerra, João Chagas, Porto, 1915.
Os Sacrificados, João Grave.
Relatório sobre as operações no Sul de Angola em 1914, José Augusto Alves Roçadas, Lisboa, 1919.
No Fim da Guerra, Julião Quintinha, Silves, 1917.
Rápido Bosquejo da Grande Guerra, 1914-1918, Coronel Mário de Campos.
O Patriota, Rocha Martins, Porto, 1915.
Páginas da Guerra, Sebastião Magalhães Lima, Lisboa, 1917.

INDICE